北京人民广播电台志

（1994—2010）

北京人民广播电台志编纂委员会 编

方志出版社
Publishing House of Local Records

图书在版编目（CIP）数据

北京人民广播电台志．1994—2010 / 北京人民广播电台志编纂委员会编．—北京：方志出版社，2023.1

ISBN 978-7-5144-3784-3

Ⅰ.①北… Ⅱ.①北… Ⅲ.①北京人民广播电台–新闻事业史–1994–2010 Ⅳ.①G229.271

中国国家版本馆 CIP 数据核字（2023）第 149820 号

责任编辑：何明忠
责任校对：刘玉霞
责任印制：梅中英
出 版 者：方志出版社
地　　址：北京市朝阳区潘家园东里 9 号（国家方志馆 4 层）
邮　　编：100021
网　　址：http://www.zgfzcb.cn
发　　行：方志出版社图书营销中心（010–67110500）
印　　刷：北京中科印刷有限公司
开　　本：889 毫米 ×1194 毫米　1/16
印　　张：26
字　　数：560 千字
版　　次：2023 年 1 月第 1 版
印　　次：2023 年 1 月第 1 次印刷
定　　价：320.00 元

北京人民广播电台志（1994—2010）编纂委员会

主　　任：王　秋

执行副主任：纪烈鸿　邢立新

委　　员：（以姓氏笔画为序）

王　秋　边　建　李　健　李　捷　李秀磊

李晓晖　陈晓红　陈晓海　赵泽勤

主　　编：史博华

副 主 编：亢亚志　马仕存

编　　委：马仕存　亢亚志　王福全　史博华

刘锦升　张　梅　孟　立　邱桂垣

凡例

一、本志以马克思列宁主义、毛泽东思想、邓小平理论、“三个代表”重要思想、科学发展观、习近平新时代中国特色社会主义思想为指导，坚持辩证唯物主义和历史唯物主义的立场、观点和方法，全面、客观地记述1994—2010年北京人民广播电台与广播事业有关的宣传、技术、产业、管理和交流合作等方面的发展变化过程。

二、本志坚持质量第一、观点正确、资料翔实、体例严谨、内容全面的原则，突出专业特点、首都特点和时代特点。

三、本志采用规范语体文，记述准确，行文朴实、简洁。

四、本志是首轮《北京人民广播电台志》的续修，记述上限起自1994年，下限止于2010年，部分事项适当上溯。全志由述、记、志、传、图、表、录组成，以志为主体。

五、本志按照以类系事的要求，结合北京人民广播电台的具体情况，全书主体志的部分，分为宣传、技术、产业、管理、交流合作、人物传6篇；篇下共设19章；章下共有49节；节下立目。

六、本志坚持“生不立传”的原则，“人物传”仅收录1994—2010年去世的、在北京人民广播电台工作期间曾担任台长职务、曾获得北京市劳动模范及以上级别荣誉称号的人员。

七、为记述简便，本志正文将“北京人民广播电台”简称为“北京电台”，北京电台各专业台统称“××广播”。按照史实，宣传篇第一章，以各专业广播开播时间顺序设立各节，播出频率基本相同的各专业广播合并为一节；各节标题以各专业广播开播时的呼号为题。儿童台存续期间从未有“儿童广播”的呼号，因此全志凡涉及儿童台之处均称“儿童台”。各节、目中“部分节目介绍”以“体现各专业广播办台方针、社会影响较大、曾经获奖”为标准选取，以栏目开播时间先后顺序排列，获奖情况从高到低适当介绍，最低奖项为“北京电台名牌栏目”或“听众喜爱的名牌栏目”。

八、本志中的无线数字音视频及数据业务，如DAB、DMB、数字广播等，统称为“移动多媒体广播”。

九、本志采用以事系人方式记载相关人物，必要时在人名后括号中注明其播音名。

十、本志照片均为北京电台员工拍摄，拍摄者、拍摄时间等不再一一注明。

1994年的北京人民广播电台

1999 年的北京人民广播电台办公大楼

2010 年的北京人民广播电台建筑群

目录

第二篇　技术

第三篇　产业

第四篇　管理

第五篇　交流合作

第六篇　人物传

附录

概述

北京人民广播电台前身是北平新华广播电台，开播于 1949 年 2 月 2 日。1951 年 3 月定名为北京人民广播电台（以下简称北京电台）。1994—2010 年，北京电台位于北京市朝阳区建国门外大街 14 号。

1994 年 1 月至 2001 年 4 月，北京电台是北京市广播电视局所属事业单位之一。2001 年 4 月，北京市广电系统根据国家广播电影电视总局《关于广播电影电视集团化发展试行工作的原则意见》，组建北京广播影视集团，北京电台成为集团下辖单位之一。

自 2002 年起，北京电台启用英文全称“Radio Beijing Corporation”，缩写为“RBC”。2004 年 1 月 6 日，北京电台新台标诞生。新台标由英文字母与电台称谓字体组成：RBC 北京人民广播电台。

2004 年 3 月 18 日，北京电台官方网站“北京广播在线”更名为“北京广播网”。同年 3 月 24 日，北京广播公司的二级公司北京蓝火花音乐文化传播有限公司出版的《音乐周刊》创刊。

2005 年 3 月，由于北京广播影视集团重组为企业化的北京北广传媒集团有限公司，北京电台恢复为北京市广播电视局所属事业单位。

2006 年 1 月 9 日，由北京电台总编室、北京广播公司广告经营部和北京蓝火花音乐文化传播有限公司共同运作的《新广播》报创刊。同年 9 月 6 日，北京电台移动多媒体广播正式开播。

2008 年 4 月 30 日，北京外语广播网络电台开播。至此，北京电台形成广播、网络、报纸、刊物互补的多媒体传播格局。

2010 年 5 月，北京市对广播影视体制进行调整，将北京北广传媒集团、北京电台、北京电视台整合组建为北京市人民政府直属事业单位——北京广播电视台。

虽然在领导体制上历经变化，但作为北京市属新闻机构之一，北京电台在宣传上一直归中共北京市委宣传部领导。

2010 年年底，北京电台拥有 9 套开路广播，在北京歌华有线电视网播出有线调频广播节目 15 套、有线数字调频广播 16 套。每天播音 339 小时，总发射功率 227 千瓦，成为以广播为主、多媒体联动的综合性传播机构。同时，北京电台节目采编、制作、传输实现数字化，并在 30 多家海内外电台播出，与美国、英国、加拿大、澳大利亚、新加坡、日本等国家的十几家主流媒体建立节目交流与合作关系。

根据中国广视索福瑞媒介研究有限责任公司的节目收听调查数据，北京电台的广播收听在北京地区始终保持领先优势。2010 年，北京电台占北京广播市场 66.374% 的份额。

1994—2010 年，北京电台在全国政府奖的评选中共获得“长江韬奋系列奖”之韬奋奖 1 个，“五个一工程”奖 20 个，中国新闻奖（含中国国际新闻奖）一等奖 8 个、二等奖 13 个、三等奖 22 个，中国广播奖（新闻、社教、文艺、广播剧、播音与主持、“彩虹奖”）一等奖 36 个，中国广播影视大奖 21 个。

随着国家改革开放的深化，北京电台新闻宣传改革稳步推进，组织机构不断完善，事业发展迅速。北京电台的多项改革措施在全国广播电视系统都是具有开创性的，成为同行学习、研究的典范。

一、实施专业化系列台改革，优化频率资源配置

1990 年 8 月 6 日，北京人民广播电台经济台开播，这是北京电台探索新闻宣传改革建立的第一个专业台。北京经济台的节目以新闻和信息为骨架，以大版块的节目设置、主持人直播、热线参与为主要特点，受到听众的广泛欢迎。

1992 年 11 月 23—25 日，北京电台召开“三元会议”，原则通过“以建立专业化系列台为龙头的全方位改革”的总体设想。

1994 年 12 月底，规划中的 7 个专业广播全部建成：北京人民广播电台 828 千赫、北京经济台、北京教育台、北京交通台、北京文艺台、北京音乐台、北京儿童台。专业广播平均每天播音时间 120 小时（不含停机检修时间），总发射功率 156 千瓦。北京电台成为全国第一个完成频率专业化布局的广播媒体。

随着专业化系列台的建立，原有部处级机构设置逐步调整。1994 年年底，北京电台形成 7 个专业广播、7 个行政职能部门、3 个技术部门的格局，行政职能部门为办公室、总编室、总工程师办公室、人事保卫部、党委办公室、计划财务部、广告部；技术部门为播出部、录音制作部、804 发射台；再加上 1993 年成立的北京广播发展总公司，全台员工 498 人。

随着客观形势变化以及对专业化办台认识的不断加深，北京电台不断地优化频率资源配置，适时调整频率定位。

1998 年 1 月 1 日，北京儿童台合并到北京教育台。1999 年 4 月 18 日，北京电台 927 千赫（2000 年改称生活广播）开播。2002 年 1 月 1 日，生活广播停播，北京体育广播开播。2004 年 1 月 1 日，教育广播停播，首都生活广播开播。2004 年 9 月 17 日，北京外语广播开播。2005 年 3 月 1 日，经济广播停播，北京城市管理广播开播；2007 年 11 月 1 日，城市管理广播更名为城市服务管理广播。2009 年 1 月 1 日，首都生活广播调整为故事广播。2009 年 1 月 18 日，爱家广播开播。这一系列的调整都是根据社会的需要，经过反复调研和论证而做出的决策。

2003 年 11 月 28 日，国家广播电影电视总局在北京电台召开现场会，推广北京交通广播的经验。来自全国各省、自治区、直辖市广播电台的 40 多名代表出席会议。2004 年 1 月 8 日，

北京市委宣传部召开北京交通广播座谈会，全市各主要新闻单位负责人共 40 多人齐聚北京电台，一起座谈交通广播的办台经验。

到 2010 年，北京电台共有 9 个专业广播：新闻广播、城市服务管理广播、故事广播、交通广播、体育广播、文艺广播、音乐广播、外语广播、爱家广播；全台共有 16 个行政职能技术部门：办公室（保卫部）、总编室、总工程师办公室、党委办公室、纪检监察审计办公室、新媒体编辑部、播音主持管理部、人事部、计财部、广告部、广播发展研究中心、工会、网络信息中心、节目制作中心、技术中心、804 发射台。再加上全资国有的北京广播公司，北京电台员工总计 1300 余人。

二、改革干部人事制度，推行工资绩效激励机制

1993 年 8 月，北京电台在全台范围实行干部聘任制、职工聘用制。这是在建立专业化系列台的改革过程中，北京电台干部、人事制度改革的一项重大措施。从此，打破了干部、职工的“铁交椅”“铁饭碗”。

1994 年，北京电台对除台领导以外的全体员工实行逐级聘任、双向选聘，聘期为 1～2 年。

1994 年，北京电台沿用 1993 年开始的新员工试用制，在一年试用期内，人员的档案关系保存在北京市人才服务中心。

1994 年 10 月，北京电台印发《关于加强宣传管理，严格按专业台办台方针设置节目的规定》和《关于认真贯彻各专业台办台方针的通知》。从 1995 年开始，北京电台每年召开一次研讨会，专门研讨规范专业化办台的问题。

1995 年 8 月，北京电台开始对播出的重点节目进行监听。

1998 年，北京电台实施《关于加强宣传管理避免播出差错的奖惩办法（试行）》，明确了差错的分类定性及奖惩数额。

1999 年，北京电台实施《关于在社会评比中获奖人员的台内奖励管理办法》，提出了对获得全国、省部级劳动模范；获得范长江新闻奖、韬奋新闻奖；获得全国优秀新闻工作者和全国百佳新闻工作者的具体奖励数额。

2000 年 1 月 1 日，北京电台开始执行《关于加快干部新老交替工作的有关规定》，推出处级干部退居二线制度。

自 2001 年起，聘用合同制成为北京电台的基本用人制度。2001 年 9 月，北京电台在全台范围内全面实施处级干部竞聘上岗。2001 年 11 月，北京电台所有科级干部也由聘任制改为竞聘上岗。北京电台形成干部能上能下、职工能进能出、竞争上岗、择优聘任的用人机制。

北京电台 2001 年开始举办名牌节目（栏目）评选活动，2003 年和 2004 年又先后推出

"听众喜爱的主持人"和"听众喜爱的名牌栏目"评选活动。目的是推动全台节目质量全面提高，扩大北京电台的社会影响。2009年，北京电台评选出的"听众喜爱的最佳主持人"有王春旭（播音名王佳一）、杨洋、李洋、伍洲彤、李莉、王为、白杰、韩力、王东、刘思伽、顾峰、罗兵、王健（播音名王薇）、孙怡（播音名小雨）、康大鹏（播音名大鹏）。2010年，北京电台专家评选出的"荣誉名牌栏目"和"听众喜爱的名牌栏目"有《北京新闻》《新闻天天谈》《资讯早八点》《城市零距离》《路况信息》《交通新闻》《开心茶馆》《中国歌曲排行榜》《古典也流行》《感受北京》《一路畅通》《新闻热线》《空中笑林》《话说天下》《行走天下》《欢乐正前方》《评书连播》。

2002年1月1日起，为贯彻"严守宣传纪律、把握正确导向、深化专业办台、提高节目质量"的工作方针，对各专业广播节目进行全面质量考评。对每月不达标节目超过百分比指标的各专业广播，要扣除专业广播副台长甚至台长不同数额的效益工资。北京电台是全国第一个建立起节目质量考评体系的广播电台。

2002年2月，北京电台成立研究室。其主要任务是监测国内外广播事业发展、拟订并完成研究课题、编印业务刊物、负责全台听众调查等。

2003年1月，北京电台在人事部内增设培训中心，负责全台员工的培训管理工作。

2003年1月8日，北京电台在全台范围内开展ISO 9001质量管理体系认证工作，同年11月8日通过方圆标志认证中心的审核。北京电台是全国第一个把节目当作产品实行流程化管理的广播媒体，为不断提高节目质量、保证电台的可持续发展奠定了坚实基础。

2003年11月，总编室的"听联科"扩展为"听众服务中心"，并于2004年5月8日开通听众服务热线——65158131，2005年3月21日开通24小时听众服务热线——65661566。这是中国广播史上第一个24小时不间断工作的听众服务中心。

2004年4月，北京电台开始对从事兼职或临时工作的人员实行"人才派遣"制度，以解决事业发展与人员编制不足的矛盾。2004年9月，北京电台实施首席记者、编辑、播音员、主持人评聘管理办法，成为第一个引入"首席制"的广播电视媒体。"首席"不仅有规定的任务，还享有荣誉和每月可观的津贴。

2005年1月，北京电台在职能、技术部门全面实施员工岗位管理。这次人事制度改革的要点是：按需设岗，薪随岗变，注重绩效。

在国家广电总局积极推进制播分离改革的大背景下，2006年，北京电台整合全台人力资源，建立全国广电行业第一个节目制作中心，进行制播分离的探索。同年10月26—28日举行2007年全台节目评标会，开创通过招标的形式确认全台下一年节目的先河。从此，各专业广播节目制作运行方式发生根本性改变，充满生机与活力的节目制作运行竞争机制建立起来。

2008 年，节目制作中心运行平稳，制播分离初见成效。2009 年，北京电台被北京市委宣传部确定为制播分离改革试点单位。

2008 年 6 月 25 日，北京电台启动企业文化建设项目。11 月 25 日，召开北京电台企业文化建设项目成果发布暨实施推进动员大会。企业文化建设项目成果主要包括：一、北京电台企业文化理念体系；二、北京电台员工行为规范。北京电台管理工作由单纯制度管理向制度管理与文化管理并重转型。北京电台成为全国第一个实施文化致胜战略的省级电台。

北京电台涉及奖惩的规章制度涵盖宣传、技术、经营创收、广告、机房管理、安全播出等各方面工作。根据电台发展变化，这些管理文件在 2001 年、2004 年、2006 年和 2009 年进行全面修订，在台内外评奖中获奖人员的奖励数额大幅提高。

17 年间，北京电台一方面不断规范专业化办台，另一方面狠抓提高节目质量。同时，在干部人事管理、分配和激励机制等方面的配套改革措施也相继建立并完善，奖惩分明，激励作用明显，有效保证了电台各项工作有序健康发展。

三、改造升级直播设备，推广应用数字网络化技术

1994 年以后，北京电台专业化系列台的建立和各频率的不断调整，都有赖于技术的进步、广播设备的更新和规模的扩大。制作传输播出系统的数字化、网络化，提高了采、编、播工作效率，提高了安全播出水平。

1994 年开始建设的综合网、音频网平台，逐渐承载了北京电台宣传、经营、节目制作、节目播出的全部工作流程，彻底改变了传统录音、后期制作和节目播出的形式。

1994 年年底，北京电台共建成 7 个直播机房，技术系统可满足各个专业广播的功能需要。

1994 年 4 月至 1996 年 3 月，北京电台主控机房进行大规模技术更新改造，提高设备运行指标，完善技术功能。

1995 年 7 月 8 日，在位于繁华商业街的隆福大厦里，北京电台搭建的第一个台外直播间——隆福直播室开播。

1998 年 4 月，北京电台使用 ISDN 设备在日本东京现场转播世界地球日音乐会。1999 年 2 月，北京音乐广播通过 ISDN 线路在美国洛杉矶首次现场直播第 41 届格莱美颁奖典礼。2001 年 11 月，北京电台为北京音乐广播建立起可覆盖全国的高质量卫星传输的音乐广播协作网。北京音乐广播每年定期或不定期转播的音乐活动还有萨尔茨堡音乐节、布拉格之春音乐节、柏林森林音乐会、柏林除夕音乐会、丹麦罗斯基勒音乐节、全英音乐奖颁奖典礼等。

在无线频率资源日益紧缺、城市建筑对广播信号的屏蔽日益严重的形势下，1999 年 10 月，北京电台全部 7 套开路广播节目用调频信号通过有线广播电视网播出。2002 年以后，北

京电台在北京歌华有线电视网陆续开办专门的有线调频广播节目。

2002年1月1日，北京电台技术中心为交通广播在北京市公安局交管局指挥中心搭建的直播室启用。这是国内首个常设在公安交管部门的直播间。

随着现代传输技术手段的发展，北京电台还在台外搭建临时直播室。2002年5月北京国际电视周期间，北京电台在北京展览馆搭建球形透明直播室。此后，每年的北京国际汽车工业展览会、上海国际车展、北京外语游园会、北京国际文化创意产业博览会，以及上海世博会“北京活动周”，北京电台都在活动现场搭建直播间，在直播节目的同时，也宣传了电台自身品牌。

2004年4月11日，北京电台首次使用专业的无线传输设备，在体育广播全程移动直播北京国际接力马拉松赛。同年6月9日，首次使用卫星信号转播车现场直播在人民大会堂东门广场举行的“奥运圣火在京传递”仪式。

2004年5月18日，北京电台新广播中心正式启用，从此，结束了多年来模拟播出的历史。广播中心包括8个数字播出机房、1个主控机房和1个综合演播室。由于“系统设计合理、功能完整、水平先进、社会效益和经济效益显著”,“广播中心一体化改造工程”获得国家广电总局科技创新奖工程技术二等奖。

自2006年起，北京电台广播节目通过移动多媒体广播播出。“易通1039新媒体机及业务运行系统”“利用数字音频广播技术开展推送式广播服务的相关技术研究”分别获得2010年度国家广电总局科技创新奖高新技术研究与开发奖一等奖、科技创新奖科技成果应用与技术革新奖一等奖。2010年，移动多媒体广播共播出17套数字音频广播、4套数字视频广播、2个数据服务频道。

2010年，北京电台送入歌华有线网的有线调频广播节目共15套：故事广播、新闻广播、城市管理广播、爱家广播、文艺广播、音乐广播、交通广播、通俗音乐广播、外语广播、古典音乐广播、教学广播、长书广播、戏曲曲艺广播、欢乐时光广播、怀旧金曲广播。在有线网数字平台上播出16套有线数字广播节目（除前述15套外，还有体育广播）。有线调频广播节目和移动多媒体广播节目都是通过播出工作站自动播出。

2010年，北京电台音频网络磁盘总容量达到75TB，音频网和综合网服务器70台，接入综合网的终端近千台，运行有办公自动化系统、采编系统、财务管理、人力资源、听众服务等10多个应用系统。

四、改革广告经营机制，调整产业经营策略

广告经营是北京电台全方位改革的重要组成部分，也为深化广播改革奠定了雄厚的经济基础。

自 1994 年 1 月 1 日起，北京电台广告创收改变以往统一经营的管理办法，实行集中管理、分散经营、分别核算的新办法。新办法规定的广告创收完成及上缴情况，与创收单位工资总额挂钩的激励办法，大大调动起各专业广播的创收积极性。1994 年全台广告创收达到 2800 万元，比 1993 年翻了近一番。1997 年，北京电台成为全国第一个广告创收突破亿元大关的省级电台。

1999 年 1 月 1 日起,《北京电台创收奖励办法》试行。其核心内容是变专业台创收“结余留用”为“结余奖励”“总台整体调控”，鼓励各专业广播持久地增加创收、节约开支。当年北京电台广告创收超过 1.2 亿元。此后这个办法又经过多次修改，不断完善，北京电台广告创收屡创新高。

进入 21 世纪，在中央及北京市关于加快文化产业化发展的有关政策和精神的支持、指导下，2002 年 3 月 21 日，北京电台重组北京广播发展总公司，更名为“北京广播公司”。该公司成为北京电台进行跨领域合作、吸纳外部资金、对外进行战略性扩张的产业化运营平台。

在总结广告管理工作经验和问题的基础上，针对广告创收工作中“违规违纪”“跑冒滴漏”的现象，2003 年 8 月，北京电台开始执行《广告管理实施细则（试行）》，要求从广告公司到专业广播严格遵守，每一个经营环节有章可循，从领导到职工照章办事，“不批条子、不开口子”。2003 年 12 月，广告经营业务从电台广告部剥离，在北京广播公司下设广告经营部，从此电台广告部专司广告管理职能，负责建立行之有效的监督管理机制，为经营工作正常运行提供体系管理的保障。持续有效的经营管理模式成为电台广告业绩始终位居全国首位的坚实保障。

随着广播事业的发展，广播广告以各专业广播为单位经营的优势日渐减弱。2004 年，北京电台调整广告经营管理策略，其核心内容是实行全台广告行业代理制，变专业广播分别操作为电台集中操作。这次调整对确保电台广告创收保持快速、持续发展具有决定性意义。2004 年，全台广告收入同比增长 1 亿元。

2006 年 10 月 25 日，中国广播电视协会组织召开“北京电台广播经营管理研讨会”。北京市委常委、宣传部部长蔡赴朝，中国广播电视协会会长李丹到会并致辞。李丹在发言中说道:“在日新月异的信息时代……当受众、市场甚至我们自己，几乎对广播失去兴趣和信心时，北京电台异军突起，以骄人的广告创收业绩、庞大的收听市场份额，成为首都地区不可忽视的媒体力量，摘掉了人们心中广播是‘弱势媒体’的帽子。更为重要的是，北京电台的成就给全国广播同行平添自信……北京电台的示范效应功不可没。”

2008 年，北京电台调整经营策略，变行业代理为项目代理，强化公司之间的竞争氛围，降低电台的经营风险。2008 年广告创收 6.2 亿元，比 2007 年增长 12.4%。

2009 年 5 月 8 日，国家广电总局在北京电台举办“广播电视广告经营管理现场经验交流会”。北京电台在会上介绍广告经营和管理经验，并被授予“广播电视广告播放行业自律示范单位”称号。

2010 年，北京电台广告收入 7.12 亿元，保持着自 1997 年以来的省级电台广播广告创收全国第一的地位。

2010 年年底，北京广播公司资产总额约 5 亿元，共有北京广播大厦管理有限责任公司、北京银龙广播电视节目制作有限公司等 11 个控股或独资子公司和机构，公司总部及下属子公司签约员工 800 余人。北京电台初步形成依托主业、整合资源、跨媒体跨地域经营的产业化发展格局。

五、倡导社会公益活动，提升电台品牌形象

北京电台及各专业广播历年来策划和组织多项社会公益活动，在提升电台形象的同时，也取得良好的社会效果。

自 1994 年起，北京电台每年都会组织参加北京市“三下乡”活动和“扶贫济困春风行动”。比如，连年对口扶贫延庆县沙梁子乡。1994 年度、1995 年度，北京电台都被评为“首都文明单位”。

1996 年，北京交通广播发起捐建河北省武邑县“北京的士希望小学”。1999 年，北京交通广播成为“首都创建文明行业示范点”。

2001 年 6 月，北京新闻广播发起并联合北京绿化基金会、内蒙古多伦县人民政府共同开展“治多伦一亩沙地、还北京一片蓝天”大型环保公益活动，历时 8 年共募集捐款 600 多万元，飞播种草 8 万多亩、种植乔灌木 2 万多亩。该活动先后获得“首都精神文明建设最佳活动奖”和“北京奥运会残奥会特别荣誉奖”。

2004 年开始，北京电台对口援建新疆和田希望小学，给予多种形式的帮扶，使学校办学条件逐年改善。

北京电台重视精神文明建设，充分发挥媒体作用，大力宣传社会主义道德风尚，积极投身于各类社会公益事业，社会影响力和公信力不断增强，向全社会展示出“负责任媒体”的良好形象。2005 年，北京电台被授予“全国文明单位”称号，是中央及省级广播电视播出机构唯一获此称号的单位。2009 年，北京电台被评为“第二届全国文明单位”，并获得“全国五一劳动奖状”。

至 2010 年，北京电台已连续 14 年被评为“首都文明单位标兵”。

大事记

1994 年

1 月 1 日 北京电台经营创收改变统一经营的管理办法，实行集中管理、分散经营、分别核算的新办法。新办法规定，创收完成及上缴情况与创收单位工资总额挂钩，大大调动了各专业台的创收积极性，当年创收 2800 万元，比 1993 年翻了近一番。

4 月 1 日 北京文艺台开播。这是 1992 年北京电台规划创办的 7 个专业台中的第 6 个专业台。

7 月 25 日 北京电台台务会决定：要规范专业台，统一起草各专业台办台方针，并要求各专业台严格按办台方针设置节目和严格按节目方针播出节目。此后，每年召开一次专业化办台研讨会。

12 月 1 日 北京教育台开播。至此，北京电台 1992 年规划的 7 个专业台全部建成。

1997 年

是年 北京电台经营创收首次突破亿元。

1999 年

1 月 北京电台试行《北京电台创收奖励办法》，变专业台创收“结余留用”为“结余奖励”“总台整体调控”。鼓励各专业台持久地增加创收、节约开支，保证北京电台广告收入每年稳定增长。

4 月 18 日 北京生活台开播。这是北京电台 1994 年专业化系列台建成后优化频率资源配置、进行频率调整所建立的第一个专业台。

2000 年

1 月 1 日 北京电台开始执行《关于加快干部新老交替工作的有关规定》，推出处级干部退居二线制度。处级干部男满 58 周岁、女满 53 周岁退居二线，保留各项待遇至退休年龄。

3 月 20 日 北京电台印发《北京人民广播电台关于贯彻〈北京市事业单位实行聘用合同制暂行办法〉的实施细则（试行）》等 6 个暂行办法。自 2001 年起，聘用合同制成为北京电台的基本用人制度。

2001 年

8 月 22 日 北京电台官方网站——“北京广播在线”开通。2004 年 3 月 18 日，“北京广播在线”更名为“北京广播网”。

9 月 5 日 《北京人民广播电台处级干部竞聘上岗实施方案》公布，开始在全台范围内全面实施处级干部竞聘上岗。同年 11 月 14 日，《北京人民广播电台科级干部管理与考核办法》颁布，北京电台所有科级干部也由聘任制改为竞聘上岗。

9 月 26 日 北京电台颁布《关于举办名牌节目（栏目）评选活动的办法》。自 2002 年开始，每年评选一次。

11月15日 北京电台颁布《关于开展节目质量考评的实施办法（试行）》。该办法规定：从2002年1月1日起，北京人民广播电台对各专业台节目进行全面质量考评。为此，在总编室设立节目质量考评科，每月提供各专业广播节目质量考评报告。

2002年

1月1日 由于2001年北京申办2008年奥运会成功，北京电台体育广播开播（北京生活广播停播）。这是全国省级广播电台创办的第一家专门从事体育报道的专业广播。直到2010年，体育广播都是北京地区唯一的体育专业广播。

2月10日 北京电台成立研究室。其主要任务是监测国内外广播事业发展、拟订并完成研究课题、编印业务刊物、负责全台听众调查等。

3月21日 北京电台对北京广播发展总公司（1993年3月18日成立）进行重组，将电台各部门所属三产并入其中，成立全资国有的北京广播公司。

2003年

1月8日 在总结2001年北京交通广播通过ISO 9001质量管理体系认证经验的基础上，北京电台决定在全台范围内开展ISO 9001质量管理体系认证工作。同年11月8日，通过方圆标志认证中心的审核，北京电台成为国内同级电台第一家通过质量管理体系认证的广播机构。

1月 北京电台在人事部内增设培训中心，负责全台员工的培训管理工作。

6月16日 北京电台颁布《关于开展“听众喜爱的主持人”评选活动的办法》。从2003年起，每两年开展一次“听众喜爱的主持人”评选活动。

9月1日 北京电台创办的数字电视“动感音乐频道”开播。

11月28日 “国家广电总局北京交通广播工作现场会”在北京电台举行。国家广播电影电视总局副局长胡占凡在讲话时说：北京交通广播发展模式的核心是遵循广播传播规律和市场经济规律，做到了政治家办台、企业化管理、市场化运作。

2004年

1月30日 北京电台颁布《关于开展“听众喜爱的名牌栏目”评选活动的办法》。从2004年起，每两年举办一次“听众喜爱的名牌栏目”评选活动。

1月 为加强听众服务工作，北京电台在总编室听联科基础上成立听众服务中心，并于2005年3月21日开通24小时听众服务热线——65661566。

4月8日 北京电台开始对从事兼职或临时工作的采、编、播人员实行“人才派遣”制度。

5月18日 北京电台新建的7个数字播出机房和1个主控机房启用。从此，北京电台结束了模拟播出的历史。

9 月 15 日 《北京人民广播电台首席记者、编辑、播音员、主持人评聘管理办法（试行）》颁布。同年年底，评出北京电台第一批首席编辑 2 人、首席播音员 1 人、首席主持人 1 人。

9 月 17 日 为适应“新北京、新奥运”（中国申办 2008 年夏季奥运会的口号）战略目标的需要，北京外语广播开播。北京外语广播是全国首家省级电台外语广播频率。

是年 北京电台调整广告经营策略，合理整合广告资源。具体做法是实行全台广告行业代理制，变专业台分别操作为总台集中操作，即统一管理、分散经营，集中操作、分别核算。2004 年广告收入达到 3.8 亿元，比上一年增收 1 亿多元。

2005 年

1 月 1 日 北京电台在职能、技术部门全面实施岗位管理，并为此颁发《北京人民广播电台职能技术部门岗位管理规定（试行）》《北京人民广播电台职能技术部门岗位管理实施办法》《北京人民广播电台职能技术部门绩效考核管理办法（试行）》等与之配套的文件。这次人事制度改革的要点是：按需设岗，薪随岗变，注重绩效。

3 月 1 日 北京城市管理广播开播（北京经济广播停播）。北京城市管理广播是全国第一家以城市管理和服务为主要内容的广播电台。

2006 年

4 月 3 日 中共中央政治局常委李长春到北京电台调研数字多媒体广播发展情况。北京电台数字音频广播自 2005 年 4 月 18 日试播，2006 年 9 月 6 日，北京电台数字多媒体广播开播。

7 月 31 日 《北京人民广播电台节目制作运行机制改革总体方案》颁布。该方案的核心内容是：整合全台人力资源，建立节目制作中心；改革现有的各专业台节目制作运行方式，建立新的充满生机与活力的节目制作运行竞争机制。10 月，节目制作中心成立，举行了 2007 年全台节目评标会，通过招标的形式确认全台下一年节目。

2007 年

11 月 26 日 北京电台颁布《北京人民广播电台知识产权保护暂行办法》，分别从知识产权归属、台内管理机构、奖励与扶持以及法律责任等方面对电台的知识产权相应事宜做出规定。这是电台第一个较为全面的知识产权管理规定。

2008 年

11 月 25 日 北京电台企业文化建设项目成果发布暨实施推进动员大会召开。北京电台企业文化建设项目成果主要包括：北京电台企业文化理念体系；北京电台员工行为规范。随着这些理念和规范的深入贯彻落实，北京电台管理工作由单纯制度管理向制度管理与文化管理并重转型。北京电台企业文化建设项目是 2008 年 6 月 25 日启动的。

是年 北京电台投资兴建的北京广播大厦启用。北京广播大厦拥有面积分别为 1332.84 平方米、638.32平方米、399.90平方米、229.95平方米的4个专业广播电视节目演播室，以及3个专业后期制作机房，可满足高清、标清广播电视节目的制作，演播室同时可提供广播、电视信号的优质传输。除了数字广播电视节目演播和制作，北京广播大厦还具有酒店、写字楼两大业态。2010年，北京广播大厦实现经营收入5100多万元。

是年 北京电台调整经营策略，变行业代理为项目代理，强化公司之间的竞争氛围，降低电台的经营风险。2008年广告创收6.2亿元，比2007年增长12.7%。

2009年

1月1日 首都生活广播调整为北京故事广播。

1月18日 北京电台爱家广播开播。

5月8日 国家广播电影电视总局在北京电台举办“广播电视广告经营管理现场经验交流会”。北京电台、中央电视台、深圳广播电影电视集团分别介绍广告经营和管理经验。这次交流会，旨在进一步加强广播电视广告经营及播放管理，规范广告经营行为，引导电台和电视台拓展经营理念，实现持续健康发展。中央人民广播电台、中国国际广播电台、中央电视台、中国教育电视台以及全国各省、直辖市、自治区广电局纪检组组长、监察室主任和电台、电视台分管广告工作的负责人与会，共计160余人。

2010年

是年 北京电台广告创收7.12亿元，同比增长14%；收入总额8.6亿元，同比增长16%；资产总额达到18亿元，同比增长10%。北京电台广告收入自1997年至2010年连续保持在全国省级广播电台第一的地位。

第一篇

宣传

第一章 广播频率与节目

20 世纪 90 年代，北京电台开路模拟广播采用中波调幅和调频立体声的方式播出。

1990—1994 年，北京电台规划中的 7 个专业广播陆续建成，对外呼号分别为：北京人民广播电台 828 千赫（北京新闻台）、北京经济台、北京教育台、北京交通台、北京文艺台、北京音乐台、北京儿童台，其中北京新闻台是北京电台主体台。7 个专业广播中有 4 个使用中波频率播出，北京文艺台和北京音乐台使用调频频率播出，北京儿童台使用北京音乐台的调频副信道播出。1995 年 6 月 1 日，北京儿童台转为开放频率播出，使用调频 103.9 兆赫。

根据中共中央办公厅、国务院办公厅〔1997〕37 号文件精神和中共北京市委宣传部及北京市广播电视局的要求，自 1998 年 1 月 1 日起，北京电台调整各专业广播的对外呼号。每个专业广播都以各自的广播频率为标志，呼号分别是：北京人民广播电台 828 千赫（北京新闻台）、北京人民广播电台 1026 千赫（北京经济台）、北京人民广播电台 927 千赫（北京交通台）、北京人民广播电台调频 87.6 兆赫（北京文艺台）、北京人民广播电台调频 97.4 兆赫（北京音乐台）；北京儿童台并入北京教育台，呼号为：北京人民广播电台调频 103.9 兆赫（播出教育新闻、专题、儿童、文艺性节目）、北京人民广播电台 603 千赫（播出电大、电中外语讲座及其他教学性节目）。

1999 年 1 月 1 日，北京教育台两个频率的节目合并到中波 603 千赫播出，调频 103.9 兆赫改播北京交通台节目；4 月 18 日，北京人民广播电台 927 千赫（北京生活台）使用原北京交通台的中波 927 千赫开播。北京电台依然是 7 个专业广播，其中 4 个使用中波频率播出、3 个使用调频频率播出。

为解决无线电波受到高大钢筋水泥建筑物的阻挡而影响收听的问题，1999 年 10 月至 2000 年 4 月，北京电台 7 套广播节目陆续用调频信号送入北京有线广播电视网。听众可以通过无线（开路模拟广播）和有线（调频立体声）两种方式收听北京电台广播。

由于广播增加了有线频率，北京电台各专业广播的对外呼号不再适用。为此，2000 年 7 月 12 日，北京电台调整 7 个专业广播的对外呼号："北京人民广播电台 828 千赫"改呼为"北京人民广播电台新闻广播"；"北京人民广播电台 1026 千赫"改呼为"北京人民广播电台经济广播"；"北京人民广播电台 603 千赫"改呼为"北京人民广播电台教育广播"；"北京人民广播电台 927 千赫"改呼为"北京人民广播电台生活广播"；"北京人民广播电台调频 103.9 兆赫"改呼为"北京人民广播电台交通广播"；"北京人民广播电台调频 87.6 兆赫"改呼为"北京人民广播电台文艺广播"；"北京人民广播电台调频 97.4 兆赫"改呼为"北京人民广播电台音乐广播"。随着呼号的改变，各专业广播对开始语、结束语做相应调整。各专业广播的主持人在主持节目时，可简化呼号，并可在后边介绍播出频率，如"北京新闻广播（或新闻广播），使用频率为中波 828 千赫，有线调频 90.4 兆赫"。

2001 年 10 月，北京新闻广播增加一个调频频率——100.6 兆赫；11 月，北京经济广播增加一个调频频率——107.3 兆赫。2002 年 1 月 1 日，北京体育广播使用原生活广播的频率开播。

自 2002 年起，北京电台在北京歌华有线电视网中专门开办 4 套有线调频广播节目：教学广播、古典音乐广播、欧美流行音乐广播、英语广播。2003 年 8 月下旬，北京文艺广播试播文学影视和戏曲曲艺两个有线广播。

自 2003 年起，北京电台在北京歌华有线电视网数字平台试播有线数字广播节目。

2004 年 1 月 1 日，首都生活广播使用原教育广播的频率开播。北京音乐广播于同年 5 月 1 日开播两个有线广播频道——轻音乐广播和亚洲流行音乐广播，试播一个爵士乐数字广播频道——爵士音乐广播。

2004 年 9 月 17 日，北京外语广播开播，使用中波 774 千赫、有线调频 97.8 兆赫和有线调频 99.4 兆赫 3 个频率播出。至此，北京电台拥有 8 个专业广播，共办有 8 套广播节目。2004 年年底，北京电台在北京歌华有线电视网共播出 15 套有线调频广播，同时播出 15 套有线数字广播节目（不含试播的爵士音乐广播）。

2005 年 1 月 17 日，北京体育广播增加 1 个播出频率——调频 102.5 兆赫。2005 年 3 月 1 日，北京城市管理广播开播，使用原经济广播的频率播出。

2006 年 9 月 6 日，有线亚洲流行音乐广播和有线轻音乐广播的名称和呼号分别调整为欢乐时光广播和怀旧金曲广播。

2007年11月1日，北京城市管理广播更改呼号为“北京人民广播电台城市服务管理广播”，播出频率未变。

2008年1月1日，有线文学影视广播改名为“长书广播”。

2009年1月1日，首都生活广播调整为“北京人民广播电台故事广播”。同年1月18日，爱家广播（中波927千赫，有线调频92.7兆赫）开播。至此，北京电台共有9个专业广播：新闻广播、城市服务管理广播、故事广播、交通广播、文艺广播、音乐广播、体育广播、外语广播、爱家广播。因爱家广播使用体育广播的有线调频频率，体育广播不再通过有线调频播出，但在有线数字平台播出。

2010年，北京电台拥有9套开路广播节目，减去停机检修的时间，平均每天播出188小时；在北京歌华有线电视网上每天播出15套有线调频广播、16套有线数字广播，全天播出339小时（每套节目不重复计算）。

表1–1　北京电台2010年9套开路广播一览表

呼号	播出频率	全天播出时段及时长
北京人民广播电台新闻广播	中波828千赫，调频100.6兆赫	0:00—24:00 24小时
北京人民广播电台城市服务管理广播	中波1026千赫，调频107.3兆赫	5:00—次日1:00 20小时
北京人民广播电台故事广播	中波603千赫	5:00—次日1:30 20小时30分钟
北京人民广播电台交通广播	调频103.9兆赫	0:00—24:00 24小时
北京人民广播电台文艺广播	调频87.6兆赫	0:00—24:00 24小时
北京人民广播电台音乐广播	调频97.4兆赫	0:00—24:00 24小时
北京人民广播电台体育广播	调频102.5兆赫	5:00—24:00 19小时
北京人民广播电台外语广播	中波774千赫	6:00—24:00 18小时
北京人民广播电台爱家广播	中波927千赫，调频92.7兆赫	5:30—24:00 18小时30分钟

第一节　北京经济台　北京城市管理广播

北京经济台

1990 年 8 月 6 日，北京电台经济广播（以下简称“经济广播”）开始播音，标志着北京电台拉开以建立专业化系列台为龙头的宣传体制改革的序幕。经济广播从诞生到 2005 年 3 月 1 日停止播音的近 15 年间，经历多次节目调整，其对外呼号、节目设置、社会影响都发生很大变化。特别是 2000 年之后，其办台宗旨和办台方针也发生不同程度的变化。

一、频率与呼号

经济广播创办之初的名称为“北京人民广播电台经济台”，对外呼号“北京经济台”，使用频率是中波 1026 千赫，全天播音 11 个小时。1994 年，经济广播全天播音 14.5 小时。

从 1998 年 1 月 1 日起，经济广播的呼号由“北京经济台”更改为“北京人民广播电台 1026 千赫”，全天播音 17 个小时。1999 年 10 月，经济广播增加有线调频 91.9 兆赫。2000 年 7 月 12 日，经济广播的呼号调整为“北京人民广播电台经济广播”，全天播音 18 小时。从 2001 年 12 月 17 日起，经济广播的节目同步在调频 107.3 兆赫播出，实现双频无线播出。

2002 年 5 月 1 日至 2004 年 12 月 31 日，经济广播全天播音 19.5 小时。2005 年 1—2 月，经济广播全天播音 19 小时。

2005 年 3 月 1 日，经济广播停播，其所用频率改播北京城市管理广播的节目。

二、宗旨与方针

经济广播是北京电台专门从事经济宣传的专业广播，也是北京电台探索宣传改革建立的第一个专业台。本着“以经济宣传为主，为繁荣首都经济服务”的宗旨，经济广播以“大众、信息、服务、娱乐”的方针设置节目。1994 年以前，经济广播的节目调整都是围绕着加强经济领域的宣传，增设版块节目和下设栏目。

1994 年下半年，北京电台要求各专业台必须严格“按办台方针设置节目”。经济广播对节目进行调整，强化经济专业特色。其办台宗旨是“繁荣经济，服务大众”。主要任务是宣传党在经济工作中的理论、路线、方针、政策；报道经济新闻，传播经济信息，提供经济知识，引导社会经济生活；贯彻以经济建设为中心的党的基本路线，为发展和繁荣首都北京的社会主义市场经济服务。

2000 年，经济广播由原来的以经济宣传为主转向以财经宣传为主，大大加强对股市、汇市、证券三个方面内容的宣传。经济广播的宣传语为“炒股，炒汇，请听 AM 1026”。

2003 年，经济广播频率定位调整为“百姓的财经·生活频率”。

2004 年 6 月，经济广播定位从专业的财经生活频率转向满足都市人群更为广泛需求的“生活经济”频率。经济广播的财经专业特色不变，同时以“关注人们的生活品质”为基本内涵，聚焦通过合理消费和正确理财来提高生活品质，形成一整套“生活经济”节目。

三、节目设置与调整

1992 年以前，经济广播全天节目设置以新闻和信息为骨架，逢整点播 5 分钟的经济新闻，逢半点播 5 分钟的经济信息，全天共播出 21 次；在早、中、晚等时间段设《北京早晨》《午间时光》《金色夕阳》《共度今宵》四大版块节目，周日设《星期天特别节目》版块。1992 年 1 月，在午间增加《经济大世界》版块；1993 年 8 月，在早间增设《1026 新闻一小时》版块。

1994 年，经济广播的节目布局大致为：周一至周六，逢整点播出经济新闻，逢半点播出经济信息，全天编发 7 套经济新闻、11 套经济信息。早间时段设立以报道新闻为主的《1026 新闻一小时》，上午时段设立以新闻性专题节目为主的《北京早晨》、以报道经济生活为主的《经济大世界》，午间时段设立以轻松娱乐为主的《午间时光》，傍晚时段设立以生活服务为主的《都市生活》，晚间时段设立以文化娱乐为主的《共度今宵》等六大版块。周日设《1026 新闻一小时》和《星期天特别节目》。在这些大版块节目中，设有 70 多个小栏目。

1994 年以后，经济广播的节目每年均有不同程度调整，10 年间共做了 17 次调整。

1996 年 9 月 25 日，经济广播全面改版。这次调整本着强化经济功能的主旨，全新布局，力求更广泛地反映经济、更专业地指导经济、更直接地服务经济。在节目设置上突出经济重点、解决生活难点、抓住社会热点，全方位覆盖社会经济生活的各个领域。

经济新闻类节目强化专业指导功能，《1026 经济新闻》节目被取消，开办午间一小时的《1026 午间报道》，内容涵盖国内外重大经济新闻、经济现象透视分析、经济政策权威访谈，追踪公众关注热点的专题类节目比例加大。

经济信息类节目围绕大市场概念，发布综合及专业信息、市场分析、商场预测等。《经济信息晨报》开设《商情快讯》《供求热线》《排行榜》《行业政策》等栏目，《隆福直播室》改为《广播商场》，商业特色更加鲜明；《财经波段》节目时长为 2 小时，其栏目包括《九州证券》《明珠期讯》《银行专线》《今日保险》《财经时评》等。调整后，节目强化了直接服务功能，如为企业提供专利推荐、招商引资、寻项转让机会，为百姓提供市场导购及生活消费引导等。

北京经济台节目时间表

表 1-2

（1996 年 9 月 25 日起实行）

时间	周一至周六			周日
5:55	开始曲　预告节目			周日节目 6:25 开始曲
6:00	京华晨曲　天气预报			
6:30	转播中央人民广播电台《新闻和报纸摘要》节目			
7:00	转播《北京新闻》节目			
7:20	消费者热线（65159043）			
7:30		经济信息晨报	天气与交通　排行榜　行业政策 商情快讯　生活与消费　供求热线	
8:00		阳光时段	记者调查　众说纷纭　做客直播室 动物乐园　家居顾问	朝日新语 （市场经纬） （热线传真） 电脑波段 国安综艺 万家同乐 （正午来客） （健康顾问）
9:00	信息	广播商场	亲情热线　汽车沙龙　健康绿洲 幸运大转盘　时尚工作室	
11:00		幸　运　之　声		
12:00		1026 午间报道	要闻简报　记者观察　每日电讯　信息快报 焦点时空　消费者热线（65159043）　经济半月谈	
13:00	信息	三人工作室	芳香午茶　广播集邮杂志 帮你办专线　朗读园地　好书新书介绍	好丽声音乐 之　窗
15:00		健　康　乐　园		
16:00	新闻	财经波段	九州证券　银行专线　财经时评 明珠期讯　今日保险　维娜信箱	相约在假日
18:00	新闻	都市生活	温馨家庭　银联信息桥　导游风景线 美食沙龙　电话通　街谈巷议　人人健康	轻松时刻
19:00	信息	时尚博览	音乐磁场　真情传递　流行总汇 健美维纳斯　芙蓉装苑　美丽美食	周日经贸
20:00	新闻	女友俱乐部 （周一、周三、周五）	女人的故事　两心对话　伊人健身房 后先生信箱　汇心茶室　多彩窗棂	爱心 1026
		夜海星光 （周二、周四）	走近自然　电脑波段　生活导航	空中鹊桥
		赛特俱乐部 （周六）	娱乐信息　温馨时刻　休闲时光　幸运抢答	今夜合家欢
21:00	信息	休闲港湾	休闲岛论剑　情感夜班车　空中咨询 球迷俱乐部　快乐街车	
22:00	新闻	人才大市场 （周一、周二、周三）	人才星座　人事动态　招聘信息 为你咨询　求职心声　人才需求排行榜	重播空中 鹊　桥
		缤纷四季 （周四、周五、周六）	谈心亭　好心专递　大方的木头人　科苑四季屋	
23:00		今夜北京	先听为快　全情投入　北京人百姓事　席殊书屋	周日播音 结　束
24:00		全　天　播　音　结　束		

以1996年9月这次全面调整为契机，到1999年，经济广播按北京电台专业化办台的思路，又进行3次大幅度调整，每次调整都强调节目突出经济特色，撤销与经济无关或与经济关系不大的节目。一大批有经济特色的节目受到听众欢迎，如《焦点时空》《消费者热线》《百姓物品交换站》《广播商场》《人才大市场》《营销新航线》《财经波段》《财经时评》《财经报道》《股市快讯》《1026友人服务快线》《市情民意直通车》等。

到1999年，经济广播全天17个小时的节目中，有近14个小时是经济、新闻及生活服务类的内容。此外，晚间休闲娱乐的小说连播节目也融入经济色彩，被打造为涉及经济类话题的《社会·财经系列小说连播》。

这一阶段，经济广播的风格和定位鲜明起来，形成宏观经济与微观经济相结合的立体宣传格局，并形成整体频率的经济专业化特色。

2000年，经济广播由经济宣传转向财经宣传，以财经节目为布局重点，对节目设置进行全面结构性调整，内容开始纵深转向金融、股市、汇市等专业经济领域：

将新闻节目大幅度收缩，原来每逢整点播出的招牌节目《经济新闻》被取消，改为《即时行情》。全天只留下唯一的一档新闻节目《新闻1026》。

同时，经济类节目推出6档新节目，除去每周六播出的《首都经济论坛》外，其余5档全部是财经节目。其中的《即时行情》全天播出11次，滚动播出，每逢整点都可以听到最新的经济信息，特别是投资者关注的外汇市场的最新报价、世界主要股市的即时行情、国内沪深股市的大盘指数。

《国际汇市报道》是经济广播与美国桥讯财经公司和美国道琼斯通讯社合作制作的财经新闻和市场评论，以及国际外汇市场和股票市场的即时行情，全天播出3次，早间版7:40、午间版14:05、晚间版22:05，在东京、纽约、伦敦外汇市场闭市的第一时间做出报道分析。

《股市热线》是股市时评，在股市交易进行的时段中，请专家分析评论，突破了同类节目在交易结束后再行评论的“事后诸葛亮”模式。

《今日证券》《股市沙龙》是股评专家参与的节目，将大盘走势和利多利空消息的背景资料及证券市场动向进行分析，既做投资者的参谋，又帮助听众掌握投资技能。《今日证券》每周一至周五16:00播出，19:00重播;《股市沙龙》每周六16:00播出。

这些新节目，加上周一至周五11:00播出的原有专题节目《财经报道》，财经节目全天播出时间达6个小时。

2001年，为强化股市、汇市特色，经济广播增设《个股点播台》《股市大家谈》《股友家园》《投资理财周刊》《中国上市公司》等一批节目，使2001年财经节目的播出时长增加到全天近7个半小时，这样的调整使股市、汇市等证券理财内容愈加凸显。同时，也带来一定的负面影响，使得经济广播受众面变窄，收听总量过低。

为改变受众面窄化、节目结构不尽合理的现状，2002年，本着提供多领域信息服务并增加休闲娱乐的思路，经济广播在房地产、电信、汽车、旅游等领域推出多档信息服务类节目。除继续办好《全国旅游广播网》节目，还推出《动感时刻》《快乐大转盘》《新闻串串烧》《非常约会》《茶余饭后》《都市财经俱乐部》等一批轻松休闲的娱乐节目，将其穿插于全天财经节目之间，目标受众群依然为都市财经人。调整之后，全天财经节目的播出时长比2001年减少45%。

2003年，经济广播将中波1026千赫定位为“百姓的财经·生活频率”，增加生活服务和娱乐类节目。为此，经济广播设置全天播出8次的《半点生活信息》节目，并设置行业信息服务节目，比如以汽车行业为主要内容的《流动风景线》，以房地产为主要内容的《幸福家园》，以音乐出版市场为主要内容的《音乐热卖》等；在保持原有的《百姓物品交换站》《空中鹊桥》《快乐大转盘》等节目基础上，开设《畅游天下》《电影空间站》《开心巧克力》等节目。经过调整，财经节目除保留一些名牌节目外，在9点增加一档60分钟的包括综合新闻、专业财经新闻、股市开盘信息的节目《财经早九点》，并将《国际汇市报道》节目扩展为早上、下午、晚间、午夜4次播出。同时，为普通百姓的理财投资开设《投资万事通》节目，分为下午版和晚间版。

2004年6月，经济广播再次对频率定位和节目设置进行重大调整，从专业的“财经生活”架构，转向适应更多都市人群需求的“生活经济”架构。调整方向是，以关注北京市民物质生活状态为主，兼顾精神生活需求，为其提供生活经济信息服务，营造人性化的交流平台，帮助市民提高生活品质。

为此，经济广播推出一批相应的节目，如大型消费体验类节目《生活三十六计》，针对都市人群生活的《娱乐七十二变》《三人当家》，专门为生活、工作在北京的外来人口打造的谈话节目《人在北京》等。听众喜爱的传统栏目《消费者热线》增加了播出时间，扩大了服务范围。

调整之后，经济广播加大经济生活类新闻的报道力度，并推出新闻版块《阳光前线》，分上午和下午两次播出。同时，《生活经济资讯》节目全天13次播出，围绕北京市民的生活，及时播发相关的新闻和服务信息。财经方面，保留了一些深受投资者欢迎的专业财经节目，如《国际汇市报道》《股市热线》《股市大家谈》等，全天财经节目时长在4.5个小时左右。

2004年，经济广播全天播音19.5小时。2005年停播前，经济广播全天播音19小时。

北京经济广播节目时间表

（2005 年 1 月起实行）

表 1–3

<table>
<tr><th>时间</th><th>周一至周五</th><th>周六</th><th>周日</th></tr>
<tr><td>5:50</td><td colspan="3">开始曲，预告节目</td></tr>
<tr><td>5:55</td><td colspan="3">清晨话养生</td></tr>
<tr><td>6:30</td><td colspan="3">转播中央台新闻和报纸摘要</td></tr>
<tr><td>7:00</td><td colspan="3">阳光前线资讯通</td></tr>
<tr><td>7:30</td><td colspan="3">国际汇市报道</td></tr>
<tr><td>8:00</td><td colspan="3">消费者热线 65159043</td></tr>
<tr><td>8:30</td><td colspan="3">健康与生活</td></tr>
<tr><td>9:30</td><td>股市热线</td><td></td><td></td></tr>
<tr><td>9:45</td><td>电影百年放歌</td><td></td><td></td></tr>
<tr><td>10:00</td><td>生活三十六计</td><td></td><td></td></tr>
<tr><td>11:00</td><td></td><td>全国旅游广播网</td><td></td></tr>
<tr><td>11:45</td><td>今日有约</td><td></td><td></td></tr>
<tr><td>12:00</td><td colspan="3">消费者热线 65159043</td></tr>
<tr><td>13.00</td><td colspan="3">财迷</td></tr>
<tr><td>14:00</td><td colspan="3">健康与生活</td></tr>
<tr><td>15:00</td><td>阳光前线榜中榜</td><td></td><td></td></tr>
<tr><td>15:30</td><td>国际汇市报道</td><td>安全新干线</td><td>理财万事通</td></tr>
<tr><td>16:00</td><td>股市大家谈</td><td>股市三人行</td><td></td></tr>
<tr><td>17:00</td><td colspan="3">娱乐七十二变</td></tr>
<tr><td>18:00</td><td>中国财经 60 分</td><td>首都经济论坛</td><td>欢乐财经 6+1</td></tr>
<tr><td>19:00</td><td colspan="3">生活帮助热线</td></tr>
<tr><td>20:00</td><td colspan="2">人在北京</td><td>老式汽车</td></tr>
<tr><td>21:00</td><td>老年之友</td><td>开心巧克力</td><td>广播之友</td></tr>
<tr><td>21:30</td><td>国际汇市报道</td><td>普通话沙龙</td><td>七台联播</td></tr>
<tr><td>22:00</td><td></td><td colspan="2">汇市大家谈</td></tr>
<tr><td>23:00</td><td colspan="3">生活港湾</td></tr>
<tr><td>0:00</td><td colspan="3">财迷（重播）</td></tr>
<tr><td>1:00</td><td colspan="3">全天播音结束</td></tr>
</table>

四、社会影响

经济广播 1990 年开播，引发广播“热”的社会文化现象。一时间，收音机成了商场的俏销货；其台歌《永远是朋友》迅速在社会上传唱开来。据北京市统计局的抽样调查，经济广播开播三个月的收听率达到 76.7%。

1993 年之后，随着北京电台另外 6 个专业广播的陆续开播，经济广播大版块的节目设置、主持人直播、开通热线电话、听众参与广播等方面的优势受到挑战，并同其他专业广播形成明显的竞争格局。1994 年之后，经济广播听众开始分流，收听率明显递减。听众调查显示，1994 年经济广播的整体收听率为 36.01%，在 7 个专业广播中排名第四位。从 1995 年起至 1998 年，经济广播连续 4 年在北京电台 7 个专业广播中排名第五位。

自 1999 年起至 2003 年，经济广播连续 5 年在北京电台 7 个专业广播中排名第六位。这期间，经济广播的主要听众为离退休人员、一般职工、专业及技术人员、企业管理人员等。有关调查显示：北京地区的 16 家主要广播频率，在最经常收听的频率和听众覆盖率排名方面，经济广播排名第 11 位（2002 年）和第 10 位（2003 年）。

为扩大社会影响，提升经济广播的公众形象，从 2000 年起，经济广播根据自己专业频率的特点，在社会经济领域开展了一系列活动。

2000 年 6 月上旬，在全市媒体中第一家组织了大型投资理财咨询日活动；全市主要的几家大银行、保险公司、证券公司等踊跃参加，财经金融方面的专家顾问在现场与投资者交流，短短两个多小时，七八千人顶着烈日参加咨询。此后，经济广播每年第二季度都要组织北京各金融机构举办“投资理财咨询日”活动。

2000 年 6 月，北京经济广播开办 1026 投资理财学校，该投资理财学校举办的各种股市报告会、汇市报告会、股民见面会等，深受股民听众欢迎。

2000 年 8 月 28—29 日，2000 年北京经济论坛举办

在经济广播组织的社会经济活动中，最具社会影响力的当属“2000 年北京经济论坛”。该活动由经济广播发起并与北京市政府政策研究室、北京市发展计划委员会联合主办。论坛于 8 月 28—29 日在北京翠宫饭店举行，有 2000 多人参加本届论坛活动。

该论坛围绕“北京率先基本实现现代化的战略选择”这一主题，有近百名经济学界专家学者、知名企业代表及有关政府部门人士发言，在 8 个分会场就北京市政府、北京市民关注的八个方面热点问题进行广泛的研讨，取得一批有价值的研究成果。论坛结束后，其优秀学术成果被汇编为《北京经济论坛蓝皮书》，供政府领导和经济决策部门及社会各界参考。

“2000 年北京经济论坛”活动期间，经济广播打破原有节目安排，全程报道论坛情况，30 多家新闻单位进行了报道。市委宣传部新闻阅评组《新闻阅评情况》第 50 期对《2000 年北京经济论坛》特别节目给予高度评价。

"北京经济论坛"的主题，是根据当年首都社会经济发展的中心工作，以及社会经济发展中最关键性的、最迫切需要解决的重大问题而确定。论坛邀请国内经济理论界的一流专家学者、国内外知名企业家、党和政府的高层领导参加，共商首都经济发展大计，在北京经济界受到广泛关注。此后两年，经济广播联合北京市委、市政府有关部门和北京其他新闻媒体等又举办"2001 年北京经济论坛""2002 年北京经济论坛"，主题分别为"新奥运新北京——北京迈向现代化国际大都市"及"建设新北京、办好新奥运——机遇与发展"。

从 1994 年到 2005 年的 11 年间，经济广播打造出一大批在社会上有着广泛影响的节目，如《1026 新闻一小时》《消费者热线》《市情民意直通车》《空中鹊桥》《隆福直播室》《百姓物品交换站》《首都经济论坛》《股市大家谈》《名人访谈》《中国财经 60 分》等。

五、经济广播部分节目介绍

1.《1026 新闻一小时》

节目方针（1993—1994 年）：反映宏观经济动态、关注百姓经济生活的综合专题新闻版块节目。其主导思想为，树立"大经济观"，将经济宣传与整个经济形势、社会生活相沟通，力求在经济宣传上形成规模。

播出时间：周一至周日 7:00—8:00 播出、10:00—11:00 重播。

下设栏目:《要闻短波》《背景新闻》《新闻综述》《经济快讯》《快讯追踪》《今日点评》《经济台专访》《1026 传呼》《环球人物》《天气与交通》等。

质量要素：以经济报道为主，突出新闻特色和北京特色；经济新闻及经济动态信息的选取，立足北京，兼顾国内国际。消息来源为首都各主要报刊、地方代表性报刊、中国国际广播电台和各地方广播电台提供的专讯，以及本台记者采写的稿件。节目采取直播的方式，体裁包括消息、综述、特写、评论、背景报道、热线电话、新闻分析等多种形式；其消息来源不少于 6 家媒体，每套节目播发新闻不少于 40 条；24 小时以内新闻占全部新闻的 1/3 以上。每套节目需有本台记者或主持人采制的文字报道或音响报道。

《1026 新闻一小时》1993 年 8 月 6 日开播，内容覆盖社会生活与经济生活的广泛领域，形式新颖，强调时效与信息量，信息来源广，传递节奏快。其中,《要闻短波》报道国内外每天发生的重大事件;《经济快讯》报道国内外与经济有关的最新消息;《快讯追踪》对较重要的经济动态进行深入及时的跟踪报道;《今日点评》选择热点问题请本台特约评论员进行点评分析;《经济台专访》对经济建设中的热点难点问题及政策性较强的问题进行独家专题采访;《1026 传呼》听众可通过热线电话将身边发生的具有新闻价值的事件及时传递给电台，电台也可对重要新闻线索派记者跟踪采访；《环球人物》着重介绍与新闻事件有关的人物，以人物背景和人物特点为主；《天气与交通》报告早6点发布的气象信息和交通情况。

该节目与其后的两个新闻性经济专题版块《北京早晨》和《经济大世界》搭界衔接，互为补充，形成经济广播全天经济宣传的主要时段。

1994年的听众调查显示，该节目进入北京电台收听率最高的前40个节目之列，是经济广播的骨干节目。

此后，该节目先后多次调整。1995年1月1日，《1026新闻一小时》播出时长缩减一半，更名为《经济新闻半小时》。

1996年年初，该节目更名为《1026经济新闻》，每天7:00—7:30播出、10:20—10:50重播，调整添加《经济视点》、《消费者热线》（3825588呼1026）等栏目；力求树立经济报道的准确性和权威性，并逐步形成特色。同年9月25日，本着经济新闻类节目强化专业指导功能的思路，该节目退出早间时段，改为午间播出，名称变更为《1026午间报道》，播出时间延长为1小时，内容包括国内外重大经济新闻、经济现象透视分析、经济政策权威访谈；栏目有《要闻简报》《每日电讯》《焦点时空》《记者观察》《消费者热线》《经济半月谈》等，追踪热点的专题类节目比例加大。

1997年10月20日，该节目再次缩短为半小时（12:00—12:30）。

1999年1月1日，该节目更名为《新闻1026》，每天播出。

2000年，经济广播以财经节目为布局重点，转向金融、股市、汇市等专业经济领域。经过“经济台是否还要做新闻节目”的争论之后，取消整点播出的《经济新闻》，保留了午间半小时的《新闻1026》。2000年1月1日起，该节目压缩为周一到周五播出，成为全天唯一留下的一档新闻节目，主要栏目有《经济要闻》《记者观察》《报纸经济报道导读》，以及《消费者热线》提供的《热线追踪》等。

2001年12月17日，该节目被取消，相关内容被分解到其他节目中。

2.《消费者热线》

节目方针：利用大众传媒的舆论监督作用，在消费者和生产者、经营者以及管理者之间搭起一座沟通的“桥梁”。把宣传相关法律法规与宣传消费科学知识和新的道德风尚结合起来，提高消费者的素质，推动市场行为的规范。

播出时间：周一至周六7:00—7:15首播、19:45—20:00重播。

下设栏目：《消费前沿》《记者报道》《热线传真》《听众观点》《消费常识》《维权常识》《黄牌提示》《给您提个醒》《追踪报道》《热线回音》《编辑点评》《法律这样说》《记者调查》等。

质量要素：周一至周六，每次节目不少于3个栏目。其中必播的栏目有《热线传真》和一个反馈性栏目，节目中电话录音不少于4个。遇有较重大的题材需要贯通节目除外。

周日播出30分钟的《消费者热线特别节目》，它是《消费者热线》的展开版，为一周重要内容回放；12:00—12:30首播，次日0:30—1:00重播。在形式上根据节目需要随时增加现场直播和录音专访类，可以用音乐、歌曲适当调节气氛。

1996年1月1日，《1026经济新闻》节目开设消费者热线"3825588呼1026"，值班电话为65159043。它以反映消费者意见和呼声为主要内容，以舆论监督的方式维护消费者合法权益，并根据案例宣传相关的法律法规。同时，为当时的新闻节目提供新闻线索。该栏目最初时长为3~5分钟。同年9月增加到每次10分钟，单独挂牌播出。1998年以后为15分钟。

《消费者热线》反映的都是百姓生活，小到油盐酱醋茶，大到几十万元的商品房；从消费矛盾到居住环境，从个人生活到公众利益，包罗万象。节目开办之初，《中华人民共和国消费者权益保护法》刚刚实施两年，我国经济正处于计划经济向市场经济转轨阶段，社会上假冒商品猖獗，政出多门造成市场管理效率不高，相关法规不能很好地保证消费者的利益，消费环境亟待改善。随着"维权"呼声不断高涨，消费者与生产者、经营者甚至管理者之间出现很多矛盾。在诸多矛盾中，有些是消费者通过消协组织解决的，有些是通过法律诉讼解决的，但还有相当数量的消费申诉"投诉无门"而得不到解决。《消费者热线》为广大消费者提供了一个能够反映问题的地方，自然也就成为听众关注的焦点。节目开播的当年，就接听投诉电话近万次，播出2000余条，反馈解决500余件，深得听众好评。1996年度《消费者热线》被评为北京广播奖的"优秀栏目"。

随着节目影响力的不断扩大，为消费者解决问题的比例也在提高；这使得越来越多的听众把这个节目当作生活中不可或缺的信息渠道和"保护神"。2001年度至2004年度的《消费者热线》都被评为北京电台的"名牌栏目"，还曾获得2002年度北京广播奖栏目奖（二等奖）及2003年度北京广播奖栏目奖。9年时间里，该节目数次改版，根据不同时期宣传口径、维权工作特点和听众的投诉热点开设栏目，调整播出时间及时长。

2005年3月1日，经济广播停止播音，《消费者热线》同日停播。2006年3月1日，该节目在首都生活广播恢复播出。

3.《市情民意直通车》

节目方针（1998年）：注重宣传北京市委、市政府的方针政策和改革措施，反映政府为群众办实事的具体工作内容及风貌；及时沟通政府与市民的联系，反映市情民意，体现新闻媒体的监督职能。

播出时间：周日12:30—13:00。

下设栏目：无。

质量要素：该节目由经济广播与市政府"市长电话"合办，是"市长电话"的延伸。节目要坚持正面宣传报道，围绕改革、发展、稳定的大局做文章，突出权威性、导向性。报道热点问题要有典型性、普遍性，具有广泛的群众基础，同时深入实地采访，做深层次、多角度的报道。市民呼声与政府相关部门的举措，要有来有往，上下贯通，既报喜也报忧，解疑释惑，推进工作。

《市情民意直通车》1998 年 3 月 22 日开播。该节目是在市委、市政府的有关领导李志坚、龙新民、杜德印等以及市政府信访办的支持下开办的；是由经济广播与市政府信访办、市政府“市长电话”共同策划推出的节目。市政府各相关职能部门通过热线电话现场办公，与市民直接交流意见。

节目注意把市民反映的热点和政府工作重点结合起来，对市民关心的再就业、环境污染、违章建筑、社会治安、危电改造、居民出行、劳动保障，以及住房制度改革、医疗制度改革等问题及时给予解答，使政府部门与市民沟通交流，最后取得理解，达成共识。节目播出后，在社会上引起强烈反响，许多市民打来电话或写信对该节目的开播表示肯定并提出建议。

开播第一年，节目播出“市长电话”47 期，现场接听处理热线电话 300 余个，解决问题近百件。有市民来电称，《市情民意直通车》搭建起一座市政府与市民的“连心桥”。

1999 年 5 月 23 日，经济广播与北京新闻广播又同市信访办和市长电话联合推出新版《市情民意直通车》直播版块，并将节目调整为每星期日的午间在经济广播和新闻广播同时播出。

1999 年，在节目中市民反映的意见和建议被写入《市长电话要情》，报送市领导，引起市委和市政府领导高度重视，并及时责成有关部门办理。比如：市委书记贾庆林对市民反映的治理汽车尾气中出现的问题批示：要尽快研究改进，标准要统一。对车检、发证、安装尾气处理装置等都要提供优质服务，方便用户，不乱收费，爱护人民群众积极参与治理大气污染的积极性。市长刘淇在群众要求坚决拆除违章建筑问题上批示：对违章建筑拆除后又建的顶风作案者要严肃处理；谁批就撤谁，以表示政府的决心。

市信访办表示：《市情民意直通车》话题贴近市民生活，加强了市政府与市民的沟通联系；发挥了新闻媒体的舆论监督作用，促进了政府职能部门改进工作作风，克服官僚主义，提高工作效率，树立了人民政府为人民的良好形象。

2000 年 1 月 1 日，《市情民意直通车》播出时间调整为 12:00—12:30。

2001 年 12 月 17 日，该节目停播。

4.《首都经济论坛》

节目方针：探索企业发展之路，解析各种经济现象，评说当前经济热点，关注百姓经济生活。力求高雅话题通俗化，重大经济话题轻松化。

播出时间：周六 12:00—13:00，次日 0:00—1:00 重播。

下设栏目：无。

质量要素：每期节目至少有 1 名嘉宾与主持人对话，主持人与嘉宾对话中的提问不得少于 6 次，视话题内容接听听众热线，热线比例不超过节目时间的 30%。

《首都经济论坛》2000 年 1 月 1 日开播，是一档关注社会经济热点，透视社会经济现象，注重政策性和权威性的专题访谈直播节目。播出时间是周六 11:00—12:00，重播 21:00—22:00。2001 年重播改为 20:00—21:00，2002 年首播调整为 12:00—13:00，2003 年晚间重播推迟为次日 0:00—1:00。

该节目开办 5 年多时间，播出内容具有较强的专业性与权威性，并具有鲜明的指导性。主持人通过对话访谈的形式邀请专家学者与业内人士，或做论述评析，或做经验点评，以深刻的内涵、权威的分析、鲜活的观点吸引了一批有一定经济基础与理论功底、关心首都经济发展、年龄在 35～65 岁的听众群，并在他们当中引起了共鸣。从 2003 年起，该节目在选题方面以力求贴近百姓生活为宗旨，特别关注与百姓经济生活关系密切的话题。

《首都经济论坛》获 2002 年度北京广播奖栏目二等奖。

2005 年 3 月 1 日，经济广播停止播音，《首都经济论坛》同日停播。

5.《股市大家谈》

节目方针：通过和投资者的交流，使人们更多地了解我国宏观经济的运行趋势以及更好地把握证券市场。

播出时间：周一至周五 16:10—16:58。

下设栏目：无。

质量要素：开通热线，每次节目接进 5～7 名参与听众。

《股市大家谈》2001 年 1 月 1 日开播。该档节目是为强化经济广播频率的财经内容，突出股市、汇市特色而开设。该节目最初创办时的宗旨是，开辟一个时间和空间，由专业人士和股民通过热线电话共同探讨当日股票市场走势和市场热点话题；播出时间为周一至周六。从 2003 年起，节目方针做了部分调整，播出时间改为周一至周五。它采用主持人直播形式，专家与股民互动探讨，深受股民听众喜爱，并拥有一批忠实度很高的听众群体。

2005 年 3 月 1 日，经济广播停止播音，《股市大家谈》节目移至北京城市管理广播继续播出。2006—2010 年，《股市大家谈》是城市管理广播《财富星空》节目的下设栏目。

6.《全国旅游广播网》

节目方针：融旅游知识、旅游文化、旅游时尚、旅游信息于一体的娱乐休闲综合版块节目。主要内容由全国旅游广播网 12 家成员台联合制作，力求以新颖的形式传播各地最新、最有价值的旅游信息。

播出时间：周一至周五 17:30—18:00，周六 11:00—12:00。

下设栏目:《全国旅游广播网旅游信息》《休闲时尚》《人在旅途》《海外传真》《快乐航线》《出游策划》《旅游手册》《全国旅游广播网专题》《全国旅游广播网特别节目》等。

质量要素：节目采取编辑、采访、嘉宾访谈相结合的方式；节目采访量占 30%，编辑量占 70%，纯音乐占适当比例。

该节目由北京经济广播和北京市旅游局发起主办，并于 2001 年 3 月 18 日，与来自全国 11 个省市（上海、天津、重庆、江苏、陕西、山西、山东、哈尔滨、安徽、甘肃、辽宁）的广播电台及旅游局，在北京签订联合协议，成立“全国旅游广播协作网”，共同制作该档大型旅游节目。

该协作网成立的宗旨，是利用广播联网互动传播的优势，通过与旅游管理部门的合作，在旅游企业与媒体之间建立一个联通渠道，实施跨地域推介旅游资源和旅游产品；为听众及时提供最新的旅游信息，促进旅游业发展。

《全国旅游广播网》2001 年 4 月 28 日开播，多地联合，利用统一的节目时间，各成员电台联合播出一套节目，实现资源共享。这种合作形式，使节目制作成本大幅度降低。由于采用交互式电话会议系统，每期节目的话费在千元左右，各地电台轮流制作，每家只需制作一期节目，便可得到其他成员制作的十几期节目。《全国旅游广播网》节目成为国内广播界影响力最大的专题旅游节目。这种多台同时直播、相互联动的节目形式，在我国广播界还是首次。

开播第一年,《全国旅游广播网》播出的《圣火点燃的地方——中华世纪坛》《两山一湖看安徽》《皇家最大园林——华清池》《秦兵马俑》等一批节目，因其情景交融、文化内涵丰富，获得专家的好评。同时，各地大型旅游资源推广活动的现场报道，如“北京国际旅游文化节”“南京盛装迎华商”“山东青岛啤酒节”“甘肃香巴拉旅游节”“安徽芜湖旅游文化节”“山西大同旅游节”“辽宁银冬冰雪节”等节目的播出，不但备受听众关注，各地区还收到良好的社会效益及经济效益。

2002 年，浙江和宁夏两地的电台及旅游局加入，旅游广播网扩大到 14 家。

2003 年 1 月 1 日,《全国旅游广播网》取消周一至周五的节目，只保留周六午间的播出。同时，该节目不再设固定栏目。

2005 年 3 月 1 日，经济广播停止播音。《全国旅游广播网》节目移至同日开播的北京城市管理广播继续播出。2007 年,《全国旅游广播网》成为北京文艺广播《环球旅行家》节目的下设栏目，至 2010 年年底，仍在播出。

7.《中国财经 60 分》

节目方针：汇总节目播出当天的重要财经新闻，分析当天证券市场和外汇市场的行情，力求为对财经信息感兴趣的听众提供全面的财经新闻服务，为具有一定投资知识和独立分析能力的证券与外汇投资者提供专业的投资分析。

播出时间：周一至周五 18:00—19:00（节日等股市休市期间不播出）。

下设栏目:《头条点评》(点评重大财经事件)、《今日视点》(追踪热点财经事件的专题报道)。如有重大事件发生，可临时增设新栏目。

质量要素：节目要有 2000 字以上的财经新闻，节目中有两个本栏目记者采制的音响内容，包括录音消息和录音专题，邀请专家分析当天证券市场和外汇市场的行情。本节目为北京经济广播与上海东方广播电台财经频率联合互动播出。主持人：上海方面 4 人，北京方面由经济广播播音员轮流主持。

《中国财经 60 分》2001 年 12 月 17 日开播。该节目是一个综合的财经新闻专题节目，强调内容的权威性以及对听众的服务性。2002 年 7 月 15 日起,《中国财经 60 分》节目依托 ISDN 技术，每周一至周五 18:00—19:00 在北京和上海两地同步播出。

《中国财经 60 分》被专家评为北京电台 2003 年度、2004 年度“名牌栏目”。

2005 年 3 月 1 日，经济广播停止播音,《中国财经 60 分》节目移至北京城市管理广播继续播出。2007—2010 年，该节目在北京城市服务管理广播播出。播出时间和时长一直未变。

北京城市管理广播

北京电台城市管理广播（以下简称“城市管理广播”）开播于 2005 年 3 月 1 日，是全国第一家以城市管理和服务为宗旨的专业广播。2007 年 11 月 1 日，城市管理广播更名为“北京人民广播电台城市服务管理广播”（简称“城市服务管理广播”）。

2005 年 3 月 1 日，北京城市管理广播开播

一、频率与呼号

城市管理广播开播时的对外呼号为“北京人民广播电台城市管理广播”，播出频率为中波 1026 千赫、调频 107.3 兆赫、有线调频 91.9 兆赫。全天播音 19 个小时。

2007 年 11 月 1 日，城市管理广播更名为“北京人民广播电台城市服务管理广播”，对外呼号也随之变更为：北京人民广播电台城市服务管理广播，简化呼号“北京城市服务管理广播”。名称变更后，原传输方式和技术参数不变，仍使用原频率播出。全天播音 20.5 小时（5:00 开始播音，次日 1:30 播音结束）。

二、宗旨与方针

城市管理广播的宗旨是，紧紧围绕首都的城市建设和管理工作，搭建一个政策解读、沟通理解、为首都建设和管理献计献策的平台。其主要任务是，传达党和政府的声音，反映群众的意见建议；充分发挥媒体的监督功能，为首都北京的市民提供更丰富、更全面和更切实的服务。

城市管理广播的办台方针是：以生活在北京的人群和从事城市管理的工作人员为目标听众和服务对象；以北京市政府各职能部门的支持为依托；以加强政府和市民的沟通，号召全体市民同心同德、共建北京为目的；以城市建设和管理的信息发布、政策解读和为市民解疑释惑为主要内容；以亲民便民的节目风格、以人为本的人文理念，为政府提高城市管理水平提供舆论支持，为市民解决实际问题，为百姓日常生活提供服务，为城市建设和管理形成“有效管理、有序发展、和谐共处”的局面做出贡献。

2007 年 11 月 1 日，城市管理广播更名为“城市服务管理广播”，强调城市“服务管理”的概念，频率定位有略微调整，但其办台宗旨和方针不变。其主旨是在加强与市民沟通的基础上，进一步强化为群众服务的功能，积极协助党和政府解决好人民群众最直接、最现实、最关心的问题。

三、节目设置与调整

城市管理广播是由经济广播改造而来，因而在节目设置时保留了经济广播的部分节目，如《中国财经 60 分》《股市大家谈》《全国旅游广播网》等。

2005 年，城市管理广播的节目设置强调突出权威性、贴近性、服务性和互动性。主要节目类型有：为市民解读政策、解疑释惑类节目，如《城市零距离》；民意征集和民意调查类节目，如《城市管理大家谈》《市民热线》；城市建设、管理的新闻和信息发布类节目，如《城市快报》；典型人物和事件报道类节目，如《京城人物》《全景城市》；介绍北京文化和世界各地城市管理经验的知识类节目，如《缤纷城市秀》《茶余饭后话北京》；为听众的“衣食住行用”提供咨询的生活服务类节目，如《居家时代》《老年之友》等。

北京城市管理广播节目时间表

表 1-4　（2005 年 3 月 1 日起实行）

时间	周一至周五	周六	周日
5:50	开始曲、预告节目		
6:00	我和健康有个约会		
6:30	今日有约	广播之友	七台精彩联播
6:40	国际汇市报道		

续表 1-4

<table>
<tr><th>时间</th><th colspan="2">周一至周五</th><th>周六</th><th>周日</th></tr>
<tr><td>7:00</td><td colspan="4">城市快报</td></tr>
<tr><td>7:10</td><td colspan="4">市民热线</td></tr>
<tr><td>7:30</td><td>城市零距离
面对面（周一至周四）</td><td>城市零距离
发布会（周五）</td><td>城市零距离
听民意</td><td>城市零距离
七日谈</td></tr>
<tr><td>8:30</td><td colspan="4">缤纷城市秀</td></tr>
<tr><td>9:00</td><td colspan="4">我和健康有个约会</td></tr>
<tr><td>10:00</td><td colspan="2" rowspan="2">居家时代</td><td colspan="2"></td></tr>
<tr><td>10:30</td><td colspan="2"></td></tr>
<tr><td>11:00</td><td colspan="2">全景城市</td><td>全景城市
（全国旅游广播网）</td><td>全景城市
（飞越城市）</td></tr>
<tr><td>12:00</td><td colspan="2">城市管理大家谈</td><td>城市管理大家谈
（发展论坛）</td><td>城市管理大家谈
（走进社区）</td></tr>
<tr><td>13:00</td><td colspan="4">茶余饭后话北京</td></tr>
<tr><td>14:00</td><td colspan="4">我和健康有个约会</td></tr>
<tr><td>15:00</td><td colspan="2">重播 缤纷城市秀</td><td colspan="2"></td></tr>
<tr><td>15:30</td><td colspan="2">今日有约 / 国际汇市报道</td><td>安全新干线</td><td>电影百年放歌</td></tr>
<tr><td>16:00</td><td colspan="4">读报听天下</td></tr>
<tr><td>16:40</td><td colspan="4">市民热线</td></tr>
<tr><td>17:00</td><td colspan="4">欢乐城</td></tr>
<tr><td>18:00</td><td colspan="2">中国财经 60 分</td><td>股市大家谈</td><td>财迷</td></tr>
<tr><td>19:00</td><td colspan="2">人在北京</td><td>家有爱宠</td><td>老式汽车</td></tr>
<tr><td>20:00</td><td colspan="4">重播 城市零距离</td></tr>
<tr><td>21:00</td><td colspan="2">老年之友</td><td>普通话沙龙</td><td rowspan="2">京城人物</td></tr>
<tr><td>21:30</td><td colspan="2">今日有约 / 市民热线</td><td>开心巧克力</td></tr>
<tr><td>22:00</td><td colspan="2">国际汇市报道</td><td colspan="2">汇市大家谈</td></tr>
<tr><td>23:00</td><td colspan="4">生活港湾</td></tr>
<tr><td>24:00</td><td colspan="2">重播 全景城市</td><td>重播 发展论坛</td><td>重播 飞越城市</td></tr>
<tr><td>01:00</td><td colspan="4">全天播音结束</td></tr>
</table>

说明：《城市快报》《城市标签》整点播出。天气预报：整点、半点播出。每周一 24:00 检修机房

2007 年 11 月 1 日，城市管理广播更名为北京城市服务管理广播。2008 年 1 月 1 日起，节目进行调整，更加突出沟通与服务，以呈现更新、更全、更贴近百姓的特点。

名牌节目《城市零距离》在早间“沟通版”的基础上，将 12:00—13:00 的午间版改为“服务版”，邀请政府各部门的领导就各种政策法规为群众解疑释惑。《市民热线》把直播节目提前半小时，安排在 16:00—17:00，争取为市民解决更多的问题；该节目还推出“好市民系列活动”，每天评一个“好市民建议奖”，每月一个主题活动。听众喜爱的名牌栏目《茶余饭后话北

京》依然在13:00播出、《老年之友》依然在14:00播出。《老年之友》被评为2008年度北京广播影视奖广播优秀栏目。

已开播一年的《魅力社区》改名为《社区内外》，节目的目标听众为社区居民和社区工作者，它“以百姓观点看社区，以客观角度说社区”，全方位扫描社区新闻和社区热点问题，以百姓生活中的具体事件为切入点，节目风格贴近生活，幽默平实，周一至周日17:00—17:30播出；同年8月1日，该节目调整为《社区内外——魅力社区评选特别节目》，并延长为一个小时。2008年新开设的社教节目《城市印象》以轻松聊天的方式引领听众神游全国及世界大大小小的城市，从人文角度探究各个城市在城市管理方面的特色和亮点。播出时间：周一至周六22:00—22:30。

此外，城市服务管理广播新设3档休闲娱乐节目：《似水年华》赏析经典老歌、老电影，讲述作品背后的故事，每天6:40播出；《评书奥运》和《历史传奇》是两档讲故事的节目，分别在11:30和23:00播出。

这次调整，还特别着重打造财经大版块节目。老节目《中国财经60分》依然在18:00—19:00播出，2007年开设的《财富星空》调整为19:00—22:00播出。以上两个节目形成衔接格局，每天4个小时为听众介绍金融财经资讯及投资理财窍门。

2010年，城市服务管理广播围绕民生定位，依托频率独有的政府、社区、专家等资源优势，在继续办好听众喜爱的《城市零距离》《市民热线》等名牌节目的同时，推出民生新闻资讯节目《问城时间》，并开办“问城网”。

《问城时间》是一档新闻专题版块节目，2010年1月1日开播；每天从7:00到17:00 9次滚动播出，是城市服务管理广播的骨干节目。它以“监督城市运行、报道突发事件、反映市民生活、提供服务信息”为宗旨，在加强本地新闻和资讯的报道量之外，还发挥信息员的作用，为听众提供鲜活生动的现场报道。

2010年年初开通的问城网，采用流行的问答网络形态，分为政策问答、投诉反馈、生活互助、问城论坛四大版块，为市民解读政策、解疑释惑、解决问题，让市民有一个倡言城市事务、参与节目互动、寻求帮助解难的平台。

另外，城市服务管理广播的重点节目《京城帮帮团》，由于节目直播时听众打来的热线太多，因此应听众要求，2010年播出时间由每天一小时延长至两小时。专题节目《老年之友》依旧每天播出50分钟。

四、社会影响

2005年3月1日，城市管理广播开播后，立即引发京城各主要媒体的关注。《北京青年报》以《市长真诚坦言感动市民》为标题报道了开播第一天的内容，引起很大反响。3月5日，中央人民广播电台《中国之声》围绕北京城市管理广播做了专题报道，介绍该套广播的情况，得到全国各地听众的积极反馈。广播业界的同行高度关注，天津、内蒙古、新疆、河南、湖南等地的电台纷纷前来了解情况。

城市管理广播开播的一年时间里，前后有9位北京市的副市长走进直播间，在《城市零距离》节目中参与“市长市民面对面”系列访谈，就缓解交通拥堵、基础教育、北京水资源、公共安全、建设节约型城市、奥运场馆建设、文化建设、公共财政等多方面问题，直接听取市民的意见、建议和呼声，与市民沟通交流，一些问题当场就得到解决，听众反响强烈。为此，京城各媒体刊播的报道达100多篇。

2006年3月1日，北京市市长王岐山到北京城市管理广播调研，充分肯定该专业广播在发挥舆论监督、信息沟通以及搭建党和政府与市民之间桥梁平台的媒介作用。王岐山说：城市管理广播的节目搭建了党和政府与群众沟通的桥梁，促进了信息的对称，增进了群众对党和政府的信赖、理解、配合和支持；同时也检验了政府工作人员的水平和能力，对提升政府的工作水平很有益处。

2006年3月17日，《人民日报》“人民论坛”刊发文章《开辟更多的民声通道》，评价北京城市管理广播：“不仅为群众开辟了反映情况、表达诉求的新渠道，也为政府增添了解民情、倾听民意的新途径。”

2008年3月17日，中宣部《新闻阅评》第101期刊登文章，对城市服务管理广播“市民对话一把手”系列节目予以表扬。阅评员认为，该节目充分发挥电台广播特有的功能，力所能及地为举办一届高水平的奥运会营造和谐的社会环境和舆论氛围，值得称道。北京市委常委、副市长蔡赴朝在该期《新闻阅评》上批示——“肖培同志：电台此档节目办得有特色、有影响。请指导继续下力量办好，同时也应对电视台的配合提出表扬”。

2009年3月1日，城市服务管理广播推出新的频率口号“爱北京，一起来”，为频率定位和发展方向做出新的诠释。当天，北京市副市长黄卫走进直播间号召市民“爱北京，一起来”。

2010年3月1日，中共北京市委副书记、市长郭金龙到北京电台视察时说：城市服务管理广播五年来在沟通政府与广大市民关系上发挥了非常积极的作用，充分体现了政府问政于民、问需于民、问计于民的理念。城市服务管理广播率先创新理念和工作模式，创造了“市民建议+媒体监督+政府部门落实+及时反馈”的模式，在政府与市民之间搭建起良好的沟通平台，为城市的科学管理、和谐宜居的环境建设做出了积极贡献。

城市管理广播开播6年时间，先后有市级领导16人次、区县局级领导670多人次以及处级领导1540多人次走进电台直播间，现场听取市民对城市建设和管理的意见及建议。城市管理广播通过转办督办、记者追踪和直接答复等方式，帮助市民解决问题5万余件。

在收听率及市场份额占有方面，2005—2010年的听众调查显示：在北京地区17～19个主要广播频率中，城市管理广播的市场份额排名处于 11 ~ 12 位。

在办好广播节目的同时，城市管理广播还开展了一系列社会活动。其中，社会影响较大的是北京“魅力社区”评选活动。

2006 年 7 月 2 日至 10 月 29 日，北京城市管理广播联合北京电视台财经频道、北京晚报、北京晨报、搜狐公司焦点网、北京社区网等媒体共同举办北京首届“魅力社区”评选活动。整个活动共收到有效选票 220 多万张，全市 2500 多个社区中有 1420 个社区获得了市民投票，参与人数超过 110 万人。经过初选、复选和决选三个阶段，最终由百姓评选出 10 个魅力社区以及 10 个魅力单项奖社区。

2006 年 10 月 29 日，北京首届（2006 年度）魅力社区评选颁奖典礼举行

在历时 4 个月的活动中，组委会举办了 10 多次社区风貌展示，组织了 8 场社区文艺晚会，策划了以社区表演为主的盛大开幕式和颁奖典礼，推广活动覆盖城八区，参与现场活动的观众超过 10 万人次。其间，组委会还组织了 5 场“魅力社区论坛”，邀请社区问题专家走进社区，和居民们一起热议社区建设的焦点问题；居民通过短信、热线、现场提问等方式参与讨论。对此，城市管理广播做了 200 多场直播节目。活动结束后，北京市委、市政府专门召开座谈会总结，市委副书记杜德印、副市长吉林对活动调动市民参与和谐社区建设的热情给予充分肯定。

此后，连续 3 年，城市管理广播联合多家媒体举办第二届（2007 年度）、第三届（2008 年度）、第四届（2009 年度）魅力社区评选活动，推动首都和谐社区建设整体水平的提升。

五、城市管理广播部分节目介绍

1.《城市零距离》

节目方针：解读关乎北京城市现代化建设的各项法规、政策；宣传、探讨北京城市发展总体规划和城市功能定位，反映市民的呼声，搭建政府与市民沟通的桥梁，促进交流。

播出时间：周一至周日 8:00—9:00，次日 0:00—0:30 播出精编版。

下设栏目：无。

质量要素：每期访谈编辑和主持人设置的问题不少于 8 个；结束语应包括下期嘉宾和话题；在开通热线和短信的情况下，每期节目应回答两个以上听众通过热线和短信提出的问题；节目中可以加入记者采访、录制的片花，或者适度增加文艺形式；周六为《广播议政会》，邀请人大代表或政协委员，就议案、提案、热点民生话题展开讨论。

周日播出的《城市零距离·听民意》，内容是将一周《城市零距离》中听众反映的问题要点进行分析归纳，体现平实风趣的语言风格。

《城市零距离》2005 年 3 月 1 日开播，是一档新闻类直播访谈节目，也是该频率的龙头节目。节目主要邀请政府部门负责人以及相关专家就当前广受关注的政策、法规、民生需求等与听众直接沟通互动。节目独创“政府部门负责人与听众直接对话”、“听众反映问题记者调查追踪”、“对相关问题分析归纳撰写报告”、与政府督查部门合作转办、将问题处理结果及时反馈的运转机制，力求解决问题，从而以权威发布、快速反应、充分沟通、贴近民生等特点受到各方好评。特别是开播当年推出的大型系列市长访谈节目，邀请北京市 9 位副市长陆续做客《城市零距离》节目。市长与百姓亲切交谈，坦诚对话，一些问题当场解决，权威的政策解读与信息发布，引发社会巨大反响。

2006 年 1 月，《城市零距离》推出区（县）局长系列访谈“市民对话一把手”，把各委（办、局）、各区（县）的负责人请到直播间，回顾过去一年的工作，介绍新的一年与市民直接相关的工作安排，回答市民最关注的热点问题，向媒体发布权威信息。节目邀请 11 位委（办、局）的“一把手”和 10 位区长走进直播间与听众直接交流，介绍各项民生新政，并且在节目中问计于民，汇集民智，改进工作，引发社会热烈反响。此后，每年年初，《城市零距离》都紧贴热点推出“市民对话一把手”系列访谈。由于话题所谈与北京市民的生活息息相关，市民在节目中反映的问题能够被相关政府部门所重视，并能得到及时的解决与反馈，因而引发市民的强烈共鸣与更多的关注。

不少听众反映说，他们喜爱《城市零距离》，是因为在这个节目中市民能说话，嘉宾敢说话，说话管用。除了直播间市民代表提问外，市民还通过热线电话、手机短信等方式向市领导提出问题，它能够切实解决百姓的问题，看到成效。历时 6 年，该节目“解读政策、解疑释惑、解决问题”的特色风格，深受广大听众的关注，已成为北京地区独树一帜的有影响力的广播品牌。

《城市零距离》节目获得 2005 年度北京新闻奖的优秀栏目奖及北京广播奖的优秀栏目奖；获 2009 年度第二十届中国新闻奖的“新闻专栏”一等奖，2009 年度北京新闻奖的“新闻专栏”二等奖及北京广播影视奖的“广播优秀栏目”奖。《城市零距离》也是北京电台的名牌节目，自开播至 2010 年连年被专家评为北京电台“名牌栏目”。

2.《市民热线》

节目方针：关注百姓身边事。反映市民的呼声，促成问题的解决，推进和谐社会的建设。节目以电话录音的形式反映北京市民对城市建设与管理的问题与意见，记者选择听众提出的一些有代表性的问题追踪采访，寻求相关部门的答复，并加以适度的点评。节目中安排关乎民生的政策介绍与服务信息。

播出时间：周一至周日 7:30—8:00。

下设栏目：无。

质量要素：节目中市民反映的问题不少于 6 个；节目播出技术质量符合频率要求；记者调查或追踪内容每期 1～2 个，要针对市民热线反映的问题体现相关部门的态度、意向，解决的结果；每个长度在 4～7 分钟；编辑点评有特色、有深度、有针对性，言简意赅，一般在 1 分钟左右。

《市民热线》2005 年 3 月 1 日开播，是该频率的重点节目。最初的播出时间是周一至周日的 7:10—7:30 首播，16:40—17:00、21:40—22:00 重播，以后每年播出时间都有微调。2007 年 8 月，该节目下午的直播版由半小时扩展为一小时（16:30—17:30）。2010 年，该节目每天播出半小时。

《市民热线》开通 24 小时热线电话：65159043，接受市民反映的问题、意见和建议，并传递给政府职能部门，让市民的诉求得到及时的体现，是听众十分欢迎的节目之一。据统计，开播头两年内,《市民热线》接听热线电话 27810 个，除掉重复反映、无效电话，有效反映为 22079 个。在这 22079 个问题当中，排除尚无解决途径或缺少相关政策、法规等一时难以处理的问题，可以处理的问题有 13105 个。这些问题经过《市民热线》节目，得到有效答复和解决的问题 11407 个，占有效反映的 51.7%。其中，第一年解决实际问题 4000 多个，第二年跃升为 7000 多个，呈递增态势。

“听民意，知民情，排民忧，解民难”是节目的追求目标。热线播出的内容包括居住生活、城管执法、道路出行、市政环境、管理建议、城管执法、消费购物、民事纠纷、生活咨询等诸多方面。6 年时间,“市民热线 65159043”接到听众反映电话 93000 多个，为群众解决问题近 5 万件，被市民百姓赞誉为“身边的热线”“办实事的热线”。

《市民热线》采用记者出击调查的方式，运用舆论监督的推力将问题解决；其最大特点，是通过市政府督察室与各区（县）政府、各委（办、局）建立起联络协调的转办机制。群众反映到《市民热线》的大量问题及时转到各职能部门和区政府处理，涉及市属委（办、局）和有关单位 60 多个，总体回复率达到 78.4%。《市民热线》不仅成为一部百姓反映问题的热线电话，更成为下情上达、反映社情民意的一个平台。

《市民热线》一经开播立即受到广大听众的认可，还获得 2006 年度北京新闻奖的优秀专栏奖及北京广播奖的优秀栏目奖。2008—2010 年度节目连续 3 年被评为北京电台“名牌栏目”，2010 年度节目获北京市优秀广播电视节目“广播优秀栏目”奖。

3.《茶余饭后话北京》

节目方针：通过对北京过去、现在和将来的介绍及展望，让人热爱北京、了解北京、爱护北京、建设北京，以生活在北京为自豪。

播出时间：周一至周日 13:10—14:00。

下设栏目：无。

质量要素：每期节目围绕一个主题展开，每期节目要有一名嘉宾，节目开始要有恰当的导入语言，节目分上、下两段播出；节目以主持人和嘉宾交流的方式进行，每段节目中主持人提出问题不少于 3 个；每一个问题下都要有相关的背景资料；直播中不定期与听众短信互动，必要时接入听众电话；根据节目内容适时安排音乐、歌曲及其他艺术形式。

《茶余饭后话北京》2005 年 3 月 1 日开播。2005—2009 年，播出时间是周一至周日的 13:00—14:00；2010 年调整为 13:10—14:00。

《茶余饭后话北京》是一档知识类节目，它在茶余饭后闲聊的氛围中，从历史、文化、民俗的角度介绍北京城市建设和发展的沿革，并有意识地从历史中挖掘、整理和弘扬民族文化的优秀传统。

该节目邀请一批北京文史民俗的专家来给听众讲述，从老百姓的身边事讲起，通俗生动地介绍北京的风土人情、民俗文化，京腔京韵、幽默风趣。节目涉及北京的史地、建筑、山水、园林、博物馆、传奇、风情、民俗、人物等各个方面，具有鲜明的北京地域文化特点。

节目在介绍老北京风物的同时，又与新北京的变化有机地结合，二者对比，相映生辉；使听众不仅可以了解北京历史的悠久、文化底蕴的丰厚，而且可以从中体会到北京前进的脚步，激发起建设新北京的自豪感。不少听众反映该节目令人“眼界大开，颇受教益，大长学问”。《茶余饭后话北京》节目获 2007 年度北京广播影视奖的优秀栏目奖。

《茶余饭后话北京》开播以来，北京城市服务管理广播每年还撷取前一年播出的部分内容，汇集其精华，经原作者充实修改后，编辑成书出版。到 2010 年年底，已编辑出版了 5 部与节目同名的图书——《茶余饭后话北京》。

4.《七点早新闻》

节目方针：关注和集中反映国内、国际的新闻事件；内容上要体现城市管理广播“关注民生新闻”的新闻态度，民生新闻主要是涉及人们日常生活的种种新闻事件，表现普通市民的新闻需求，体现平民的新闻视角；还要表现城市管理广播新闻的区域性，满足北京市民关注自己城市状况的新闻需求。

播出时间：周一至周日 7:00—7:30。

下设栏目：《北京观察》。

质量要素：节目可以适当使用简短的间隔音乐、片花以及新闻垫乐，直播播出，每套节目中的新闻条数不少于 30 条。节目选用各媒体稿件并播发台内记者采写的文字新闻和录音新闻，录音新闻长度不超过1分30秒；节目不涉及“八卦”娱乐内容。除重要信息外，一般新闻不需说明来源，而是统一在节目后播报新闻来源；按照节目流程播出。

《七点早新闻》是新闻资讯类节目。它的前身是2005年3月1日开播的《城市快报》节目，每天播出11～13次，每次10分钟。从2006年开始，节目名称变更为《七点早新闻》，下设栏目《北京观察》播发新闻专题，整体节目扩展为半小时。

《七点早新闻》注重突出城市服务管理广播“关注民生新闻”的新闻理念，在新闻的选择、新闻的编排、新闻语言处理、播报方式和新闻专题栏目的打造上，都明显突出“地方性”与“民生”味。

在新闻选择和编排上，它以市民的视角来进行处理。常规的新闻播报类节目，总是把领导的活动、会议类新闻作为必选。《七点早新闻》则是把国家和市政府出台的最新规章或政策作为第一选择，在编排上把百姓最关注的住房、出行、医疗、教育等放在最关注的位置。节目信息量大，每天整个节目新闻条数不少于30条，每条消息在150字之内。

《七点早新闻》的新闻资讯部分，分为北京新闻、简讯和国内外城市新闻三个部分，中间以片花隔断，条块清晰，主持人采用口语化语言对播，播报节奏明快。

该节目的下设新闻专题栏目《北京观察》，其特色是“新发现”“新问题”。5分钟左右的专题，每天选择北京的一个新问题，或北京的一项新政策，以独特的角度进行深入分析报道，结合专家观点、记者评论，发出城市服务管理广播自己的声音，提出对城市管理的看法，也让《七点早新闻》多了一个亮点。

至2010年年底，《七点早新闻》是城市服务管理广播收听率最高的节目之一，拥有一批忠实的听众。

5.《京城帮帮团》

节目方针：发扬奥运会志愿者精神，调动每个人内心深处的善良热情之心，倡导全社会大家帮助大家。发现热心人、汇集热心人、培养热心人，传递新观念：用你的爱心带动众人，用你的公益行为净化社会。

下设栏目：《生活互助》《征婚交友》《家用闲置物品信息发布》《帮团温暖快乐故事》。

播出时间：周一至周日10:10—12:00。

质量要素：栏目互动以热线电话为主，短信、网络为辅，相互兼顾，节目中热线电话最少4个；每天节目最后适时插播当天信件信息。每周日《帮团温暖快乐故事》以录播为主；每次节目中音乐歌曲内容不超过10分钟，节假日及特别节目除外。节目中不设栏目分隔，采用片花或主持人语言自然过渡的方式。整体节目保持轻松、流畅、高品位的风格；采用录播与直播，编辑与采访相结合、热线与主持相结合的方式。

《京城帮帮团》2009年1月1日开播。播出时间最初为：周一至周日11:00—12:00。次年，该节目扩展为两个小时。该节目的服务内容涵盖百姓生活的各个方面：衣食住行、吃喝玩乐、寻医问药、交友征婚、寻人寻物、家用闲置物品转让、生日祝福等。

《京城帮帮团》是一档以受众为主体，以“大家帮助大家”为主旨的每日现场直播的社会公益性节目。服务是内容之一，主体是互助；它以热心助人的旗帜，为京城百姓搭建起一个互助的平台。听众参与节目，不仅限于实用实惠，更是在互助中展示自己精神上的追求，唤起每个人内心深处的善良与友爱；给了普通人表达善心爱心的机会，促进了社会对求助群体特别是困难群体的关注，突出了道德力量，从而引发了无数志愿者热情参与互助活动，形成百姓争做好人好事的局面。

《京城帮帮团》7 天节目由 4 个主题构成。周一至周三是生活互助，周四、周五是家用闲置物品信息发布，周六是征婚交友，周日是追踪追访。7 天的节目用 6 天发布信息，求助的、转让的、征婚交友的一定要追访，周日公布追访结果，以保证公众关注惦记的人物、事件有着落，力争把好事做到底、做到家，善始善终。

2009 年 12 月 9 日，在“善行天下——2009 年度首都慈善公益晚会”上,《京城帮帮团》获得“2009 年度首都慈善公益明星项目”称号。该晚会由北京市委宣传部、市民政局、首都慈善公益组织联合会共同举办。次年，在 2010 年度第三届首都慈善公益明星网络评选中,《京城帮帮团》又获“彩虹心”优秀项目奖。

第二节　北京新闻台

北京电台新闻广播（以下简称“新闻广播”）是北京电台的主体频率。

新闻广播自 1993 年创办到 2010 年的 17 年间，播出频率、对外呼号、节目设置、播出时长几经调整，其播出的节目内容始终以新闻和新闻性专题为特色。

一、频率与呼号

新闻广播 1993 年 3 月 1 日开播，对外呼号为“北京人民广播电台 828 千赫”，使用频率：中波 828 千赫。全天播出时长 16 小时 30 分钟。

1996 年 1 月 1 日起，新闻广播取消 14:00 开始的第一次播音与第二次播音之间的休息时间，每天 5:30—24:00 播音，时长 18 小时 30 分钟。

1998 年 1 月 1 日起，北京人民广播电台 828 千赫正式利用“亚洲 2 号”通信卫星 KU 波段播出。

1999 年 10 月，增加有线调频 90.4 兆赫。为此，从 2000 年 7 月 12 日起，“北京人民广播电台 828 千赫”改呼为“北京人民广播电台新闻广播”。

2001年10月，新闻广播的节目同步在调频100.6兆赫播出。由此，新闻广播开始使用无线双频及一个有线频率对外播出。

2003年1月6日起，新闻广播播出时间延长至第二天1:00结束，全天播音19小时30分钟。

2008年1月1日起，新闻广播实现全天24小时播出。

二、宗旨与方针

新闻广播的宗旨是及时、迅速地告诉公众，在他们所生活的世界里发生了什么，以便在面对诸多抉择时做出参考。同时，新闻广播也将其作为自己的使命与责任，并将“第一时间报道北京，以新闻服务听众”作为追求目标。

新闻广播的办台方针是：作为党的重要新闻宣传媒体，始终坚持党和人民喉舌的根本性质；坚持贯彻新闻工作为社会主义服务、为人民服务的基本方针；坚持以正面宣传为主的原则。新闻广播的根本任务是准确、及时、深入地宣传党的基本路线和方针政策；报道新闻，传播信息，反映并正确引导社会舆论。

新闻广播作为北京人民广播电台的主体频率，是北京地区主流新闻媒体之一。按照北京电台的频率分工，新闻广播是一个专门传播新闻、资讯及社会公用信息的专业台。它以及时提供北京地区的新闻和资讯信息为主，同时涵盖国内国际的重大新闻事件和即时信息，节目强调权威性、时效性，同时致力于满足听众对新闻“随时需要、随时收听”的要求。

三、节目设置与调整

新闻广播自1993年创办到2010年的17年间，其节目设置始终围绕新闻立台的宗旨，不断探索强化新闻节目的布局，突出专业频率特色，每年都有一定幅度的调整。其中调整幅度较大的有4次，分别为1994年、1999年、2003年年底、2010年。

1. 1993年创办时的节目设置

1993年开播之初，节目设置以新闻和新闻性专题为主体，兼有经济、教育、服务和娱乐性节目，定位为新闻综合频率。

节目设置以早、午、晚三套《北京新闻》为核心，以整点播出的《综合新闻》《国际新闻》《各地简讯》《简明新闻》《最新信息》，以及新闻性专题《时事追踪》《经济大观》《京郊大地》《科技之窗》《体育大世界》《京华人物访谈》《议政论坛》《法制天地》等组成新闻节目的架构。同时，设置一批综合服务及文化娱乐节目，如《生活828》《空中百花园》《人生热线》等。星期日主要安排文艺娱乐和休闲、服务类的节目，如《七彩假日》《赛特文化宫》《周日综艺》等。

2. 1994 年的节目调整

1994 年 1 月 1 日，新闻广播实施节目大调整。其宗旨是向听众提供更多、更广泛、更全面的信息，以改变当时新闻和新闻性专题节目比较薄弱的状态。为此，增加了《社会新闻》《经济新闻》《科教新闻》《文化新闻》等门类化新闻。调整后，大部分整点时间有新闻播出，全天新闻播出增加到 17 次。全天节目设置以版块与专题相结合的模式：早间以新闻版块和社会版块为主体，午间以经济类版块和专题为主体，晚饭前后为生活服务性版块，夜间则以文化文艺类版块为主体。

表 1-5

北京人民广播电台 828 千赫节目时间表

（1994 年 1 月 1 日起实行）

时间	周一至周六		周日
5:30	第一次播音		
6:00	开始曲简明新闻	5:35 京华晨曲	京华晨曲
		城乡立交桥	城乡立交桥
6:30		6:20 广告与天气预报	广告与天气预报
7:00	转播中央人民广播电台新闻与报纸摘要		转播中央人民广播电台新闻与报纸摘要
7:30	新闻大视野	北京新闻·新闻背景·潮头掠影·热点与难点·新闻热线·国内传真·国际电讯·今日论坛	北京新闻·新闻背景·潮头掠影·热点与难点·新闻热线·国内传真·国际电讯·今日论坛
8:00		7:50 体育大世界	体育大世界
8:30	新闻（社会）	8:10 社会经纬 律师沙龙·议政论坛·社会广角·警示篇	新闻大视野
9:00			体育大世界
9:30	新闻大视野	北京新闻·新闻背景·潮头掠影·热点与难点·新闻热线·国内传真·国际电讯·今日论坛	七彩假日
10:00		9:50 党的建设（周一、周三） 音乐（周二、周四、周五、周六）	
10:30	国际新闻	10:10 京华人物访谈	往日情怀 青春旋律 温馨音乐厅
11:00			
11:30	新闻（经济）	11:10 音　乐	
		城乡立交桥	
		11:50 广告·音乐·天气预报	
12:00			
12:30	北京新闻	12:10 经济大观 星期话题·市场风云·今日热线·耳听八方·专家论坛·创业之初	广播之友
13:00			
13:30	新闻（科教）	13:10 科教之窗	同在蓝天下
14:00		初级英语入门	英语新闻与专题
	第一次播音结束		
	第二次播音		
15:25			开始曲·预告节目
15:30			

续表 1-5

时间	周一至周六		周日
16:00		15:55 开始曲·预告节目	一周精彩联播
	新闻（文化）	16:05 音乐与广告	
16:30		16:10 今日财经（周六为广播之友）	采编荟萃·访谈片断 广播实录·热线集锦
17:00	新闻（社会）		
17:30		17:10 京城人家 健康城·生活常识有奖抢答·万太太明日菜谱·服装大世界·美食城	
18:00	北京新闻		音　　乐
18:30		18:10 京城人家 健康城·生活常识有奖抢答·万太太明日菜谱·服装大世界·美食城	转播各地人民广播电台联播节目
19:00	国际新闻	19:10 广告与天气预报	文　　艺
		19:20 体育大世界	
19:30		文　　艺	友好之旅
20:00	转播各地人民广播电台联播节目		同在蓝天下
20:30		相声与小品	828 娱乐城
21:00	简明新闻	21:05 科教之窗	
		21:25 广　　告	今夜星光 娱乐快讯 猜猜乐乐一小时
21:30		空中百花园 影视广角·音乐天地·文学四季·艺苑杂谈	
22:00	新闻（文化）	22:05 空中百花园 影视广角·音乐天地·文学四季·艺苑杂谈	
22:30			
23:00	简明新闻	23:05 音乐·广告	全天播音结束
23:30		23:10 人生热线	
00:00	简明新闻		
00:05	全天播音结束		

3. 1999 年的节目调整

1999 年 9 月 6 日，新闻广播以新闻立台、突出专业特色为方向，对节目进行大幅度调整，推出全新节目 14 套，对原有专题性节目进行改版、压缩，加强新闻性节目。

为加强深度报道，推出《时事观察》和《时代杂志》两档节目。《时事观察》是一档新闻述评节目，关注发生于社会的新闻事件。《时代杂志》是一档新闻杂志型的广播节目，注重新闻背后的开掘，阐发独家见解，纵论社会热点。

同时，对年初推出的午间新闻版块《首都报道》进行改版；将这个以经济报道为主的新闻版块，改版为全方位报道国内外最新发生的新闻事件，强调百姓视角，使全天的新闻播报形成早、中、晚三大新闻版块相互呼应的架构。

此外,《新闻 1999》和《新闻大视野》增加重播时间。《世界之窗》改版为《环球 30 分》,增设《记者专递》小栏目，通过电话采访中国驻外记者，以最快的速度解析重大新闻，介绍新闻背景。在文化娱乐类节目中，新闻广播推出新闻性文学节目《作家观察——特别文学报道》,用纪实文学的形式，紧扣社会热点问题，深入反映社会情态。

调整后，全天播出新闻节目 15 套、新闻性专题节目 13 套，新闻性节目占全频率节目的 70%。

4. 2003 年年底的节目调整

2003 年年底，新闻广播开始向“新闻谈话台”的方向调整，节目设置也转向以新闻和新闻性谈话为主体，11 月 24 日起全面改版。这次改版，谈话节目由两档调整为四档，加大了对新闻相关人物的深度访谈与新闻的分析解读。

原有的两档谈话节目中，时事访谈节目《新闻圆桌》被取消,《人生热线》提前到 22:00 播出；同时新增《新闻天天谈》《听说世界》《星空下的女人》三档谈话节目。新增节目强调直播效果，主体谈话和访谈均采用直播方式。

新闻性谈话聊天节目《听说世界》，攫取新闻亮点，就时局与世态发表个性看法，轻松幽默。《人生热线》采取开放式交流谈话，在直播现场主持人与听众一起探讨生活真谛，通过“讲述人生百态，评说世间万象”来感悟人生。《星空下的女人》是针对现代女性的情感类夜间谈话，节目风格追求时尚与浪漫意境。

中午时段，原来以报道新闻背景为主的《新闻追踪》，被改为主持人对话交谈的直播节目《新闻天天谈》，它以新闻情节和背景故事入手，注重新闻中的故事情节和人物，并有专家的采访录音、直播连线或现场采访音响引入。

调整后，专题节目增设《议案追踪》，跟踪报道人大代表和政协委员所提的议案、建议及提案的落实情况；原有的专题《法制天地》和《时代杂志》变更结构，改为谈话加报道的形式。新闻方面，配合整点时段的《新闻时间》，增添内容轻松的《新闻随心动》栏目，其中包含“动感体坛”“娱乐前沿”“文化先锋”“科技探知”“食行天下”“都市时尚”等主题。

5. 2010 年的节目调整

2010 年，新闻广播调整节目的主导思想依然是突显“新闻特色”。这次调整，增加 6 档新闻资讯、谈话、评论节目，停办一批非新闻类节目；同时加大时效性新闻的播出量，凸显“快在当地、汇在全球、深在背景”的频率特色。调整后，全频率节目由2009年的37个减为27个，新闻性节目占全天播出 80% 以上的时段。

新闻方面，以加大纯新闻的播出量为主旨。整点新闻的播出次数由上年的 10 次增加为 12 次，播出长度由上年的每套 10 分钟增加到 15 分钟。整点新闻除了播报新闻和资讯外，还设编辑点评、记者现场连线等，增加背景性报道。全天从早6:00到晚10:00，每个整点都可以从广播中获知北京以及国内外的新闻动态和即时信息。

品牌节目《新闻2010》的播出长度，从2009年的一个小时延长为两个小时，扩大新闻容量，并对热点事件做深度分析解读。20:20播出的《教育面对面》也增加更多的时效新闻。新闻广播还改变以往工作日与周末分别编排的做法，使周末节目风格与工作日的新闻特色保持一致；比如《资讯早8点》以前只在周一至周五播出，2010年调整为每天播出。

新增节目中，《新闻晨报》每天6:00播出，它及时报道昨夜今晨国内外发生的最新新闻。《夹叙夹议》主持人以独特的视角，对新闻事件和社会热点进行分析评论。《警法在线》每天10:20播出，是关注最新警法新闻和热点案件的新闻谈话节目，邀请权威嘉宾以案说法。《话里话外》是带有鲜明个人风格和评论色彩的读报节目，主持人为大家介绍当天多家报纸内容并即兴评论。《今日财经》每周一至周五股市闭市后即15:20播出，介绍当天股市、楼市、车市的最新资讯，并请行业权威人士解说、分析和评论，为百姓的经济生活提供参考。《大城小事》以民生的视角切入新闻谈话，关注百姓的生活状态、生活琐事及趣闻轶事，反映百姓的呼声。

同时，《北京你早》《钱来钱往有话说》《法制天地》《828军情瞭望》《行家》《都市夜心情》《听说电影》《心目影院》等非新闻类专题节目停办。调整后，频率的新闻性得到突出，各档节目的新闻属性更加鲜明。

四、社会影响

1. 在北京地区影响广泛，受到市委、市政府关注

新闻广播是首都北京最具影响力、权威性的主流新闻媒体之一，在京城百姓中享有良好的声誉，并创出《北京新闻》《新闻大视野》《新闻2010》《新闻热线》等一批名牌节目。除去新闻性节目，一些特色专题节目诸如人文、情感、艺术、教育等方面的内容，也受到各界听众的关注，并拥有大量固定听众群，其中政府官员、公务员、企业管理层、教育界、知识界人士是北京新闻广播的核心听众群。

由于新闻广播在北京地区听众广泛，影响面较大，它也成为政府各有关部门发布各类社会公用信息的平台。特别是新闻广播的新闻节目，对北京地区的社会及经济发展有较强的影响力，因而受到市委、市政府及各有关部门的关注。

1994年11月6日，中共北京市委副书记李志坚给北京市文化局局长蒋效愚写信说："今天来机关的途中，听到北京人民广播电台新闻台（828）'新闻热线'中反映元大都附近一家电子游艺厅有大量中小学生去那里游艺，无人制止。热线电话是一位家长打的，很动感情。请你组织力量近期内突击抓一抓，要动员新闻舆论，追踪报道。"1994—1995年，市委副书记李志坚

等市领导，7 次对新闻广播做出评价或批示，对其所体现出的新闻媒体的性质职能，给予积极肯定。

2. 收听率和市场份额在北京地区广播市场位居前列

每个清晨，北京众多市民会习惯性地收听新闻广播。北京格美广告公司的一项调查显示：新闻广播开播的第二年（截至 1994 年 10 月底），收听率已达到 54.39%；在北京电台 7 个专业广播中，收听新闻广播的占 80% 以上，而且近半数为经常性听众，收听率名列第一；在北京电台收听率最高的前 10 个节目中，有 7 个是新闻广播的节目，其中新闻和新闻性专题节目占绝对多数。

综合历年的社会调查数据，结果显示：1994—2000 年，新闻广播在北京电台 7 个专业广播中，收听率连续 7 年排序第一位，居各专业广播榜首，呈现出明显的传播优势。

2001—2003 年，北京地区广播市场有 15～17 家主要媒体，在核心接触率、主要接触率、接触率及接触频率，以及广播频道印象（好感度）、听众规模、收听比例、覆盖听众比例等多方面指标的综合对比排名中，北京新闻广播位居前三名。2004 年，新闻广播的收听率和市场份额有所下降，但当年在北京地区广播栏目收听率前十名的排序中，新闻广播的《北京新闻》《新闻大视野》等 5 个节目仍进入前 10 名。在北京地区的历次社会调查中，新闻广播均被列为强势媒体。

2005—2010 年，北京地区主要参与竞争的 17～19 个广播频率中，新闻广播的市场份额排名稳定在第三位至第五位。

3. 公益活动塑造良好社会口碑

新闻广播开展社会公益活动，大多是新闻报道和专题节目的延伸。

2001 年年初，内蒙古遭遇特大雪灾。3 月，新闻广播《新闻追踪》节目组与希望工程北京捐助中心、北京晨报、北京有线广播电视台和千龙新闻网等组成采访团，赴内蒙古灾区采访，行程 3000 千米，走访 5 所学校的部分学生家庭；共同发起“为了草原的明天——救助草原失学儿童紧急行动”活动，并推出系列报道。

2004 年 4 月 3 日，主办单位领导在多伦治沙现场接受企业捐款

2001 年春，新闻广播记者行程 3000 多千米，对北京风沙源头之一的浑善达克沙地周边 12 个地区进行采访，开辟专栏报道当地生态环境。随后，新闻广播发起并联合北京绿化基金会、内蒙古多伦县人民政

府共同开展“治多伦一亩沙地，还北京一片蓝天——捐35元、献一颗爱心”大型环保公益活动；活动于当年6月5日的“世界环境日”正式启动。到2008年的7年时间，共收到北京400多个单位和数万市民的捐款600多万元，所有善款全部用于浑善达克沙地的南缘——两年的围封育草，使得8万亩沙地逐步恢复了草本植被，随后又连续5年综合治理，共栽植各类乔木、灌木2万多亩，从而形成草、灌、乔相结合的综合防风固沙带，治理区内的植被覆盖率由治理前的30%普遍提高到80%，有效遏制了浑善达克沙地的南侵。该项活动2002年获得“首都精神文明建设最佳活动奖”。2009年5月，获得北京奥组委颁发的“北京奥运会残奥会特别荣誉奖”。

2004年8月，北京新闻广播与北京青年报、北京市慈善协会、北京青少年发展基金会在北京饭店举办“爱心助飞梦想”大型慈善晚会，现场募集320万元现金，用于帮助贫困中学生和艾滋病防治项目。

2006年4—7月，北京新闻广播举办“我为你感动——我身边的共产党员”大型评选活动。面向全市听众征集身边让人感动的共产党员事迹，听众通过拨打热线电话、短信及邮寄信件的方式推荐和投票选举。经专家评审，在庆祝中国共产党成立85周年之际，向社会推出10名“感动之星”。在整个活动中，新闻广播通过节目广泛宣传被推荐的候选人，让公众看到各个平凡岗位上共产党员的风采，引发社会巨大反响。

4. 一批优秀节目获得社会认同，受到听众喜爱

17年间，新闻广播打造出一批听众喜爱的优秀节目，并在社会上形成一批名牌节目。在这些节目中，《经济大观》获1994年度中国广播奖，《新闻2001》《新闻2002》获2003年度中国新闻名专栏奖，《北京新闻》获2003年度中国广播奖的“十佳栏目奖”，《资讯早八点》获2009—2010年度中国广播影视大奖。

新闻广播《北京新闻》《新闻大视野》《社会经纬》《今日京郊》《新闻2002》《新闻2004》《时代杂志》《资讯早八点》《新闻天天谈》《新闻热线》《新闻2010》等一批节目，曾获北京广播奖的“优秀栏目”奖。

从2001年开始，北京电台聘请专家每年评选“名牌栏目”。从2004年开始，北京电台开展“听众喜爱的名牌栏目”评选活动，每两年评选一次。到2010年，新闻广播的《北京新闻》《新闻大视野》《新闻20××》《时代杂志》《新闻热线》《新闻天天谈》《人生热线》《法制天地》《资讯早八点》等节目多次入榜，其中《北京新闻》连续10年被专家评为“名牌栏目”、4年被评为“听众喜爱的名牌栏目”。

17年间，新闻广播播发的新闻作品还获得中国新闻奖、中国广播奖及中国广播影视大奖。一批有影响的优秀栏目和节目，在听众心目中留下良好印象，并产生积极的社会影响。

五、新闻广播部分节目介绍

1.《北京新闻》

节目方针:《北京新闻》是新闻广播一档以贴近实际、贴近生活、贴近群众为追求目标,迅速、准确地报道发生在首都政治、经济、科教、文化、社会等各个领域重要新闻的节目。时政新闻强调权威观点与群众视角相结合,经济新闻强调宏观举措与群众利益相结合,科教新闻强调最新成果与群众生活相结合,文化新闻强调高雅品位与群众普及相结合,社会新闻强调客观报道与引领群众相结合。坚持正确舆论导向,是本节目一以贯之的原则。

下设栏目:《记者视线》《简讯》《空气质量日报预报》。

播出时间:周一至周日 7:00—7:25。

质量要素:注重新闻编排;每套新闻所发条数不低于 20 条,遇重要会议不低于 15 条;自采稿件占全部稿件的 1/3 以上;每周有 14 条音响报道;24 小时以内新闻占全部新闻的 1/4 以上。

《北京新闻》是北京电台最具权威和影响力的、播出历史最悠久的时政新闻节目。1993 年新闻广播成立后,《北京新闻》成为该频率的龙头节目,每天 7:00 首播,是北京电台的标志性节目。

1994 年 1 月 1 日,《北京新闻》成为早间版块《新闻大视野》中的一个栏目。1995 年 1 月 1 日,《北京新闻》重新单独挂牌播出,并由上年的 15 分钟恢复为 20 分钟;各专业广播同时转播。至 2010 年年底,《北京新闻》播出时长和重播次数多次调整(见表 1-6)。遇重大事件或特殊情况,节目适当延长:如 1997 年香港回归,6 月 30 日至 7 月 1 日,《北京新闻》由 20 分钟延长为 30 分钟;2001 年 7 月 14 日北京申办奥运成功,《北京新闻》由 25 分钟延长为 50 分钟。

1999 年,北京市统计信息咨询中心的调查显示:当年北京电台收听率前 50 名节目中,《北京新闻》收听率 47.1%,排名第一。

2000—2001 年,《北京新闻》节目内容分为三套,重点为早间新闻 20 分钟。午间和晚间两套节目强调时效性,以当天的新闻为主,时间长度 10 分钟。2002 年,《北京新闻》午、晚两套取消,被调整为整点新闻节目的一部分。

17 年间,《北京新闻》始终受到社会各界听众的青睐,并受到市委、市政府的关注;历经多年打造,该节目已成为北京电台的名牌栏目之一。《北京新闻》曾获 2002 年度北京广播奖栏目奖一等奖,获 2003 年度中国广播奖十佳栏目奖、北京广播奖栏目奖。2001—2010 年,《北京新闻》连续 10 年被评为北京电台名牌栏目;2004—2010 年,连续 4 届(两年一届)被评为“听众喜爱的名牌栏目”。

表 1-6　　北京新闻广播《北京新闻》每天播出次数和时长一览表

时间	每次节目时长（分钟）	次数	总时长（分钟）
1993 年 12 月	20 10	2 4	80
1995 年	20 10	2 2	60
1996 年 1 月至 1998 年 12 月	20 10	2 3	70
1999 年 1 月至 2000 年 12 月	20 10	2 2	60
2001 年 1 月至 2003 年 12 月	20	2	40
2004 年 1 月至 2005 年 12 月	25 20	1 1	45
2006 年 1 月至 2007 年 12 月	20	2	40
2008 年 1 月至 2009 年 12 月	25	2	50
2010 年 1 月至 2010 年 12 月	25	1	25

2.《人生热线》

节目方针：以倡导正确价值观、世界观、人生观为主旨，以“讲述人生百态，评说世间万象”为主要内容。听众在开放式的研讨中沟通心灵，探寻真谛，感悟人生。

下设栏目：《N 种活法》《今晚话说》《公开道歉》《边看边聊》《现场传真》《京平邮箱》《今晚留言》（上述各栏目的播出均视具体内容而定）。

播出时间：周一至周五 22:10—23:00（含广告）。

质量要素：使用标准普通话主持节目。话语精炼、准确、规范，克服语病，反对粗俗语言，读音正确。在主持人话语不少于 20% 的前提下，充分体现主持人驾驭话题的能力。以大气、正气、有修养和首都台的风范树立主持人自身的声音形象。保持与听众的密切交流。

《人生热线》1993 年 3 月 1 日开播，周一至周六 23:10—24:00 播出，是主持人直播的专题节目。

该节目抓住中国改革开放和经济转型期各种价值观的碰撞、人们产生的心理困惑、人生困惑等种种热门话题，多角度地与听众探讨人生与人生观，引导听众处理好矛盾，解开困惑，振奋精神，做好工作。《人生热线》一度成为京城百姓倾诉内心、交流思想的平台；开播第一年（至 1994 年 4 月 2 日，共 365 套节目），直接参与节目的听众就达 3500 多人次。

1999 年 4 月 5 日，《人生热线》推出新版制作，节目方针、宗旨不变。新版《人生热线》突出主持人中心制，增加了专题访谈，播出形式改为直播与录播相结合。

1999年9月6日,《人生热线》播出时间提前一小时，周一至周五22:10—23:00播出。2002年,《人生热线》仅在周六、周日播出半小时；2003年又恢复为每天播出1小时。

13年间,《人生热线》设置播出的栏目有40余个，均有不同程度的反响，其中包括:《今夜星辰》《静夜细语》《梦幻世界》《祝你晚安》《本周话题》《银河联谊会》《网络人生》《家庭对话》《午夜书香》《打工族之夜》《周末家长会》《小康夜话》《两性平台》《岁月灯火》等。

2004年,《人生热线》被评为北京电台“听众喜爱的名牌栏目”。2005年年底,《人生热线》停播。

3.《新闻热线》

节目方针:《新闻热线》是一档由听众直接参与的社会性新闻节目，内容以听众讲述亲身经历的具有新闻价值的事件为主，或依据听众提供的新闻线索进行追踪报道。节目内容强调新闻性和社会性，所揭示出的问题具有一定的普遍性和警示作用。

下设栏目:《热线追踪》。

播出时间：周一至周日6:10—6:15，7:25—7:30（重播）。

质量要素：选用的听众热线只有一条内容时，要有编辑的电话追踪或记者的现场追踪，编辑要有串联、点评；选用的听众热线有一条以上内容时，注重编排、串联、点评。

《新闻热线》(65159063)创办于1993年3月18日。由听众反映身边新闻，编辑记者核实追踪，编后点评、深化报道三部分组成。《新闻热线》在早间新闻时段，每天播出5分钟左右；听众的热线电话为其主要报道方式。

据1998年统计,《新闻热线》5年共接听群众电话10万个，播出热线5000多条；在反映社情民意、针砭社会时弊、探讨社会问题、倡导精神文明等方面，起到明显的社会监督作用。

2008年2月，中宣部新闻局《新闻阅评》刊登文章，对《新闻热线》予以肯定。阅评员认为：现在专栏编辑部每天都能接到50～60个电话，多的时候达90个；北京电台的《新闻热线》专栏之所以创办14年依然红火，其真经是坚持“三贴近”原则，贴近实际，贴近群众，贴近生活。他们的采编播节目在面向百姓、依靠群众的同时，增加了服务性这个环节，推动有关部门认真为群众办实事。

《新闻热线》运行17年间，众多听众通过它参与广播新闻节目，同时这条热线也搭起了市民与政府之间沟通的桥梁。其间,《新闻热线》获2007年度北京广播影视奖的优秀栏目奖，连续3届（2006年、2008年、2010年）被评为北京电台“听众喜爱的名牌栏目”，被评为2010年度北京电台名牌栏目。

4.《新闻大视野》

节目方针：迅捷报道国内外新闻；时政、经济、科教、文娱、社会等各类新闻均以受众关注与否为选编标准；侧重民生，强调时效；追求可听性，重视新闻来源多样化；体裁兼有消息、时评。

下设栏目：《头条新闻》《国内消息》《国际消息》《时事点评》《体坛快讯》。

播出时间：周一至周日 7:30—8:00。

质量要素：注重新闻编排；信息量不少于 20 条，其中至少有两条录音、口播或连线报道；消息来源不少于 4 家媒体。

《新闻大视野》1994 年 1 月 1 日开设，是一档早间黄金时段的新闻版块节目。开办初期，每天 7:00—7:50 播出，时长 50 分钟。《新闻大视野》融新闻与新闻性专题于一体，定位于迅速及时地报道发生在北京、全国乃至世界的重要新闻，以全方位的新闻视角，汇聚天下大事，综合媒体观点，既追求时效，又追求深度。内容上侧重社会与民生，风格上讲求简约明快；主要栏目有《北京新闻》《新闻背景》《潮头掠影》《热点与难点》《新闻热线 5159063》《都市采风》《国内传真》《国际电讯》《今日论坛》等。

1995 年 1 月 1 日，《新闻大视野》由 50 分钟的大版块，调整为只播发国内新闻、国际新闻和言论的小版块（15 分钟）；其中的《北京新闻》独立挂牌播出，原有的其他栏目，转入新创办的《广播实录》中播出。《新闻大视野》的节目名称依然保留。

2000 年 10 月，《新闻大视野》大幅度改版，强调大视野、全方位和百姓视角，追求新闻性、社会性、思想性、广播特色，扩大信息量，增加音响报道，改录播为直播；通过对信息的梳理整合，形成每日的新闻主题，使其成为《北京新闻》的补充和延伸（7:25—7:50 播出，时长 25 分钟）。《新闻大视野》获 2002 年度北京广播奖栏目奖（二等奖）。

2004 年 1 月开始，在随后的 7 年间，《新闻大视野》的内容及栏目又多次调整，播出时间和长度也相应变化（13～30 分钟）。节目曾获 2005 年度北京广播奖的优秀栏目奖，并 7 次被专家评为北京电台名牌栏目（2001—2006 年度、2008 年度）。到 2010 年年底，《新闻大视野》仍在播出。

5.《城乡立交桥》

节目方针：《城乡立交桥》为立足京郊、城乡共赏的新闻性、知识性、服务性专题节目。它侧重宣传党的农村政策；宣传深化京郊改革；着眼于农村的城市化和农村人口的城市化，突出服务首都、富裕农民的总方针，沟通城乡，以推动郊区农村的物质文明和精神文明建设；传播信息、提供知识服务，以满足广大城乡听众多层次、多方面的需求。

下设栏目：《城乡话题》《企业纵横》《漫话国策》《走向市场》等。

质量要素：无。

播出时间：周一至周日 6:00—6:20、11:30—11:50（重播，周一至周六）。

《城乡立交桥》1994 年 1 月 1 日推出，是北京地区唯一的农村广播节目。该节目前身是 1957 年创办的对象性节目《对郊区农村广播》。1993 年 3 月 1 日新闻广播成立,《对郊区农村广播》改版为面向农村的新闻综合性专题版块《京郊大地》。1994 年，该档对农节目改为《城乡立交桥》。

1998 年 1 月 1 日，中波 828 千赫利用“亚洲 2 号”卫星传输，增加了对山区农村的覆盖，《城乡立交桥》更名改版为完全面向农村的《今日京郊》。这套对农节目分为早间版和午间版。早间版突出新闻信息性，采取录播方式；午间版突出话题性，采取主持人直播、录播相结合方式。播出时间：每周一至周六 6:00—6:20、11:20—12:00。每逢播出时段，京郊各区县广播站（广播电台）均开机进行转播。

2000 年,《今日京郊》节目缩短为 20 分钟，2002 年每天播出 1 次，2003 年 11 月 24 日停办，相关节目内容分解到新闻广播的其他节目中。

6.《新闻 2010》

节目方针：力求以快速、权威、大视野的特点为听众梳理最新发生在北京、中国乃至全球的新闻。在追踪新闻热点的同时，对新闻进行权威的深度解读和分析。

下设栏目:《夹叙夹议》《今日环球》《热点关注》《今日大观》。

播出时间：周一至周日 17:00—19:00。

质量要素：保证信息量，每天节目所发新闻不少于 50 条（特别节目除外），有录音采访或记者口播新闻，突出独家性；每天有自采的新闻分析或新闻专题；主持人要口齿清晰、语言规范、主持风格力求庄重中不失亲和，突出本栏目的声音识别性。

《新闻 2010》节目开播于 1996 年 1 月 1 日，名称为《新闻 1996》。之后，节目名称随年份变更，逐年做相应改变。至 2010 年过渡为《新闻 2010》。

该节目是一档晚间新闻直播节目。1996 年，节目下设 3 个栏目:《要闻快报》《时事对白》《传媒热点》，播出时长为 1 小时。《要闻快报》报道国内外新闻，特点是快节奏、大信息量;《时事对白》对新闻进行背景分析和深度报道，帮助听众对新闻的前因后果有更深刻的认识和理解;《传媒热点》介绍国内媒体的报道热点和对新闻的深度分析，内容追求贴近性。

从《新闻 1998》开始，增加《每日快评》栏目。《新闻 2008》增设《记者视线》和《一周新闻点评》栏目。从《新闻 2010》开始，下设栏目和播出时间调整，时长延为 2 小时。

2002 年，北京新闻广播《新闻 2002》节目组在工作

《新闻1996》一推出就引起新闻界和听众的强烈关注，并获1996年度北京广播奖的优秀栏目奖。此后，《新闻2001》《新闻2002》获2003年中国新闻名专栏奖，《新闻2002》《新闻2004》《新闻2010》获该年度北京广播奖的优秀栏目奖。该节目7次被评为北京电台名牌栏目（2001—2006年度、2010年度）。

7.《时代杂志》

节目方针：《时代杂志》注重新闻背后的开掘、注重对新闻事件的评价；从新闻的敏感和视角关注大千世界、芸芸众生，从独家的角度关注今天和未来、关注时代和生活。

下设栏目：《要闻点评》《热点杂谈》《社会新闻》《一周回眸》《今日人物》《时代随笔》《体坛视点》《四海飞鸿》。

播出时间：周一至周日8:30—9:00、20:30—21:00（重播）。

质量要素：栏目数量每期2～3个，编辑与自采比例为2∶1，每期录音报道1个，选题要求注重导向性、社会性、实效性（一段时期内公众关心的话题），语言要求符合语委一级甲等的播出标准，编排要求多栏目、多角度、过渡自然。

《时代杂志》是1999年9月6日开办的广播新闻杂志节目，是对新闻广播一系列纯新闻节目的补充和丰富。2003年11月24日起，《时代杂志》变更为谈话加报道的形式，增加新闻性谈话的内容，同时取消晚间重播。节目调整后，栏目设置也相应调整为《时代报道》《时代视点》《时代随笔》《热点杂谈》《人生感悟》《历史回眸》《与你同行》《声音》《交流》《时代特刊》《时代人物周刊》等。

《时代杂志》获2004年度北京广播奖的优秀栏目奖，2001年度、2004年度、2005年度被北京电台评为名牌栏目。

2005年1月1日起，该节目增加次日0:00—0:30的重播。2006年1月1日，《时代杂志》调整为周一至周五21:10—22:00播出。2007年9月1日停播。

8.《新闻天天谈》

节目方针：一档以深入解读新闻背景、提供多角度的分析评论为特色的新闻谈话节目。

下设栏目：无。

播出时间：周一至周日12:20—12:55。

质量要素：节目以谈话为主，主持人与嘉宾相互有交流，有交锋，观点鲜明，论据充分，说理透彻，评论观点导向正确。

《新闻天天谈》2003年11月24日开播，是一档分析新闻事件和新闻人物背景的新闻谈话类节目。节目以新闻发生的情节和背景故事作为谈话选取的角度，通过电视、报纸、网络、专家、亲历者等尽可能多的途径获取信息，对新闻当事人或权威嘉宾进行前期采访，或在直播间中展开直播连线对话，反映出真实的新闻背景和生动的事件情节，凸显节目的可听性。周一至周五以直播为主，每天两位主持人。周六、周日录播，以一位主持人访谈为主。每天12:30—13:00播出。

及时发现社会生活中的热点、难点、焦点问题，并答疑解惑、化解矛盾是《新闻天天谈》遵循的节目宗旨。《新闻天天谈》努力“提供独家观点，加强独到解读”，节目内容丰富鲜活，而且不失尖锐和深度，因而拥有一批忠实的听众。2005—2010年度的节目连续6年被评为北京电台名牌栏目。《新闻天天谈》还获得2007年度北京新闻奖优秀专栏奖、北京广播影视奖“广播优秀栏目”奖。

2006—2009年，节目播出时间为周一至周五12:10—13:00。其中，2007—2008年，节目下设栏目《人物在线》和《话题相对论》。2010年，节目在周一至周日12:20—12:55播出。

9.《资讯早八点》

节目方针：《资讯早八点》是立足新闻，强化实用资讯，贴近生活，服务早间收听群的一档新闻资讯版块节目。其宗旨是：以多种方式，迅速、及时地报道各类实用新闻资讯。

下设栏目：《房产资讯》、《财经资讯》、《汽车资讯》、《旅游资讯》、《教育人才资讯》、《文化娱乐资讯》（根据每天资讯特点灵活安排）、《环球资讯点击》、《天气资讯》、《路况资讯》、《百姓生活故事》。

播出时间：周一至周日8:00—9:00。

质量要素：每套资讯不少于15条；每套节目（资讯和观点）口播不少于1条；每套资讯所发的资讯链接不少于1条；主持人语言精练、准确、规范。

《资讯早八点》2006年1月1日创办，周一至周五播出。它以“大资讯”为栏目理念，强调“以观察家的身份做编辑”，充分发挥编辑功能，将海量信息进行筛选整合，发现新闻，解读资讯，用背景来体现消息的价值，不仅让听众“知其然”，还“知其所以然”；使程式化的政策报道变得生动有趣，使看似不起眼的小消息显露出潜藏其中的重要信息，为人们的生活提供参考。创办之初，栏目包含《新鲜资讯》《天气资讯》《媒体观点》《路况天气》《百姓故事》《记者视线》，每套资讯不少于20条。次年，子栏目设置进行调整，并固定下来。2010年，《资讯早八点》播出时间调整为周一至周日每天播出。

《资讯早八点》开播当年即获2006年度北京广播奖的优秀栏目奖。2007—2010年度，《资讯早八点》连续被专家评为北京电台名牌栏目。该节目获2009年度北京新闻奖一等奖（栏目）及北京广播影视奖的广播优秀栏目奖，获2009—2010年度中国广播影视大奖（栏目）。

10.《教育面对面》

节目方针：以中小学生家长和各类考生为主要收听对象。力求为听众解答各类有关教育方面的难题与困惑，传播科学的家庭教育观念；在第一时间解读教育考试政策；展示先进的教学理念和特色课程；突出权威性、实用性。

播出时间：20:10—21:00。

下设栏目：《每日教育播报》、《一周教育新闻榜》、《教育博客》、《招考在线》、《教育咨询热线》、《非常家长会》、《教子有方》、《童言无忌》、《教育对话》、《教育调查》、《考试星闻》、《留学直通车》、《留学生涯》、《留学听天下》、《名师讲堂》、《北京高招大型直播咨询》（每年3月、4月、7月）。

质量要素：节目内容抓住当前最热门、最有典型意义的教育话题。直播、录播相结合。每期保证播出6条以上的新闻。突出服务特点，做到有咨询必有反馈。嘉宾选择力求最权威的人士，尽可能进直播间与听众面对面交流。主持人语言规范，表达清晰，富有亲和力。

《教育面对面》2007年1月1日开设，是北京电台最具吸引力的特色节目之一，其中最受关注的内容是每年举办的“北京高招大型直播咨询”活动。该项活动由北京新闻广播与北京市教委、北京教育考试院和北京考试报联合举办。活动期间，北京各所招生高校走进直播间，通过广播为考生填报志愿提供服务；上百位高考专家、心理辅导专家以及教学名师也会在直播间为考生和家长提供全程免费的咨询服务。

新闻广播“北京高招大型直播咨询”活动，最早于2003年开始举办，每年一届；2007年纳入《教育面对面》节目。从2004年开始，新闻广播每年将高招播出内容整理成文字，编印成《北京高招咨询汇编手册》，在填报志愿前一个月免费向考生发放，引来不少报社的记者关注，成为高招期间社会的新闻亮点。同时，《教育面对面》节目还会举办大型公益专家讲座，为听众现场答疑解惑。至2010年年底，《教育面对面》仍在播出。

附：北京电台新闻中心

1999年，北京电台的7个专业广播在自己本专业领域凸显优势，但在新闻节目制作方面，各专业广播都做新闻节目，造成人力资源的浪费。为有效控制新闻节目的制作“成本”，强化新闻队伍的专业化管理，保证新闻节目质量不受经营创收的影响，北京电台筹建新闻中心。

新闻中心运行的资金及人力由电台统筹调节，将各专业广播分散制作的新闻节目，改为由新闻中心统一制作，形成人力集中、导向可控、外联统筹的格局。

1999年9月6日，新闻中心组建。12月，市编办批准成立。由于新闻中心不承担任何经营创收任务，使得电台新闻节目的客观性、真实性、权威性得到保障。同时，也为各专业广播集中精力，做好本专业范畴的节目创造条件。

新闻中心是北京电台一个专门负责制作各种门类化新闻节目和重要新闻节目的内设机构，是与各个专业广播平行并列的机构。新闻中心根据新闻法规、新闻政策、舆论导向等要求，依照新闻规律制定相应的规章制度、岗位职责和奖惩措施，强化对从业人员的管理，从而实现电台对新闻节目的专业化统一管理。

在新闻节目的生产流程中，新闻中心是制作机构，各专业广播是播出机构。运作方式是：各个专业广播提出自己所需要的新闻节目（包括节目类别、播出时段、节目长度、受众对象等），新闻中心根据其不同要求进行采访、编辑、播音、录制，最终制作为成品节目，输入音频工作站，供各专业广播播出时调用。

新闻中心下设时政部、经济部、文教部、社会新闻部、编辑部、播音部，有编辑、记者、播音员、录音师等各类工作人员55名。

新闻中心运行后，每天向各专业广播提供20多套约380分钟的新闻节目，包括：早间、午间、晚间的《北京新闻》(7个专业广播)，直播节目《新闻大视野》(新闻广播)，全天滚动播出的整点新闻（新闻广播），以及《科教新闻》(教育广播)、《文化新闻》(音乐广播、文艺广播)、《经济新闻》(经济广播)、《社会新闻》(生活广播、交通广播)、《体坛快讯》(音乐广播、交通广播、文艺广播、教育广播)、《环球科技》(音乐广播、文艺广播)、《文化视点》(音乐广播、文艺广播)等。每天还为7个专业广播提供2次《天气预报》。

2002年上半年，新闻中心每天采制的新闻节目门类和时长大大缩减，节目名称、播出台和播出时间如下：

《北京新闻》：7个专业广播7:00—7:20，新闻广播重播8:00—8:20；

《新闻大视野》：新闻广播7:20—7:50；

《北京报道》：新闻广播19:30—20:00；

《科教新闻》：教育广播7:20—7:30；

《科教快讯》：教育广播21:00—21:05。

2002年6月28日，根据新闻广播专业化建设及事业发展需要，新闻中心与新闻广播合署办公，在新闻广播内暂设编委会。编委会的职责：协调新闻广播内各新闻节目的统一运作；负责日常新闻节目的管理；策划组织重大宣传报道活动。

新闻中心的运行，为2006年年底北京电台实行广播节目制作与播出相分离的运营模式，做了一定程度的探索。2006年10月23日，根据京编办事〔2006〕100号文件：北京电台增设节目制作中心；北京电台新闻中心并入新闻广播。

第三节 北京音乐台

北京音乐广播（以下简称“音乐广播”）开播于1993年3月1日，是北京电台1993年开办的4个专业广播之一。音乐广播自创办到2010年的18年间，其对外呼号、使用频率、节目设置、社会影响等方面都发生了很大的变化。

一、频率与呼号

1993年3月1日，音乐广播开播，对外呼号是“北京音乐台”。使用调频94.5兆赫，全天24小时播出。同年8月23日，音乐广播按照广播电影电视部对北京地区电视和调频广播的播出频道、频率的调整计划，改为用调频97.4兆赫播出。

1996年3月18日至2001年6月30日，因技术条件的限制，音乐广播每天2:30—5:30停播。为满足听众夜间对广播的需求，自2001年7月1日，音乐广播恢复全天24小时播出，仍是北京唯一的24小时播出的广播频率。

1998年1月1日，音乐广播的呼号改为“北京人民广播电台调频97.4兆赫”。

1999年10月，音乐广播增加一个有线调频播出频率——94.6兆赫。自2000年7月12日起，音乐广播改呼号为“北京人民广播电台音乐广播”，简化为“北京音乐广播”。

2002年5月1日，音乐广播开播两套有线广播：古典音乐广播（有线调频98.6兆赫）和欧美流行音乐广播（有线调频97.0兆赫。2004年更名为通俗音乐广播），全天24小时播音。

2004年5月1日，音乐广播开播两套24小时播出的有线广播及一套爵士乐数字广播：亚洲流行音乐广播（有线调频106.5兆赫）和轻音乐广播（有线调频107.5兆赫），爵士音乐广播在歌华有线电视网数字平台试播。

2006年9月6日，北京电台移动多媒体广播正式开播后，有线亚洲流行音乐广播和有线轻音乐广播的名称和呼号分别调整为欢乐时光广播和怀旧金曲广播，每天6:00—24:00在有线调频和移动多媒体广播播出。

2007年，音乐广播有线爵士音乐广播移至移动多媒体广播24小时播出。

2010年，音乐广播办有一套开路广播，使用频率为：调频97.4兆赫，有线调频94.6兆赫。另有4套有线调频频率：古典音乐广播（有线调频98.6兆赫）、通俗音乐广播（有线调频97.0兆赫）、欢乐时光广播（有线调频106.5兆赫）、怀旧金曲广播（有线调频107.5兆赫）。

二、宗旨与方针

音乐广播是以音乐服务于社会的专业广播。作为党的重要宣传舆论工具，音乐广播把弘扬主旋律、提倡多样化作为音乐宣传的基本原则。音乐广播的主要任务是宣传党的文艺理论、路线、方针、政策，传播音乐知识，提供音乐欣赏和娱乐，活跃群众文化生活。

音乐广播的办台宗旨是以音乐节目立台，满足听众通过广播获取音乐及相关资讯的需求，同时努力倡导高雅艺术，弘扬民族文化，反映时代风貌，力求丰富多样；注重可听性、娱乐性、服务性；加强信息服务，体现人文关怀。

三、节目设置与调整

音乐广播开播至2010年，节目一直追求严肃音乐通俗化、通俗音乐艺术化、环球音乐旋律化、综合节目音乐化。围绕音乐节目立台的宗旨，每年节目都有一定幅度的调整。

1993年3月音乐广播开播之初，设有4个节目部：日间节目部、晚间节目部、黄金假日部、文化信息部。节目设置以“娱乐服务，寓教于乐，与民同乐”为宗旨，主要版块有：《文化大世界》、《音乐子午线》、《午后漫步》、《环球音响》、《哆来咪直播室》、《空中乐坛》、《BMR夜总会》（BMR是北京音乐广播的英文缩写）、《假日彩虹》等。开办的节目数量多、每天节目表不同，是音乐广播很长一段时期节目设置的特点。

1993年7月，音乐广播减少文化信息节目，《文化热点》节目由每周5次改为3次；每周一至周五晚间播出《天碟音乐会》《通俗音乐会》《星期音乐会》等不同风格、高品位的音乐会。

1994年年底，音乐广播按照办台方针对节目进行全面调整，确定“音乐广播的节目设置以介绍优秀音乐特别是中国的优秀音乐专题节目和文化信息节目为主体，适当安排优秀的世界通俗音乐和服务性节目”。1995年、1996年，音乐广播加大早、中、晚黄金时段中国音乐作品、高雅音乐的比例。

1996年7月，音乐广播围绕“推精品、创名牌、出新意”进行节目调整。根据社会调查的结果，增加受听众欢迎节目的重播次数，撤销、合并排名居后和内容重复的部分节目，使音乐节目种类多样化。新开设的节目有《精品收藏音乐会》《亚非行》《拉美音乐》，恢复播出《每周一歌》节目（1993年停办）。

1999年，音乐广播撤销15个节目，开办《相约99公益歌曲大擂台》《老唱片——百年回放》《歌词纵横谈》《金色旋律》《音乐晚餐》《音乐治疗》等10个新节目。1999年，音乐广播四大类节目在全部节目中的比例是：严肃音乐占30.58%，通俗音乐占29.83%，环球音乐占15.12%，综合节目占22.69%。

2000年，音乐广播进一步加大民族音乐的宣传。如《歌词纵横谈》节目介绍的全都是民族歌曲的歌词；《相会97.4》节目以采访为我国音乐事业做出贡献的著名词曲作者为对象；《名家民乐》节目不仅介绍我国传统和现代的民族音乐，还采访民族器乐曲的演奏家、作曲家；《中国优秀歌曲欣赏》《每周一歌》《中国影视金曲》《公益歌曲大擂台》等一直是以播放、宣传民族音乐为主的节目。2000年，音乐广播推出一批新栏目：《游戏空间》《古典也流行》《快乐多来咪》《流行也精彩》《97.4沙龙》《二十世纪音乐博览》《世界音乐潮》等。

2000年7月24日，音乐广播推出滚动信息节目“974信息网”，每天9:00—21:00整点播出，每次约两分钟。主持人以直播方式介绍国内外最新的文化、娱乐、体育、生活、旅游等方面的信息，使音乐广播成为欣赏性与信息性并重的调频广播。

表1-7

北京音乐广播节目时间表
（2000年9月1日起实行）

<table>
<tr><th>时间</th><th>周一</th><th>周二</th><th>周三</th><th>周四</th><th>周五</th><th>周六</th><th>周日</th></tr>
<tr><td>0:00</td><td rowspan="2">浪漫情歌</td><td rowspan="2">午夜蓝调</td><td rowspan="2">香港风景线</td><td rowspan="2">零点乐话</td><td rowspan="2">绝对实况</td><td rowspan="2">校园民谣</td><td rowspan="2">名歌金曲</td></tr>
<tr><td>0:30</td></tr>
<tr><td>1:00</td><td rowspan="2">中国影视金曲</td><td rowspan="2">星期音乐会通俗版</td><td rowspan="2">中国音乐点播</td><td rowspan="2">通俗音乐会</td><td rowspan="2">迷人的歌剧</td><td rowspan="2">二十世纪音乐博览</td><td rowspan="2">人间有爱</td></tr>
<tr><td>1:30</td></tr>
<tr><td>2:00</td><td>名家民乐</td><td>古典小品</td><td>中国优秀歌曲</td><td>国际音乐快递</td><td>游戏空间</td><td>来自东京的问候</td><td>俄罗斯风情</td></tr>
<tr><td>2:30</td><td colspan="7">全天播音结束</td></tr>
<tr><td>5:30</td><td colspan="5">老唱片百年回放</td><td>相会97.4</td><td>中国优秀歌曲</td></tr>
<tr><td>6:00</td><td colspan="7">北京晨曲　天气预报</td></tr>
<tr><td>6:30</td><td colspan="7">转播　中央人民广播电台新闻和报纸摘要节目</td></tr>
<tr><td>7:00</td><td colspan="7">北京新闻　文化新闻</td></tr>
<tr><td>7:30</td><td colspan="7">文化视点　当天节目预告　环球科技</td></tr>
<tr><td>8:00</td><td colspan="5">新闻大视野　体坛快讯　每周一歌</td><td rowspan="2">世界名曲音乐会</td><td rowspan="2">中国音乐点播</td></tr>
<tr><td>8:30</td><td>康辉漫游世界</td><td colspan="4">枫丹音乐在线</td></tr>
<tr><td>9:00</td><td colspan="5" rowspan="2">你好TAXI</td><td rowspan="2">莱茵问候中国</td><td>相会97.4</td></tr>
<tr><td>9:30</td><td rowspan="2">世界电影音乐欣赏</td></tr>
<tr><td>10:00</td><td colspan="5">现代音乐时空</td><td rowspan="2">通俗音乐会</td></tr>
<tr><td>10:30</td><td>中国优秀歌曲</td><td>名曲欣赏</td><td>相会97.4</td><td>名家民乐</td><td>古典小品</td><td rowspan="2">流行2000周日专场</td></tr>
<tr><td>11:00</td><td colspan="6">流行2000</td></tr>
<tr><td>11:30</td><td>雪碧原创歌曲榜</td><td>雪碧原创歌曲榜</td><td>伟酷现代生活</td><td>雪碧原创歌曲榜</td><td>伟酷现代生活</td><td>雪碧原创歌曲榜</td><td>雪碧原创歌曲榜</td></tr>
<tr><td>12:00</td><td colspan="5">音乐礼品卡</td><td>雪碧原创歌曲榜</td><td>音乐礼品卡</td></tr>
<tr><td>12:30</td><td colspan="7">百事可乐中国歌曲排行榜</td></tr>
<tr><td>13:00</td><td rowspan="2">名歌金曲</td><td rowspan="2">迷人的歌剧</td><td colspan="2" rowspan="2">世界歌曲排行榜</td><td rowspan="2">中国影视金曲</td><td>音乐礼品卡</td><td rowspan="3">发烧门诊部</td></tr>
<tr><td>13:30</td><td>特别创意</td></tr>
<tr><td>14:00</td><td colspan="5">公益歌曲大擂台</td><td>康辉漫游世界</td></tr>
</table>

续表 1-7

<table>
<tr><th>时间</th><th>周一</th><th>周二</th><th>周三</th><th>周四</th><th>周五</th><th>周六</th><th>周日</th></tr>
<tr><td>14:30</td><td colspan="4" rowspan="2">你好 TAXI 娱乐版</td><td rowspan="2">京粤港排行榜</td><td>97.4 试听室</td><td>七台精彩联播</td></tr>
<tr><td>15:00</td><td rowspan="2">香港风景线</td><td rowspan="2">流行一网通</td></tr>
<tr><td>15:30</td><td colspan="3">世界音乐潮</td><td>来自东京的问候</td><td>快乐哆来咪</td></tr>
<tr><td>16:00</td><td colspan="5">老唱片百年回放</td><td colspan="2" rowspan="2">世界歌曲排行榜</td></tr>
<tr><td>16:30</td><td colspan="5">醇情相约</td></tr>
<tr><td>17:00</td><td colspan="7">古典也流行</td></tr>
<tr><td>17:30</td><td colspan="7">流行也精彩</td></tr>
<tr><td>18:00</td><td colspan="7">罗曼音乐时间</td></tr>
<tr><td>18:30</td><td colspan="5">华远新城市音乐主张</td><td>丰联明星面对面</td><td>罗曼音乐时间</td></tr>
<tr><td>19:00</td><td colspan="7">世纪星光音乐绿洲</td></tr>
<tr><td>19:30</td><td colspan="7">音乐礼品卡</td></tr>
<tr><td>20:00</td><td colspan="7">百事可乐中国歌曲排行榜</td></tr>
<tr><td>20:30</td><td colspan="4">老式汽车</td><td rowspan="2">百事可乐中国歌曲排行榜揭晓</td><td rowspan="2">文化热点</td><td rowspan="2">中国影视金曲</td></tr>
<tr><td>21:00</td><td>歌词纵横谈</td><td>贝塔斯曼美丽人生</td><td>人人网络音乐吧</td><td>人人网络音乐吧</td></tr>
<tr><td>21:30</td><td rowspan="2">世界电影音乐欣赏</td><td rowspan="2">人间有爱</td><td rowspan="2">绝对实况</td><td rowspan="3">97.4 沙龙</td><td rowspan="3">星期音乐会经典版</td><td rowspan="3">发烧门诊部</td><td rowspan="2">世界名曲音乐会</td></tr>
<tr><td>22:00</td></tr>
<tr><td>22:30</td><td>国际音乐快递</td><td>游戏空间</td><td>俄罗斯风情</td><td>97.4 试听室</td></tr>
<tr><td>23:00</td><td rowspan="2">百事可乐中国歌曲排行榜揭晓</td><td rowspan="2">新音乐杂志</td><td rowspan="2">二十世纪音乐博览</td><td rowspan="2">星期音乐会通俗版</td><td rowspan="2">浪漫情歌</td><td rowspan="2">京粤港排行榜</td><td rowspan="2">校园民谣</td></tr>
<tr><td>23:30</td></tr>
</table>

2004 年，音乐广播开办总长 42 分钟的《彩铃乐翻天》节目，周一至周五 11:00—12:00 播出。通过时下流行的多种多样彩铃内容的展示及音乐彩铃歌曲的还原串联，为听众营造一个音乐与幽默、热烈与欢快的午间娱乐氛围。下设栏目:《彩铃光荣榜》《秀我彩铃》《彩铃独家试听》《彩铃心情》《彩铃任你点》等。这是国内第一档彩铃广播节目。2005 年 9 月 1 日起，音乐广播《彩铃乐翻天》节目通过全国卫星音乐广播协作网在全国 13 家音乐电台播出，覆盖人群超过 3 亿人。2006 年,《彩铃乐翻天》被评为北京电台“听众喜爱的名牌栏目”(2008 年 12 月 31 日，该节目播出最后一期)。

2007 年 7 月 16 日，音乐广播节目较大幅度改版，用多样化的节目类型满足听众的不同需求，用规整的节目架构来方便听众的收听，彻底改变每天节目表都不同的状况。这次改版的主要方向是：加大直播力度，增强互动性，让收听成为一种乐趣。新办的听众喜爱、专业性强、特点突出的节目有《午后大道东》《甜蜜对对碰》《男左女右》《沸腾97度4》等。同年12月19日，直播节目《国家大剧院》开播。

2009年，音乐广播为打造大栏目化的电台，对节目设置做较大调整：保持或扩展收听态势上升的节目，如《男左女右》《午后大道东》《先听为快》《永恒的魅力》《古典也流行》；全力打造新的品牌节目，如上午的伴随性节目《边走边唱》、中午的点歌节目《全城都能点》、傍晚的听歌节目《就听好歌不听话》。这样，音乐广播每天7:00至次日1:00的10个版块节目的时长都在1小时以上，其中有5个节目达到2小时。

2010年，音乐广播全天节目依然是大栏目化的设置。

四、社会影响

在1994年的北京电台听众调查中，音乐广播的收听率在北京电台各专业广播中位列第三。1995—1999年，音乐广播的广告创收一直稳居北京电台各专业广播第一名。直到2005年，音乐广播的市场份额保持北京电台专业广播前三名的位置。2006—2010年，音乐广播的市场份额排名大都在第四位。音乐广播在北京地区收听率较高，是京城最具影响力、权威性的音乐媒体。

从1999年开始，音乐广播每年赴美国洛杉矶现场转播“格莱美颁奖典礼”。从2002年开始，每年赴德国现场转播柏林森林音乐会和柏林除夕音乐会。对丹麦罗斯基勒音乐节的现场转播始于2004年，至2010年共转播6次。对全英音乐奖颁奖典礼的现场转播始于2007年，至2010年共转播4次。音乐广播还不定期地现场转播奥地利萨尔茨堡音乐节和捷克布拉格之春音乐节等国际音乐盛会。这些转播活动拉近了北京与国际音乐活动的距离，繁荣了北京的音乐文化氛围。

音乐广播不仅用时尚、高质量的节目内容吸引听众，还举办或参与众多社会活动，在音乐专业领域影响巨大。

1. 中国歌曲排行榜

1993年5月24日,《北京音乐台大陆歌曲排行榜》节目开播，是北方地区第一个排行榜类的流行音乐节目。以节目为依托，音乐广播创建起内地历史最长的华语流行音乐排行榜。

1994年8月6日,“‘丹依之夜’北京音乐台’94金曲排行榜大型演唱会”在首都体育馆举行，开创内地流行演唱会的新样式。1995年，该节目定名为《中国歌曲排行榜》。1995年，在首体举办第二届颁奖演唱会后，颁奖演唱会中断。

2000年3月31日，中国歌曲排行榜（简称“中歌榜”）颁奖演唱会在首都体育馆举行，被称为第七届中歌榜颁奖盛典，这是按照颁奖典礼开设的年度数确定的。从 2001 年开始，颁奖演唱会改为年度颁奖典礼，被媒体称为“中国格莱美”。

1994 年 8 月 6 日，北京音乐台与丹侬衬衫制衣公司联合在首都体育馆举办“‘丹侬之夜’北京音乐台’94 金曲排行榜大型演唱会”

中歌榜的奖项分为三大类：一是年度十大金曲的评选，它每周由听众和主持人的投票记分，以一周到一个月再到一年累计积分评出前十名；第二类奖是“最佳词、曲、专辑”“最佳选送”等奖项的评选，由专家评委在年底评选，以无记名投票的方式选出，结果当时就向各位专家评委公布，然后封存至颁奖典礼举行之夜；第三类奖是歌迷网上投票选举出的，比如“最受欢迎男、女歌手奖”等。奖项设置逐年细化。

2001 年 4 月，美国纽约侨声电台开播《中国歌曲排行榜》节目。此后，美国洛杉矶 1300 中文电台，以及加拿大、澳大利亚等地的中文电台陆续开播这一节目。

2001 年 11 月，音乐广播牵头建立全国卫星音乐广播协作网，实现《中国歌曲排行榜》每天在全国 15 个重点城市同步直播。随着全国卫星音乐广播协作网成员台的不断增加，中歌榜成为国内最具有权威性和公正性的流行音乐排行榜。

2002 年 6 月，中歌榜在美国纽约举行第一届海外票选颁奖典礼，音乐广播成为第一个走出国门到海外举行颁奖典礼的媒体。2004 年，第十一届中歌榜开始增设港台地区部分的奖项，对中国流行音乐的覆盖更加全面。2005 年 6 月，第二届中歌榜海外票选颁奖典礼在美国拉斯维加斯举行。

2006 年 4 月 26 日，北京音乐广播在北京展览馆举办 2005 年度北京流行音乐典礼

2006 年 4 月，中歌榜颁奖典礼更名为“北京流行音乐典礼”。

至 2010 年，从中歌榜算起，“北京流行音乐典礼”作为中国流行乐坛的年度盛会，已经举办 17 届。

2. 北京国际音乐节

1998 年 10 月 13—25 日，北京电台（音乐广播）发起并承办首届北京国际音乐节。此后，北京国际音乐节每年秋季在北京举办一届，后发展成为由文化部和北京市委、市政府批准举办的大型音乐活动，并跻身于全球知名的音乐节之列。北京国际音乐节不仅为推动音乐文化的发展做出贡献，而且已成为北京的标志性文化活动。

北京国际音乐节以引进和介绍音乐经典、提升公众品位、繁荣精神文明为宗旨，广泛邀请国内外音乐家和表演团体参加，演出形式包括交响乐音乐会、独奏和独唱音乐会、室内乐音乐会、经典爵士乐音乐会、歌剧、舞剧等。中国邀请世界级音乐家来演出是从北京国际音乐节开始的。在邀请的法律程序、实施过程等方面，北京国际音乐节成为后来其他活动邀请世界级音乐家的操作样本。北京国际音乐节建立起与国际接轨的音乐节职业运作团队工作模式。

北京国际音乐节不仅重视国外古典音乐，同时注重弘扬中国传统文化，对音乐普及、教育和公益活动也给予高度重视。每届音乐节均举办专门面向青少年听众的免费音乐会以及形式多样的大师班和音乐讲座。

音乐广播参与策划、组织、宣传每届音乐节，在每届音乐节期间直播开幕式和多场音乐会演出。至 2010 年，北京国际音乐节已举办 13 届。

3. 全球华语歌曲排行榜

2000 年 8 月 22 日，由北京电台（音乐广播）与广东人民广播电台等 7 家电台联合主办的“全球华语歌曲排行榜”启动仪式暨新闻发布会在人民大会堂举行。“全球华语歌曲排行榜”是在北京音乐广播、珠江经济广播电台、香港电台联合举办的《京粤港普通话歌曲排行榜》节目（1996 年开播）的基础上扩充发展而创建的。从 9 月 30 日开始，《全球华语歌曲排行榜》节目在北京音乐广播、广东人民广播电台、香港电台、上海东方广播电台、台湾中广公司、新加坡醉心频道、马来西亚丽的 988 电台播出。除了这 7 家电台，美国美加华语广播网、加拿大中文电台、美国纽约侨声广播电台、伦敦国际广播电台中文台、澳大利亚广播公司、美国旧金山华语广播等海外电台同时加盟播出《全球华语歌曲排行榜》节目。

《全球华语歌曲排行榜》是第一个全球性的华语音乐广播节目。每月、每季度从 7 家主办电台播出的推荐歌曲中，通过专家和听众评分相结合的方式评选出上榜歌曲，再从 4 个季度的上榜歌曲中评出 20 首年度华语流行金曲及各项大奖。

2001 年 9 月 28 日，音乐广播承办的第一届“全球华语歌曲排行榜颁奖典礼”在北京首都体育馆举行。音乐广播把颁奖典礼现场信号通过卫星传送到西安音乐广播，成功实现国内首次卫星直播广播节目。之后，颁奖典礼由“全球华语歌曲排行榜”成员电台轮流承办。2009 年 11 月 19 日，音乐广播在北京北展剧场承办第九届全球华语歌曲排行榜颁奖典礼。

至 2010 年，作为华语流行乐坛最受瞩目的排行榜，“全球华语歌曲排行榜颁奖典礼”已经举办 10 届。

4. 北京奥运会歌曲征集

2003 年 4 月 8 日，北京奥组委新闻发布会宣布，北京音乐广播成为 2008 年北京第 29 届奥运会主题歌征集和评选的承办单位。奥运会歌曲的征集和评选活动历时 5 年，每年推出 10 首“奥运歌曲”即 2008 奥运会主题歌候选作品。北京奥组委征歌组委会办公室设在北京音乐广播。

2003 年 4—11 月，2003 年度奥运歌曲征集评选工作结束，最终产生 7 首本年度奥运推荐歌曲。12 月 24 日，音乐广播开始就评出的 7 首奥运推荐歌曲在听众中开展“您喜爱的奥运歌曲”征评活动。

至 2008 年 3 月，北京 2008 年奥运会奥运歌曲征集评选活动共举办 4 届。4 月 30 日，由北京奥组委主办的北京 2008 年奥运会倒计时 100 天庆祝活动暨第四届北京 2008 奥运歌曲评选活动颁奖晚会在北京劳动人民文化宫举行，北京奥组委向北京电台颁发北京 2008 奥运会征歌活动优秀组织奖。

2008 年 4 月 30 日，在北京 2008 年奥运会倒计时 100 天庆祝活动暨第四届北京 2008 奥运歌曲评选活动颁奖晚会上，北京电台获得北京奥组委颁发的北京 2008 奥运会征歌活动优秀组织奖

2008 年 8 月 5 日，北京奥组委在奥运新闻中心召开新闻发布会，公布北京奥运会、残奥会颁奖仪式音乐及体育展示标志音乐。北京 2008 年奥运会、残奥会颁奖仪式音乐和体育展示标志音乐的征集评选是音乐广播承办的第四届北京 2008 年奥运歌曲征集评选活动的重要组成部分。

2008 年 8 月 8 日，在北京奥运会开幕式上，北京奥运会主题歌揭晓，名为 *YOU AND ME*（《我和你》）。

2009 年 1 月 11 日，在北京音乐广播主办的北京流行音乐典礼上，2008 年度北京流行音乐典礼荣誉设立的“特别贡献奖”，颁发给《北京 2008 年奥运会歌曲专辑音乐选集》（北京奥组委征歌组委会监制出版）。这张专辑收录的是在奥运征歌活动中脱颖而出的 24 首获奖作品。

五、音乐广播部分节目介绍

1.《零点乐话》

节目方针：用音乐、用乐话消除人们心中的烦恼和忧伤，带给人对美好生活的希望和对幸福的向往。

下设栏目：《心情点播站》《用乐话传情》《情感作业题》《爱情午夜剧》《夜歌》。

播出时间：周一 0:00—1:00。

质量要素：针对 20～40 岁夜晚收听的人群，以白领、都市青年及大学生为主，节目话题和音乐的选择贴合该时段受众心理；直播，注重与听众互动和交流；语言量占节目 30% 左右；保证优质的音乐音响质量。

《零点乐话》开播于 1993 年 3 月 3 日零点，节目旨在使难以入眠的北京人，找到一个可以倾诉心声的温暖小屋。4 月 15 日起，定在每周四 0:00 播出 1 小时。主持人伍洲彤在接听热线电话、回答问题时，通过音乐这一特殊语言，用温馨的乐话去解除听众心中的烦恼，给听众以情感慰藉。“和听众聊天、读听众来信、用音乐为听众疗伤”的《零点乐话》很快风靡校园。夜里大学宿舍熄灯之后，学生们就在被子里戴耳机听《零点乐话》。主持人每天都能收到大量听众来信。1995 年，《零点乐话》被评为 1994 年度北京广播奖“优秀栏目”。

1997 年，北京音乐广播要调整节目。一段时间内，音乐广播收到 1 万多封要求保留《零点乐话》的听众来信。《零点乐话》成为北京音乐广播的保留节目。

2002—2006 年，《零点乐话》每周四、周日 0:00—1:00 播出。

2004 年，《零点乐话》下设栏目有《心情点播站》《真情告白区》《情感作业题》《情感午夜剧》。同年，《零点乐话》被评为北京电台第一届“听众喜爱的名牌栏目”。2007 年 1 月，成为音乐广播《DJ 之夜》节目的下设栏目。自 2007 年 7 月起，《零点乐话》作为《男左女右》节目中的特别单元每天零点播出 1 小时。2009 年，《零点乐话》在周一、周三至周日 0:00—1:00 播出。

《零点乐话》一直由伍洲彤编辑和主持。他不仅主持音乐广播的节目，也主持北京电台其他专业广播的音乐欣赏类及综艺娱乐类节目。2010 年之前，在北京电台“听众喜爱的主持人”评选活动中，伍洲彤连续 4 届获得“听众喜爱的十佳主持人”（第三届、第四届改为“听众喜爱的最佳主持人”）称号。

2.《发烧门诊部》

节目方针：普及和推广音响设备知识，兼顾古典音乐知识，深入浅出地为听众提供音乐、音响知识和音乐活动信息。

下设栏目：《软件大夫》《硬件医生》《药师谈方》《发烧经》《AV 诊室》。

播出时间：周三 2:00—3:30，周六和周日 14:00—15:30。

质量要素：严格按照节目方针选材，结构完整，在介绍音响器材知识时，所选用的乐例必须注重欣赏性，并与各栏目功能相吻合；各位“医生”主持人职责明确，讲解透彻、自然、流畅；语言占节目总长五分之一左右，语言与音乐衔接及混播恰当；音乐作品、音响、节目制作优质，音响要具代表性。

《发烧门诊部》是 1993 年 5 月，北京音乐广播为严肃音乐爱好者和音响器材爱好者开办的节目，每周日 22:00 播出 1 小时。《发烧门诊部》以音乐和音响为核心，以唱片和音乐器材使用知识为传播的切入点，为音乐、音响爱好者提供专业化服务，很快得到听众与社会的认可，成为北京音乐广播高收听率的节目之一。当年，为普及高雅音乐，节目组深入党政机关、部队、厂矿、大专院校举办 11 场视听欣赏会。1994 年,《发烧门诊部》被评为 1993 年度北京广播奖音乐专题一等奖。《发烧门诊部》组织建立的发烧友俱乐部受到会员的普遍欢迎，每年都组织大量的地面活动。1996 年,《发烧门诊部》被评为 1995 年度北京广播奖“优秀栏目”。

2000 年,《发烧门诊部》每周四 14:30—16:00、周六 21:30—23:00 播出。自 2002 年起，每周播出 3 次，每次 1.5 小时。下设主要栏目基本没有变化。2006 年年底，该节目停播。

3.《中国歌曲排行榜》

节目方针：囊括中国各地时下最流行的中文歌曲 40 首歌曲大排行，通过每周推出中国原创流行歌曲，繁荣中国流行音乐创作，满足听众对于中文流行歌曲的趋势把控和欣赏的需求。

《中国歌曲排行榜（北京版）》（19:00—20:00）以排行榜为中心，针对北京的听众安排节目内容和互动形式。

《中国歌曲排行榜（全国版）》（20:00—21:00）面向全国音乐广播卫星协作网 26 家省市音乐电台的听众，立足本周榜单，推介榜上歌曲，同时通报来自北京的最新流行音乐资讯。

下设栏目:《新歌推荐》《Top40 揭榜专题时段》《歌坛主人翁》《原创欢乐颂》《将音乐创新进行到底——念慈菴 2009 年度北京流行音乐典礼》《将音乐创新进行到底——念慈菴 2009 年度音乐协作网〈中国歌曲排行榜〉欢唱会》《经典绽放》《全中国强力首播》《新歌抢先听》。

播出时间：周一至周日 19:00—20:00、20:00—21:00 首播；周一、周三至周日 2:00—3:00 重播。

质量要素：节目内容围绕中国各地时下最流行的中文歌曲展开，结构完整，主要目标受众为 15～45 岁人群；主打新作品，对于播放的作品议论、评判公正到位。每天播放的歌曲串词新鲜、角度有变化，避免单一重复；所播歌曲按唱片代理要求及中歌榜运作规程进行，严禁为唱片公司做商业宣传。两位以上主持人，每周至少 2 次为对播形式；语言量不超过 15%，访谈版的语言量不超过 30%，重要嘉宾语言量 50% 左右，语言与音乐的衔接及混播恰当；保证优质的音乐音响质量。

《中国歌曲排行榜》1993 年 5 月 24 日节目开播，名为《北京音乐台大陆歌曲排行榜》。每周播出 6 次，每次 30 分钟。这是北方地区第一个排行榜类的流行音乐节目。节目旨在弘扬民族文化，繁荣国内歌曲创作，举荐歌坛新秀，振奋民族精神。自 7 月起，每周一 7:30—8:30，节目集中展播上榜歌曲。

1994 年，节目每天播出，周六节目内容是排行榜揭晓，周日播放上榜歌曲。1995 年，节目定名为《中国歌曲排行榜》，坚持推出原创歌曲、词曲作者和歌手，节目影响力和权威性不断提高。1996年度《中国歌曲排行榜》获得北京广播奖优秀栏目奖。

2000年《中国歌曲排行榜》节目播出时间：周一23:00—24:00；周一至周日12:30—13:00、20:00—20:30；周六20:30—21:30。节目不断推出年轻有为的中国（内地）音乐人和歌手，促进中国歌曲创作的繁荣，努力改变海外音乐充斥国内歌坛的状况。

2001年11月，随着全国卫星音乐广播协作网的建立，北京音乐广播《中国歌曲排行榜》成为国内最具有权威性和公正性的流行音乐排行榜。2001—2004年度《中国歌曲排行榜》连续被评为北京电台"名牌栏目"。

2003年,《中国歌曲排行榜》节目播出时间为，北京本地版：周一至周五12:00—13:00；全国卫星网版：周一至周日13:00—14:00。

北京本地版：以排行榜为中心，但在形式上有所创新，做出趣味性，加大听众对歌曲的评价，加大歌手、同行对歌手本人的评价及增加歌手现场演唱的环节。下设栏目：周一《中国原创音乐资讯站》，以资讯形态播出原创歌曲，每条资讯播出一首相关作品；周二《原创点播站》，以电话、短信点播近期榜上歌曲；周二《专辑介绍》，介绍一张原创专辑；周三《明星制造》，邀请唱片业内嘉宾，包含制作人、企宣、经纪人、编曲等谈相关打榜歌手，穿插歌手本人谈论嘉宾的录音；周四《中国原创音乐回眸》，以感性主题回眸中国流行音乐；周五《连线北京》，采访平面、电视等其他媒体的音乐记者、乐评人，发表他们对近期上榜歌曲的评述。

全国卫星网版：面对全国音乐广播卫星协作网的20家省（市）音乐电台的听众，立足本周榜单，以推介榜上歌曲、介绍北京流行音乐资讯为主，依然可以兼顾本地收听。这样贯穿下来的两个小时内容在本地听内容丰富，又有内在联系。下设栏目：周一《本周新上榜歌曲/本周全新推荐歌曲》；周二《原创一家亲》，推介原创色彩浓郁的中国香港、台湾地区的作品，强化全球华人原创一家亲的概念；周三《绝对实况》，艺人现场访谈，穿插3～4首现场弹唱曲目，推荐1～2首音像作品；周四《飞跃中歌榜》，播放过去10年的本周榜单，选播其中歌曲，回顾当年歌坛，访谈当年榜上歌手；周五《连线中国》，电话连线全国其他电台音乐主持人，评述上榜歌曲；周六《歌迷俱乐部》，报道全国歌迷会活动、歌迷会成员来信、歌迷会档案、本周中歌榜吉尼斯等。

自此,《中国歌曲排行榜》节目一直分为北京本地版和全国卫星网版，但每年播出时间和下设栏目不尽相同。《中国歌曲排行榜》获得2004年北京电台"听众喜爱的名牌栏目"称号、2004年度北京广播奖的栏目奖。2006—2010年，节目连年被评为北京电台"名牌栏目"。

2009年4月,《中国歌曲排行榜》节目在中国台湾省落地播出，从而成为中国原创歌坛传播地域最广、规模最大、最具影响力的排行榜。

2010年,《中国歌曲排行榜》继续积极发掘、推广、扶持华语乐坛原创流行音乐。

作为音乐广播开播后创建的内地历史最长的华语流行音乐排行榜，“中国歌曲排行榜”通过节目和活动推动中国原创音乐的发展，曾推出韩红、羽泉、许巍、朴树、杨坤等一批听众喜爱的歌手，以及《青藏高原》《笑脸》《家乡》《最美》《白桦林》《蓝莲花》《吉祥三宝》等脍炙人口的歌曲。

4.《古典也流行》

节目方针：用浅显易懂的语言和特征鲜明的片花串联古典音乐中人们耳熟能详的、最容易被大众接受的华彩乐段以及古典与流行的跨界音乐作品，用具有时代感的、流行时尚的语言解读古典音乐。

下设栏目：《今日古典》《音乐地图》《音乐影像》《音乐访谈》《古典音乐排行榜》。

播出时间：周一至周五 14:00—15:00，周一、周三至周五 4:00—5:00 重播。

质量要素：所选作品是小型音乐作品，主要为古典乐章中的华彩乐段和跨界音乐作品；主持语言准确、简洁、明快；语言量不超过 15%，访谈版的语言量不超过 40%。语言与音乐的衔接及混播恰当；保证优质的音乐、音响质量。

《古典也流行》是 2000 年 1 月 3 日开播的作品赏析类古典音乐节目，以“让古典融入现代，让音乐融入生活”为宗旨，用流行通俗的语言诠释古典音乐，周一至周日 17:00—17:30 播出。每期节目主题鲜明，节目主持人谷悦用时尚而充满动感的语言介绍古典音乐作品，令人耳目一新。节目听起来轻松、优雅，节奏富于变化，拓展了古典音乐节目的收听人群。

每年，《古典也流行》播出时间和播出次数都有所调整，下设栏目也有所增减。但编辑主持一直由谷悦承担，节目风格基本未变。

作为一档特色鲜明的古典音乐类节目，《古典也流行》被评为 2005 年度北京广播奖优秀栏目。2005—2010 年，《古典也流行》节目每年都被专家评为北京电台“名牌栏目”。

5.《先听为快》

节目方针：在早间用新鲜的音乐和文化娱乐资讯吸引听众的耳朵，以有意义的互动打动听众的心。

下设栏目：《娱乐天天报》《音乐好榜样》《一路都在》《新歌抢先听》《全中国全力首播》《活力音乐榜》《拿笑话说事》《事事一箩筐》《动人心弦串串秀》《K 歌达人》《974 号唱片行》《最鲜听》《我爱北京》《假日风向标》《音乐 Morning Call》《涛声艺旧》《娱人码头》《新鲜靓达人》《我在现场》《974 乐堵乐开心》《万事知由来》《一分钟职场课堂》。

播出时间：周一至周五 7:00—10:00，周六、周日 8:00—10:00（周末版）。

质量要素：歌曲的选择以新鲜、节奏欢快、大众化为标准，主要受众为早间 15～45 岁目标人群；歌曲中穿插文化、娱乐及生活等可听性强的资讯内容，每半小时单元 7～10 条；每天节目中需要有最新美国 Billboard 排行榜和英国流行音乐排行榜上的至少各一首流行歌曲的播放和介绍；周末版 9:00—10:00 可适当加入热门影视歌曲、热门演出的带嘉宾及与听众互动性内容，营造假日气氛以区别工作日的节目风格；巧妙加入点歌内容，聚拢受众，加强必听性；语言量不超过 30%，访谈版的语言量不超过节目总长的 30%，音乐和语言衔接自然、流畅；保证优质的音乐、音响质量。

《先听为快》是 2007 年 1 月 1 日开播的早间直播综艺娱乐类节目，周一至周五 7:00—7:20，为听众提供新鲜的音乐和文化娱乐资讯。

2008 年，节目播出时间为周一至周五 7:00—9:00，周六、周日 7:00—10:00。下设栏目《快乐早报道》《娱乐天天报》《活力音乐榜》《拿笑话说事》《奥运快跑道》《演唱会达人》《974 唱片行》。节目在歌曲中穿插文化、娱乐及奥运等可听性强的资讯内容，巧妙加入听众点歌内容，周六、周日有相关访谈内容。

小栏目《活力音乐榜》是广受好评的与听众互动的栏目，听众短信推荐最能在早晨让人清醒振奋的歌曲并说出理由，票选最高的歌曲在第二天的节目中上榜，主持人用串烧和排行榜的方式让听众听到自己推荐的最具活力的歌曲。《拿笑话说事》也是一直被听众喜欢的栏目。2008 年，《先听为快》被评为北京电台“听众喜爱的名牌栏目”。2009 年，节目获得 2008 年度北京新闻奖优秀广播专栏奖、2008 年度北京市广播影视奖“广播优秀栏目”奖。

2009 年，下设栏目：《娱乐天天报》《音乐好榜样》《一路都在》《新歌抢先听》《全中国全力首播》《活力音乐榜》《拿笑话说事》《事事一箩筐》《动人心弦串串秀》《K 歌达人》《974 号唱片行》《最鲜听》《我爱北京》《假日风向标》《音乐 Morning Call》《涛声艺旧》《娱人码头》《新鲜靓达人》《我在现场》。周一至周五的播出时间比上年延长 1 小时，为 7:00—10:00，周六、周日 8:00—10:00（周末版）。主持人清新向上、幽默诙谐的主持风格，强烈地感染着听众，称节目“引导听众享受阳光的每一天”。2009 年，《先听为快》被评为北京电台“名牌栏目”。

2010 年，《先听为快》的播出时间、节目方针和质量要素没有变化。

6.《男左女右》

节目方针：颠覆以往节目风格，打造全新都市男女的夜晚，强调“男左女右不同感受”的性别概念，通过音乐、观点、对话的交锋，营造好听、幽默、不悲伤的夜晚时光，在一天中的最后两个小时，陪伴都市人群在音乐里进行总结和展望。

下设栏目：《暖文章》《冷笑话》《一歌聊一晚》

播出时间：周一至周日 22:00—24:00

质量要素：针对 20～40 岁夜晚收听的人群，以白领、都市青年及大学生为主，节目话题和音乐的选择贴合该时段受众心理；注重听众互动和交流；语言量不超过 30%，保证嘉宾参与；

保证优质的音乐、音响质量。

《男左女右》是开播于 2007 年 7 月 16 日的主持人直播综艺娱乐类节目，周一至周五 23:30—1:00、周六至周日 23:00—1:00 播出，其中 0:00—1:00 是《零点乐话》节目。下设栏目有《男左女右磁钉磕》《那些男人女人教我的事》《男女语录》。每天夜间，主持人韩力（女）与一位嘉宾主持人（男）通过对话、音乐、观点的交锋，以及与听众的短信互动，表现出男女之间的性别差异及其他差异，营造轻松幽默的晚间时光。《男左女右》节目充分体现出这次音乐广播改版的初衷：让收听成为一种乐趣。

2009 年，节目下设栏目有《暖文章》《冷笑话》《一歌聊一晚》《天亮备忘录》《左右职业》。播出时间：周一至周五 22:00—24:00，周六、周日 22:30—24:00，节目的时间长度比 2008 年加大。女主持人热情、知性和男主持人机智、幽默的鲜明个性与语言风格，成为节目的亮点，听众称节目是“寂静夜晚的美妙陪伴”。在豆瓣网还建有“男左女右群”。

2009 年，韩力被评为北京电台“听众喜爱的最佳主持人”。《男左女右》作为音乐广播每天最后一档节目被固定下来。

第四节　北京儿童台

北京电台儿童台（以下简称“儿童台”），开播于 1993 年 9 月 30 日，是全国第一个专门为少年儿童开办的专业广播。儿童台自开播到 1998 年 1 月 1 日合并到北京教育广播，历时 4 年 3 个月，在社会上产生一定影响，引起社会各界特别是教育界人士关注，受到少年儿童、学生、老师和家长的欢迎。

一、频率与呼号

儿童台创办之初的名称为“北京人民广播电台儿童台”，对外呼号：“北京儿童台”，使用频率：调频 97.4 兆赫副信道。1995 年 6 月 1 日改用调频 103.9 兆赫播出，对外呼号仍为“北京儿童台”。1998 年 1 月 1 日，儿童台合并到教育广播，儿童台的呼号撤销。

1993 年 9 月 30 日，北京儿童台开播。图为儿童台开播仪式

二、节目宗旨与方针

儿童台以学校教育的延伸、家庭教育的辅助、社会教育的深入为己任，以为少年儿童服务、引导孩子健康成长为办台的根本宗旨。

儿童台的主要任务是针对少年儿童的特点，采取正面宣传和生动活泼的节目形式，对儿童进行爱国主义、集体主义和共产主义的启蒙教育，向少年儿童传播知识，开发智力，提供娱乐，陶冶情趣，为少年儿童健康成长发挥作用。

三、节目设置与调整

儿童台节目设置以教育性、知识性、趣味性和娱乐性专题节目为主体，适当设置服务性节目。1993 年开播时每天播音 6 小时 20 分钟，分早、中、晚三个时段播出。主要有由孩子们参与和录制的《今天我主持》；采访报道学校生活、活动的《小记者报道》；引导孩子们发现身边变化、培养孩子们观察力的《天天不一样》；解答孩子们在生活中遇到的问题和困惑的《心灵中继线》《青苹果热线》；帮助孩子们学习，解决学习中重点、难点的《空中课堂》，以及《环环扣》《蓝风铃》《万花筒》《星星河》《新书架》《小黄帽》《故事大王》等节目。

1993 年 12 月 20 日起儿童台每天播出 8.5 小时，1994 年 6 月 1 日起全天播音时间延长至 15.5 小时。在寒、暑假期间，儿童台会专门编排节目表。

1994 年 6 月 1 日，儿童台根据对半年多运行情况的总结及社会各界和听众的反映，本着保留精华、弥补不足、大胆动作、精心安排的原则对节目进行全面调整。全天节目开设六大版块：新闻版块《新闻早班车》、音乐版块《蓝风铃》、教育版块《空中课堂》、文艺版块《金色草坪》、专题版块《星光下》和《家长学校》，加上周日开设的综合版块《快乐星期天》，共七大版块。各版块各有侧重，又互为补充，有利于小听众选择收听。这次调整增加了节目的参与性：增设《小记者专线》《大舞台》节目；为加强节目的教育功能在《空中课堂》版块中增设《名师指路》节目，学生对学习中的疑点、难点可以通过电话向老师请教；加强对低幼儿童的节目，在早、中、晚三个时段中间播放幼儿音乐、故事、寓言、广播剧；把专为家长开设的节目播出时间由傍晚调整到 21:00—22:00，在每周一、周三、周五的 20:40 开办《小小天平》节目，内容主要是宣传教育中小学生在消费过程中要有自我保护意识，在受到伪劣商品侵害时帮助他们进行舆论监督。

北京儿童台暑期节目时间表
（1994 年 7 月 13 日至 8 月 31 日）

表 1-8

时间	周一至周六		周日		时间
9:00	新闻早班车	开始曲、天气预报	开始曲 预报节目	快乐星期天	10:00
9:10		卡通英语			
9:30		事事关心			
9:40		百科辞典	儿童商场		10:05
9:50		儿童商场			
10:00	音乐　故事　寓言　广播剧				
11:55	蓝风铃	开始曲、天气、预报节目	热气球		
12:00		环环扣			12:00
12:30		音乐课堂、阿莱格罗传真、音乐家、华彩乐段、红蜻蜓、变奏曲、精品屋			
13:00	音乐　故事　寓言　广播剧			快乐星期天	
16:30	空中课堂	开始曲、天气、预报节目	百花文萃		
16:40		事事关心			
17:00		卡通英语			
17:15		小黄帽			13:00
17:30		趣味语文（周一）、数学碰碰车（周二）、名师指路（周三）、智力花园（周四）、名师指路（周五）、OM 拉力赛（周六）、周末旅行车（周六）			
18:30	金色草坪	环环扣	游艺船		
19:30		作家摇篮、小戏迷、星星知我心、小小影迷、大篷车、少年英雄谱、星星点歌、跳跳糖、故事口袋			14:00
20:00	星光下	好朋友信箱、青苹果热线、	开心 ABC		
20:40		小读者俱乐部、北京小妞、嘎小子、小小天平、爱星满天、天天不一样、月亮船			15:30
20:55	家长学校	家长俱乐部、人生摇篮、孩子王热线、	大舞台		16:30
21:00		生命绿洲、心灵中继线、温馨话筒			
22:00	全天播音结束		全天播音结束		18:00

由于儿童台使用的播出频率是在我国远未普及的调频副信道，主、副信道串扰大，收听效果差，并且要购置专用收音机收听，极大限制了儿童台的传播。在各界人士的强烈呼吁下，1995 年 6 月 1 日，儿童台由调频 97.4 兆赫副信道改用调频 103.9 兆赫播出，每天播出 11 小时

15 分钟。播出内容在原来 7 个版块的基础上增加一个幼儿版块《娃娃家》。两个半小时的幼儿版块内容侧重于对幼儿的早期智力和非智力开发，以及对带孩子的爷爷、奶奶和幼儿教师们进行科学指导。此外，还对原有节目进行局部调整，增设《成长热线》《电话问功课》等节目。

1997 年，儿童台对各版块节目进行微调，新增《我爱我的校园》《看、听、说、唱、练——幼儿学英语》《空中八音盒》等节目，同时着重打造《爱星满天》《男孩女孩》《名师指路》等节目。

北京儿童台节目时间表

表 1-9　（1997 年 1 月 1 日起实行）

时间	周一至周五		周六	周日	时间
6:40	新闻早班车	开始曲、天气预报、预告节目	开始曲　预告节目	开始曲　预告节目	10:00
6:45		看、听、说、唱、练——幼儿学英语			
7:00		小黄帽（重播）	儿童商场	儿童商场	10:05
7:15		名师指路（重播）			
7:30		儿童商场	假日指南	假日指南	
7:45		我爱我的校园（重播）			
8:00	休息（外语广播讲座）		你我同行 争上游　星星擂台	七色光热线	10:30
11:55	蓝风铃	开始曲、天气预报、预告节目	故事会	茹梦俱乐部	11:30
12:00		环环扣			
12:30		我爱我的校园		音乐会	12:00
13:00		名师指路（重播）			
13:15		华彩乐段	游艺船	游艺船	12:30
14:00	娃娃家	童话小屋 可爱的家 空中八音盒	专家门诊	热气球	13:30
15:30	家长学校	孩子王热线（周一）、生命绿洲（周二）、家长俱乐部（周三）、人生摇篮（周四）、温馨话筒（周五）	学唱歌	成长热线	14:30
				麦当劳之家	15:00
16:45	空中课堂	看、听、说、唱、练——幼儿学英语	娃娃家	好朋友信箱	15:30
17:00		小黄帽	周末旅行车	和覃琨老师在一起	16:00
17:15		名师指路			
17:30		开心 ABC（周一）、智力花园（周二）、趣味语文（周三）、大眼睛（周四）、数学碰碰车（周五）	学作文	大舞台	17:00

续表 1-9

<table>
<tr><th>时间</th><th colspan="2">周一至周五</th><th>周六</th><th>周日</th><th>时间</th></tr>
<tr><td rowspan="3">18:30
19:00</td><td rowspan="3">金色草坪</td><td rowspan="3">儿童商场
环环扣（重播）
作家摇篮、小戏迷、红白对抗赛
蓝精灵乐园、小影迷、大篷车
故事口袋、星星点歌</td><td>爱心传递</td><td>爱心传递</td><td>18:00</td></tr>
<tr><td>儿童商场</td><td>儿童商场</td><td>18:45</td></tr>
<tr><td rowspan="2">跳跳糖</td><td>小浣熊俱乐部</td><td>19:00</td></tr>
<tr><td rowspan="2">20:00</td><td rowspan="2">星光下</td><td rowspan="2">小小天平、幻想者一号（周一）
我爱地球妈妈、小读者俱乐部（周二）
男孩女孩（周三） 爱星满天、月亮船（周四）
体育专线、嘎小子（周五）</td><td>跳跳糖</td><td>19:30</td></tr>
<tr><td>男孩女孩</td><td>专家门诊（重播）</td><td>20:00</td></tr>
<tr><td>21:00</td><td></td><td>家长学校（重播）</td><td colspan="2" rowspan="2">全天播音结束
（21:00—24:00 外语广播讲座）</td><td rowspan="2">21:00</td></tr>
<tr><td>22:00</td><td></td><td>全天播音结束（22:00—24:00 外语讲座）</td></tr>
</table>

1998 年,《爱星满天》《男孩女孩》《名师指路》等八九个节目继续在教育广播播出。

四、社会影响

儿童台开播初期由于没有播出频率，只得采用调频 97.4 兆赫副信道播出，必须购买专用收音机收听节目。据统计，在儿童台使用副信道期间共卖出两万台专用收音机。在全市 220 万少年儿童中，收听率不足 1%。尽管如此，儿童台还是给首都少年儿童听众留下了美好的记忆。一位听众在 2008 年北京电台“曾经的记忆”征文中这样回忆：“儿童台有好几个节目都会念小听众的来信。内容大都是交友信息：小朋友们的自我介绍——包括在哪个学校上学啊、有什么兴趣爱好呀、想交什么样的朋友啊，还有通信地址和邮编。每次这些节目播出，我就早早地拿好纸笔，等着记录我心仪的小朋友的地址。这样，前前后后，我通过儿童台交了好几十位笔友呢！”

1995 年 6 月 1 日，儿童台改用调频 103.9 兆赫播出后，与部分中小学校的红领巾广播站合作，在有条件的中小学校进行转播，扩大儿童台的影响力。1995 年 9 月，首都唯一的儿童广播通讯社——北京儿童台广播通讯社成立，一批喜爱新闻写作、品学兼优的少年儿童成为儿童台的小记者。每年，儿童台都举办小记者培训班。

儿童台在办好节目的同时还在首都少年儿童中开展公益活动。1995 年 12 月 15 日至 1996 年 1 月 15 日，儿童台与北京麦当劳食品有限公司联合举办“迎新年，为盲童献爱心——捐赠旧挂历”活动。各界人士踊跃捐赠，麦当劳 17 家餐厅的捐赠处共收到旧挂历近 11 万本。这些旧挂历纸按盲文纸标准规格裁剪好后被送往全国十几所盲校。

1996 年 8 月 20 日，由儿童台发起并联合北京麦当劳食品有限公司开展“省下一天零花钱，献给延安建校园”活动，两个多月时间里共募集爱心捐款 20 万元。1997 年 5 月中旬，儿童台与麦当劳发起“我与童心希望小学共成长”图书捐赠活动。5 月 27 日，在延安地区甘泉县东沟乡，“北京童心希望小学”落成。

五、儿童台部分节目介绍

1.《蓝风铃》

节目方针：节目主要介绍世界著名音乐家的故事和他们的音乐精彩乐段，讲解音乐知识，提高中小学生欣赏音乐的水平和能力。节目以音乐为主、主持人穿插讲解的形式播出。

下设栏目：《华彩乐段》《环环扣》《我爱我的校园》《名师指路》（重播）。

播出时间：周一至周五 11:55—14:00。

《蓝风铃》创办于 1993 年 9 月 30 日，周一至周六每天 13:00 播出 30 分钟。1994 年 6 月 1 日起扩展为周一至周六每天中午 1.5 小时的音乐版块节目，下设栏目有《音乐课堂》《音乐家》《华彩乐段》《红蜻蜓》《变奏曲》《精品屋》《阿莱格罗传真》。自 1995 年 6 月 1 日节目延长到 2 小时。1996—1997 年，该版块下设的有关音乐的栏目只有《华彩乐段》。

2.《空中课堂》

节目方针：节目邀请全市中小学优秀教师，紧密围绕学校课程，有计划、分年级、成系统介绍学校重点科目的课程重点、难点以及突破重点、难点的方法。以生动活泼的形式帮助学生开拓思路，加深对课堂知识的理解，巩固课堂知识，扩充知识面，学习和掌握一些课本以外的知识。通过热线电话与小听众互动的形式，丰富学生的课内外知识。

下设栏目：《趣味语文》《数学碰碰车》《小黄帽》《名师指路》《开心 ABC》《大眼睛》《智力花园》等。

播出时间：周一至周五 16:45—18:30。

《空中课堂》创办于 1993 年 9 月 30 日，开播之初周一至周六每天播出 45 分钟。自 1994 年 6 月 1 日调整为周一至周六每天 2 个小时的教育版块节目，下设栏目有《趣味语文》《数学碰碰车》《名师指路》《智力花园》《OM（Olympics of the Mind——头脑奥林匹克的英文缩写）拉力赛》等。《名师指路》被评为 1995 年度北京广播奖优秀栏目。1995 年、1996 年，该版块下设栏目有个别变化。1997 年是周一至周五每天播出 1 小时 45 分钟。《空中课堂》节目被广大中小学生视为“离不开的学习帮手”，节目录音制品一度在市场上销售火爆。

3.《星光下》

节目方针：涉及中小学生课外生活的各个方面，就孩子们关心的各种热点问题展开讨论，启迪其心智，开阔其视野，培养孩子们认识世界、认识自我的能力，帮助他们度过成长中的难关，使他们树立起热爱生活、关心他人的品质。节目采用主持人直播形式播出。

下设栏目:《小小天平》《我爱地球妈妈》《体育专线》《小读者俱乐部》《爱星满天》《幻想者一号》《月亮船》《男孩女孩》《嘎小子》。

播出时间：周一至周五 20:00—21:00。

《星光下》是创办于 1993 年 9 月 30 日的晚间专题版块节目，最初名为《在星光下》，周一至周六每天 19:00—20:00 播出，下设栏目《向日葵》《天天不一样》《星星河》《青苹果热线》《迷你信箱》《小小影迷》《故事大王》《唐诗三百首》《群思知识宫》《新书架》。1994 年 6 月 1 日起至 1997 年年底，节目调整到 20:00 播出，每年下设栏目都有所增减，其下设栏目《男孩女孩》被评为 1996 年度北京广播奖优秀栏目。

1997 年 6 月 2 日，北京环境保护基金会、朝阳区环境保护局、北京儿童台联合举办首届北京市小学生“我爱地球妈妈”演讲比赛，节目主持人孙怡（播音名：小雨）担任大赛的主持人。

4.《新闻早班车》

节目方针：面向首都少年儿童及老师、家长，及时传播国内外新形势、新变化及首都教育工作的动态，对听众进行形势教育、国情教育、品德教育，用轻松愉快的方式传播各类有益的知识，并力争对小听众的学习、生活提供实际的帮助。节目本着“儿童办广播，为儿童服务”的方针，发动少年儿童参与节目的采编、制作。

下设栏目:《名师指路》(重播)、《小黄帽》(重播)、《我爱我的校园》(重播)。

播出时间：周一至周五 6:45—8:00。

《新闻早班车》是创办于 1994 年 6 月 1 日的新闻版块节目，周一至周六早晨播出 1 小时 35 分钟，下设栏目有《卡通英语》《事事关心》《小记者专线》《格言与人生》《百科辞典》《队旗飘飘》《课前十分钟》。节目尽可能适应孩子的年龄和心理特征，以短小、精悍、生动活泼的风格吸引听众，将国家大事、重大新闻事件，通俗易懂地讲给孩子们听。《小记者专线》则充分发挥孩子们的主观能动性，把话筒交给孩子，节目自始至终由孩子们唱主角。自 1995 年 9 月 30 日起，《新闻早班车》周一至周五早晨播出 1 小时 15 分钟。1996—1997 年，该版块里多为重播栏目。

5.《金色草坪》

节目方针：播出内容侧重于文学和艺术作品，旨在培养和提高中小学生的文学素养及文艺方面的才能。节目采用直播和录播结合的形式播出。

下设栏目:《作家摇篮》《星星点歌》《故事口袋》《小影迷》《小戏迷》《大篷车》《红白对抗赛》《蓝精灵乐园》《环环扣》。

播出时间：周一至周五 18:30—20:00。

《金色草坪》是创办于1994年6月1日的文艺版块节目，被评为1994年度北京广播奖优秀栏目。直到1997年年底，播出时间都是18:30—20:00。其中,《环环扣》栏目播出长篇少儿作品、科幻作品、报告文学、外国系列儿童剧。《作家摇篮》选播孩子们作文、文学作品。《大篷车》展示小朋友的表演才艺。《故事口袋》请小朋友来讲故事。节目中还开设热线服务，为孩子们答疑解惑。

第五节 北京交通台

北京电台交通广播（以下简称“交通广播”）开播于1993年12月18日，是北京电台创办的系列化专业台之一。交通广播自创办到2010年的17年间，其对外呼号、使用频率、节目设置、社会影响等方面都发生了很大的变化。

一、频率与呼号

1993年12月18日，北京交通台开播。图为交通台开播新闻发布会

交通广播创办之初的名称为“北京人民广播电台交通台”，对外呼号是“北京交通台”，使用中波927千赫播出。1998年1月1日，交通广播的对外呼号“北京交通台”更改为“北京人民广播电台中波927千赫”，使用频率仍为中波927千赫。

随着北京城市建设的迅速发展，钢筋水泥结构的高楼大厦和立交桥等建筑设施以及密集的架空电缆电线，对中波广播信号产生很强的屏蔽和干扰作用。自1999年1月1日起，北京电台教育广播使用的调频103.9兆赫改播交通广播的节目，交通广播的对外呼号改为“北京人民广播电台中波927千赫、调频103.9兆赫”。1999年4月18日，中波927千赫改播新开办的北京电台生活广播节目，交通广播的对外呼号改为“北京人民广播电台调频103.9兆赫”。

北京电台于2000年7月12日调整各专业台对外呼号时，将交通广播的对外呼号“北京人民广播电台调频103.9兆赫”调整为“北京人民广播电台交通广播”。此呼号沿用至2010年仍未改变。

二、宗旨与方针

交通广播创办之初，把“宣传、疏导、服务、娱乐”确定为办台的八字方针，把疏导交通、服务听众视为贯彻落实八字方针的重中之重，这也是交通广播一直遵循的办台宗旨。

交通广播把听众群中的司机和乘车人确定为目标听众。

交通广播的主要任务是：宣传首都交通及有关方面的法规、方针、政策，报道交通新闻，传播交通信息，提供交通知识和服务，疏导交通，为增强首都市民交通安全意识，维护首都交通秩序，促进首都交通事业建设和发展发挥应有作用。

在办台实践中，交通广播坚持专业化办台方向，把鲜明的专业特色作为立台之本。建台之初，交通广播的节目设置中与交通有直接关系的占 60% 以上。在以后的 17 年中，节目虽然年年有调整，但与交通有关的节目在交通广播的节目时间表中始终占据主要和显著位置。

坚持正确的舆论导向，把社会效益放在首位，是交通广播在办台实践中坚持的基本原则。因此，交通广播不仅在节目设置上和节目播出上贯彻落实疏导交通、服务听众的办台宗旨，还组织、开展大量社会活动，如为贫困地区河北省武邑县鲍辛庄村组织捐资助学活动，建成“北京的士希望小学”；2000 年 8 月发起成立全国第一个专项公益基金“北京的士爱心公益基金”；举办“首都交通安全消夏文化广场”演出活动；举办知名漫画家关于交通题材的漫画展；2003 年防治“非典”期间组织“送天使回家”系列公益活动；自 2004 年开始每年举办一届“路德日”活动，倡导文明出行；2006 年，为纪念红军长征胜利 70 周年，组织“重走长征路”大型社会公益及宣传活动，沿途捐建 5 个希望图书室和 1 个希望小学；2010 年主办“1039 动力假期”活动，丰富市民暑期休闲生活。这些形式各异、内容丰富的社会活动扩大了交通广播的影响力。

交通广播把创新作为在激烈的市场竞争中不断实现自我突破，不断适应市场需求、不断前进的动力。创办之初，交通广播在北京电台首创招聘新员工实行合同制；首创广告创收与记者收入完全脱钩，实行广告经营代理制；在节目设置上不拘一格，完全从疏导交通的实际需要出发，首创随时可以插播的《路况信息》节目；2001 年 12 月，在全国广播电视行业率先通过 ISO 9001—2000 质量管理体系认证。

交通广播上述一系列做法使办台宗旨和办台方针得到很好的贯彻和落实，节目越办越好，知名度越来越高，达到了社会效益和经济效益“双赢”。2000—2010 年，交通广播广告创收一直名列全国广播单频率第一。

三、节目设置与调整

严格按照办台方针和办台宗旨设置节目，把交通广播办成具有鲜明专业特色的专业广播，围绕这一指导思想，交通广播根据北京城市交通迅速发展和媒体自身业务发展变化的需要，不断调整节目。在不断的调整中，交通广播的节目从内容设置到整体编排，从节目样态到播出形式等，都得到不断丰富和优化。

1994—2010年，交通广播大的节目调整有4次。

1. 1994年的节目调整

交通广播开播三个多月后即进行首次调整，新节目表自1994年4月1日起执行。

这次调整的重点是节目的整体编排结构。原来全天节目分为四大版块：新闻版块《大路经纬》、服务版块《四通八达》、知识版块《东西南北》、娱乐版块《开元之夜》，每逢整点播出《交通新闻》和"天气"，在节目进行过程中随时插播路况信息。调整后将原来的四大版块拆分为《晨间音乐》《交通日日报》《欢乐正前方》《生活信息服务台》《长书连播》等14个小版块，每天的播音时间由12小时增加到16小时。《交通新闻》和"天气"仍然在每逢整点播出，路况信息也仍然保持随时插播。

调整后的版块和原来的版块相比，突出的变化有两点：一是每个版块的节目内容相对单一，播出时间大大缩短；二是生活服务类节目和音乐娱乐类节目不再固定在某个版块中，而是分散在早、中、晚各个时段，有利于调整节目气氛。

2. 1999年的节目调整

这次调整是在分析1998年听众社会调查结果的基础上，对前五年节目设置进行总结之后做出的一次重要调整。调整主要体现在两个方面：一是把原来时长为一小时的版块节目全部调整为半小时；二是从提高时效性、扩大信息量、增强权威性等多方面强化《路况信息》的播出力度，为此撤销了原来整点播出的《交通新闻》和《旅游信息》，用腾出的时间播出《路况信息》。这次调整的着眼点是为提高节目质量创造条件。调整后的新节目表自1999年1月1日起执行。1999年，交通广播的节目制作强调录制播出，强调精雕细刻，强调增强欣赏性，节目质量稳步提高。

北京交通台节目时间表

表1-10　（1999年1月1日起实行）

时间	周一至周五	周六至周日	时间
6:55	开台　路况信息　交通天气预报　台歌		6:55
7:00	转播828千赫《北京新闻》·子弟兵方向盘（周一、周四）·交通与火（周二、周五）		7:00
7:30	路况信息　信息早班车		7:30
8:00	路况信息·交通天气预报　交通新闻	假日早茶	8:00

续表 1-10

<table>
<tr><th>时间</th><th>周一至周五</th><th>周六至周日</th><th>时间</th></tr>
<tr><td>8:30</td><td>路况信息　今日交通·交通热线（周三）</td><td>开心驿站</td><td>8:30</td></tr>
<tr><td>9:00</td><td>路况信息·交通天气预报·交通信息　空中笑林</td><td rowspan="2">交通广场（上午版）</td><td rowspan="2">9:00</td></tr>
<tr><td>9:30</td><td>路况信息　欢乐正前方</td></tr>
<tr><td>10:00</td><td rowspan="2">路况信息·交通天气预报·旅游信息　金曲派送
路况信息</td><td rowspan="2">金曲派送（周末版）</td><td rowspan="2">10:00</td></tr>
<tr><td>10:30</td></tr>
<tr><td>11:00</td><td colspan="2">路况信息·交通天气预报·生活信息　体育新感觉</td><td>11:00</td></tr>
<tr><td>11:30</td><td colspan="2">路况信息　时尚快递</td><td>11:30</td></tr>
<tr><td>12:00</td><td colspan="2">路况信息·交通天气预报·旅游信息　长书连播</td><td>12:00</td></tr>
<tr><td>12:30</td><td colspan="2">路况信息　都市民谣</td><td>12:30</td></tr>
<tr><td>13:00</td><td colspan="2">路况信息·交通天气预报·交通信息　司机随身听</td><td>13:00</td></tr>
<tr><td>13:30</td><td>路况信息　中国歌曲专卖店</td><td>中国民歌</td><td>13:30</td></tr>
<tr><td>14:00</td><td colspan="2">路况信息·交通天气预报·旅游信息　逛北京</td><td>14:00</td></tr>
<tr><td>14:30</td><td>路况信息　影视大世界</td><td>音乐吧</td><td>14:30</td></tr>
<tr><td>15:00</td><td colspan="2">路况信息·交通天气预报·生活信息　风情音乐</td><td>15:00</td></tr>
<tr><td>15:30</td><td colspan="2">路况信息　曲艺大观园</td><td>15:30</td></tr>
<tr><td>16:00</td><td>路况信息·交通天气预报·交通信息　交通话廊</td><td>音乐精品</td><td>16:00</td></tr>
<tr><td>16:30</td><td colspan="2">路况信息　开心驿站</td><td>16:30</td></tr>
<tr><td>17:00</td><td>路况信息·交通天气预报·旅游信息　一路同行</td><td rowspan="2">我爱我车</td><td rowspan="2">17:00</td></tr>
<tr><td>17:30</td><td>路况信息　伴您回家</td></tr>
<tr><td>18:00</td><td>路况信息·交通天气预报　重播交通新闻</td><td rowspan="2">交通广场（下午版）</td><td rowspan="2">18:00</td></tr>
<tr><td>18:30</td><td>路况信息　重播今日交通</td></tr>
<tr><td>19:00</td><td colspan="2">转播 CCTV 新闻联播</td><td>19:00</td></tr>
<tr><td>19:30</td><td colspan="2">路况信息　长书连播</td><td>19:30</td></tr>
<tr><td>20:00</td><td>路况信息·交通天气预报·旅游信息　乐海歌潮民族情</td><td>精彩节目联播　广播之友</td><td>20:00</td></tr>
<tr><td>20:30</td><td colspan="2">路况信息　音乐幻想</td><td>20:30</td></tr>
<tr><td>21:00</td><td colspan="2" rowspan="2">路况信息·交通天气预报·交通信息　百年回顾
路况信息</td><td rowspan="2">21:00</td></tr>
<tr><td>21:30</td></tr>
<tr><td>22:00</td><td>路况信息·交通天气预报·旅游信息　欢乐无限</td><td rowspan="2">周末音乐专递</td><td rowspan="2">22:00</td></tr>
<tr><td>22:30</td><td>路况信息　今夜星空</td></tr>
<tr><td>23:00</td><td colspan="2">全天播音结束</td><td>23:00</td></tr>
</table>

3. 2002 年的节目调整

从 2002 年 1 月 1 日起，交通广播实现全天播出不停机，每天连续 24 小时播音。与 2001 年相比，每天延长播出时间 7 小时 55 分钟，这为延长重点节目播出时间、丰富节目内容提供了时间上的保障。《一路畅通》是一档每天车流高峰时段（8:30—9:30，17:30—18:30）播出的直播节目，这次调整将《一路畅通》上午、下午的播出各延长 1 小时，由每天播出 2 小时延长为 4 小时，较好地适应了北京由于机动车迅速增加而车流高峰时间不断延后的实际情况。每天 13:00—15:00，交通广播播出《1039 交通服务热线》节目，满足听众对修车知识的需求。

2002 年，交通广播新开办的节目还有《法制平台》《午夜里的收音机》《夜间声音杂志》《电视剧场》《后怀旧时代》等。

4. 2007 年的节目调整

交通广播 2002 年以后每年的节目调整基本属于微调。所谓微调，就是保持上一年节目设置的基本架构，只做局部的、少量的必要调整。2007 年的节目调整相对来说力度较大。

首先，在 7:00—7:30 这一时段撤掉《今日交通》，把腾出来的时间留给《路况信息》。中午时段增加《百姓 TAXI》节目的播出时间，由原来的 20 分钟延长到 40 分钟。《车动力》节目由原来的 21 点播出提前到 16 点播出。

其次，下午和晚间增加 3 档新节目，分别是：综合类谈话节目《行走天下》，娱乐类综艺节目《动感北京》，讲述人与自然关系的科教专题类节目《天地一家》。

调整幅度最大的是夜间时段，开办 3 档新节目：《有我陪着你》《谜幻时空》和《娱乐大篷车》。《有我陪着你》是一档服务娱乐类节目，每天 0:00—2:00 播出。内容包括闲聊新闻、趣谈路况、警情提示、放松身心、心理时间等。《谜幻时空》是一档知识类娱乐节目，每天 2:00—2:30 播出。节目通过引人入胜的故事，带给听众有趣的科普知识。《娱乐大篷车》是一档怀旧类综艺节目，在温馨的怀旧气氛中整合娱乐元素，使听众忘记烦恼，开心一笑。

四、社会影响

20 世纪 90 年代末，北京电台的改革逐渐走在全国省级电台的前列。21 世纪以后，交通广播成为北京电台专业广播的排头兵。交通广播的业绩不仅得到北京地区听众和新闻传媒及有关专家学者的认可，而且受到全国同行的广泛关注。2003 年 11 月 28 日，国家广播电影电视总局在北京电台召开交通广播工作现场会，国家广播电影电视总局副局长胡占凡，北京市委常委、宣传部部长蔡赴朝等领导及全国 40 多位来自全国各省、自治区、直辖市广播电台的代表出席现场会。2004 年 1 月 8 日，北京市委宣传部在北京电台召开北京交通广播宣传工作座谈会，来自全市各主要新闻单位的 40 余位负责人一起交流交通广播的办台经验。

1. 打造出一批立得住、叫得响、听众爱听、影响广泛的名牌栏目

名牌栏目是新闻媒体的标志和象征。自 2002 年开始，北京电台聘请专家在全台范围内开展“名牌栏目”评选工作，每年评选一次；从 2004 年开始，北京电台开展“听众喜爱的名牌栏目”评选活动，每两年评选一次。这两项评选活动自开展到 2010 年，交通广播入选的名牌栏目有:《路况信息》《一路畅通》《欢乐正前方》《1039 交通服务热线》《交通新闻》《百姓 TAXI》《汽车天下》《行走天下》。其中，《一路畅通》和《欢乐正前方》每次都被专家和听众同时评为名牌栏目,《路况信息》连续 10 年被专家评为名牌栏目,《交通新闻》和《1039 交通服务热线》分别被专家连续 5 年和 6 年评为名牌栏目。两项评选活动开展以来，交通广播入选的名牌栏目无论是数量上还是听众的欢迎程度上都居北京电台各专业广播之首，在社会上有着广泛的影响。

2003 年 11 月 28 日，国家广播电影电视总局在北京电台召开交通广播工作现场会

2. 涌现出一批业务熟练、知名度高、深受听众喜爱的节目主持人

北京电台自 2003 年开始开展“听众喜爱的主持人”评选活动，每两年评选一次。从 2003 年到 2009 年共 4 届评选中，交通广播入选“听众喜爱的最佳主持人”有：李莉、杨洋、刘思伽、王春旭（播音名：王佳一）、王为、顾峰、李洋、高潮东、梁洪蕾（播音名：梁洪）、徐凯共 10 人，占北京电台 7 个专业广播所有 21 名入选人的近一半。在这 10 人中有 3 人连续四届入选，有 3 人连续三届入选。交通广播入选的总人数和连续三届以上入选的总人数都遥遥领先于其他专业广播。

自 2006 年起，交通广播主持人开始获得中国播音主持“金话筒”奖。到 2010 年，交通广播共有 6 人先后获得中国播音主持“金话筒”奖，有 1 人获得“全国优秀新闻工作者”称号。

3. 连续 7 年稳居北京广播市场份额和收听率两项第一

根据北京电台对北京广播市场进行的听众调查数据显示，从 2004 年到 2010 年连续 7 年的时间里，在北京地区十几个主要广播频率（中央人民广播电台 5~7 个、中国国际广播电台 2~4 个、北京电台 8~9 个）中，交通广播始终稳居北京广播市场份额和收听率两项第一，而且与紧随其后的几个频率保持较大距离。市场份额最高的 2007 年达到 27.312%，几乎占据北京广播市场的三分之一。

五、交通广播部分节目介绍

1.《路况信息》

节目方针：以机动车驾驶员为传播对象，以北京城市道路及周边高速公路道路状况描述、道路状况预报、道路状况分析为传播内容，以路况编辑、警官、主持人直播的形式播出，为机动车驾驶员和听众了解路况提供出行便利。

下设栏目：无。

播出时间：周一至周日7:00—23:00的整点、半点；交通高峰时段的一刻、三刻加播；必要时随时插播。

质量要素：表述准确、清晰；语言流畅。

《路况信息》创办于1993年12月18日（即交通广播开播之日），每逢整点播报并随时插播。路况信息主要由北京市公安交通管理局直接提供，也有部分信息是由义务信息员或热心听众打电话直接提供的，由路况编辑、交管局警官或主持人以直播的形式播出。1997年播出时间改为每15分钟播出一次，遇有特殊情况随时插播。

自2002年到2010年，北京电台“名牌节目”评选中，《路况信息》年年榜上有名。2002年度《路况信息》获得北京广播奖栏目二等奖。

2.《交通新闻》

节目方针：立足北京市，兼顾国内外，报道交通以及与交通相关的新闻，传播交通及与交通相关的信息，为听众了解北京和国内外交通新闻及促进北京交通事业发展服务。

下设栏目：无。

播出时间：周一至周五7:05—7:15、12:00—12:15。

质量要素：原则上每套节目包含10条以上消息。每套节目自采消息3条以上。

《交通新闻》创办于1993年12月18日，基本上是逢整点播出，每次5分钟。周一至周六每天共播出12次。之后，每年对播出时间都有所调整。1999年撤销了大部分整点播出的《交通新闻》，只保留了8点的《交通新闻》，节目时长由5分钟延长至10分钟，18点安排一次重播。2002年度《交通新闻》获得北京广播奖栏目三等奖。2005年《交通新闻》的播出时间调整为7:00—7:10、13:00—13:10。之后《交通新闻》的播出时间又有所调整。2010年调整为7:05—7:15、12:00—12:15。

2006年，《交通新闻》被评为“听众喜爱的名牌栏目”。在北京电台开展的“名牌节目”评选中，《交通新闻》获2006年度至2010年度“名牌节目”。2006年度《交通新闻》被评为北京广播奖“优秀栏目”。

3.《欢乐正前方》

节目方针：集笑话和音乐于一体，给听众带来欢乐和轻松。

下设栏目：无。

播出时间：周一至周五 9:30—10:00。

质量要素：每期节目语言量不超过 70%，歌曲不超过 3 首。段落之间过渡自然。禁止出现低俗、暴力、迷信等不良内容。播出前 24 小时提交待审节目。

《欢乐正前方》创办于 1993 年 12 月 18 日，周一至周六每天播出 1 小时。创办之初是一档集知识性、娱乐性、参与性于一体，为缓解司机疲劳、带给司机欢乐的综艺性节目。播出内容以趣闻、流行话题、交通知识为主的百科知识和相声小段、电影录音剪辑片段、歌曲、音乐等。主持人通过轻松幽默的串联将内容与听众热线互动，通过热线电话抢答达到愉悦身心、寓教于乐的目的。1994—1996 年度的《欢乐正前方》连续被评为北京广播奖“优秀栏目”。1999 年，节目改为每次半小时。

2000 年,《欢乐正前方》作大幅度调整。调整后的节目方针为“集笑话和音乐于一体，给听众带来欢乐和轻松”。节目形态由 1 名主持人直播变为 2 名主持人对播。播出内容也由娱乐知识抢答变为主持人讲笑话。

《欢乐正前方》节目调整后受到听众的欢迎，收听率在短时间内得到迅速提高，在 2000 年第三季度的社会调查中，收听率由上一年的第 46 名上升到第 17 名。2003 年度、2007 年度分别获得北京广播奖、北京广播影视奖“优秀栏目”。2003 年度到 2010 年度连续 8 年被专家评为北京电台的“名牌栏目”。2004—2010 年，在“听众喜爱的名牌节目”评选活动中,《欢乐正前方》连续 4 届榜上有名。

4.《一路畅通》

节目方针:《一路畅通》是一档资讯 + 话题的创新型专题性服务节目。《一路畅通》节目倡导大家帮助大家的服务理念，每次节目确定一个话题，通过大密度播报路况信息、新闻资讯及邀请听众通过短信平台参与话题讨论，达到协助交通管理部门疏导交通、服务听众的目的。配合节目主题穿插播出适量歌曲或音乐，也是构成节目内容的一部分。

下设栏目:《点击新闻》《每日话题》。

播出时间：周一至周日 7:30—9:30、17:00—19:00。

质量要素：节目以男、女主持人对播的直播形式主持播出，主持人主持状态积极、热情，语言表达流畅自然。节目主题积极向上，格调高雅，调侃内容和题外话应适度。发布信息应做到及时、处理得当。《点击新闻》的编辑应做到简洁而明晰，使听众收听不留疑点。音乐及其他内容不能影响、干扰信息发布（广告除外）。每对主持人周一至周五上午节目的话题选择，至少安排一期与交通有关的内容（含交管局安排的内容）。每次节目话题的选择应尽量与当前的新闻热点相关联。每对主持人每周安排的话题至少有一次有采访环节，新闻现场采访、电话采访均可，采访时长不限。

《一路畅通》创办于2000年1月1日，是一档集路况信息、新闻资讯、生活提示、话题交流于一体的互动直播节目。由于节目特有的鲜明的贴近性、反应的快速性和服务的伴随性，开播不久便得到广大听众特别是司机的认可和赞誉，并很快成为交通广播的标志性节目。

《一路畅通》创办之初的播出时间是周一至周五8:30—9:30和17:30—18:30，每天早晚车流高峰各播出1小时。2002年1月1日，播出时间调整为8:30—10:30和17:00—19:00，从3月1日起，《一路畅通》节目还增设“点播路况”栏目。“点播路况”这一新的路况播报形式不仅使整个节目增强了互动性，也使交通广播服务交通的特色更加鲜明。

2004年1月1日，播出时间调整为7:30—9:30和17:00—19:00，这一播出时间安排一直延续到2010年保持基本不变，只在个别年份做小的调整，之后又恢复到这一播出时间。

在北京电台开展的“名牌栏目”评选中，《一路畅通》自2002年度到2010年度连续9年被专家评为“名牌栏目”。《一路畅通》曾获2002年度北京广播奖栏目一等奖，2003年度、2005年度北京广播奖栏目奖，2009年度北京广播影视奖“广播优秀栏目”。2009年，《一路畅通》被授予“新中国60年有影响的60个广播电视栏目”荣誉称号。2004—2010年，在“听众喜爱的名牌栏目”评选活动中，《一路畅通》连续4届榜上有名。

5.《百姓TAXI》

节目方针：倡导出租车行业新风，宣传出租车行业政策法规，弘扬“的士”文化，树立“的士”榜样，为出租车司机运营和大众出行服务。

下设栏目：《魅力队长在线》《的士星探》《的士健康关爱行动》《的士一家亲》《的士法律援助站》《的士论坛》《的士星探周末版——的士明星榜》《同行说门道》。

播出时间：周一至周六12:30—13:00。

质量要素：正面宣传，积极引导。主持风格饱满热情，感情真挚。一线司机及行业相关嘉宾参与节目。内容贴近“的士”需求，及时为“的士”群体提供有效帮助。直播、录播相结合。录播节目播出前24小时提交完整待审节目。每天有与节目内容相关的嘉宾参与节目。

《百姓TAXI》创办于2001年1月1日。创办之初的节目名称为《的士空间》，下设栏目有《的士行情》《京城好的哥》《交警的问候》《出行奇遇记》等。2003年1月更名为《百姓TAXI》。由于《百姓TAXI》播出的内容与出租车司机的工作、生活息息相关，再加上主持人积极热情、感情真挚的主持，使节目受到听众特别是广大出租车司机的欢迎，出租车司机来信或打电话称赞“《百姓TAXI》节目是的士司机温馨的家，主持人是的士司机贴心的小棉袄”。

另外,《百姓 TAXI》节目还组织开展多种形式的社会公益活动，如从 2003 年开始联系医疗卫生部门开展的为出租车司机免费体检，2006 年又增加了出租车司机职业病义诊；从 2006 年开始联系有关部门建立“的士爱心基金”，救助特困出租车司机及其家庭等。这些公益活动开展得有声有色、深入人心，在社会上产生了广泛影响。2006 年和 2008 年,《百姓 TAXI》两次被评为“听众喜爱的名牌栏目”。

6.《1039 交通服务热线》

节目方针：通过邀请嘉宾直播的方式，解答听众有关汽车保养、修理等方面的问题。

下设栏目：无。

播出时间：周一至周日 13:30—15:00。

质量要素：节目由两名男主持人主持，善于选择、引导和调动嘉宾的情绪，树立节目的权威。主持人态度和善，语言流畅，不说外行话。每周节目嘉宾相对固定，每天轮换。

《1039 交通服务热线》2002 年 1 月 1 日创办。创办这个节目的目的是通过热线咨询、信息发布等方式解答听众在交通方面遇到的问题。播出时间为每天 13:00—15:00。设有《品牌点将台》《服务在线》《老郝说法》和《出行百事通》4 个栏目。

2003 年，节目进行调整，把播出内容集中在邀请资深汽车修理技术人员解答听众在汽车保养、汽车修理等方面遇到的问题上，节目在进行过程中及时插播路况信息。调整后的节目适应了北京汽车迅速增加的需要，很快成为有车族的养车向导，再加上男主持人潇洒幽默的主持风格，使节目广受欢迎，并成为交通广播标志性节目。2004—2009 年，节目被专家评为北京电台的“名牌栏目”，还获得 2004 年度北京广播奖栏目奖，2006 年被评为“听众喜爱的名牌栏目”。

7.《交通新闻热线》

节目方针：通过热线电话的形式，记录听众在交通及相关方面的呼声和意见，记者调查后播出的新闻性专题节目。

下设栏目：无。

播出时间：周一至周五 7:17—7:25、12:17—12:25。

质量要素：有听众热线反映的情况录音，播出内容必须经过记者调查核实。

2002 年 12 月 1 日，交通广播开通新闻热线 65150808，记录听众在交通方面的呼声和意见，记者调查后在交通广播新闻节目中播出。2004 年，成为独立的新闻专题节目《百姓新闻热线》。2006 年 1 月，更名为《交通新闻热线》。

热线每天都要接到几十个电话。节目本着“立足交通，关注老百姓日常生活”的原则，通过全面、深入的采访，促成问题的正确解决，既发挥服务功能又起到舆论监督作用。听众打来的热线电话使节目获得更多的突发事件线索,《交通新闻热线》节目可听性增强，受到听众的欢迎。

第六节　北京文艺台

1994 年 4 月 1 日，北京文艺台开播文艺晚会在北京电视台播出

北京文艺广播（以下简称“文艺广播”）开播于 1994 年 4 月 1 日，是北京电台 1994 年开办的两个专业广播之一。文艺广播自开播到 2010 年年底的 17 年间，其对外呼号、节目设置、社会影响等方面都发生了很大的变化。

一、频率与呼号

文艺广播开播之初，对外呼号是“北京文艺台”，使用调频 87.6 兆赫，发射功率为 10 千瓦。每天从 5:50 至次日 1:30 结束，全天播音 19 小时 40 分。

1998 年 1 月 1 日，北京电台调整各专业广播的呼号。7 个专业广播都以各自的广播频率为标志，文艺广播呼号是“北京人民广播电台调频 87.6 兆赫”。

1999 年 10 月，文艺广播增加一个有线调频频率——93.8 兆赫。

2000 年 7 月 12 日，文艺广播对外呼号改为“北京人民广播电台文艺广播”，简称为“北京文艺广播”。使用频率为调频 87.6 兆赫，有线调频 93.8 兆赫。

2003 年 8 月下旬，文艺广播增加播出两套有线调频频率：文艺广播有线戏曲曲艺频率，使用有线调频 105.1 兆赫；文艺广播有线文学影视频率，使用有线调频 104.3 兆赫。这两套有线调频广播全天 24 小时播出。2008 年，有线文学影视频率（有线调频 104.3 兆赫）改为有线长书广播。

2003 年 9 月 8 日，文艺广播全面改版，推出“FM87.6 娱乐调频”的频率定位，继续沿用“北京人民广播电台文艺广播调频 87.6”的呼号。

2010 年起，文艺广播调频 87.6 兆赫、有线调频 93.8 兆赫的播出时间延长为 24 小时。

二、宗旨与方针

文艺广播是北京电台的专业化系列广播之一，最初以北京市常住人口为主要收听群体。

文艺广播是北京电台文化娱乐宣传的主要执行者，以党的文艺宣传方针、政策为指针，坚持文艺为人民服务、为社会主义服务的原则，以活跃群众文化娱乐生活、满足群众精神文化需求为宗旨。文艺广播的任务是弘扬主旋律，提倡多样化，把握正确的文化导向，弘扬和发展民族文化艺术，促进首都文化娱乐事业的发展。

2003 年 9 月文艺广播改版时，在频率定位上突出文化娱乐，加强信息服务，注重艺术欣赏；将中青年作为主要目标听众。采取传统文艺娱乐方式和文化新娱乐方式并举的原则，构筑新娱乐文化概念。在整体形象上，构建一个充满生机活力、富有创新意识、具有权威性的“文化娱乐广播”形象。

2006 年，文艺广播把目标受众人群定位在休闲人群。

2007 年，文艺广播制定一套 3 年品牌营销策略，其中核心理念为“快乐很简单”，并把这一理念作为文艺广播频率定位的基础。从 2008 年 11 月实施到 2010 年，基本实现规划目标，形成节目、活动、市场的三方良性互动。

三、节目设置与调整

文艺广播从开播就始终围绕文艺节目立台的宗旨，通过调整节目不断探索自身专业频率特色。

1994 年开播之初，“百花齐放，百家争鸣”“推陈出新”是文艺广播节目设置的指导方针。同年 4 月 1 日起运行新节目表，节目由六大系列组成：连续广播节目系列、综艺节目系列、民族文化艺术系列、服务性节目系列、信息性节目系列、欣赏性节目系列。为便于收听，周一至周六为横向系列，周日为纵向系列。节目内容包括音乐、戏曲、文学、曲艺、综艺、音乐、影视、广播剧等多种艺术门类及各种文化信息，播出方式为热线直播与录播相结合。

北京文艺台节目时间表

表 1-11　（1994 年 4 月 1 日起实行）

播出时间	周一至周六	周日
5:50	开始曲	开始曲
6:00	音乐（87.6 晨曲）	音乐
6:25	天气与生活	天气与生活
6:30	转播新闻和报纸摘要	新闻和报纸摘要
7:00	心理保健艺术	心理保健艺术
7:30	娱乐新闻	娱乐新闻
8:00	金秋乐 老年专栏：闲话京城（周一、周六） 黄金大戏院（周二） 京剧大世界（周四） 曲艺（周三、周五）	女性沙龙 老年专栏
10:00	交响乐	综艺大世界

续表 1-11

播出时间	周一至周六	周日
11:00	点石成金	点石成金
12:00	天气与生活	天气与生活
12:05	文学：小说连续广播	文学：小说连续广播
12:30	文学：广播剧欣赏	文学：广播剧欣赏
13:00	曲艺：每日相声（周一、周三、周四、周五、周六）	曲艺：每日相声
13:30	曲艺：空中书场（周一、周三、周四、周五、周六）	曲艺：空中书场
14:00	乐话神州（周一、周三、周四、周五） 民乐史话（周六）	星期日文苑 （至 15:00）
14:30	空中茶馆（周一、周三、周五） 中国历代史话（周四、周六）	
14:45	人口漫谈（周一、周三、周四、周五、周六）	
15:00	戏曲专栏（周一、周三、周四、周五、周六）	金秋乐
16:00	轻松时光（周一、周三、周四、周五、周六）	轻松时光
17:00	人生金钥匙	人生金钥匙
18:00	天气与生活	天气与生活
18:05	文学：小说连续广播	文学：小说连续广播
18:30	曲艺：空中书场	曲艺：空中书场
19:00	青少专栏：少年歌手（周一、周二） 青青校园（周三、周四、周五、周六）	舞台上下
19:30	曲艺：每日相声	曲艺：每日相声
20:00	音乐：环游世界音乐周（周一、周三、周五）	城市列车
20:50	ENGLISH NEWS	
21:00	娱乐广场	娱乐广场
21:30	音乐：红茶馆（周三、周四、周五、周六）	音乐：红茶馆
22:00	统一爱心（周四、周五）神州漫游（周三、周六）	
22:30	天气与生活	天气与生活
22:35	综艺专栏：心之桥（周一、周三、周五） 诗情乐语（周二、周四、周六）	音乐彩桥 文学：散文欣赏
0:00	音乐：浪漫 CD	音乐：浪漫 CD
1:30	播音结束	

1996 年 7 月 22 日，文艺广播以“树形象，出精品，出效益，出人才”为指导思想，对节目进行全面调整。文学类、戏曲类、广播剧类、曲艺类、音乐类以及社会文化类节目成为支柱性节目，为此在内部机构设置上，撤销早间、午间、晚间节目部，按艺术门类分别组建戏剧曲

艺部、文学部、综艺部。影视剧、广播剧、曲艺等节日的播出时间增加，每周文艺类节目播出时间达到109小时，文艺广播的特色更加突出。《小说连续广播》《华夏神韵》《长安大戏院》《空中笑林》等一批具有民族特点的节目深受听众欢迎。

文艺广播在1996年成立广播剧部，充实广播剧编撰人员，并为广播剧部设置固定的机房和录制人员。2005年年底，文艺广播广播剧部撤销。但北京电台一直重视广播剧的生产和质量。至2010年，文艺广播制作的广播剧作品每年都获得中国广播剧奖或中宣部精神文明建设“五个一工程”奖。

2000年，文艺广播以“保留、取消、调整、创新”为原则调整节目，在弘扬传统艺术的同时创新发展。文艺广播加大民族文化宣传的力度，全天节目中90%都是宣传民族文化的内容。在办好戏曲、曲艺、文学、综艺节目的同时，将播送通俗音乐和民族音乐的音乐节目《好歌回放》和《名歌名曲》的内容改为全部介绍和播放民族音乐的节目。开办《新民乐》节目，播放新创作的民乐作品、传统音乐的改编作品，介绍民族器乐的改革等。2000年4月16日，文艺广播开始实行调整后的新节目表。

2001年4月1日，文艺广播改版时又推出《新曲艺》《新戏曲》节目。为适应流行娱乐潮流，文艺广播新办新闻类节目《876整点资讯》，以提供文娱生活资讯；为年轻人开办《动漫天地》《校园在线》《青春世纪风》等节目，还增办《音乐晚餐》《新唱片推介》《越洋音乐在线》等音乐节目。

2003年9月8日，文艺广播全面改版，推出“FM87.6娱乐调频”，构建“文化娱乐广播”形象。此次调整从节目形式、内容编排以及整体形象塑造等方面都有较大的变动。在节目框架上，打破以往的零散形式，采用大版块的形式；在节目编排上，根据目标听众群体的实际生活形态特征加以设计和安排，与受众的收听习惯相对应；在节目内容上，以目标听众群体的喜好为出发点，突出娱乐、服务、欣赏三重功能，满足听众市场的个性化、多样化需求；在节目形式上，增加直播，通过热线电话、互联网、短信，强化参与互动，搞活节目，留住听众。

改版后，文艺广播全天节目分成早间、上午、下午和晚间4个版块，每个版块由若干个节目组成。部分受到听众喜爱的传统节目全部移至两套有线调频里播出:《长安大戏院》《空中曲苑》《梨园金曲》《戏剧空间》等节目转到有线戏曲曲艺频率,《经典音乐故事》《经典戏剧故事》《中国古典诗词》《百年文化名人》《电影录音剪辑》《周末文萃》《文学博览》等节目转到有线文学影视频率。

北京文艺广播节目时间表
（2003年9月8日起实行）

表1-12

<table>
<tr><th></th><th>版块</th><th>时间</th><th>周一</th><th>周二</th><th>周三</th><th>周四</th><th>周五</th><th>周六</th><th>周日</th></tr>
<tr><td rowspan="25">一点至二十四点，每逢整点、半点一次，每次一分半钟，共计三十四次《876资讯》</td><td rowspan="5">早间</td><td>5:55</td><td colspan="7">开始曲、清晨有约</td></tr>
<tr><td>6:30</td><td colspan="7">转播中央人民广播电台《新闻和报纸摘要》</td></tr>
<tr><td>7:00</td><td colspan="7">娱乐报道</td></tr>
<tr><td>7:05</td><td colspan="7">空中笑林</td></tr>
<tr><td>8:00</td><td colspan="7">早安！北京</td></tr>
<tr><td rowspan="4">上午</td><td>9:00</td><td colspan="7">欢乐新时空</td></tr>
<tr><td>11:00</td><td colspan="7">文艺大点播</td></tr>
<tr><td>12:00</td><td colspan="7">小说连播</td></tr>
<tr><td>12:30</td><td colspan="7">评书连播</td></tr>
<tr><td rowspan="5">下午</td><td>13:00</td><td colspan="7">音乐在线</td></tr>
<tr><td>14:00</td><td colspan="7">876网络生活</td></tr>
<tr><td>15:00</td><td colspan="7">开心茶馆</td></tr>
<tr><td>16:30</td><td colspan="7">影视聚焦</td></tr>
<tr><td>17:00</td><td colspan="7">一路同行</td></tr>
<tr><td rowspan="11">晚间</td><td>19:30</td><td colspan="7">评书连播</td></tr>
<tr><td rowspan="2">20:00</td><td colspan="5" rowspan="2">演艺沙龙</td><td>七台精彩节目联播</td><td>广播之友</td></tr>
<tr><td colspan="2">专题文艺</td></tr>
<tr><td>21:00</td><td colspan="7">短信江湖</td></tr>
<tr><td>22:00</td><td colspan="7">小说连播</td></tr>
<tr><td>22:30</td><td colspan="7">广播剧场</td></tr>
<tr><td>23:00</td><td colspan="7">相伴到午夜</td></tr>
<tr><td>0:00</td><td colspan="7">午夜拍案惊奇</td></tr>
<tr><td>0:30</td><td colspan="7">子夜柔情</td></tr>
<tr><td>1:00</td><td colspan="7">今夜情调</td></tr>
<tr><td>1:30</td><td colspan="7">播音结束</td></tr>
</table>

2007年，文艺广播推出一批新节目：影视娱乐类谈话节目《演艺群英会》、国内首个公益性益智类互动广播节目《智慧榜样》、旅游类节目《环球旅行家》和《旅行天下》、全国第一档高尔夫广播节目《快乐高尔夫》（与北京体育广播合办），以及奥运益智类节目《奥运全知道》。

2008年，文艺广播通过节目与品牌活动相结合的方式，让“快乐很简单”的新娱乐理念深入人心。从2008年开始，文艺广播创新频率包装方式，主要是以笑话加台标来制作宣传片花，把台标当节目做。

文艺广播 2008 年推出的新节目有：集音乐祝福、休闲享受于一体的音乐节目《音乐一线牵》，表演性娱乐节目《娱乐 72 变》，晚间节目《话说天下》《悬疑剧场》《奇闻夜谈》，周末节目《甜蜜蜜》《新音乐风暴》等。2009 年，文艺广播推出 3 档新节目：《今晚我们说电影》《小DJ 大不同》《快乐天天读》。文艺广播在两年里调整 40% 的节目，使文艺广播的节目由一条主线和一条辅线组成，传统娱乐和新娱乐节目是主线，文化娱乐资讯是一条辅线，贯通全天。

2010 年，文艺广播通过系列品牌活动，全力升级“快乐很简单”的新娱乐理念，推出卡通形象“芭其乐”代言，全面提升品牌价值和品牌影响力。2010 年，文艺广播播出时间增加至 24 小时。

四、社会影响

文艺广播努力以独具特色的文艺娱乐节目活跃群众文化娱乐生活、满足群众精神文化需求，是北京地区极具影响力、受到广泛欢迎的以娱乐内容为主的主流广播媒体。

文艺广播不仅拥有制作水平高、特点突出、听众喜爱、社会影响广泛、经久不衰的名牌栏目，拥有业务能力强、专业水平高、社会知名度高、听众喜爱的节目主持人，还通过举办多种活动，扩大社会影响，提高频率的知名度和节目的收听率。

2000 年，根据当时中国的民乐、曲艺和戏曲节目听众流失，特别是年轻听众少的状况，北京文艺广播率先在文艺界提出为弘扬民族文化，探索“新民乐、新戏曲、新曲艺”的提议。当年 4 月，与中央电视台、广东音乐台联手分别在北京、广东召开大型研讨会，民族音乐家、作曲家、演奏家和部分流行音乐的创作者，从民乐的新探索、新改编、新创作、新发掘开始，探讨发展民族音乐。从此，引发文艺界广泛关注“新民乐”的研究与探索。2000 年，北京文艺广播、中央电视台、广东音乐台都开办有《新民乐》节目，播放新民乐作品，鼓励、倡导民族音乐及歌曲的创新，为“新民乐”的尝试性作品提供一块试验园地。

2001 年 6 月 23 日，世界三大男高音紫禁城广场音乐会在北京举行。北京文艺广播经“三大男高音音乐会”组委会授权，在北京地区独家直播。直播联合全国 23 个省（市）调频立体声广播电台传送给全国听众，其规模之大、联合地方电台之多、影响地域

2001 年 6 月 23 日，北京文艺广播独家现场直播“三大男高音音乐会”

之广、音响效果之好、技术手段之精，作为对音乐会的直播，在国内堪称第一。

1. 原创新春祝福短信大赛

2006年1月13日至2月15日，北京文艺广播、《北京青年报·数码时代周刊》和搜狐无线共同主办“原创拜年短信大赛”。次年继续举办“新春祝福短信推荐评选活动”。自第三届起定名为“原创新春祝福短信大赛”，主办方为北京文艺广播、北京广播网和新浪、搜狐、网易等19家主要商业网站，北京主要新闻媒体支持举办。从第四届开始，这一活动的主办方是北京市互联网信息办公室、首都互联网协会、北京电台、北京电视台，由北京文艺广播联合北京属地10多家网站共同举办。

短信大赛倡导原创精神，鼓励网民通过短信形式传递祝福、分享欢乐，营造喜庆祥和的节日氛围。许多上榜短信和选登短信成为广大民众春节短信拜年的首选。

经过几年的发展，“原创新春祝福短信大赛”成为北京市的一项重要精神文明建设活动和春节期间的主要文化活动，得到社会各界的热情关注和大力支持，以及北京市委宣传部的肯定。活动参与者遍布祖国各地，甚至包括海外华人华侨。

2010年举行的“第五届原创新春祝福短信大赛”，共收到原创短信作品34294条，累计投票数和专题点击量突破8700万人次。大赛评出“2010年十大最受欢迎新春祝福短信”和“2010年优秀新春祝福短信”，颁发特等奖1名、一等奖2名、二等奖7名、三等奖20名。

2. 金面具 Cosplay 盛典

2006年，北京文艺广播与电子工业出版社合办首届角色扮演（Cosplay）嘉年华。该活动以组织青少年动漫爱好者参与真人秀动漫剧比赛为主要形式，丰富青少年课余生活，倡导健康绿色动漫。

文艺广播将“快乐很简单”的品牌理念融于Cosplay盛典活动中，在2009年4月举行的“金面具Cosplay盛典”开幕式上，首次推出频率的卡通形象“芭齐乐”。

至2010年，金面具Cosplay盛典已经举办5届。盛典设立的“金面具奖”已经成为全国动漫爱好者团体所向往的动漫表演最高荣誉，盛典逐渐成为青少年关注的时尚文化焦点和动漫文化大事件。

3. 北京延庆端午文化节

从2006年起，文艺广播每年都与延庆县文化委员会共同举办“北京延庆端午文化节”，这也是北京地区唯一以首批国家级非物质文化遗产名录确定的“六大民俗节日”为主题内容开展的庆祝活动。

举办北京延庆端午文化节，目的是弘扬传统文化，挖掘文化民俗的内涵，提高百姓对中华民族传统文化节日的重视程度和传承意识，活跃群众的文化生活；同时也是彰显文艺广播的办台理念，在文化领域树立良好形象。在每届文化节上，文艺广播不仅直播开幕式、派记者采访报道文化节的活动，还协助当地组织多种多样的节日活动，如 2008 年推出的“走邮驿之路，品古塞风情”活动、手写书信大赛、龙舟赛、妫川生态有奖游、非物质文化遗产展演、乡镇民俗特色活动等。

第五届北京延庆端午文化节活动从 2010 年 6 月 1 日至 6 月 16 日，历时半个月。活动由北京市文化局、北京人民广播电台和延庆县委、县政府主办，由北京文化艺术活动中心、北京文艺广播、延庆县委宣传部、延庆县文化委员会、延庆县体育局共同承办。北京延庆端午文化节成为北京市传统文化的品牌节庆活动。

4. 舞台剧《开心麻花》

文艺广播与北京开心麻花娱乐文化传媒股份有限公司从 2008 年开始合作，每年年末推出一部剧场演出的贺岁喜剧。在次年 4 月北京文艺广播台庆活动中，这部喜剧的演出也是重点内容。

2008 年 12 月 4 日，文艺广播与开心麻花推出贺岁舞台剧《开心麻花 2009 · 甜咸配》。

2009 年 4 月 1 日是文艺广播开播 15 周年纪念日，当天启动“看开心麻花，听 87.6”的生日主题活动，与听众分享“快乐很简单”的喜悦。《开心麻花 2009 · 甜咸配》连续在大剧场演出 60 场，刷新京城话剧界在一个演出季的演出场次记录。

2009 年 11 月，文艺广播与开心麻花联合打造贺岁舞台剧《开心麻花 2010 · 索马里海盗》。2010 年 12 月，文艺广播与开心麻花共同出品贺岁档新剧目《开心麻花 2011 · 乌龙山伯爵》。

五、文艺广播部分节目介绍

1.《小说连播》

节目方针：选播近期出版的优秀长、中篇文学作品，侧重选择反映当代都市人现实生活的作品，可兼及其他类型题材。要求作品有较强故事性、文学性，适合播讲。

下设栏目：无。

播出时间：周一至周日 12:00—12:30，周一、周三至周日 3:30—4:00 重播。

质量要素：作品内容积极向上，有文学和思想价值；作品适当改编以适合播出；分段清晰，留有悬念；演播者能恰当地表现作品内容，播讲清晰、生动。

《小说连播》即《小说连续广播》，是北京电台历史悠久的名牌节目，一直深受听众喜爱。1994 年至 2010 年，在文艺广播播出。2003 年 8 月至 2007 年，《小说连播》还被安排在文艺广播有线文学影视频率播出。2008—2010 年，有线文学影视频率改为长书广播，《小说连播》继续在文艺广播（调频 87.6 兆赫和有线调频 93.8 兆赫）以及长书广播（有线调频 104.3 兆赫）

播出。

在北京电台“名牌栏目”评选中,《小说连播》2004年度至2009年度连续被评为名牌栏目。

2.《空中笑林》

节目方针：精编传统相声名段和优秀相声新作，兼及喜剧小品，在早间时段为听众提供快乐早餐。

下设栏目：无。

播出时间：周一至周日7:00—8:00。

质量要素：录播，精选精编，内容健康，剔除不宜广播的内容；主持语言自然、流畅、幽默、诙谐；节目结构完整，节奏紧凑；经常有嘉宾主持。

《空中笑林》1996年元旦开播，以相声、小品为主要内容，加上主持人风趣幽默的串说，寓教于乐，娱乐性、欣赏型、知识性较强。在北京地区的广播栏目中《空中笑林》的收听率一直名列前茅。2001年度至2006年度的《空中笑林》节目均被专家评为北京电台“名牌栏目”。

2006年12月20日12:00，北京文艺广播在市属媒体中第一个发布相声大师马季上午去世的消息。《空中笑林》撤掉当天下午的节目，在15:00推出《纪念相声大师马季先生特别节目》。12月21日,《空中笑林》为纪念马季举行开播10年以来的首次直播，在两个小时的特别直播节目中，听众热线电话不断。12月24日马季追悼会的当天,《空中笑林》赶制播出《笑洒人间》文艺专题节目，节目因为时效性强，感情真挚，赢得听众的好评。

至2010年，在北京电台举行的4届“听众喜爱的名牌栏目”评选活动中,《空中笑林》获得3次“听众喜爱的名牌栏目”称号。

3.《开心茶馆》

节目方针：用幽默的曲艺作品给听众带来轻松的心情，娱乐性、知识性互现，在满足听众娱乐的需求同时，为弘扬传统曲艺艺术尽媒体的一份力。

下设栏目：无。

播出时间：周一至周日15:00—16:30。

质量要素：录播，选播作品内容健康，精心筛选作品，删除低俗内容；主持人语言朴素、规范、自然、流畅；突出欣赏性，每期节目作品需占到70%以上。

《开心茶馆》开播于2003年9月8日，是一档以播出传统相声为主的曲艺类节目，每天15:00—16:30播出。半年后，节目收听率即跻身北京广播市场前二十名之列。开播两年多的时间里,《开心茶馆》挖掘、整理近百段40年来没有在北京的广播媒体中播出过的传统相声作品。2006年,《开心茶馆》在所有媒体中率先向听众推荐活跃在北京的民间相声演出团体“北京德云社”。

2006 年 1—2 月，青年相声演员郭德纲携北京德云社在解放军歌剧院、天桥剧场连续进行 5 场相声专场表演。这是德云社首次进入大剧场演出，北京文艺广播在全国的广播电视媒体中独家获得演出的录音及播出权，《开心茶馆》节目主持人康大鹏还应邀担任 5 场演出的主持人。3 月，《开心茶馆》节目播出德云社由茶馆走进大剧场系列演出实况专辑，受到听众的热烈欢迎。10 月，德云社特邀文艺广播作为联合主办单位对德云社十周年庆典活动进行全程跟踪报道。10 月 26 日 14:00—16:00，著名相声演员郭德纲、于谦与徐德亮、李菁、何云伟做客北京文艺广播《开心茶馆》特别节目。此行引起媒体关注，北京广播网、新浪网、TOM 网等对此进行现场音视频直播。

《开心茶馆》致力于相声艺术的推广，使相声成为百姓街谈巷议的热点话题，相声市场呈现出几十年少有的良好局面。

2006 年、2010 年，《开心茶馆》两度获得“听众喜爱的名牌栏目”称号。2006 年度《开心茶馆》被评为北京广播奖“优秀栏目”。2007 年度至 2010 年度的《开心茶馆》节目连续被评为北京电台“名牌栏目”。2009 年，《开心茶馆》节目主持人康大鹏获得“听众喜爱的最佳主持人”称号。

4.《娱乐 72 变》

节目方针：制作幽默、放松、精巧、好听的娱乐节目，笑话、情景短剧、幽默段子荟萃，下半段以小品及情景喜剧为主。让听众在下午最容易犯困打蔫的时候，精神能为之一振，越听越爱听。

下设栏目：《快乐大街 876 号》《娱乐 72 变之一变：笑口常开》《娱乐 72 变之二变：我爱我家》《娱乐 72 变之三变：乐在其中》。

播出时间：周一至周六 14:00—15:00，周一、周三至周六 2:00—3:00 重播。

质量要素：录播，导向正确，杜绝庸俗，符合宣传口径；可听性、趣味性强，贴近文艺广播听众；主持语言轻松、流畅、幽默；关注北京，贴近百姓。

《娱乐 72 变》节目前身是 2005—2007 年北京文艺广播的《娱乐网天下》。该节目是对互联网时代广播发展的探索。节目发挥网络开放的特点，以广播为载体，吸引听众和网友跟踪收听，灵活而深入地促进群体的互动和交流。每天 14:00—15:00 播出。节目采取直播、录播相结合的方式，由男女主持人以脱口秀的方式演绎“爆笑网文”。2007 年，开始改编网络小说，制作青春、热点广播剧。

2008—2010 年，《娱乐网天下》定名为《娱乐 72 变》。节目更关注现实生活，将社会新闻演化成故事脚本，尝试声音的表演和人物塑造。2009 年起，青年相声演员应宁、王磊加入节目，两人对播形式改为三人闲谈，使语言交叉、碰撞更为频繁；节目被赋予一定的情境（如酒吧），营造真实的生活气氛。《娱乐72变》情景脱口秀的创新风格逐步形成，成为文艺广播原创型、新娱乐节目的代表。《娱乐72变情景喜剧——面子问题》获得2009年度中国广播电视协会文艺委员会广播娱乐节目一等奖。

5.《演艺群英会》

节目方针：舞台、影视剧作品的推介、评论性节目。围绕最新上演的舞台、影视剧作品邀请主创等相关人员直播访谈，通过对演艺信息的及时发布、对作品的权威解读以及听众的广泛参与，打造一个专业的舞台、影视剧信息传播和权威评论的平台。

下设栏目：《芭其乐舞台剧龙虎榜》《演艺快评》。

播出时间：周一至周日20:00—21:00。

质量要素：周一至周五直播，周六、周日可录播；男女主持对播；选择最新最热门的剧、片、人物展开话题、选取嘉宾；芭其乐舞台剧龙虎榜依周期按时揭榜；点评观点鲜明、客观公正；节目形式活泼、互动充分、包装精良。

《演艺群英会》是2007年1月开播的一档影视娱乐类谈话节目，节目内容以影视为主，包括影视作品与话题的解读、评论；影视人物的采访和对话；节目自身策划的各种活动；影视剧的信息、明星动态；百姓影视消费指南等。每天20:00—21:00播出。

《三英战吕布》是该节目的下设栏目之一，TOM网主持人江晖和《北京青年周刊》的文娱副主编王毅与节目主持人一同进行访谈节目，3家媒体的联手合作提高了《演艺群英会》在媒体、演艺圈和公众的知名度和影响力。2007年，《演艺群英会》收听率稳步上升，最高到达21%，打破同时段广播节目的收听记录，并长期保持在17%左右，稳居同一时间段收听率和市场占有率排名第一的位置。另外，《演艺群英会》节目嘉宾大都是演艺圈当红艺人，因此极大提高了中青年听众群的比例，改变了文艺广播同时段听众群老龄化的状况。

2008年6月，《演艺群英会》被评为北京电台“听众喜爱的名牌栏目”。

2009年，下设栏目有《三英战吕布》《演艺快评》，仍是周一至周日20:00—21:00播出。

6.《爱星满天》

节目方针：青少年教育类节目。以爱为主题，倡导儿童和家长的亲身参与，满足青少年思想道德教育要求，给孩子们一个表达空间，和家长一起探讨教育孩子的问题。

下设栏目：《爱星满天大舞台》《我爱地球妈妈》《我爱读书》《小雨讲故事》《校园报道》《童谣伴我快乐成长》《亲密沟通》《游艺巴士》《今天我主持》《爱星满天大课堂》《儿童表达——Children’ Express》。

播出时间：周一至周六19:00—19:30。

质量要素：录播；节目内容和主持方式既符合青少类节目的特点，让受众喜闻乐见，又体现文艺广播的特点，能寓教于乐。

《爱星满天》开播于 1994 年 6 月 1 日，是北京儿童台专题版块节目《星光下》新设的栏目之一。1998 年 1 月 1 日,《爱星满天》节目随着原儿童台的部分节目合并到北京教育广播，播出时间为每周四 19:00—20:00。1999 年 1 月 1 日,《爱星满天》移至北京文艺广播，每天 19:00—19:30 播出。

2000—2001 年,《爱星满天》节目下设栏目有《小雨讲故事》《知识大口袋》《消息树》《小记者报道》《小读者俱乐部》《我爱地球妈妈》《校园传真》等。

2002—2004 年,《爱星满天》节目停播，2005 年恢复播出，依旧是每天 19:00—19:30 以录播和直播相结合的形式播出的一档少儿节目。下设栏目有《爱星满天大舞台》《我爱地球妈妈》《我爱读书》《小雨讲故事》《校园报道》《童谣伴我快乐成长》《亲密沟通》《游艺巴士》《今天我主持》《点燃爱的火柴》。

《爱星满天》节目播出的作品《假如给我三天光明》(1995 年播出)、《爱的乐章——记为救学生而牺牲的杜丽丽老师》(1997 年播出)曾获得中国广播奖二等奖。2008 年,《爱星满天》被共青团北京市委员会、北京市广播电视局授予 2006—2007 年度北京市优秀“青少年维权岗”称号。

每年“6·5”世界环境日前后，北京环境保护基金会、北京市环保宣教中心和北京电台都会举办“我爱地球妈妈”演讲比赛。至 2010 年，北京电台已连续 14 届参与主办北京市小学生“我爱地球妈妈”演讲比赛，节目主持人孙怡（播音名：小雨）连续 14 届担任大赛的主持人。

第七节　北京教育台　首都生活广播　北京故事广播

北京教育台

北京电台教育广播（以下简称“教育广播”）是专门从事教育宣传的专业台，开播于 1994 年 12 月 1 日，2004 年 1 月 1 日停播。教育广播自开办到停播的 9 年零 1 个月的时间里，对其科学定位不断进行探索和实践，虽然满足了部分听众的需求，但和其他专业广播相比，无论是收听率、社会占有份额，还是社会知名度，一直排在较靠后的位置。

一、频率与呼号

1994年11月26日，北京教育台开台联谊会在人民大会堂举行

1994年12月1日，教育广播开播。对外呼号“北京教育台”，使用频率为中波603千赫。全天播音16小时50分钟。另有调频103.9兆赫专门播出教育广播教学节目。1995年6月1日起，北京儿童台改用调频103.9兆赫播出。在儿童台播音休息的时间段，调频103.9兆赫播出教育广播外语教学节目。而“电大教学节目”和“电中教学节目”及部分外语教学节目在教育广播中波603千赫播出。1996年，教育广播中波603千赫每天6:00—24:00播音，之后每年对播出时长略作调整。1998年1月1日起，儿童台合并到教育广播，教育广播改呼号为“北京人民广播电台中波603千赫”和“北京人民广播电台调频103.9兆赫”。其中调频103.9兆赫播出新闻、专题、儿童、文艺性节目；中波603千赫播出教学节目。

1999年1月1日，调频103.9兆赫由交通广播使用，教育广播仍使用中波603千赫播出，部分外语讲座安排在中波927千赫和调频103.9兆赫播出。同年10月，教育广播增加有线调频89.1兆赫。2000年7月12日起，北京电台中波603千赫改呼号为“北京人民广播电台教育广播”。2002年1月，教育广播除个别英语节目外，教学节目全部集中安排在有线调频99.4兆赫，每天24小时播出。2002年3月1日起，有线调频99.4兆赫每天6:00—24:00播出。

2003年，教育广播使用频率：中波603千赫、有线调频89.1兆赫。每日5:30至次日1:00播音，共19.5小时。2004年1月1日，教育广播停播。

二、宗旨与方针

教育广播以“正确引导舆论、促进教育发展、提高市民的思想道德和科学文化素质”为办台宗旨，以“传播现代知识、关注前沿热点、服务终身教育、体现人文关怀”为办台内涵和依托；满足听众求知、求学、求职需求。教育广播的主要任务是报道教育新闻、传播教育信息；提供科技、文化知识；活跃听众生活，努力为促进首都教育事业的发展，提高全民的思想觉悟、道德修养和科学文化素质服务。教育广播追求“实用、快捷、鲜活、深入”的办台风格，打造“开机有益、回味无穷”的立台形象；“增加知识含量，营造文化氛围，提高节目品位”

是教育广播对每个节目的质量要求。

三、节目设置与调整

北京教育台节目时间表

表 1-13　　（1994 年 12 月 1 日起实行）

<table>
<tr><th>时间</th><th colspan="8">周一至周日</th></tr>
<tr><td></td><td colspan="8">第一次播音</td></tr>
<tr><td>5:25</td><td colspan="8">台标乐　预告全天节目</td></tr>
<tr><td>5:30</td><td colspan="8">中学生英语口语入门（第一册）</td></tr>
<tr><td>6:00</td><td colspan="8">英语 2000</td></tr>
<tr><td>6.30</td><td colspan="8">转播中央人民广播电台《新闻和报纸摘要节目》</td></tr>
<tr><td>7:00</td><td colspan="8">北京新闻</td></tr>
<tr><td>7:20</td><td colspan="8">台标乐　教育新闻</td></tr>
<tr><td>7:30</td><td colspan="4">“今日焦点”“大众评说”</td><td colspan="1">追踪新世纪</td><td colspan="3">“人生转折”“人海撷英”</td></tr>
<tr><td>7:50</td><td colspan="8">综合信息</td></tr>
<tr><td>8:00</td><td colspan="8">欢乐美语</td></tr>
<tr><td>8:30</td><td colspan="8">大家说英语</td></tr>
<tr><td rowspan="2">9:00</td><td rowspan="4">电中</td><td rowspan="2">（周一）
语文</td><td rowspan="2">（周二）
革命史</td><td rowspan="2">（周四）
语文</td><td rowspan="2">（周五）
审计学基础</td><td rowspan="2">（周日）
电大</td><td colspan="2">卡通儿童英语（周三、周六）</td></tr>
<tr><td colspan="2">幼儿学英语（周三、周六）</td></tr>
<tr><td>9:40</td><td>语文</td><td>革命史</td><td>语文</td><td>审计学基础</td><td>电大</td><td colspan="2">卡通儿童英语（周三、周六）</td></tr>
<tr><td>10:20</td><td>语文</td><td>革命史</td><td>语文</td><td>审计学基础</td><td>电大</td><td colspan="2">幼儿学英语（周三、周六）</td></tr>
<tr><td>11:00</td><td colspan="8">二十一世纪英语</td></tr>
<tr><td>11:30</td><td colspan="7">健康与人生（周一至周六）</td><td>国防园地（周日）</td></tr>
<tr><td>12:00</td><td colspan="8">台标乐　教育新闻</td></tr>
<tr><td>12:10</td><td colspan="4">人在潮头（周一、周二、周四、周五）</td><td>法制时代（周三）</td><td colspan="2">理论与实践（周六）</td><td>心理诊所（周日）</td></tr>
<tr><td>13:00</td><td colspan="8">综合信息</td></tr>
<tr><td>13:10</td><td colspan="3">“今日焦点”“大众评说”</td><td colspan="3">追踪新世纪</td><td colspan="2">“人生转折”“人海撷英”</td></tr>
<tr><td>13:30</td><td>电大</td><td>（周一）
市场营销学</td><td>（周二）
政治经济学
辅导</td><td>（周三）
现代管理学
辅导</td><td>（周五）
中国古代文学
（1）</td><td>（周六）
现代管理学辅导</td><td>日</td><td>初学英语入门市民
外语一
百句</td></tr>
<tr><td>14:10</td><td colspan="8">第一次播音结束</td></tr>
</table>

续表 1-13

时间	周一至周日						
15:55	第二次播音						
16:00	台标乐　预告节目						
16:40	电大	（周一）经济应用文写作（1）	（周二）古代汉语辅导（1）	（周三）财政与信贷（1）	（周五）中国古代文学（2）	（周六）现代汉语	（周日）市场营销学
16.50	市民外语一百句						
17:30	电大	经济应用文写作（2）	古代汉语辅导（2）	财政与信贷（2）	中国古代文学（3）	现代汉语	政治经济学辅导
	“我的老师”征文“教师风采”“教育咨询台”“校园巡礼”“职教天地”			空中校园	“魂系中华”“竞技场”“成长滋味”“谐趣园”“教学新视野”		
18:30	中学生英语口语入门（第二册）						
19:00	初学英语入门						
19:30	广播日语						
20:00	欢乐美语						
20:30	英语 2000						
21:00	“时代节奏”“落虹人间”“礼仪漫谈”			星月 603	“城外风景”“佳作欣赏”“心灵空间”		
22:00	台标乐　教育新闻						
22:10	“时代节奏”“落虹人间”“礼仪漫谈”			星月 603	“佳作欣赏”“城外风情”“心灵空间”		
23:00	二十一世纪英语						
23:30	大家说英语						
24:00	全天播音结束						

教育广播在 9 年的办台过程中一直努力寻求频率的科学定位，围绕着办台宗旨设置和调整节目。随着对频率定位的不断深入探索，教育广播从最初定位于宣传和服务学校的“小教育”，到寻求更贴近百姓生活、服务人民大众的“大教育”，大致经历了三个阶段。

第一阶段从开播到 1995 年定位于宣传和服务学校教育，节目设置以教育新闻、教育专题以及外语等内容多样的讲座为主体，辅以服务和文化娱乐性节目。节目主要有新闻类、知识类、娱乐类和教学类。《教育新闻》《追踪新世纪》等新闻类节目集中在早间。知识类节目集中在午间，有普及军事知识、介绍战争历史、宣传军民团结和拥军活动的《国防园地》；介绍如何保持良好的生理和心理健康，以适应社会积极把握人生的《健康与人生》；帮助听众提高理论素养、坚定信念的《理论与实践》；提倡职业精神，探讨个体和群体规范化问题的《人在潮头》以及宣传法制的《法制时代》。在下午播出的《空中校园》版块，广泛涉猎普通教育、职业教育、高等教育、成人教育等各种教育形式，反映校园生活，交流教学经验，是教育界面向社会的一个窗口，也是社会了解和联系教育界的一条渠道。晚间节目《星光603》版块播出的是较为轻松活泼的综合性文化娱乐节目。外语讲座、电中、电大等教学节目也是教育广播的重要组成部分，因此在全天不同时段安排有教学节目。

第二阶段从1996年到2001年。为了找准定位、服务教育、传播知识、寻求面向社会的"大教育"，1996年3月1日，教育广播从三个方面调整节目：

一是给听众提供一个接受再教育和更新知识的园地。每天上午增设《社会学堂》，节目广泛涉及各类知识，是一所旨在提高市民文化素养和生活质量的空中课堂。

二是重点推出教育咨询节目《教育咨询热线》。节目每周一至周五晚上播出，由教育行政部门和各类学校的领导以及教育研究专家在直播间接受听众咨询，听众可以拨通热线电话或给节目写信来咨询教育方面的问题。

三是双休日推出假日节目。每周六、周日上午到中午时段安排《文教商城》和《心灵空间》两档节目。傍晚6点到晚上10点安排《603欢乐时光》和《星月603》节目，主要介绍旅游、出行、居家、健身、服装服饰、美容美发等知识和趣闻，节目里还设置反映市民行为规范的《都市斑马线》、介绍博物馆藏品的《博物乐园》以及《月色书香》等小栏目。

1996年的调整使教育广播专题节目与教学节目结构、比例趋于合理，对于市场需求不大的小语种节目进行压缩。为配合北京市民学外语活动陆续推出8套互动性较强的英语教学节目。

1998年1月1日，儿童台合并到教育广播。5月4日，教育广播调整节目，压缩广告类节目，充实教育性节目，新闻性加强，教育特点更加突出。《教育新闻》和报道全球科教文卫最新动态的《新华快讯》全天滚动播出9次，传播科教信息。21:10播出集新闻、专题、访谈于一体的综合版块《科教纵横》，内容有专家言论、权威咨询、听众呼声。23:00增设《生命·生育·生活》，普及性知识。在继续关注教育、普及知识的同时，这次调整教育广播还较大幅度地增加服务、娱乐节目，如《生活空间》《威龙闯天关》《空中游乐园》《综艺生活》等。

1999年年初，由于调频103.9兆赫由交通广播使用，教育广播节目全部集中在603千赫播出，加之学校教育由应试教育向素质教育转变，教育广播进一步紧缩节目种类，把面向全民的终身教育作为重要目标，加强面向学生、老师、家长的纯教育节目。为方便听众收听，教育广播把节目相对集中，外语教学节目安排在清晨和夜间播出，电大、电中课程安排在下午播出，文教新闻和其他专题节目安排在上午和傍晚以后播出。部分外语讲座还在中波927千赫、调频103.9兆赫播出。

1999年，教育广播与北京市第二十五中学等单位联合开办北京电台网络培训学校，教育广播在双休日播出辅导节目《北京电台网络学校》。这是北京市第一所经过教育主管部门审批注册的多媒体远程网络教育机构，采用广播授课、网络下载、电话咨询和面授辅导的教学方式。为推动中国青少年发展基金会组织的“中华古诗文经典诵读工程”，1999—2000 年教育广播开设《诗文明志》专题节目。

2000 年 1 月，教育广播开办的《留学指南》是首都媒体开设的第一个留学咨询节目;《前沿话题》是一档新闻谈话类节目，节目通过访谈各领域的权威人物，展示新事物，挖掘新思想。

第三阶段从 2002 年到 2003 年。教育广播在教育特色与社会需求的结合上继续探索。这两年，教育广播节目调整的原则是突出教育和知识、强化精品节目、追求实用鲜活、扩大创收空间、降低节目成本，整体上突出实用、及时和贴近。以全天整点滚动播出的《求知求学求职快讯》为骨架，重点节目有着眼于开拓视野、更新知识、关注社会热点的《前沿话题》和《603 访谈时间》；专家与听众深入交流、探讨教育现实问题的《教育面对面》；为求学者提供帮助的《求学新干线》；以普及科学知识为主的《科学与人类》和《新十万个为什么》；为服务终身教育，专门为老年人开办的《金色筒子河》和《阳光茶园》。此外，还开办有体现人文关怀的《心理家园》和《今夜私语时》等节目。

北京教育广播节目时间表

表 1-14　（2003 年 2 月 10 日起实行）

<table>
<tr><th>时间</th><th>周一至周五</th><th>周六至周日</th></tr>
<tr><td>5:30</td><td colspan="2">台标乐　时光之旅</td></tr>
<tr><td>6:00</td><td colspan="2">聚焦 603</td></tr>
<tr><td>6:05</td><td>张道真自学英语</td><td rowspan="3">自学英语
三讲连播</td></tr>
<tr><td>6:30</td><td>英语快行线</td></tr>
<tr><td>6:45</td><td>每日一招说英语</td></tr>
<tr><td>6:59</td><td colspan="2">天气预报</td></tr>
<tr><td>7:00</td><td colspan="2">科学与人类</td></tr>
<tr><td>7:30</td><td colspan="2">603 新闻直播</td></tr>
<tr><td>8:00</td><td colspan="2">求知求学求职快讯　读书俱乐部</td></tr>
<tr><td>8:30</td><td>新知网站</td><td rowspan="4">健康假日直播站</td></tr>
<tr><td>8:45</td><td>可口辣椒</td></tr>
<tr><td>8:50</td><td>新十万个为什么</td></tr>
<tr><td>9:00</td><td>求知求学求职快讯　603 阳光茶园</td></tr>
<tr><td>11:00</td><td colspan="2">求知求学求职快讯　都市新感觉</td></tr>
</table>

续表 1-14

<table>
<tr><th>时间</th><th>周一至周五</th><th colspan="2">周六至周日</th></tr>
<tr><td>12:00</td><td>求知求学求职快讯　求学新干线</td><td colspan="2">求学新干线（留学版）</td></tr>
<tr><td>13:00</td><td colspan="3">求知求学求职快讯　纪实文学连播</td></tr>
<tr><td>13:30</td><td colspan="3">时光之旅</td></tr>
<tr><td>14:00</td><td colspan="3">求知求学求职快讯　社区生活</td></tr>
<tr><td>14:15</td><td>阳光茶园下午版</td><td colspan="2">移动通信站</td></tr>
<tr><td>14:30</td><td colspan="3">金色筒子河</td></tr>
<tr><td>15:30</td><td>阳光茶园下午版</td><td colspan="2">健康假日直播站下午版</td></tr>
<tr><td>16:00</td><td colspan="3">求知求学求职快讯　读书俱乐部</td></tr>
<tr><td>16:30</td><td colspan="3">科学与人类</td></tr>
<tr><td>17:00</td><td colspan="3">聚焦 603</td></tr>
<tr><td rowspan="2">17:05</td><td>求知求学求职快讯　603 访谈时间</td><td rowspan="2" colspan="2">百姓与法</td></tr>
<tr><td>前沿话题　教育论坛　人物对话　生活对白　人物对话</td></tr>
<tr><td>18:00</td><td colspan="3">求知求学求职快讯　“听经典大片学地道美语”天碟回响</td></tr>
<tr><td>18:30</td><td colspan="3">603 新闻直播</td></tr>
<tr><td>19:00</td><td>求知求学求职快讯　英语快行线</td><td rowspan="2">广播之友</td><td rowspan="2">七台精彩
节目联播</td></tr>
<tr><td>19:20</td><td>每日一招说英语</td></tr>
<tr><td>19:30</td><td colspan="3">亲情港湾</td></tr>
<tr><td>20:00</td><td colspan="2">求知求学求职快讯　603 培训导航</td><td>民族大家庭</td></tr>
<tr><td>20:30</td><td colspan="3">心理家园</td></tr>
<tr><td>21:30</td><td colspan="3">心灵空间</td></tr>
<tr><td>22:00</td><td colspan="3">求知求学求职快讯　今夜私语时</td></tr>
<tr><td>24:00</td><td colspan="3">“听经典大片学地道美语”天碟回响</td></tr>
<tr><td>0:30</td><td colspan="3">心灵空间</td></tr>
<tr><td>1:00</td><td colspan="3">全天播音结束</td></tr>
</table>

四、社会影响

教育广播开播以来节目结构的条块分割，使教育广播全天节目不能贯穿为一体，形成了互不相融的若干个小的听众群，这也造成听众群的逐步萎缩。

据听众调查显示，1995 年教育广播总收听率为 7.65%，在北京电台 7 个专业广播中排名第六位，仅高于儿童台。

1996 年教育广播总收听率为 4.11%，在北京电台 7 个专业广播中排名最末位。

1998 年，《北京地区广播收听情况调查综合报告》（北京市统计信息咨询中心）显示：教育广播从听众接触率到接触质量都排在北京电台 7 个专业广播中的最后一名。从 2000 年到 2002 年的听众调查数据看，无论是在听众经常收听、印象方面，还是在收听信号、效果等参数排名中，教育广播都名列北京电台各专业广播最末位。

为了提高在社会上的知名度、摆脱困境，教育广播一方面提高节目质量，另一方面积极与社会单位开展各种活动。1995 年 7 月 29 日，教育广播举办的“95 儿童教育咨询日”活动，是教育广播成立后第一次面向社会提供服务的大型活动。多名教育学家、心理学家、营养学家在劳动人民文化宫现场接待咨询。

1996 年，北京市总工会和教育广播举办“双休日、学外语、做现代文明北京人”系列活动。

1999 年，为配合中国青少年发展基金会实施“中华古诗文诵读工程”，教育广播开办专题节目《诗文明志》。6 月 20 日，教育广播与中共北京市委宣传部、中国青少年发展基金会等单位共同举办的“首都少年儿童中华古诗文诵读汇报演出”在全国政协礼堂举行，中共中央政治局常委、国务院副总理李岚清，全国人大常委会副委员长程思远等中央和北京市领导观看演出，著名表演艺术家周正、曹灿参加演出。截至汇报演出前，北京市已有 8 万多名小学生参加古诗文诵读活动，组织收听教育广播《诗文明志》节目的学校超过百所。《诗文明志》节目共开办两年。

2000—2003 年，教育广播共举办 5 届北京出国留学咨询会。咨询会使教育广播留学节目影响力不断扩大，创出了品牌，也为教育广播创收做出了贡献。咨询会规模逐届扩大，2001 年 9 月第三届咨询会到会咨询人数近 4 万人，两天组织 26 场专题讲座，有不少听众专程从外地赶来咨询。北京 46 家合法留学中介机构中的 36 家参加咨询会。教育广播配合留学咨询会出版的两本会刊，内容实际，服务性强，很受欢迎。教育广播还多次组织赴国外留学考察活动。

2002 年 10 月 6 日，北京教育广播在首届市民外语游园会活动现场直播

2002 年 10 月 6 日，教育广播与北京市民讲外语活动组委会、北京市委宣传部等单位联合主办的“首届市民外语游园会”活动在北京市劳动人民文化宫举办。此次游园会

是市民讲外语系列活动之一，也是北京首次以外语为主题举办的大型游园活动。教育广播现场搭建的大型玻璃圆球直播室，成为当天活动的一大亮点。

五、教育广播部分节目介绍

1.《今夜私语时》

节目方针:《今夜私语时》是咨询服务类节目。节目坚持服务大众、为大众传播健康知识的节目宗旨，保持健康向上的内容格调，坚决摈弃媚俗等低俗之风。邀请有关专家从科学的角度介绍性生理和性心理常识，回答不同年龄段听众在性健康方面存在的各种问题，为听众提供科学的帮助和指导。节目以主持人直播或录播的形式播出。

下设栏目:《性健康直播咨询》《性心理门诊》《情爱夜话》《青春信箱》《花季私语》。

播出时间：周一至周五 22:05—24:00。

质量要素：性健康与性文化主题，注重关怀。案例具有典型性和代表性。传达的知识与信息应科学、严谨，不能误导听众。主持人对话题的把握应有分寸感和灵活性，与听众或嘉宾的交流比例安排得当。语言符合广播语言的要求，表达准确。节目结构布局合理，主题突出，连贯自然。

《今夜私语时》前身是 1998 年 5 月教育广播与北京市计划生育委员会、北京市性健康教育研究会共同主办的性健康科普节目——《生命·生育·生活》，每天 23:00—23:30 播出。1999 年，《生命·生育·生活》每天 22:00—23:00 播出。2002 年改名为《今夜私语时》，每天 22:05—23:30 播出，2003 年节目播出时间延长至 24:00。

《今夜私语时》(《生命·生育·生活》) 是北京电台 7 个专业广播中唯一以介绍性知识为主的性健康科普节目。作为在广播中进行性健康教育的尝试，节目开播伊始就受到听众欢迎，得到各界重视和支持。

在节目形式上，既有专家谈性知识的专题，也有通过热线电话的咨询，节目针对性强，听众需求得到满足。在节目选题上，既根据听众实际需要，又兼顾知识的综合性、系统性。节目中源于生活的新话题，如“男孩子也要提防性侵害”“父母如何与孩子谈性说爱”等引发听众强烈反响，不仅提升家长的意识，同时提供实用的性教育方案。

由于有一支稳定的、权威的专家队伍的支持，节目的专业性凸显；主持人“分寸得当，亲切自然”的主持风格使节目得到各方好评。《生命·生育·生活》被评为 2001 年度北京电台名牌栏目。《今夜私语时》被评为 2002 年度北京广播奖栏目二等奖，2002 年度、2003 年度北京电台名牌栏目。2004 年 1 月 1 日教育广播停播,《今夜私语时》在首都生活广播继续播出。

2.《留学指南》

节目方针：及时发布国家有关出国留学的政策和法规；讲解出国留学的申办常识及注意

事项；介绍国外学校的专业设置、奖学金发放、考试制度、学制安排等情况以及相关的生活常识，为出国深造的学生及家长提供较为全面的咨询服务，节目以录播的形式播出。

下设栏目：《留学信息快递》《留学咨询台》《留学生活》《国外名校》《中介园地》。

播出时间：每周二、周四、周六 12:30—13:00。

《留学指南》创办于 2000 年 1 月，是首都媒体开办的第一个专门为出国留学的听众提供指导和帮助的咨询服务类节目。节目与教育部、北京市教委主管部门紧密合作发布权威资讯，邀请合法的留学中介机构开展各种形式的留学咨询。节目内容还涉及留学人员合法权益的保护、留学生的心理调适、留学人生的规划及归国创业等方面的内容。在节目之外通过设立热线电话和电子邮箱等加强延伸服务，扩大节目影响力，解答听众提出的相关问题。

《留学指南》2002 年 1 月并入《求学新干线》，更名为《求学新干线——留学版》，每周六、周日 12:05—13:00 首播，16:05—17:00 重播。2003 年，节目取消重播。

3.《读书俱乐部》

节目方针：传递图书市场信息，推介新书、好书，是写书人、出书人、卖书人、读书人交流、沟通的园地，力争成为独特的读书与生活的“风向标”。节目以录播的形式播出。

下设栏目：《书界视点》《新书快递》《书海钩沉》《品味书香》《读者之友》《老编手记》《名家书语》《期刊博览》。

播出时间：周一至周日 8:05—8:30 首播，16:05—16:30 重播。

质量要素：以介绍出版物为主要内容。选题新颖，编辑思路清楚，手法巧妙。每次节目不少于 2 个栏目。信息具有时效性。播音自然、轻松、生动，语言符合广播语言的要求。

1995 年 7 月，教育广播在晚间节目《星月 603》中设立《月色书香》栏目。1999 年，《月色书香》改为《书林漫步》，周一至周五播出，每次播出 50 分钟。2002 年，《书林漫步》改名为《书海新航线》，周一至周五 8:30—9:00 首播，每天 13:00 重播。2003 年更名为《读书俱乐部》，每天 8:05—8:30 首播、16:05—16:30 重播。

4.《前沿话题》

节目方针：通过对新事物、新现象、新知识、新举措、新风尚、新作品的观察、介绍和评析，挖掘隐含在新事物背后的新思想、新观念，以展示时代风貌、评介现代知识、揭示发展趋势来引发人们新的思考，促进人们思想意识的更新。节目以主持人和各行各业的最新领域做出突出成绩的权威人物与听众交流，力求给听众更新的思想和思考。节目以主持人直播的形式播出。

下设栏目：无。

播出时间：周一至周日 7:30—7:55。

质量要素：选题体现一个“新”字。嘉宾为目前在不同领域中有所造诣的人物。对所介绍、评价和谈论的事物力求真实、准确、客观。主持人的提问与评述占重要位置，不少于语言的 30%。节目结构布局合理，主题突出，连贯自然。采访录音或使用音响音乐时，音质音量要符合播出标准。语言符合广播语言的要求，规范流畅。

《前沿话题》是谈话类社教专题节目，创办于 2000 年 1 月，播出时间为周一至周六，21:30—22:00 首播，次日重播 1 次。节目定位追求前沿性、前瞻性和前卫性，注重理论与实践的结合，话题设置较为吸引人，访谈对象具有权威性，有思想深度和一定的思辨色彩。2001 年，在每周五设置《周末三人谈》栏目，与听众进行热线交流。2002 年，节目每天播出，每周日开辟特别节目《时代论坛》，重点探讨理论问题。2003 年,《前沿话题》成为教育广播《603 访谈时间》(每周一 17:10—18:00 播出）节目中的小栏目。

5.《求学新干线》

节目方针：为满足听众求知求学的需求，直接为听众提供求学帮助和介绍办学单位招生情况，包括教育政策咨询、求学求教咨询、购书咨询、中招、高招、成招、自学考试咨询和各类民办招生信息。节目以主持人直播或录播的形式播出。

下设栏目:《你问我答》《名校档案》《与校长对话》《考试公告栏》《留学咨询台》《留学生活》《国外名校》。

播出时间：周一至周日 12:00—13:00。

质量要素：主持人在节目中占主导位置，与听众或嘉宾的交流比例安排得当。对所介绍的事物力求真实、准确。解答听众的问题力求权威、具体，简明扼要。节目结构布局合理，主题突出，连贯自然，语言符合广播语言的要求，表达准确。开通热线的节目，听众电话不少于 3 个。

《求学新干线》是热线咨询类节目，创办于 2002 年 1 月，每天 12:05—13:00 首播，16:05—17:00 重播。在人们求知求学需求下节目发挥了很好的作用，并辅助教育广播成功举办了 5 届《北京出国留学咨询会》；通过咨询会,《求学新干线》节目的影响力不断扩大，也为教育广播创收做出了贡献。2003 年，节目取消重播。

首都生活广播

北京电台首都生活广播（以下简称“首都生活广播”）于 2004 年 1 月 1 日开播，至 2008 年 12 月 31 日，共播出 5 年。2009 年 1 月 1 日，首都生活广播调整为北京电台故事广播。

一、频率与呼号

首都生活广播开播于 2004 年 1 月 1 日，使用原北京电台教育广播中波 603 千赫、有线调频 89.1 兆赫播出。对外呼号“北京人民广播电台首都生活广播”。每天 5:30 开始播音，次日凌晨 1:00 结束，全天播音 19.5 小时。2008 年每天 5:00 开始播音，次日凌晨 1:30 结束，全天播音 20.5 个小时。

二、宗旨与方针

首都生活广播开播伊始是以名人谈话节目为主要特色，以反映首都人现代生活状态为主要内容的专业广播。

2007—2008 年，首都生活广播的宗旨是为首都人提供时尚生活服务，提升生活品质，促进和谐生活。基本任务是：围绕都市人的个性特点，关注都市人的关注热点，充分展示都市社会的人文状况，直接关照都市人的衣、食、住、行、生、老、病、死，为首都人民搭建一个轻松交流、抒发感情、疏解压力的媒介平台。

首都生活广播以居家人群为主要收听对象，晨间节目兼顾移动人群。

三、节目设置与调整

首都生活广播从集中推出名人谈话节目，向突出生活服务兼顾名人谈话的转变，再到全频率服务都市时尚生活的转变，在办台方针和节目设置上一直处于探索之中。

2003 年 12 月 25 日，首都生活广播在亚洲大酒店举行开台仪式

2004年开台之初，首都生活广播集中推出的是“名人谈话”的办台形象。设计的主体节目从名称到内容，围绕着谈话样式来展开，主要关注的是都市人的人际交往和精神文化生活。一批具有社会影响力的专家、学者、文化名人担当节目主持人，如徐沛东、毕淑敏、苏叔阳、侯耀华、蔡国庆等。主要节目有：讲述社会热门话题的《说事儿——名嘴说天下》；交流人际关系、处世方法和价值取向的《听话儿——白话你我他》；及时推介最新文化资讯的《亮点（文化版）——天天文化秀》；关注都市休闲娱乐消费趋向的《亮点（生活版）——时尚零距离》以及《品茶——下午茶》《私语——今夜私语时》和《心理家园》等。名人谈话节目给首都生活广播带来了不错的收听率，但在节目制作经费上也带来一些压力。

在开播半年内首都生活广播进行两次微调，保留有些经济效益的《读书俱乐部》《留学咨询会》，并开办《吃喝玩乐大搜索》等节目。

首都生活广播节目时间表

表1-15　（2004年1月1日起实行）

时段	周一至周五	时段	周六、周日
5:30—6:15	听话儿——白话你我他（缩编版）	5:30—6:15	听话儿——白话你我他（缩编版）
6:15—7:00	说事儿——名嘴说天下（缩编版）	6:15—7:00	说事儿——名嘴说天下（缩编版）
7:00—9:00	找乐儿——亲密接触	7:00—8:30	找乐儿——亲密接触
9:00—10:00	亮点（生活版）——时尚零距离	8:30—9:30	健康假日直播站
		9:30—10:30	亮点（生活版）——时尚零距离
10:00—12:00	亮点（文化版）——天天文化秀	10:30—12:00	亮点（文化版）——天天文化秀
12:00—14:00	听话儿——白话你我他	12:00—14:00	听话儿——白话你我他
14:00—15:00	品茶——下午茶	14:00—15:00	品茶——下午茶
15:00—16:30	阳光茶园	15:00—16:30	健康假日直播站
16:30—17:00	新都市主流沙龙（缩编版）	16:30—17:00	广播之友 / 七台精彩联播
17:00—19:00	说事儿——名嘴说天下	17:00—19:00	说事儿——名嘴说天下 一周精彩回放
19:00—19:30	转播《新闻联播》	19:00—19:30	转播《新闻联播》
19:30—21:00	聊吧——酷聊地带	19:30—20:30	聊吧——酷聊地带
21:00—22:00	新都市主流沙龙	20:30—22:00	心理家园
22:00—23:30	私语——今夜私语时	22:00—23:30	私语——今夜私语时
23:30—24:00	健康夜话	23:30—24:00	健康夜话
0:00—1:00	心情——都市心情	0:00—1:00	心情——都市心情

说明：每周二0:00—1:00、周四14:00—16:00停机检修

2005年，首都生活广播从办台理念上进行较大调整：确立首都生活广播节目应该以为首都市民提供实际、实用的生活服务和帮助为主要内容。为此，首都生活广播把上午的节目设计成为市民提供物质生活服务的内容，主要围绕市民的衣、食、住、行来展开；把傍晚和晚上的节目设计成为市民提供精神文化生活服务的内容，主要围绕市民关注的社会热点、百姓生活中的人际交往、法律关系、心理健康、两性情感来展开。节目仍坚持名人谈话的样式，又充实和明确了首都生活广播关注的重点。

2006年年初，首都生活广播调整节目，名人谈话类节目只保留《说事儿——名嘴说天下》，名人担任嘉宾主持的节目仅有《吃在北京》和《今夜私语时》。另外推出几档服务性强、令人轻松愉悦的新节目，如《生财有道》《开心大赢家》《播客秀》《听我说电影》《世界之谜》等。

其中，重点打造的服务类节目《都市生活家》（上午版和下午版），每期以生活情景剧的形式引出本期话题，主持风格清新幽默，在娱乐互动中介绍日常生活知识。此外，首都生活广播开通一条24小时服务的首都生活热线——65159888，接听受众在消费维权方面遇到的问题、难题，并帮助解决。2006年3月15日，已停播一年的原经济广播《消费者热线》节目在首都生活广播恢复播出，每周日16:00—17:00为消费者提供维权服务。

2006年6月1日，首都生活广播对节目又做较大的调整，把居家的中老年听众当作主要听众群，根据自己的频率资源和对象人群来设置节目以及主持风格。取消上午的港台歌曲节目《老式汽车》，调整《找乐儿》和《都市生活家》节目内容，增设《广播直销》《人间有爱》等新节目。

2007年年初，首都生活广播进行全面改版。改版的主要依据是近年来全国广播市场的大趋势和北京广播市场的竞争局面的变化，同时从频率定位一定要名实相符这个基本要求出发，追求既经济又好听的效果。首都生活广播尝试从突出生活服务兼顾名人谈话，转向全频率服务都市时尚生活。这次改版首都生活广播定位于引导和帮助目标人群提高生活质量、追求生活品质、创意健康积极的崭新生活方式。

“实用＋时新”成为2007年首都生活广播对时尚生活的一种诠释和理解，也是节目设置的主要原则。改版后首都生活广播的内容设置包括三个方面：一是播报综合新闻和都市最新生活文化资讯，安排在早晨和傍晚播出。主要有《天下生活》和《都市新生活》两个节目。二是为听众提供实用、时新的生活服务和生活新知，安排在整个白天播出。主要有《消费者热线》《生活进行时》《首都健康在线》《603时尚旅游》《美酒美食》《读书俱乐部》等。三是体现人文关怀的心理、法律以及性健康咨询，安排在晚上8点以后播出，主要有《说烦解忧》《今晚拍案》《今夜私语时》《人间有爱》和《男孩女孩》等。7月底，首都生活广播推出两档阅读节目《生活探秘》和《历史聊斋》。

2008 年，首都生活广播围绕多方位服务生活，保留以往的骨干节目，如《消费者热线》《今晚拍案》《说烦解忧》《首都健康在线》等；强化黄金时段，早间的《生活进行时》、中午的《城市生活语录》和傍晚的《我的收藏》《购物英雄》。为加强故事性，还播出一系列读物类节目，如《旅行记》《生活探秘》《历史聊斋》《知识开讲》等。2008 年度《男孩女孩》节目被评为北京广播影视奖广播优秀栏目。

首都生活广播节目时间表

表 1-16　（2008 年 1 月 1 日起实行）

<table>
<tr><th>时间</th><th>周一</th><th>周二</th><th>周三</th><th>周四</th><th>周五</th><th>周六</th><th>周日</th></tr>
<tr><td>5:00</td><td colspan="7">历史聊斋（重播）</td></tr>
<tr><td>5:30</td><td colspan="7">知识开讲</td></tr>
<tr><td>6:00</td><td colspan="7">健康晨曲</td></tr>
<tr><td>7:00</td><td colspan="7">天下生活（早）</td></tr>
<tr><td>7:30</td><td colspan="7">消费者热线</td></tr>
<tr><td>8:00</td><td colspan="5" rowspan="2">生活进行时</td><td colspan="2">忘年乐</td></tr>
<tr><td>8:30</td><td colspan="2" rowspan="3">健康假日直播站</td></tr>
<tr><td>9:00</td><td colspan="5">生活探秘</td></tr>
<tr><td>9:30</td><td colspan="5">阳光茶园</td></tr>
<tr><td>10:00</td><td colspan="5">首都健康在线</td><td colspan="2" rowspan="2">男孩女孩</td></tr>
<tr><td>10:40</td><td colspan="5">阳光茶园</td></tr>
<tr><td>11:00</td><td colspan="5">奥运健身与你同行</td><td>广播之友</td><td>精彩节目联播</td></tr>
<tr><td>11:30</td><td colspan="7">旅行记</td></tr>
<tr><td>12:00</td><td colspan="5">城市生活语录</td><td colspan="2">男人休闲吧</td></tr>
<tr><td>13:00</td><td colspan="7">历史聊斋</td></tr>
<tr><td>13:30</td><td colspan="7">长书天地</td></tr>
<tr><td>14:00</td><td colspan="7">阳光茶园（周四停机检修）</td></tr>
<tr><td>15:00</td><td colspan="7">读书俱乐部（重播）（周四停机检修）</td></tr>
<tr><td>16:00</td><td colspan="7">翔康健康快车</td></tr>
<tr><td>17:00</td><td colspan="7">播客秀</td></tr>
<tr><td>18:00</td><td colspan="7">天下生活（晚）</td></tr>
<tr><td>18:15</td><td colspan="7">我的收藏</td></tr>
<tr><td>19:00</td><td colspan="7">购物英雄</td></tr>
<tr><td>20:00</td><td colspan="5">说烦解忧</td><td colspan="2">女人周末会</td></tr>
<tr><td>21:00</td><td colspan="7">今晚拍案</td></tr>
<tr><td>21:42</td><td colspan="7">健康夜话</td></tr>
</table>

续表 1-16

时间	周一	周二	周三	周四	周五	周六	周日
22:00	读书俱乐部						
23:00	长书天地（重播）						
23:30	知识开讲（重播）						
0:00	首都健康在线（重播）						
0:30	603 节目展播（周二 0:30—1:30 停机检修）						
1:30	全天播音结束						

四、社会影响

首都生活广播开播后绝大部分节目都是直播谈话节目，一批具有社会影响力的文化名人担当节目主持人。这在全国广播界尚属创新。

首都生活广播“谈话台”的内容设计和主持状态，既符合广播自身的传播特点，又满足北京受众的话语需求，同时也在一定程度上弥补了当时广播领域的定位空白，所以一出现就赢得了听众的欢迎。收听数据显示，由于频率定位的改变，首都生活广播的收听率比 2003 年教育广播的收听率（0.07%~0.08%）有了成倍的增长，平均达到了 0.3%，市场占有率在 6.3% 左右，在北京电台专业广播中排名居第五位。

首都生活广播开播两年后，形势发生非常大的变化，除去整个北京地区广播业的竞争（如中央人民广播电台推行“频率专业化、管理频率化”改革）外，在北京电台内部首都生活广播也不具备频率资源优势。首都生活广播收听率和市场份额都有所下降，2006 年在北京电台 8 个专业广播中市场份额排名第五位，2007 年、2008 年均排名第六位。但听众的收听时长略有增加，忠诚度提高。

2004 年 9 月 28 日，首都生活广播举办“家和国兴”大型直播节目，55 个家庭共庆中秋、国庆

为了打造自己的品牌，首都生活广播通过各种手段和途径进行宣传推广，除了对节目进行直接的推广，还借助其他媒体树立频率品牌形象，举办各种品牌活动，提高自己的知名度和美誉度。

2004 年，首都生活广播为迎接新中国成立 55 周年策划了广播进家庭大型采访活动《我和我的祖国 · 命运的交响：家和国兴篇》，讲述 55 个有代表性的家庭的故事，通过这55个家庭生活的变化，感受时代的发展，昭示55年来国家兴旺、社会进步和家庭幸福的历史现实。“家和国兴篇”与“百花争艳篇”（北京文艺广播）、“风云人物篇”（北京新闻广播）共同组成北京电台庆祝新中国成立55周年大型访谈录《我和我的祖国·命运的交响》特别节目。

2007年3—6月，首都生活广播主办2007年度“生活家”评选暨北京首届“时尚妈妈”大型评选活动，报名人数达1万余人。在初赛、复赛、决赛过程中，选手们展示出靓丽的形象和独特的才能，也展现出时尚、和谐的家庭生活。

2008年6月，首都生活广播与北京市红十字会联合发起的为“5·12”四川汶川特大地震重灾区之一什邡市捐助“博爱电波书屋”活动启动。活动得到北京市广渠门中学、第五中学和八一中学师生的积极响应，共募集款项30余万元，其中首都生活广播捐出善款3万元。12月3日，在首个“首都慈善公益日”，“博爱电波书屋”在四川省什邡市宏达中学挂牌。

五、首都生活广播部分节目介绍

1.《今夜私语时》

节目方针：广泛涉及都市人的两性情感及两性健康话题。探讨人们内心的情感及性的需求与困惑。传播人类性文明，帮助建立健康幸福的两性关系。节目以主持人直播或录播的形式播出。

下设栏目：《两性健康新时空》《性心理咨询》《性爱学堂》《性情中人》《大学生版》。

播出时间：周一至周日22:00—23:30。

质量要素：感情、婚姻、家庭、性健康、性文化主题。相关领域的权威性。话题分析的科学性。话题把握的分寸感。接受咨询的亲和力。节目开通短信并经过筛选。

《今夜私语时》2004年前是教育广播的名牌节目，教育广播停播后，自2004年在首都生活广播继续播出。节目曾获得2003年度、2004年度北京广播奖栏目奖。2004年，该节目名称调整为《私语——今夜私语时》，是谈话、咨询服务类节目，增加情感交流、家庭婚恋等节目内容，照顾不同层面听众的需求，周一至周日22:00—23:30播出。2005年起，在节目中专门设置面向高校学子的大学生版，不仅在节目中与大学生沟通情感伦理道德的困惑与问题，而且坚持每月走进北京的高校，为大学生义务宣讲预防性病艾滋病知识，引导大学生正确处理恋爱情感问题。2004—2006年度《今夜私语时》连年被评为北京电台名牌栏目。

2008年，该节目停播。2010年在体育广播恢复播出。

2.《说烦解忧》

节目方针：讲述普通人生活中与亲人、与恋人、与朋友、与同事等正在经历的心理矛盾、观念冲突、情感纠葛，请心理专家进行分析点评，并请听众参与出谋划策、发表意见，共同探求心理健康良策。讲述人们对心理保健的体会和认识，推介心理学读物，介绍与心理相关的有趣人物、故事。节目以直播或录播的形式播出。

下设栏目：《人物空间》《滋润心田的话语》《用心听音乐》。

播出时间：周一至周五 20:00—21:00。

质量要素：谈话从多角度入手，进行心理学层面的探讨。每期节目需邀请 1 名嘉宾，嘉宾及主持人解答问题准确、科学、规范。节目开通短信，互动问题须严格筛选。

《说烦解忧》前身是教育广播的《心理家园》主持人访谈节目，创办于 2002 年 1 月，每周六、周日 21:05—22:00 播出。2003 年，在教育广播每天播出 1 小时。2004 年，在首都生活广播每周六、周日 20:30—22:00 播出。2005 年 3 月，更名为《说烦解忧》，每周六、周日 20:35—21:45 播出。2006 年，除了周六、周日首播，每周一、周二 14:00 重播。2007—2008 年，播出时间为周一至周五 20:00—21:00。

《说烦解忧》的嘉宾包括知名的心理医生、心理咨询师及高校中的心理学教授，节目在社会上产生一定的知名度和影响力。首都生活广播《心理家园》被评为 2004 年度北京电台名牌栏目，2005—2009 年度《说烦解忧》连年被评为北京电台名牌栏目，2005 年度还获得北京广播奖优秀广播栏目奖。

2009 年 1 月 1 日，首都生活广播调整为故事广播，《说烦解忧》成为故事广播的品牌节目之一。

3.《读书俱乐部》

节目方针：传递图书市场信息，推介新书、好书，是写书人、出书人、卖书人、读书人交流、沟通的园地，以美文欣赏的方式品味书香。节目以主持人直播为主，直播、录播结合。

下设栏目：《纸墨书香》《分享》。

播出时间：周一至周日 22:00—23:00 首播，次日 15:00—16:00 重播（周四除外）。

质量要素：每期节目至少重点介绍一本好书、新书。每周邀请嘉宾不少于 3 次。介绍真实，评价客观，避免商业宣传炒作。每期节目欣赏类内容要演播到位，制作精良。确保所选读物是与出版方和作者间无合作争议的作品。

《读书俱乐部》是开播于 2003 年的教育广播，2004 年在首都生活广播《亮点（文化版）》节目中继续播出。《读书俱乐部》被评为 2006 年度北京广播奖“优秀栏目”、2008 年度北京电台名牌栏目。2009 年 1 月 1 日，首都生活广播调整为故事广播，《读书俱乐部》成为故事广播的名牌节目之一。

4.《说事儿——名嘴说天下》

节目方针：节目以主持人为中心，请社会名人深度分析城市人所普遍关注的社会新闻和文化热点以及其他相关的热门话题。突出每个名人主持人的个性特点和谈话风格。

下设栏目：无。

播出时间：周一至周日 17:00—17:55 首播，次日 5:35—6:27 重播。

质量要素：主持人为具有社会正面影响力的知名人士，具有良好的政治素质、社会公众形象、较强的文化阅历、社会经验和新闻评论意识。话题具有新闻性或时宜性，观点独到、深刻，具有启发性。所谈论的事物或现象真实、准确，与宣传口径一致。主持为谈话或对话状态，语言规范流畅，表达清晰。

《说事儿——名嘴说天下》创办于 2004 年 1 月 1 日，是一档大量聘请社会名人担纲主持的广播脱口秀节目。2004 年播出时间为周一至周五 17:00—19:00 首播，次日及周六、周日 6:15—7:00 缩编重播，周六、周日 17:00—19:00 一周精彩回放。节目先后邀请徐沛东、苏叔阳、侯耀华、毕淑敏、蔡国庆、郭凯敏、孟凡贵、笑林等知名人士与北京电台主持人共同主持，并与中国青年报、北京青年报、南方日报、解放日报、大河报等媒体评论员连线直播。该节目 2006 年年底停播，是首都生活广播存续时间最长的由名人担任节目主持人的谈话类节目。

5.《今晚拍案》

节目方针：报道法制领域动态。以故事形式讲述现实案例，邀请法律人士点评分析，请法律专家就现实生活中的疑点、热点及实际问题为听众提供法律帮助。节目以主持人直播为主，直播、录播结合。

下设栏目：《一周法制热点》《警情实录》《今晚拍案法律服务热线》《首都法官在线》《拍案说法》《重案调查》《反腐档案》《法网点击》。

播出时间：周一至周日 21:00—21:42。

质量要素：选题符合法制报道的宣传口径，编排合理，避免集中报道恶性刑事案件。选取案件既有趣味性、可听性，又有法律普及性、知识性。每期节目发布法制信息不低于 5 条。每期节目至少使用 2 个栏目。

《今晚拍案》是创办于 2004 年 6 月 1 日的专题类节目，开播时名为《今晚 9 点拍案》，周一至周五每晚播出 45 分钟。自 2005 年更名为《今晚拍案》，播出时间为周一至周五 20:35—21:45。2007—2008 年每天 21:00—21:42 播出。

2009 年 1 月 1 日，由于首都生活广播调整为故事广播，《今晚拍案》成为故事广播的节目之一。

故事广播

北京电台故事广播（以下简称“故事广播”）是由首都生活广播调整而来的。故事广播充分发挥广播的特点，以讲故事的方式传播文化和科学知识，并秉持构建阳光精神家园的目标，以平民视角关注世情冷暖、以科学理念倡导身心健康，通过通俗易懂的故事讲述形式，帮助和引领广大听众打造有品质的生活。

一、频率与呼号

2009年1月1日，故事广播开播，对外呼号：北京人民广播电台故事广播；使用频率：中波603千赫、有线调频89.1兆赫。每天5:00开始播音，次日1:30播音结束，全天播音20小时30分钟。

二、宗旨与方针

2008年12月25日，北京电台举行爱家广播、故事广播开播新闻发布会

故事广播是北京地区第一家以“讲故事”为主要内容的广播频率。故事广播以“弘扬先进文化、传播科学知识、促进生活和谐、提升生活品位”为主旨，以服务大众文化休闲生活、分享优秀精神产品为主要特色，以喜爱听故事、讲故事的人群为目标听众，坚持寓教于乐的亲民、休闲定位，多方位满足公众高品质文化休闲需求，并以科学理念倡导身心健康，通过通俗易懂的故事讲述形式，帮助和引领广大听众打造有品质的生活。

三、节目设置与调整

故事广播节目设置的基本原则是：以各类故事为主，以健康服务类节目为辅，以新闻和娱乐节目作为调剂。

故事广播在故事节目设置和节目样态上注重丰富和细化。既有小说、评书连播，也有展现真实生活画卷的纪实类故事栏目；故事讲述形式上除了经典作品的播讲式，还有与听众互动性强、故事编选方式灵活的主持人串讲、直播、访谈式；在节目内容划分上分出不同层次，有短故事、中故事和长故事精缩版。力求将知识、娱乐、服务融入故事讲述中，打造文化品位高、资讯传递快的节目。

2009年，故事广播的节目安排，上午有阐释科学原理的作品赏析类节目《生活探秘》；播讲通俗易懂的科普书籍、文章、讲座的《知识开讲》；诠释古文、典籍，以讲经典故事听曲艺作品为主的《笑谈古今》。中午到傍晚有作品赏析类节目《纪实传奇》《品读时分》《读史有学问》《长书天地》《娱乐档案》《人物空间》等。其中,《生活探秘》《知识开讲》《读史有学问》和《长书天地》是首都生活广播开办的节目(《历史聊斋》2009 年更名为《读史有学问》),由于市场份额处于上升态势,被保留在故事广播。另外,《读书俱乐部》《说烦解忧》《今晚拍案》这些 603 千赫开办多年的名牌节目、优秀节目也被保留下来,主要安排在晚间播出。

为增加故事广播的动感和互动性,在 8:00—9:00、18:00—19:00 分别设置两档直播的故事节目《故事大全》和《快读时刻》。

北京故事广播节目时间表

表 1-17　（2009 年 1 月 1 日起实行）

<table>
<tr><th>时间</th><th>周一</th><th>周二</th><th>周三</th><th>周四</th><th>周五</th><th>周六</th><th>周日</th></tr>
<tr><td>5:00</td><td colspan="7">读史有学问（重播）</td></tr>
<tr><td>5:30</td><td colspan="7">知识开讲（重播）</td></tr>
<tr><td>6:00</td><td colspan="7">健康晨曲</td></tr>
<tr><td>7:00</td><td colspan="7">朝闻天下（转播中央电视台）</td></tr>
<tr><td>8:00</td><td colspan="7">故事大全</td></tr>
<tr><td>9:00</td><td colspan="7">生活探秘</td></tr>
<tr><td>9:30</td><td colspan="7">阳光茶园</td></tr>
<tr><td>10:00</td><td colspan="7">知识开讲</td></tr>
<tr><td>10:30</td><td colspan="7">阳光茶园</td></tr>
<tr><td>11:00</td><td colspan="7">笑谈古今</td></tr>
<tr><td>12:00</td><td colspan="7">纪实传奇</td></tr>
<tr><td>12:30</td><td colspan="7">品读时分</td></tr>
<tr><td>13:00</td><td colspan="7">读史有学问</td></tr>
<tr><td>13:30</td><td colspan="7">长书天地</td></tr>
<tr><td>14:00</td><td colspan="7">阳光茶园</td></tr>
<tr><td>15:00</td><td colspan="7">评书大连播（重播）　（周四停机检修）</td></tr>
<tr><td>16:00</td><td colspan="7">翔康健康快车</td></tr>
<tr><td>17:00</td><td colspan="7">娱乐档案</td></tr>
<tr><td>17:30</td><td colspan="7">人物空间</td></tr>
<tr><td>18:00</td><td colspan="7">快读时刻</td></tr>
<tr><td>19:00</td><td colspan="7">评书大连播</td></tr>
<tr><td>20:00</td><td colspan="7">今晚拍案</td></tr>
</table>

续表 1-17

时间	周一	周二	周三	周四	周五	周六	周日
20:30	纪实传奇（重播）						
21:00	说烦解忧						
21:40	健康夜话						
22:00	读书俱乐部						
23:00	夜相伴						
23:30	健康夜话						
24:00	长书天地（重播）						
0:30	广播之友	停机检修	故事大全（重播）				
1:00	精彩节目联播						
1:30	全天播音结束						

说明：每周二 0:30—5:00、每周四 15:00—16:00 停播检修

2010 年，故事广播节目进行微调，新增《故事悬谈会》节目，部分节目加盟新主持人或增添新的形式、内容。

四、社会影响

故事广播开播以来开展各种宣传活动，创立自身的品牌，得到社会的关注和好评。

2009 年，恰逢新中国成立 60 周年之际，为了配合宣传，故事广播举办的“60 年胡同传奇”大型故事征集活动成为北京市庆祝新中国成立 60 周年 23 项重点大型文化活动之一。“60 年胡同传奇”活动以胡同为名，以展示胡同中人生百态、社会变迁，深入反映北京 60 年来举世瞩目的变化和发展。活动持续 5 个多月，得到社会各界的积极响应，收到稿件 500 多篇，参评优秀作品陆续在故事广播的部分节目中播出，同时出版了同名作品集和纪念印刷品。此次活动受到社会的普遍好评。

2009 年 3—4 月，故事广播开展“讲故事的人选拔活动”，15 名来自各行业的业余选手获得北京故事广播“讲故事的人选拔活动”优秀选手，被纳入故事广播演播人才库，有机会成为兼职演播人员。这一活动不仅有效地实现了受众在故事广播得到参与方式，而且对故事广播的特色品牌形象树立有着良好的促进作用。

2009 年 6 月 1 日，故事广播到四川省什邡市蓥华中学建立“电波书屋”，并送去 1 万多本图书。

2009 年 11 月，故事广播启动“北京印记——讲述我和新北京的故事”大型故事征集活动，经过半年的征集共收到来稿 174 篇。2010 年 4 月底，故事广播为“北京印记”故事征集获奖者“送

奖上门”。此次颁奖形式，既拉近了与听众面对面交流，又强化了故事广播“用故事记录时代，服务大众、服务人民”的办台理念。

2009 年、2010 年，故事广播在北京电台 9 个专业广播中市场份额排名第六位。

2010 年，由故事广播、北京图书大厦、希望公益基金会共同发起的为玉树灾区的“阅读点亮希望星光”图书捐赠活动，历时 4 个月，募集到图书 20 余万册。2010 年，故事广播举办第二届“讲故事的人选拔活动”。

2010 年 9 月 24 日，北京故事广播组织《北京印记——讲述我和新北京的故事》图书签售会

五、故事广播部分节目介绍

1.《说烦解忧》

节目方针：讲述普通人生活中经历的心理矛盾、观念冲突、情感纠葛，请心理专家进行分析点评，探求心理健康良策；推介心理学读物；介绍与心理相关的有趣故事。节目以主持人直播的形式播出。

下设栏目：无。

播出时间：周五至周日 21:00—22:00。

质量要素：谈话从事例入手，在充分展开故事的基础上，进行心理学层面的探讨；每期节目需邀请嘉宾，嘉宾及主持人解答问题时须准确、科学、规范；节目开通短信或热线电话，互动内容须严格筛选。

《说烦解忧》是由首都生活广播延续至故事广播的一档访谈类节目，节目方针和播出方式保持基本不变。2009 年 1 月 1 日，故事广播开播时《说烦解忧》的播出时间为周一至周日 21:00—21:40。

《说烦解忧》2009 年与北京青少年法律与心理咨询中心创办“说烦解忧热线”，在节目以外和听众互动联络，一方面请心理专家直接接听热线，为听众排忧解难，另一方面收集典型案例，在节目中播出。

《说烦解忧》被评为 2009 年度北京电台名牌栏目。

2.《读书俱乐部》

节目方针：传递图书市场信息，推介新书、好书，是写书人、出书人、卖书人、读书人交流、沟通、畅谈人生的园地。节目以主持人直播的形式播出。

下设栏目:《书界视点》《新书快递》《畅销排行榜》《品味书香》《读书群英会》《私人藏书馆》《一本书改变生活》。

播出时间：周一至周日 22:00—23:00。

质量要素：每期节目必须有由书引发的节目主题，介绍、品评图书时应注重节目的故事性，如图书故事梗概、精彩章节分享、图书创作出版背后的故事等，此类内容不少于节目总时长的 80%。每期节目需邀请嘉宾。介绍真实，评价客观，避免商业炒作。节目中欣赏类内容要演播到位。节目开通短信，互动必须严格筛选。

《读书俱乐部》开播于教育广播，2004 年 1 月至 2008 年 12 月在首都生活广播播出，自 2009 年 1 月调整至故事广播播出。

《读书俱乐部》定期举办作者见面会、读书会，让听众有机会和作者一起读书。《读书俱乐部》参与的社会活动有“阅读点亮希望星光——百家出版单位捐赠图书活动”、2010 年“首都大学生读书节”、2010 年“知识中国”评选等。

《读书俱乐部》被评为 2009 年度、2010 年度北京电台名牌栏目。

3.《今晚拍案》

节目方针：选播中、短篇法制文学作品，或专题性纪实法制故事。通过记者采编、访谈方式讲述真实案例。节目以主持人录播的形式播出。

下设栏目：无。

播出时间：周一至周日 20:00—20:30。

质量要素：内容健康，杜绝描写犯罪细节、美化犯罪嫌疑人以及迷信、色情内容。有音响效果烘托节目气氛。采用完整出版物，需与出版方或作者签订作品采用合同，确保与出版方和作者间无合作争议。每季度必须保证不少于 7 期的自采纪实法制专题，每期节目独立成篇，并连续播出。

《今晚拍案》创办于首都生活广播。2004 年 6 月 1 日节目开播时名为《今晚 9 点拍案》，2005—2008 年名为《今晚拍案》。2009—2010 年在故事广播播出。

4.《故事恳谈会》

节目方针：捕捉社会生活中百姓关注的热点人物、事件，访谈当事人、目击者、知情者、密切关注者，突出故事的完整性、可听性、时效性。节目以主持人直播或录播的形式播出。

下设栏目：无。

播出时间：周一至周四 21:00—22:00。

质量要素：每期节目需邀请嘉宾，一期节目中如主要嘉宾需要电话连线，直播间必须有一位辅助嘉宾配合讲述。每期节目须围绕一个主题故事展开，可适当评论，但比例不得超过节目时长的五分之一。节目必须保持客观中立，对存在争议的人或事应通过访谈或主持人转述等方式，尽可能全面展示各方阐释。每周至少一期节目中有现场采访录音。对同一事件、人物进行连续报道，一般不超过 2 期。

《故事恳谈会》是 2010 年开办的访谈类节目。节目结合电影电视里的故事和媒体报道的事件，讲述生活中真实的故事。讲述者都是故事的当事人，或目击者、知情人。

第八节　北京电台 927 千赫　北京体育广播

北京电台 927 千赫

1999 年 4 月 18 日，北京电台生活广播（以下简称“生活广播”）开播。从开播到 2001 年 12 月 31 日，只存在两年零八个半月，是北京电台 1994—2010 年间存续时间最短的专业广播。

1999 年 4 月 28 日，北京电台 927 千赫开播

一、频率与呼号

生活广播创办之初的对外呼号是“北京人民广播电台 927 千赫”。使用频率为中波 927 千赫。每天 6:55 开播，23:00 结束，全天播音 16 小时 5 分钟。2000 年增加有线调频 92.7 兆赫。2000 年 7 月 12 日起，生活广播的呼号由“北京人民广播电台 927 千赫”调整为“北京人民广播电台生活广播”。2001 年，生活广播全天播音 16 小时 40 分钟。

2002 年 1 月 1 日，生活广播停播，中波 927 千赫、有线调频 92.7 兆赫改播北京体育广播节目。

二、宗旨与方针

生活广播是在北京电台不断深化宣传改革、优化节目设置的背景下创办的。为人民群众提供服务是生活广播办台的根本宗旨。按照生活立台、服务为本的方针，以实用周到、贴近及时为特色，围绕生活中的衣食住行、医疗保健、休闲娱乐、家政料理等内容设置节目。以生活服务类节目为主，以娱乐性节目为辅，为听众提供多方位的服务。

生活广播以热爱生活的人群为主要收听对象。

三、节目设置与调整

创办之初，生活广播主要围绕着首都居民生活设置节目：每天早晚播出的信息类专题节目《顺风耳》，介绍市政信息（如停水、停电、天然气管道维修、修路等）、旅游信息、房地产信息、生活类信息等，为群众生活提供方便。上午和傍晚时间开设服务性专题节目《为您健康》《家政大观园》《择业快车》等。《为您健康》从生活实际出发，多侧面、多角度地探索生活与健康的关系，介绍最新的科学健康知识和医疗信息。《家政大观园》以家政为核心，延伸至与家庭有关的各个层面，不仅提供及时有效的生活信息、家政服务，更侧重现代家庭观念与生活观念的导入，倡导现代文明，节目分为“日常版”和“周末版”。《择业快车》关注的是就业市场，宣传最新人事政策，普及讲解《劳动法》及相关法律知识；介绍优秀人物事迹，提供职业培训指导，发布最新招聘信息，为就业市场供求双方牵线搭桥。在下午和晚间档则安排兼有知识性、服务性的节目《伊甸园》《对酒当歌》《云游四方》《美食大观》，以及直接服务于消费者的《广播直销》节目。

《生活调查》是1999年生活广播唯一的新闻性专题节目，节目就某一种生活用品或生活方式向社会公众展开调查，请权威部门或人士进行分析，为大众生活提供参考。周一至周五9:00—10:00首播，20:00—21:00重播。

综合性专题节目是北京生活广播的一大亮点。综合性生活话题节目《927生活话题》，就现代人生活中的各种问题，诸如政策法规、社会伦理、道德风尚、邻里关系等和听众一起交流、沟通，每周六、周日9:00—10:00播出。情感类综合版块节目《我爱我家》，是集子女家教、夫妻情感、相处艺术、家庭内饰、房产物业等于一体的广播杂志，周一至周五22:00—22:30播出。

生活广播在全天不同时段安排休闲娱乐节目，有曲艺欣赏节目《曲艺厅》；流行音乐节目《流行音乐潮》和欣赏性音乐节目《精品CD》；集知识性、趣味性、参与性于一体的《欢乐擂台》和现场实录、后期制作的《大家来欢乐》等娱乐节目，以及综艺版块节目《相约927》。

2000年1月1日，生活广播进行节目调整，撤销《顺风耳》《生活调查》等节目，开办信息类节目《生活资讯》、沟通两代人的《咱爸咱妈》、服务类的《百姓生活帮助热线》等节目。同年10月16日，开办新闻性专题节目《每日生活快递》。

2000年11月27日，生活广播全面调整节目。除了保留《每日生活快递》《为您健康》《咱爸咱妈》《百姓生活帮助热线》等节目外，又增添《可乐加冰》《地球，你好》《你来我往，生活的对话》《天平热线》《完全家居手册》《927私车联盟》等适合青年人收听的节目，使整体节目既保持贴近百姓生活、全方位为百姓生活服务的特色，又赋予浓郁的现代生活气息。改版后，生活广播播出时间由原来的16小时零5分钟延长至16小时40分钟。

北京生活广播节目时间表

表 1-18　（2001 年 1 月 1 日起实行）

<table>
<tr><th>时间</th><th>正点（5 分钟）</th><th>周一至周五</th><th>周六</th><th>周日</th></tr>
<tr><td>6:20</td><td></td><td colspan="3">开台　导航 927</td></tr>
<tr><td>6:30</td><td></td><td colspan="3">转播《新闻和报纸摘要》</td></tr>
<tr><td>7:00</td><td></td><td colspan="3">北京新闻</td></tr>
<tr><td>7:20</td><td></td><td colspan="3">每日生活快递</td></tr>
<tr><td>7:50</td><td></td><td colspan="3">购物早报</td></tr>
<tr><td>8:00</td><td>生活资讯</td><td colspan="3">相约 927</td></tr>
<tr><td>9:00</td><td>生活资讯</td><td>曲艺厅</td><td colspan="2">假日直播车</td></tr>
<tr><td>10:00</td><td>生活资讯</td><td colspan="3">健康绿洲</td></tr>
<tr><td>11:00</td><td>社会新闻</td><td colspan="3">广播直销</td></tr>
<tr><td>12:00</td><td>生活资讯</td><td colspan="3">咱爸咱妈</td></tr>
<tr><td>12:30</td><td></td><td colspan="3">长书连播</td></tr>
<tr><td>13:00</td><td>生活资讯</td><td colspan="2">可乐加冰</td><td rowspan="2">天平热线</td></tr>
<tr><td>13:30</td><td></td><td colspan="2">家政大观园</td></tr>
<tr><td>14:00</td><td>生活资讯</td><td colspan="3">百姓生活帮助热线</td></tr>
<tr><td>15:00</td><td>文化新闻</td><td colspan="3">成名金曲</td></tr>
<tr><td>15:30</td><td></td><td colspan="3">地球你好</td></tr>
<tr><td>16:00</td><td>生活资讯</td><td colspan="3">为您健康</td></tr>
<tr><td>17:00</td><td>生活资讯</td><td colspan="3">完全家居手册</td></tr>
<tr><td>17:30</td><td></td><td colspan="3">927 私车联盟</td></tr>
<tr><td>18:00</td><td></td><td colspan="3">每日生活快递</td></tr>
<tr><td>18:30</td><td></td><td colspan="3">美食雅居</td></tr>
<tr><td>18:55</td><td></td><td colspan="2" rowspan="2">彩票大冲浪</td><td>导航 927</td></tr>
<tr><td>19:00</td><td></td><td rowspan="2">七台精彩
节目联播</td></tr>
<tr><td>19:15</td><td></td><td colspan="2" rowspan="2">燕莎时尚杂志</td></tr>
<tr><td>19:30</td><td></td><td>广播之友</td></tr>
<tr><td>20:00</td><td>生活资讯</td><td colspan="2">可乐加冰</td><td rowspan="2">流行感乐</td></tr>
<tr><td>20:30</td><td></td><td colspan="2">成名金曲</td></tr>
<tr><td>21:00</td><td>生活资讯</td><td colspan="3">新生活沙龙</td></tr>
<tr><td>22:00</td><td>生活资讯</td><td>有情人生</td><td rowspan="2">有情人生
周六版</td><td rowspan="2">伊甸园
周日版</td></tr>
<tr><td>22:30</td><td></td><td>伊甸园</td></tr>
<tr><td>23:00</td><td></td><td colspan="3">播音结束</td></tr>
</table>

说明：每周四 14:00—16:00 停机检修

四、社会影响

从1999年到2001年的北京电台7个专业广播收听调查看，生活广播在开播两年多的时间里收听率都名列第五位，排在经济广播和教育广播之前。

在配合全台宣传报道方面，1999年9月，生活广播《曲艺厅》节目对新中国成立50年来曲艺事业的发展历程和光辉成就进行简要回顾。2000年，生活广播推出"'九五'百姓生活变化"系列报道。2001年，为庆祝中国共产党成立80周年，生活广播系统地报道新形势下社区党建工作的典型和经验。

生活广播存在时间虽短，但也涌现出精品节目和作品。如2000年5月20日在《生活新空气》节目首播的《听到的世界也很美丽》，以纪实手法，充分运用各种现场录音，讲述盲人钢琴调音师陈燕的事业和生活，反映出一位残疾女性乐观、顽强的拼搏精神。这期节目播出后，听众深受鼓舞，也得到专家认可，在2000年度中国广播奖广播社教节目奖评选中获得对象性节目二等奖。

五、生活广播部分节目介绍

1.《生活资讯》

节目方针：迅速、及时传递百姓生活所需要的信息，为百姓生活提供帮助。

下设栏目：无。

播出时间：周一至周日8:00—12:00、13:00—17:00、20:00—22:00的整点，每次5分钟。

《生活资讯》2000—2001年开办两年，每天4套节目滚动播出，内容涉及生活的方方面面。

2.《百姓生活帮助热线》

节目方针：围绕百姓生活，提供求购、求修、择业、旧货交易（二手车、旧物、旧房）、消费咨询等服务，解答生活中的疑难问题。节目以主持人直播形式播出。

下设栏目：无。

播出时间：周一至周日14:00—15:00。

《百姓生活帮助热线》是开播于2000年1月1日的一档生活服务类版块节目。

3.《每日生活快递》

节目方针：关注百姓生活、深入百姓生活、报道百姓生活。播出内容涉及生活信息查询、法律咨询、求职就业信息、家庭闲置物品交换、房产信息、家用电器咨询、电信业务咨询等多个方面。节目以主持人直播或录播形式播出。

下设栏目：《点击传媒》《记者出击》《北京热线》《生活实录》《一周回顾》。

播出时间：周一至周日 7:20—7:50 首播，16:00—16:30 重播。

《每日生活快递》是新闻性专题节目，2000 年 10 月 16 日开播，是早间深度报道类节目。

北京体育广播

2001 年，北京申办 2008 年奥运会成功。2002 年，酝酿已久的北京电台体育广播（以下简称“体育广播”）应运而生。这是全国省级广播电台创办的第一家专门从事体育报道的专业广播。直到 2010 年，体育广播都是北京地区唯一的体育专业广播。

一、频率与呼号

体育广播开播于 2002 年 1 月 1 日，对外呼号“北京人民广播电台体育广播”，使用频率为中波 927 千赫、有线调频 92.7 兆赫。每天 5:55 开始播音，24:00 播音结束，全天播音 18 小时零 5 分钟。

2001 年 12 月 21 日，北京电台体育广播开播仪式在国家体育总局训练局举行

自 2005 年 1 月 17 日起，体育广播增加一个播出频率：调频 102.5 兆赫。

从 2007 年 1 月 1 日起，体育广播的播音结束时间延长到次日凌晨 1:00，全天播音 19 小时零 5 分钟。

2008 年 1 月 1 日，体育广播的对外呼号改为“北京人民广播电台体育广播奥运之声”，使用频率仍然为中波 927 千赫、调频 102.5 兆赫、有线调频 92.7 兆赫。2008 年 9 月 18 日，体育广播的对外呼号恢复为“北京人民广播电台体育广播”。

2009 年，体育广播只使用调频 102.5 兆赫播出，每天 5:55—24:00 播音，全天播音 18 小时零 5 分钟。2010 年，体育广播每天 5:00—24:00 播音，全天播音 19 小时。

二、宗旨与方针

体育广播创办之初，把为促进体育运动和全民健身运动发展服务、为增强人民群众体质服务确定为办台的根本宗旨。所确立的办台方针是以“大体育”概念立台，竞技与健身兼顾，积极引领人民群众健康时尚生活。

体育广播把体育爱好者和有健身健康需求的听众确定为目标听众。体育广播的主要任务是：报道体育新闻，提供权威体育资讯，实时转播重大赛事，普及竞技、健身、健康知识，提供相应的咨询服务。

三、节目设置与调整

依据办台宗旨和办台方针，体育广播的节目设置以体育新闻、体育专题、赛事直播、健身健康专题为主，辅以知识类和娱乐类节目。

体育广播从创办到2010年的9年间，有7年是处在北京筹办和举办奥运会期间。为了适应奥运宣传和首都北京体育运动和全民健身运动迅速发展的需要，体育广播从目标听众的确定到节目设置等方面都处在不断的调整和变化过程中，甚至是较大的调整和变化。主要体现在竞技体育和全民健身节目的比例上。

2002年，体育广播依靠自己拥有的成熟的体育报道队伍，着力办好早、中、晚三大新闻版块《927体育世界》和全天9套整点《体育新闻》，遇有重大体育事件及时发布，深入报道。重点节目还有随比赛而定播出时间的《赛事直播》，介绍体育知识的《体育百科》，每天中午播出的《体育纪实文学》，每晚播出的《体坛夜话》，每周六、周日播出的《体育名人访谈录》。此外，与健康、养生有关的节目有《阳光，你好——伴你晨练》《运动生活秀》《健康绿洲》《为您健康》和《红丝带信箱》等。

北京体育广播节目时间表

表1-19　（2002年1月1日起实行）

时间	正点（10分钟）	周一至周五	周六	周日
5:55		开始播音		
6:00		阳光您好		
6:30		转播《新闻和报纸摘要》		
7:00		转播北京新闻		
7:20		导航927		
7:30		927体育世界		
8:00		体坛风铃		
8:30		可乐加冰		
9:00		重播927体育世界		
9:30		为您健康		

续表 1–19

<table>
<tr><th>时间</th><th>正点（10 分钟）</th><th>周一至周五</th><th>周六</th><th>周日</th></tr>
<tr><td>10:00</td><td>体育新闻</td><td colspan="3">健康绿洲</td></tr>
<tr><td>11:00</td><td>体育新闻</td><td colspan="3">体育商城</td></tr>
<tr><td>12:00</td><td></td><td colspan="3">927 体育世界</td></tr>
<tr><td>12:30</td><td></td><td colspan="3">体育纪实文学</td></tr>
<tr><td>13:00</td><td></td><td>为您健康</td><td colspan="2" rowspan="2">健康快车</td></tr>
<tr><td>13:30</td><td></td><td>成名金曲</td></tr>
<tr><td>14:00</td><td>体育新闻</td><td colspan="2">运动生活秀</td><td rowspan="2">走进社区</td></tr>
<tr><td>14:30</td><td></td><td colspan="2">重播可乐加冰</td></tr>
<tr><td>15:00</td><td>体育新闻</td><td colspan="3">健康绿洲</td></tr>
<tr><td>16:00</td><td>体育新闻</td><td>体育百科</td><td colspan="2" rowspan="2">体育名人访谈录</td></tr>
<tr><td>16:30</td><td></td><td>情迷欧罗巴</td></tr>
<tr><td>17:00</td><td>体育新闻</td><td colspan="3">新北京，新奥运，新家园</td></tr>
<tr><td>18:00</td><td>体育新闻</td><td colspan="2">彩票大冲浪</td><td>七台联播　广播之友</td></tr>
<tr><td>.19:00</td><td></td><td colspan="3">CCTV 新闻联播</td></tr>
<tr><td>19:30</td><td></td><td colspan="3">重播体坛风铃</td></tr>
<tr><td>20:00</td><td>体育新闻</td><td colspan="3">真情对话</td></tr>
<tr><td>21:00</td><td></td><td colspan="3">927 体育世界</td></tr>
<tr><td>21:30</td><td></td><td colspan="3">红丝带信箱</td></tr>
<tr><td>22:00</td><td></td><td colspan="3">体坛夜话</td></tr>
<tr><td>23:00</td><td>体育新闻</td><td>重播体育百科</td><td colspan="2">体育百科（周末版）</td></tr>
<tr><td>23:30</td><td></td><td colspan="3">伊甸园</td></tr>
<tr><td>24:00</td><td></td><td colspan="3">播音结束</td></tr>
</table>

说明：每周四 14:00—16:00 停机检修

总的来说，2002 年的体育广播偏重报道竞技体育，全民健身的内容不足，地方特色的全民健身活动报道不充分，缺乏有实际指导意义的健身类内容。

2003 年，体育广播调整节目，强化群众体育和健身、健康方面的内容和播出时间，比如，延长《阳光，你好》节目时长，增设《927 主题公园》节目。在新闻报道方面与北京市体育局合作，加大全民健身的宣传力度。

2004年，体育广播除及时转播国内外重大体育赛事外，还把报道重点放在雅典奥运会上。北京电台第一次派出前方奥运报道组，体育广播开设《奥运之光》《眺望雅典》《快乐奥运》《奥运看台》《奥运烽火》《奥运星空》栏目，及时全面报道雅典奥运会。借奥运之年，体育广播加大宣传北京筹办奥运的进程：与北京奥组委合作设立1小时的以宣传北京奥运为中心的专题版块节目《奔向2008》，在早间《927体育世界》节目中开办“北京奥运倒计时”栏目，开展“奥运文明大家谈”“走近奥运建设者之星”“奥运经济论坛”等系列主题报道活动，并在全天节目的各个时段安排有关北京奥运的公益内容，使体育广播的奥运宣传形成规模，声势夺人。2004年，体育广播把全天三大新闻版块和9套整点体育新闻一律改为直播，其他服务类、娱乐类、生活类、谈话类的节目也以大版块直播为主，主持风格变播报为讲述，增强节目的互动性和贴近性，在热线电话的基础上加强短信互动。这些调整主要是为适应奥运报道，是北京奥运会举办之前的练兵。

2005年1月，体育广播增加一个播出频率——调频102.5兆赫，收听效果大为提升。借此机会，体育广播加强节目建设和主持人队伍建设，创办《体育新世界》《健身冲击波》《百姓健康帮助热线》等节目。2006年2月20日起，体育广播推出《奥运大讲堂》节目。截至2007年，体育广播的节目主要分为四大系列：竞技资讯系列、北京奥运系列、健康知识系列、健身时尚系列。

2007年，体育广播进一步加大奥运宣传力度，奥运系列节目占据节目总时长15%。《体育新世界》节目下设“奔向2008——北京奥运倒计时”新闻专题栏目；新增知识类节目《奥运五环路》，该节目趣说奥运史话，让听众在欢笑中了解奥运历史；广播剧《奥运到我家》通过幽默有趣的故事，反映人民群众对2008年奥运会的期盼之情，同时传播奥运知识、倡导奥运新风，弘扬奥运文化。

2008年1月1日至9月17日，体育广播呼号改为“北京人民广播电台体育广播奥运之声”。节目内容四大系列为：北京奥运系列、竞技资讯系列、健身健康系列、娱乐时尚系列。节目类型从新闻到新闻专题，从知识类、服务类、生活类到娱乐类，基本上都与奥运有关。8月4日6:00至25日1:00，体育广播奥运之声开播《全景奥运　直播北京》大型直播特别节目。其中，8月9—24日全天24小时播出奥运会相关内容，成为名副其实的“全奥运频率”。9月6—17日，体育广播奥运之声残奥会特别节目《和你在一起，同在蓝天下》，每天以四大直播版块全力报道残奥会。作为奥运会举办城市的广播媒体，体育广播借报道奥运会和残奥会，自身品牌影响力迅速提升，树立起北京广播市场体育专业媒体的形象。

北京体育广播奥运之声节目时间表

（2008 年 1 月 1 日起实行）

表 1-20

时间	周一至周五	周六	周日
5:55	开始播音　朗诵——《体育颂》		
6:00	我爱国粹		
6:30	百年笑声		
7:00	体育新世界——雄鸡唱晓（直播）		
8:30	奥运健康大讲堂（健康奥运　健康北京）		
9:30	奥运评话	精彩节目联播	广播之友
10:00	体育新闻　体坛乐话		
11:00	体育新闻　玩儿家		
12:00	体育新世界——喜鹊登枝（直播）		
13:00	奥运夺宝大擂台		
14:00	体育新闻　节目及赛事预告		
14:30	聊聊吧		
15:00	百年笑声（重播）		
15:30	我爱国粹（重播）	奥林匹克大家谈	
16:00	体育新闻　饭点说吃——健康美食论坛		
17:00	奥运啦啦队		
18:00	体育新世界——金戈铁马（直播）		
19:30	奥运评话（重播）	精彩节目联播	广播之友
20:00	奥运进行时		
21:00	体育新闻　体坛夜话（直播）		
22:30	奥运趣事通		
23:00	体育新闻　谈心——心理减压谈话节目		
24:00	体坛新观察		
1:00	全天播音结束		

说明：
1. 每个报时后播出——“** 提示您，现在距离 2008 年第 29 届奥运会开幕还有 × 天”；
2. 每周二 0:00—1:00、每周四 15:00—16:00 停机检修；
3. 遇有赛事直播随时打通节目

2009年，体育广播节目改版的总体思路是坚持体育广播办台方针，打造优质节目，保持体育广播的社会影响力。这次改版有三大亮点：一是加强新闻报道，拉长每天6档滚动播出的整点《体育新闻》，从15分钟延长到25分钟。多年打造的三大体育综合版块《体育新世界——雄鸡唱晓》《体育新世界——喜鹊登枝》《体育新世界——金戈铁马》，节目内容形成递进关系，涉及新闻、评论、焦点话题、短信互动等。二是加强体育评论，开办访谈类节目《哪儿说哪儿了——体坛那些事》，在《体育新世界》三大版块中开设评论类小栏目。三是加大赛事直播的频次和种类。同时，健康健身节目注重服务，除了《百姓健康大讲堂》《私家夜话》《饭点说吃》等节目，全天9个时段的半点服务资讯节目《1025健康指南》为听众介绍各大医院的挂号信息、流行病的防治等健康知识。

2010年，体育广播继续打造体育精品节目，全天专业体育新闻类节目的总长度达280分钟，强调时效性和不断地滚动更新。包括有：全天滚动播出5次整点体育新闻，综合新闻版块《体育新世界——雄鸡唱晓》《体坛八面风》，新闻谈话节目《体坛夜话》和新闻杂志节目《星光体育》。此外，自2008年起首都生活广播停播的性健康科普节目《今夜私语时》在体育广播恢复播出。

四、社会影响

体育广播开播后不断被听众认可，社会影响越来越大，主要表现在以下两个方面：

一是历年的听众调查显示，体育广播基本保持较好的势头。2002年体育广播开播第一年在北京地区广播整体市场总体排名第八位，在北京电台各专业广播中排名第五位。随着奥运会的临近，体育广播收听率的增长趋势在北京电台所有专业广播中最为明显，市场份额也是增长的趋势。

2008年，北京广播市场的听众调查显示：体育广播在奥运年市场份额排名比2007年提升一位，排名第八位。北京奥运会举办期间，体育广播在北京地区17个广播频率中市场份额排名跃升至第三位。

2009年，体育广播市场份额比上年下降一位，居第九位。2010年，体育广播借世界杯和亚运会两大赛事推动收听率上涨，在维持份额排名第九位的同时，市场份额达3.389%，比上年提升0.354个百分点。

二是经过9年的磨炼，体育广播全力打造专业体育报道平台，通过品牌节目和好听有用的资讯服务不断提高社会知名度。

2003年8月3日，体育广播全程直播北京奥运会会徽发布过程。体育广播首次启用移动直播室，在运送会徽的车上安排随车报道记者和嘉宾。作为广播系统唯一的现场记者，付丽（播音名：晓丽）第一时间把路上所见所闻传回电台直播室。体育广播在世纪坛到天坛沿线安排若干报道组，随时发现场报道；在天坛揭晓仪式现场设立现场直播点，使整个报道广播特色鲜明，让听众更多地了解到电视画面以外的信息和背景。这次《北京 2008 奥运会会徽发布仪式现场直播》节目获得 2003 年度中国广播奖新闻现场直播一等奖。

2004 年 6 月 9 日，体育广播全程移动直播雅典奥运火炬传递活动，开创中国广播史现场直播时间长达 10 小时的纪录。体育广播主持人梁晋（播音名：梁言）是雅典奥运圣火在北京传递活动中第 32 名火炬手。现场直播节目《雅典奥运火炬　北京激情传递》获得 2004 年度中国广播影视大奖。

2006 年 8 月 8 日，为纪念 2008 奥运会倒计时两周年，体育广播打通全天节目，对北京奥运场馆建设和当天的市民文化体育活动进行全方位报道。

2007 年 8 月 8 日，北京奥运会倒计时一周年庆祝活动在天安门广场举行，体育广播成为唯一被准许进入天安门广场进行现场直播的地方媒体。体育广播利用奥运举办地和首都优势媒体资源进一步扩大知名度。

2008 年 8 月 12 日，北京体育广播主持人在搭建于中国国际广播电台的北京电台直播间现场解说奥运男篮小组赛

2008 年，北京市委宣传部第 45 期《宣传系统工作简报》刊文称赞体育广播是“奥运宣传报道工作中的一支奇兵”。2008 年 10 月 14 日，在“北京市总工会奥运会残奥会总结表彰大会”上，体育广播被命名为奥运立功“工人先锋号”。2009 年 4 月，体育广播获得全国“工人先锋号”称号。

2010 年，体育广播购买世界杯全部 64 场比赛的转播权，共安排 53 场转播。两组转播员转播比赛时长超过 110 小时。两组主持人场间主持节目时长超过 100 小时。继 2006 年德国世界杯之后，本次世界杯报道体育广播再次面向广大足球爱好者，推出“百姓解说世界杯”活动，共招募百姓解说员 11 名。作为北京电台第 16 届亚运会报道团队骨干，体育广播外出节目的制作量超过 2008 年奥运会和 2009 年全运会，是体育广播自开播以来制作量最大的一次。

体育广播开播后，年年获得北京市体育局、北京市体育记者协会颁发的“体育宣传突出贡献奖”。从听众来信来电看，体育广播已成为人民群众获得体育比赛信息的首选媒体之一。

五、体育广播部分节目介绍

1.《百姓健康大讲堂》

节目方针：普及科学的健康卫生知识，为构建健康北京城、健康北京人的和谐社会营造良好气氛。节目以主持人直播和录播结合的形式播出。

播出时间：周一至周日 9:00—9:55。

下设栏目：无。

质量要素：内容强调科学性、知识性、趣味性和互动性。周一至周五邀请嘉宾，周五为音视频共做节目，周六、周日为精彩集锦。

2007 年 9 月 1 日，体育广播在 8:00—9:00 开办《健康奥运，健康北京》生活服务资讯类节目。2008 年，节目更名为《奥运健康大讲堂》。2009—2010 年，节目名称为《百姓健康大讲堂》。节目得到医疗专家们的鼎力支持，参与节目播出的有 30 多家三甲医院的 300 多位医学专家，使节目具有很强的权威性、专业性和可听性。

2.《体育新世界——雄鸡唱晓》

节目方针：主持人以讲述的形式传递新闻，时报时评，打造早间权威性体育新闻综合节目。

下设栏目：《今日头条》《今日焦点》《新闻快报》《媒体评论摘编》《新闻专题》《互动环节》《重要新闻回报》。

播出时间：周一至周日 7:00—8:25。

质量要素：每天栏目不少于 3 个，记者连线或录音不少于 4 个。新闻不少于 15 条，包含国内外各类体育资讯和记者发回的录音报道。每期新闻和评论来源不少于 8 家媒体，包括新华社、人民日报、中国体育报等。每周热点快评不少于 5 个。语言流畅，说新闻，表述清晰。短信互动生动活泼。

《体育新世界——雄鸡唱晓》创办于 2005 年 1 月 1 日，是体育广播全天第一档大版块新闻节目。创办之初播出时间为周一至周日 7:00—8:00，后来多次变动，自 2008 年 1 月 1 日改为周一至周日 7:00—8:25 播出。

3.《体育新闻》

节目方针：以大信息量新闻资讯滚动播出，即时发布国内外体育新闻资讯。

下设栏目：无。

播出时间：周一至周五全天 5 档整点播出，中午 12:00—12:25，其余 4 档每次 10 分钟。

质量要素：精选精编，时效性强，信息量大；语言流畅，表述清晰，播报风格时尚；10 分钟新闻消息不少于 12 条，25 分钟新闻消息不少于 20 条。

《体育新闻》创办于 2002 年 1 月 1 日，每天播出 9 次，每次 10 分钟。《体育新闻》被评为 2002 年度北京电台名牌栏目，还获得 2002 年度北京广播奖栏目三等奖。2003 年，每天播出 10 次，每次 10 分钟。2004 年，每天播出 9 次，每次 5 分钟。2005 年，节目名称改为《新闻快快报》。2006 年，节目名称改回《体育新闻》，每天播出 10 次。2007—2009 年，每天播出 6 次，每次 15 分钟。

4.《体育新世界——金戈铁马》

节目方针：晚间体育新闻综合节目。主持人以讲述的形式传递新闻，时报时评，预告晚间赛事，荟萃大家、专家观点。节目以直播方式播出。

下设栏目:《消息》《记者录音或连线》《看点》《赛事预报》《今日点将台》《新闻回报》。

播出时间：周一至周日 18:00—18:55。

质量要素：每日话题的设置紧扣体坛热点，栏目不少于 3 个，其中前 3 个栏目每天必须出；记者连线或录音不少于 4 个。每周二、周四、周六必须出专题。新闻不少于 15 条，包含国内外各类体育资讯和记者发回的录音报道。每期新闻和评论来源不少于 8 家媒体，包括新华社、人民日报、中国体育报、体坛周报、北京青年报、北京晚报、竞报、各地晚报等。每期《看点》设立一到两个焦点赛事或体育新闻事件评论主题，并围绕其展开各家媒体的评述。每期《看点》至少一个连线。语言流畅，说新闻，表述清晰。

《体育新世界——金戈铁马》创办于 2005 年 1 月 1 日。节目自开播至 2010 年，在节目类型、方针、质量要素上基本未变。2010 年改名为《体坛八面风》。

5.《体坛夜话》

节目方针：与不同的人聊不同的体育热点话题。体育人士聊体育现象或赛事热点；演艺明星聊健身和体育；球迷热线聊比赛。广开言路，百家争鸣；逸闻趣事，寓教于乐。

下设栏目：无。

播出时间：周一至周日 21:00—21:55。

质量要素：主持人和嘉宾及采访对象就一两个话题展开，要言之有物。主持人和球迷之间应有交流和互动，语言流畅，把握正确导向。形式轻松活泼，贴近大众。

《体坛夜话》是创办于 2002 年 1 月 1 日的访谈类直播节目，周一至周日 22:00—22:55 播出。播出时间每年有所变动。《体坛夜话》2004—2010 年度连年被评为北京电台名牌栏目。2010 年，改为周一至周日 21:00—21:55 播出。节目两个突出特点是：强化和强调主持人与听众之间的良好互动；利用首都媒体优势邀请重量级嘉宾接受访谈，多方连线媒体同行，及时关注重大体育赛事和事件的进展情况，使节目持续保持高质量、高水准。

第九节　北京外语广播

为适应“新北京、新奥运”（中国申办2008年夏季奥运会的口号）战略目标的需要，北京电台于2004年9月17日开播专门的外语广播频率——北京外语广播（以下简称“外语广播”），成为全国首家省级电台外语广播频率。

外语广播网络电台2008年4月30日上线开播，这是北京电台第一个拥有独立域名并以网络电台的架构同时面向听众和网友进行节目传播和交流互动的网络平台。从此，外语广播按照传统广播与网络广播紧密结合的办台思路，逐步形成“一套节目多手段覆盖、一个内容多媒体展现”的传播格局。

一、频率与呼号

2005年5月的北京外语广播直播间

2004年9月17日，外语广播开播，对外呼号“北京人民广播电台 Radio 774”。使用频率：中波774千赫，有线调频97.8兆赫。每天6:00—24:00播音，全天播出18小时。中波774千赫和有线调频97.8兆赫两个频率以中英双语播音为主。另有一套教学广播（Classroom on the Air），使用频率：有线调频99.4兆赫，每天播音18小时。

2008年7月1日至12月31日，外语广播呼号为“北京人民广播电台外语广播奥运之声”，英文呼号为：The olympic voice on radio 774。其中8月8—24日，播出时长为全天24小时。

2009—2010年，外语广播的频率、呼号以及播出时长仍与开播之初完全一样。

二、宗旨与方针

开播之初，外语广播即明确办台方针是：外语广播作为北京市的重要外宣媒体，立足于外宣，兼顾市民学习外语的需求，是一个特色鲜明的都市外语广播。

北京外语广播的主要任务是：“加强北京市的对外宣传力度，力争在北京营造一个良好的多语种的外语语言环境；在海外，进一步加强北京电台节目的海外落地播出，树立北京的良好形象；同时满足广大学习英语的受众需求，提高他们的语言水平。”

外语广播最初以在北京的外国人，特别是喜爱中国文化的听众为收听主体人群。2007 年，外语广播明确地将学习外语的北京市民纳入自己的目标听众群。2008 年，随着外语广播网络电台的上线，外语广播的目标听众群定义为：“以在北京的外国人、学习外语的中国人特别是年轻听众为收听主体人群。”直到 2010 年，外语广播的目标听众群没有变化。

随着外语广播 Radio774 走向成熟、外语广播网络电台开播以及海外电台合作网络成型，2010 年，北京外语广播总方针是围绕更多开辟海外合作特别是网络合作来展开，形成 Radio774、外语广播网络电台、海外合作电台 3 个平台联动，传播内容各具特色、传播方式相互补充、传播手段丰富的新机制。

三、节目设置与调整

外语广播节目的语言定位是以中英双语为主、多语种发展。节目设置围绕着传播中国文化、报道北京发展，立足于把外语广播打造成“感受北京的窗口、信息服务的帮手、语言提高的助手、海外听众的朋友”。所有节目以语言类节目为主，文艺类节目为辅。

开播之初，外语广播外语节目部制作的节目有《感受北京》（英语录播）、《774 城市节拍》（英语直播）、《访谈时间》（英语录播）、《774 公益时间》（英语录播）、《奥运——舞动的北京》（英语录播）、《774 新闻网》（英语录播）、《英语教室》（中英双语）、《环球 60 分》（中文）、《我在北京》（中文）等；海外节目部负责 16 档对外中文节目的制作，供 23 家海外电台播出，平均每天播出约 90 分钟，包括新闻、专题报道和音乐文艺类节目。如《中国新闻》《经济新闻》《体育新闻》《城市链接》《今日北京》《人物访谈》《聚焦北京》等；教学节目部制作的节目有张道真《自学英语》、《英语 2008》和《英语趣生活》等。

北京外语广播节目时间表

表 1–21　（2004 年 9 月 17 日起实行）

<table>
<tr><th>时间</th><th>周一</th><th>周二</th><th>周三</th><th>周四</th><th>周五</th><th>周六</th><th>周日</th></tr>
<tr><td>6:00</td><td colspan="7">英语教室</td></tr>
<tr><td>7:00</td><td colspan="5">感受北京</td><td colspan="2">感受北京周末版</td></tr>
<tr><td>7:55</td><td colspan="7">汉语起跑线</td></tr>
<tr><td>8:00</td><td colspan="5" rowspan="2">城市节拍（早间版）</td><td colspan="2">环球 60 分（中文）</td></tr>
<tr><td>9:00</td><td colspan="2">我在北京（中文）</td></tr>
<tr><td>10:00</td><td colspan="4">美国流行榜</td><td>文艺沙龙</td><td colspan="2">中国歌曲榜</td></tr>
</table>

续表 1-21

时间	周一	周二	周三	周四	周五	周六	周日
11:00	音乐产业	奥运音乐	健康话题	聊天室	流行新曲推介	英国流行榜	科技时空
11:30	访谈时间	奥运——舞动的北京	访谈时间	774 公益时间	探索		
12:00	感受北京					感受北京周末版	
12:55	汉语起跑线						
13:00	英语教室						
14:00	音乐产业	澳洲音乐	健康话题	机器检修时间	流行新曲推介	英国流行榜	科技时空
14:30	访谈时间	奥运——舞动的北京	访谈时间		探索		
15:00	美国流行榜				文艺沙龙	中国歌曲榜	
16:00	感受北京					感受北京周末版	
16:55	汉语起跑线						
17:00	城市节拍（晚间版）					环球 60 分（中文）	
18:00						我在北京（中文）	
19:00	感受北京（首播）					感受北京周末版	
19:55	汉语起跑线						
20:00	774 新闻网					探索周末版	访谈周末版
20:30	奥运——舞动的北京	访谈时间	774 公益时间	探索	访谈时间	聊天室周末版	
21:00	美国流行榜				文艺沙龙	中国歌曲榜	
22:00	774 新闻网					探索周末版	访谈周末版
22:30	奥运——舞动的北京	访谈时间	774 公益时间	探索	访谈时间	聊天室周末版	
23:00	音乐产业	澳洲音乐	健康话题	聊天室	流行新曲推介	英国流行榜	科技时空
23:30	晚间音乐						
24:00	全天播音结束						

由于频率资源弱、受众少、无广告收入、节目制作人员少，2005 年，外语广播调整节目：将成本太高的英语节目撤销，将纯英语节目变为双语广播，减少语言类节目，主推一两档自制节目，加大服务性。全天节目改为大版块播出。保留英语节目《感受北京》；延长直播节目《城市节拍》的时长，并将英语直播方式变为中英双语播出，同时加强与听众的互动。2005 年 9 月 17 日外语广播开播一周年之际，启用改版后的新节目表。外语广播的节目初步形成大版块直播与录播相结合、大部分节目为中英双语播出的格局。

2007年1月1日，外语广播增加一档电影欣赏节目《私房拷贝》、一档读书节目《夜读》和两档谈话节目《咚咚腔儿》及《搜天下》，4档节目均为中英双语录播；还新增一档中英双语谈话类直播节目《天天博客》、一档中文录播谈话类节目《双城故事》、一档日语音乐节目《东京音乐广场》。2007年，在外语广播中波774全天18个小时的播出中，首播节目13个小时，重播节目5个小时。大部分节目采用中英双语播出。全天节目以大版块直播与录播相结合的方式播出，每天直播节目共8个小时，其中《城市节拍》节目早晚各3个小时。

2008年1月，外语广播增加韩语、法语、德语音乐类节目，并将北京音乐广播的音乐类节目《俄罗斯风情》（中俄双语）调整到外语广播，使外语广播的语种从英语、日语扩展到俄语、德语、法语、韩语，实现多语种广播。

表1-22

北京外语广播节目时间表

（2008年1月1日起实行）

	周一至周五	周六	周日
6:00—7:00	英语自助餐		
7:00—8:00	私房拷贝		
8:00—9:00	城市节拍	环球60分	
9:00—10:00	在音乐上——把耳朵叫醒	首尔音乐厅	
10:00—11:00		法语音乐	
11:00—12:00	咚咚腔儿	俄罗斯风情	
12:00—13:00	私房拷贝		
13:00—14:00	在音乐上——午间小憩		
14:00—15:00	奥运英语PK台	德语音乐	
15:00—16:00	名师在线	东京音乐广场	
16:00—16:30	感受北京	广播之友	精彩节目联播
16:30—17:30	在音乐上——落日余温		
17:30—18:30	城市节拍	环球60分	
18:30—18:50	奥运同心结		
18:50—19:00	小鬼当家		
19:00—20:00	私房拷贝		
20:00—21:00	游游吧		
21:00—23:00	在音乐上——你还在线吗		
23:00—23:30	感受北京	夜读	
23:30—24:00	夜读		

说明：9:00、13:00、15:00、21:00播出洋话连篇《轻松学英语》，周四14:00—16:00机器检修

2008年7月1日至12月31日，外语广播改呼号为“北京人民广播电台外语广播奥运之声”，英文呼号为：The olympic voice on radio 774。全天节目体现“中英双语、奥运内容”。采取三大措施：1.推出3档新节目——《英语路况》《英语天气预报》《外国人在京生活提示》。3档节目在外语广播全天11个小时的直播节目中随时插播，为在京的外国人提供信息服务。2.原有节目加大奥运宣传力度。3.教学节目推出奥运英语系列节目。如《英语自助餐》节目推出“奥运英语大家说”等。外语广播网络电台奥运之声也于7月1日上线。奥运会开幕后，外语广播与外语广播网络电台整合相关内容，在网络电台推出文字新闻、图片新闻、赛事快报、赛事评论、外国运动员明星榜、奥运视频、五环连五洲、奥运服务信息、奥运印象、残奥印象、回味奥运、“大奥运小照片”摄影比赛等一系列专题页面，全面烘托奥运氛围。

2010年，外语广播保留《外国人的北京生活》《感受北京》《私房拷贝》《读书》等新闻性、服务性、欣赏性、娱乐性强的节目。同时，为满足听众英语学习的需要，力推英语教学节目，培养潜在的听众群。

四、社会影响

在历年北京电台对北京广播市场进行的听众调查中，外语广播的市场份额始终居于北京电台各专业广播的最后一位。2005年，外语广播的市场份额为0.523%，是历年最高。2010年，外语广播的市场份额为0.395%。

2004—2010年，外语广播不断加强自身外宣频率建设。

1.改进外宣节目，参与重点宣传报道

从2004年9月外语广播开播到2008年北京奥运会结束，外语广播节目内容主要围绕着北京迎奥运、办奥运来展开，以中英双语宣传北京奥运会；同时把普及英语作为重点，以外语讲座和互动直播等多种形式对市民进行英语辅导。

这期间，外语广播参与的宣传报道活动有：2004年6月9日北京电台《奥运圣火在京传递》10个小时的直播活动、2005北京《财富》全球论坛的宣传报道和毕加索北京艺术大展现场直播、2006年中非合作论坛北京峰会系列报道、2007年中共十七大的宣传报道等。

2007年，外语广播与北京电台其他专业广播联合推出10集迎接奥运倒计时500天特别报道——《走进奥组委》，共同完成“奥运倒计时一周年特别节目——五环同心盼奥运　圣火光芒耀全球”的现场直播。

2008年北京奥运会和残奥会期间，外语广播推出《五环连五洲》专题节目，每天在固定时间与海外电台连线，介绍当天奥运会比赛情况，同时反馈当地民众对北京奥运会的反响。

2009年10月1日，外语广播联合中国国际广播电台对国庆阅兵及天安门广场联欢晚会进行 6 小时的英语现场直播。

2010 年，对于上海世博会、中国与加拿大建交 40 周年的宣传报道，外语广播不仅制作音频节目，还录制视频节目，在外语广播网络电台开辟直播页面。

至 2010 年，外语广播参与协办了每届北京市民外语游园会，并在活动现场搭建直播间，与听众现场互动。

北京电台在内容和形式上改进外宣节目，使之更加适合与境外媒体的合作要求，播出的节目受到海外收听人群的喜爱。

2. 开办外语广播网络电台，有效拓宽外宣途径

外语广播使用的中波 774 千赫发射功率仅有 10 千瓦。为弥补中波的传播弱点，同时加大对外宣传力度和英语普及力度，2007 年创办“外语广播网络电台”。2008 年 1 月 1 日，外语广播网络电台试播，4 月 30 日正式上线开播。网址为：www.netfm.com.cn，每天播音 24 小时，其中 6:00—24:00 与外语广播同步播出，其余 6 小时为部分节目重播。

2008 年 4 月 23 日，北京外语广播网络电台举行开播仪式

网络电台的开播，打破了外语广播中波频率播出的时间和地域限制，扩大了外语广播的听众覆盖面和交流互动的渠道，也成为外语广播品牌活动的传播平台。

3. 举办品牌推广活动，树立外语广播媒体形象

2005 年，外语广播举办外语广播进校园、消夏周末外语广场等活动，组织英语爱好者与节目编辑、主持人见面交流。

2006 年，为了迎接 2008 年奥运会创造良好的语言环境和国际交往氛围，7 月 28 日至 11 月 23 日，外语广播联合北京市民讲外语组委会、澳大利亚广播公司、澳大利亚国家旅游局举办“I say, I can，我要去澳洲”超级英语大赛。这是外语广播成立以来的第一次大规模品牌活动。大赛为北京市民提供了一次学习英语、体验澳洲风情的机会。大赛历时 4 个月，比赛地点遍布京城各大超市、商场、大学校园，共有 300 名选手参加比赛。参赛者以大学生居多，也不乏白领、中学生甚至小学生。年龄最大的 77 岁，最小的 8 岁。参赛选手英语水平基本在中高级左右，超出举办方的预想，也使得比赛更加激烈。最终，大赛为 5 名金奖获得者提供免费赴澳大利亚进行五周交流学习的机会，为 5 名银奖获得者提供免费到澳洲旅游一周的机会。

2008 年 5 月 24—30 日，外语广播组织“体验北京、感受奥运——海外记者看北京”活动，英国广播公司（BBC）、加拿大国际台（RCI）、韩国放送公社（KBS）、联合国电台（UNRadio）、德国之声、澳大利亚电台（SBS）等12家海外媒体，近20名记者参与活动。通过参观、采访、体验活动，海外记者从多个方面了解北京市筹办奥运的种种努力以及北京的风土人情。他们在北京期间和回国后纷纷连线直播或制作专题节目，反映和报道北京的临赛状态和城市保障。

2009年1—8月，北京电台主办、外语广播承办“我的汉语生活——外国人讲汉语故事”大赛。外语广播先后派出9组记者前往德国、西班牙、美国、澳大利亚、新西兰等15个国家进行采访。大赛吸引38个国家和地区的600多名选手参赛。境外部分的选手主要依托境外孔子学院、海外合作电台在当地选拔，通过竞赛选出一批热爱中国、汉语水平高的选手。海外选手情况和作品与在境内通过海选产生的选手在外语广播网络电台进行展示和评奖，最终获得各个奖项的24名选手到北京参加颁奖晚会。晚会通过中央电视台中文国际频道（CCTV-4）向海外播出，在海外汉语学习人群中引起广泛关注。北京电台还邀请俄罗斯、肯尼亚、西班牙、匈牙利等国媒体记者全程跟踪报道大赛的情况。通过这次活动，外语广播建立并巩固了与海外媒体和中外文化机构的联系。

2010年7—11月，外语广播将2009年举办的“我的汉语生活——外国人讲汉语故事”大赛变身为网络版的“全球外国人汉语才艺大赛”，充分利用互联网不受时间、地域、种族、文化等多方面制约的特性，把大赛推向更为宽阔的舞台。有埃及、巴西、肯尼亚、韩国、日本、哈萨克斯坦、美国、法国、哥伦比亚、孟加拉国、澳大利亚、奥地利、阿根廷、巴西、英国、阿尔巴尼亚、哥伦比亚、德国、安哥拉、巴巴多斯等20多个国家的160位选手报名参赛。12月，来自15个国家的15名获奖选手到北京领奖并参与“中华文明之旅”活动。

2010年10—11月，在2009年主办“首届北京百校少年儿童英语艺术大赛”的基础上，外语广播联合多家单位继续推出“第二届北京百校少年儿童英语艺术大赛”。大赛初赛在全市200多所中小学校展开，参与人数突破5万人。天津、沈阳、西安、重庆等地的一些学校派代表到北京观摩大赛决赛晚会并表演节目。大赛官网在外语广播网络电台开通期间，外语广播网络电台的日访问量比平时翻番。

五、外语广播部分节目介绍

1.《中国之窗》

节目方针：介绍北京城市建设、百姓平凡生活等展现北京风韵，突出首都风采。

下设栏目：无。

播出时间：每月1号。

质量要素：选择可以代表北京电台节目制作水准的优秀节目；每期节目必须有音响；全年自采节目不少于 2 期。

1995 年 5 月 1 日，中国国际广播电台与全国 31 家省级电台联合制作的《中国之窗》中文专题节目开播，各台每月播出一期，每期 10 分钟，内容涉及各省（自治区、直辖市）的政治、经济、科学文化等各方面，使海外华侨、华人了解祖国各地的变化，体会改革开放的进程。

1995—2000 年，北京电台由新闻广播承担每月一期的《中国之窗》的供稿任务，每月 1 日通过中国国际广播电台向世界 200 多个国家和地区的华语听众播出。

北京电台制作的节目《景山公园》（作者：张礼栓、王健）和《院士的风采》（作者：孟庆煜、王健）在中国国际广播电台承办的 1996 年度首届全国广播对外报道优秀节目《中国之窗》评选中分别获得一等奖和三等奖；《让我们携手同行》（作者：李彦平）获得 1997 年度中国彩虹奖《中国之窗》三等奖。

2001—2004 年，北京电台国际部负责每月为《中国之窗》制作一套 10 分钟的介绍北京的专题节目，并提供给海外合作电台播出。节目《为了这一天》（作者：陈雪瑾）获得 2003 年度中国彩虹奖《中国之窗》一等奖。

外语广播开播后，每月一期的专题节目《中国之窗》的提供便由外语广播完成。节目《婚车的变迁》（作者：陈雪瑾、王京莉、滕萤石、李艺龙、朱秦、牛力）获得 2004 年度中国广播影视大奖对外广播奖。

至 2010 年，《中国之窗》的节目方针和质量要素一直保持不变。

2.《环球 30 分》

节目方针：结合国际新闻热点话题以丰富翔实的第一手音像资料向听众介绍世界各国的经济、文化、科技、教育、体育、旅游等发展现状，为听众了解世界打开一扇窗口。

下设栏目：《全球链接》《行走无边》《人物》。

播出时间：周一至周日 7:30—8:00 首播，12:30—13:00 重播。

质量要素：以编辑海外电台提供的素材为主，辅以连线形式的自采内容；编辑稿件事实准确，注意可听性和趣味性；主持风格自然、亲切，与内容协调；每期节目在外来电台节目的选择安排上尽量平均、合理；与海外连线时内容符合宣传要求，语言符合国内受众收听习惯；遇国际重大新闻事件节目采取整套节目多方或多国连线的方式播出，每月此类特别节目不少于 4 期。

《世界之窗》是 1996 年 8 月 6 日，北京新闻广播利用国外电台及联合国提供的节目素材，开办的一档集新闻性、知识性、趣味性和艺术性于一体的综合性中文录播节目，每周二、六播出，每次 50 分钟。1997—1998 年，节目每周 5 天播出，每次 50 分钟。1999 年 9 月 6 日，新闻广播节目调整时，将《世界之窗》改版为《环球30分》节目，每天播出，每次30分钟。2001年，《环球30分》改名为《环球报道》。2002年该节目撤销。2003年至外语广播开播前，节目由于每周播出次数和时长不同，先后以《环球20分》《环球一刻》为名在北京新闻广播播出。2004年9月至2008年12月，该节目以《环球60分》或《环球一刻》为名在外语广播播出。2007年9月20日播出的《环球60分——关注移民》（作者：刘兴宇、何方）获得北京广播奖广播境外播出类三等奖。

2009—2010年，该节目名为《环球30分》，每天播出。

3.《感受北京》

节目方针：结合国际新闻热点话题以丰富翔实的第一手音响资料向听众介绍世界各国的经济、文化、科技、教育、体育、旅游等发展现状，为听众了解世界打开一扇窗口。该节目主要采用来自与外语广播有合作关系的海外电台提供的连线报道及专题节目。

下设栏目:《每日读报》《专题报道》《Bruce在北京》。

播出时间：周一至周日8:30—9:00首播，18:00—18:30重播。

网络电台播出时间：周一至周日17:00—17:30。

质量要素：节目中所涉及的内容以北京当地新闻为主并符合外宣节目要求；每期节目由3个版块组成，专题报道部分为录音报道；录播内容提前24小时提交完整节目待审；每周至少使用两个记者自采专题。

《感受北京》是2001年5月8日，在北京申办2008年奥运会的大背景下，北京电台国际部开办的专题类英语录播节目。这是北京电台第一个纯英语播出的综合性版块节目，内容有新闻、专题、文娱信息、音乐等。节目由外籍主持人主持，以在京外国人为主要收听对象，使北京电台听众群拓展到英语听众。2001年，节目每天在新闻广播、交通广播、音乐广播各播出50分钟。2002年，《感受北京》周一至周五23:30—24:00在新闻广播播出，受到中国国际广播电台及国外电台的高度关注。2003年，该节目周二至周日0:10—1:00在新闻广播播出。

2004年9月，该节目移至外语广播播出。每天19:00首播，次日7:00、12:00、16:00重播，每次60分钟。下设栏目有《专题报道》《中国电影吧》《闲话民俗》《北京生活》《逛北京》《故事中国》《仙乐飘飘》《戏园子》等。

自2005年9月起，《感受北京》成为外语广播唯一的一档自制的全英语专题节目。

2007年，《感受北京》节目时长由一小时缩短到半小时，每天7:00首播，19:00重播。下设栏目减少为3个。

2008年，该节目改为周一至周五16:00—16:30首播，23:00—23:30重播。2009—2010年，该节目是周一至周日8:30—9:00首播，18:00—18:30重播。

《感受北京》2005年度至2010年度每年都被评为北京电台名牌栏目。

4.《今日北京》

节目方针：通过介绍北京城市建设、百姓平凡生活、各种经济文化活动等反映北京新变化、新发展。

下设栏目：无。

播出时间：每周向海外传送一套。

质量要素：每期选取的都是有典型性和情节性的带音响的专题报道；每月包括至少一个自采报道；主持风格要平易、亲切，符合海外听众收听习惯。

《今日北京》是2001年北京电台国际部制作并向国外有关电台提供的中文录播专题节目，当年共传送24期。2003年，《今日北京》共播出80期。自2004年9月起，节目由外语广播负责每月制作4期，每期近30分钟，下设《人在北京》《京城怀想》《都市话题》3个小栏目。

2004年，《今日北京》被评为北京电台名牌栏目。此后每年，该节目方针和质量要素基本未变。

2006年，在《今日北京》节目播出的作品《我骄傲，我来自非洲》(作者：戴蔚然)、《老耿拍片》(作者：戴蔚然、魏尔康)分别获得北京广播电视奖广播境外播出类一等奖、境外播出类二等奖。

2010年，为满足海外合作电台的新闻需求，《今日北京》制作周期从每月4～5期改为每周1期。虽然总量上没有变化，但是时效性以及对社会热点的关注程度都明显提高。

《今日北京》是外语广播提供海外的主要节目，由于是在海外播出，北京的听众收听不到。

第十节　北京爱家广播

北京爱家广播(以下简称“爱家广播”)是北京地区广播市场上第一个以“家庭生活”为主要宣传内容的广播频率。利用原体育广播的中波和有线调频频率开办爱家广播，是北京电台增强频率竞争力、开拓北京广播市场的又一举措。

一、频率与呼号

爱家广播开播于2009年1月18日，对外呼号“北京人民广播电台爱家广播”，使用频率为中波927千赫、有线调频92.7兆赫。每天5:30—24:00播音。全天播音18小时30分钟。

二、宗旨与方针

爱家广播把“家庭生活”作为主要宣传内容，以服务首都千家万户、当好百姓生活参谋为办台的根本宗旨。爱家广播力求通过差异化的定位，弥补市场空白。

爱家广播以重视家庭生活的人群为核心目标听众，主要集中在上有老下有小的中年人。

三、节目设置与调整

2009年，依照办台宗旨与方针，爱家广播以消费、健康、情感、教育节目为主，配合一般家庭生活节奏设置全天各时段节目。消费和生活服务类有：着眼家庭消费热点，发布实用消费资讯的《买的要比卖的精——爱家消费全知道》（每周六、周日播出《消费者热线》）；探讨持家理财问题的《爱家小算盘》；关注吃、穿、用、住、行话题的《爱家帮你忙》；以轻松的形式介绍旅游知识、提供旅游信息服务的《爱家环球航班》等节目。健康类节目有邀请京城名医，普及健康知识的《健康在线》。教育类节目有：播讲儿童故事和育儿文章的《毛毛狗的故事口袋》，搭建青少年与学校、家长沟通平台的《男孩女孩》，促进父母和孩子对话交流的《家有儿女》等。情感类节目主要有：帮助听众化解矛盾、共建家庭和谐的《两个女人一台戏》《男女有别》等。此外，爱家广播设置有新闻信息类节目《一日之计——爱家资讯》《国事家事轻松说》，文娱类节目《快乐合家欢》《爱家同乐会》《洛克小镇的秘密》《爱家故事连播》《爱家静夜思》等。爱家广播逢半点播出的原创迷你音乐生活剧《任仁好爱范美丽》，每次时长不超过2分钟，每个小剧演绎一个家庭小笑话，节目幽默诙谐。

2010年，爱家广播继续坚持办台宗旨，并根据2009年的节目收听数据调整节目，按照不同年龄段听众的需求对节目进行细分：取消《爱家资讯》《洛克小镇的秘密》《爱家同乐会》《爱家环球航班》《爱家剧场》《现场说法（广播版）》《快乐生活一点通（广播版）》等节目，增设针对准妈妈和0～3岁宝宝家庭的生活服务资讯类节目《宝贝计划》、关于劳动就业的服务资讯类节目《志在必得》、讲述当代女性生活经历和情感故事的访谈类节目《女人花》。具体安排：上午是资讯和对象性节目（消费、母婴等）；下午主要以娱乐和作品欣赏类节目为主；晚间是对象性节目（教育）和情感类节目。

四、社会影响

2009年5月14日，“爱家心愿，帮你实现”首届爱家广播家庭日系列活动启动。这次活动分别从关爱子女、孝敬父母、夫妻和睦三个方面深入，设立“亲亲宝贝”“亲情父母”和“亲密爱人”三个系列，向社会广泛征集不同类型关系的家人如何共度家庭日的创意心愿。截至6

月25日，参与活动的人数100万人次以上，共收到2166个心愿，其中包括954个亲亲宝贝心愿、501个亲情父母心愿和711个亲密爱人心愿。

2010年4月27日至5月30日，爱家广播主办“毛毛狗快回家——爱家宝宝故事会”评选活动。活动面向3~6岁的宝宝，进行以“毛毛狗回家”为主题的讲故事选拔比赛。5月30日晚上，在世纪剧院举行的“毛毛狗快回家——爱家宝宝故事会评选活动”颁奖典礼上，90名宝宝获得讲故事优秀奖“毛毛狗的好伙伴”称号，30家幼儿园由于组织出色获得“总动员”奖。爱家广播在6—12月的广播节目中选播了获奖宝宝们讲的精彩故事。

2010年5月30日，北京爱家广播举办“毛毛狗快回家——爱家宝宝故事会评选活动”颁奖典礼

爱家广播2010年在北京地区市场份额比2009年有所提高，但也只占1.012%。在北京电台9个专业广播中，爱家广播开播两年的市场份额均位列第七，仅高于北京外语广播。

五、爱家广播节目介绍

《毛毛狗的故事口袋》

节目方针：选取符合儿童兴趣的儿童故事，通过播讲的方式，使儿童听众了解世界、增长知识。同时展开与儿童教育相关的话题讨论或播出与育儿相关的书籍文章。节目以主持人直播、录播相结合的形式播出。

下设栏目:《口袋里的故事》《和爸爸妈妈说》《我来讲故事》。

播出时间：周一至周日 20:00—21:00。

质量要素：节目选取读物符合儿童特点，无不健康内容；所选内容如涉及版权问题，则通过与出版方或作者签订作品采用合同等形式解决；音乐量不超过节目时长的10%（儿歌和因节目内容需要而专门播放的音乐内容除外）；每期至少一个栏目。

《毛毛狗的故事口袋》创办于2009年1月18日，是作品赏析或访谈类节目，周一至周日21:00—22:00播出。这档面向学龄前儿童和家长的节目一开播就受到听众喜爱，被誉为儿童和家长的“空中乐园”，并获得2009年度北京电台“名牌栏目”称号、北京广播影视奖广播优秀栏目奖、2009年度广电总局少儿精品发展专项资金优秀少儿广播栏目鼓励奖。2010年度《毛毛狗的故事口袋》除了被评为北京电台“名牌栏目”外，还获得广电总局2010年度少儿精品发展专项资金优秀少儿广播栏目特等奖等奖项。

第十一节　有线广播频率与节目

20 世纪 90 年代，随着北京城市建设的迅速发展，钢筋水泥结构的高楼大厦和立交桥遍布京城，城市道路两边的架空电缆电线也越来越多，对中波广播信号产生很强的屏蔽和干扰作用，而北京有线广播电视网的建设为拓展广播覆盖创造了有利条件。

1999 年 10 月，北京电台将全部 7 套广播节目用调频信号送入城四区（东城、西城、宣武、崇文）有线广播电视网。

2000 年 4 月，全部 7 套广播节目用调频信号送入朝阳、海淀、丰台、石景山 4 个近郊区的有线广播电视网。这一工程的实施，有效地解决了电波受到高大钢筋水泥建筑物的阻挡而听不好或听不到广播的问题。

表 1-23　2000 年北京电台 7 套广播节目无线频率与有线网络频率对照表

专业广播 频率	教育广播	新闻广播	经济广播	生活广播	文艺广播	音乐广播	交通广播
无线频率	中波 603 千赫	中波 828 千赫	中波 1026 千赫	中波 927 千赫	调频 87.6 兆赫	调频 97.4 兆赫	调频 103.9 兆赫
有线网络频率	89.1 兆赫	90.4 兆赫	91.9 兆赫	92.7 兆赫	93.8 兆赫	94.6 兆赫	95.6 兆赫

为缓解无线频率资源紧张的问题，满足听众对类型化广播的需求，自 2002 年起，北京电台在北京歌华有线电视网中专门开办有线调频广播节目：

2002 年 1 月 1 日，北京电台教学广播使用有线调频 99.4 兆赫播出，每天播音 24 小时。2002 年 3 月 1 日起，有线调频 99.4 兆赫每天 6:00—24:00 播出。2002 年 5 月 1 日，北京音乐广播开通两套全天 24 小时播出的有线音乐广播：古典音乐广播（有线调频 98.6 兆赫）和欧美流行音乐广播（有线调频 97.0 兆赫。2004 年更名为通俗音乐广播）。2002 年 12 月 6 日，北京电台英语广播（有线调频 97.8 兆赫）开播，北京电台国际部英语组每天制作 6 小时的新闻、专题、信息服务和音乐节目，在 24 小时内重复播出。

2003 年 8 月下旬，北京文艺广播试播文学影视（有线调频 104.3 兆赫）和戏曲曲艺（有线调频 105.1 兆赫）两个有线调频广播。2003 年，北京电台在北京歌华有线电视网数字平台试播有线数字节目。

北京音乐广播 2004 年 5 月 1 日开播两个全天 24 小时播出的有线广播频道——轻音乐广播（有线 107.5 兆赫）和亚洲流行音乐广播（有线 106.5 兆赫）。有线亚洲流行音乐广播以播出青少年喜爱的日韩流行音乐为主体，有线轻音乐广播播出世界音乐、电影音乐和 New Age 音乐（新世纪音乐）。同日，音乐广播在歌华有线电视网数字平台试播爵士音乐广播。

2004 年 9 月 17 日，北京外语广播开播，除使用中波 774 千赫外，还使用有线调频 97.8 兆赫（原有线调频英语广播）和有线调频 99.4 兆赫播出。2004 年年底，北京电台在北京歌华有线电视网共播出 15 套有线调频广播，同时播出 15 套有线数字广播节目（不含试播的爵士音乐广播）。

有线数字广播需要使用有线数字机顶盒接收，声音可以达到 CD 质量。2005 年，国家广播电影电视总局大力推广数字电视。随着北京市全面推广数字电视，北京电台有线数字广播覆盖面积也逐年扩大。

2006 年 9 月 6 日，北京电台移动多媒体广播（DAB）正式开播后，有线亚洲流行音乐广播和有线轻音乐广播的名称和呼号分别调整为欢乐时光广播和怀旧金曲广播，每天 6:00—24:00 在有线调频和移动多媒体广播播出。

2007 年，在歌华有线电视网数字平台播出的爵士音乐广播移至移动多媒体广播播出，每天播音 24 小时。

2008 年 1 月 1 日，在有线调频 104.3 兆赫播出的文艺广播“有线文学影视广播”改名为“长书广播”，每天 24 小时在有线调频、每天 6:00—24:00 在移动多媒体广播播出。

2009 年 1 月 18 日，北京爱家广播（中波 927 千赫 / 有线调频 92.7 兆赫）开播。因爱家广播使用体育广播的有线调频频率，体育广播不再通过有线调频播出，但在有线数字平台播出。

2010 年，北京电台在北京歌华有线电视网播出有线调频广播节目 15 套、有线数字广播 16 套。

2010 年年底，北京有线电视用户达到 448.1 万户，其中 277 万户是数字电视用户。

表 1-24 **2010 年北京电台有线广播播出参数一览表**

名称	有线调频	有线数字 DVB-C
故事广播	89.1 兆赫	303
新闻广播	90.4 兆赫	301
城市服务管理广播	91.9 兆赫	302
体育广播	无	304
爱家广播	92.7 兆赫	316
文艺广播	93.8 兆赫	306
音乐广播	94.6 兆赫	307
交通广播	95.6 兆赫	305
通俗音乐广播	97.0 兆赫	309

续表 1-24

名称	有线调频	有线数字 DVB-C
外语广播	97.8 兆赫	311
古典音乐广播	98.6 兆赫	308
教学广播	99.4 兆赫	310
长书广播	104.3 兆赫	312
戏曲曲艺广播	105.1 兆赫	313
欢乐时光广播	106.5 兆赫	314
怀旧金曲广播	107.5 兆赫	315

表 1-25　2010 年有线通俗音乐广播节目时间表

时间	栏　目
0:00 1:00	柔情主义（Soft Rock、Pop/Rock）
2:00 3:00	极限失真（流行金属、英式流行曲）
4:00 5:00	另类空间（另类流行、另类金属、另类民谣）
6:00 7:00	Hot-Pop（热门流行单曲）
8:00 9:00	老歌也疯狂（20 世纪 60、70 年代歌曲）
10:00 11:00	Rock 八九十（20 世纪 80—90 年代音乐）
12:00 13:00	柔情主义（Soft Rock、Pop/Rock）
14:00 15:00	极限失真（流行金属、英式流行曲）
16:00 17:00	另类空间（另类流行、另类金属、另类民谣）
18:00 19:00	Hot-Pop（热门流行单曲）
20:00 21:00	老歌也疯狂（20 世纪 60—70 年代歌曲）
22:00 23:00	Rock 八九十（20 世纪 80—90 年代音乐）

表 1-26　2010 年有线古典音乐广播节目时间表

时间	栏　　目
0:00	钢琴世界
1:00	华夏神韵
2:00	
3:00	交响空间
4:00	
5:00	POPS 音乐
6:00	
7:00	CD 博览
8:00	魅力演奏厅
9:00	
10:00	歌舞剧场
11:00	
12:00	钢琴世界
13:00	华夏神韵
14:00	
15:00	交响空间
16:00	
17:00	POPS 音乐
18:00	
19:00	CD 博览
20:00	魅力演奏厅
21:00	
22:00	歌舞剧场
23:00	

表 1-27　2010 年有线教学广播节目时间表

时间	周一	周二	周三	周四	周五	周六	周日
6:00	中国现当代文学名著选讲	逻辑学	经济应用文写作	逻辑学 *	经济应用文写作 *	现代汉字学	现代汉字学 *
6:40	中国现当代文学名著选讲	逻辑学	经济应用文写作	逻辑学 *	经济应用文写作 *	法律知识讲座	法律知识讲座 *
7:20	英语 300 句	日语 300 句	德语 300 句	法语 300 句	俄语 300 句	英语 300 句	英语 300 句
7:30	每日一招说英语（25 分钟）						
8:00	张道真《自学英语》（第四册）						

续表 1-27

时间	周一	周二	周三	周四	周五	周六	周日
8:30	张道真《自学英语》（第二册）						学英语话文明
9:00	张道真《自学英语》（第一册）						
9:20	英语 300 句	日语 300 句	德语 300 句	法语 300 句	俄语 300 句	英语 300 句	9:15 英语快行线
9:30	空中英语教室（初级版）						
10:00	张道真《自学英语》（第三册）						张道真《自学英语》（第一册）
10:30	空中英语教室（中级版）						
11:00	英语快行线						张道真《自学英语》（第四册）
11:15	每日一招说英语（10 分钟）						
11:30	每日一招说英语（25 分钟）						
12:00	学英语话文明						
12:15	英语快行线						
12:30	张道真《自学英语》（第二册）						每日一招说英语（25 分钟）
13:00	空中英语教室（初级版）						
13:30	张道真《自学英语》（第一册）						
13:50	英语 2008						
14:00	古代汉语	现代汉语（一）	广告经营	现代汉语（一）*	中国近现代史	现代汉语（二）*	古代汉语 *
14:40	古代汉语	现代汉语（一）	广告经营	现代汉语（一）*	唐诗宋词选讲	现代汉语（二）*	古代汉语 *
15:20	老年科学健身	老年心理	老年科学健身 *	老年心理 *	比较文学概论 *	日法德俄 300 句	中国近现代史 *
16:00	每日一招说英语（25 分钟）						唐诗宋词选讲 *
16:30	空中英语教室（中级版）						16:40 美学专题 *
17:00	学英语话文明						
17:15	每日一招说英语（10 分钟）						
17:30	张道真《自学英语》（第三册）						17:20 张道真《自学英语》（第二册）
18:00	外国文学	现代汉语（二）	中国古代文学（上）*	中国古代文学（下）*	非言语交际	张道真《自学英语》（第三册）	
18:40	外国文学	现代汉语（二）	中国古代文学（上）*	中国古代文学（下）*	非言语交际		18:50 英语 2008
19:20	外国文学	现当代文学专题研究	中国古代文学（上）*	中国古代文学（下）*	美学专题 *	非言语交际 *	现当代文学专题研究 *
20:00	中国古代文学（上）	中国古代文学（下）	汉语专题（2）	中国现当代文学名著选讲 *	汉语专题（2）*	非言语交际 *	外国文学 *

续表 1-27

时间	周一	周二	周三	周四	周五	周六	周日
20:40	中国古代文学（上）	中国古代文学（下）	汉语专题（2）	中国现当代文学名著选讲 *	汉语专题（2）*	广告经营 *	外国文学 *
21:20	中国古代文学（上）	中国古代文学（下）	比较文学概论	美学专题	现当代文学专题研究 *	广告经营 *	外国文学 *
22:00	张道真《自学英语》（第一册）						张道真《自学英语》（第一册）
22:20	英语 300 句	日语 300 句	德语 300 句	法语 300 句	俄语 300 句	英语 300 句	
22:30	张道真《自学英语》（第四册）						
23:00	空中英语教室（初级版）						每日一招说英语（10 分钟）
23:30	空中英语教室（中级版）						
24:00	播音结束						

说明：* 为重播

表 1-28

2010 年长书广播节目时间表

时间	周一	周二	周三	周四	周五	周六	周日
0:00—1:00	广播剧欣赏						
1:00—2:00	经典戏剧故事						
2:00—3:00	精品小说（重播）						
3:00—4:00	诺贝尔获奖小说（重播）						
4:00—5:00	广播剧欣赏（重播）						
5:00—6:00	经典戏剧故事（重播）						
6:00—7:00	武林天下						
7:00—8:00	言情小说						
8:00—9:00	拍案惊奇						
9:00—10:00	小说连播						
10:00—11:00	精品小说						
11:00—12:00	诺贝尔获奖小说						
12:00—13:00	武林天下（重播）						
13:00—14:00	言情小说（重播）						
14:00—15:00	拍案惊奇（重播）						
15:00—16:00	小说连播（重播）						
16:00—17:00	精品小说（重播）						
17:00—18:00	诺贝尔获奖小说（重播）						

续表 1-28

时间	周一	周二	周三	周四	周五	周六	周日
18:00—19:00	武林天下（重播）						
19:00—20:00	言情小说（重播）						
20:00—21:00	拍案惊奇（重播）						
21:00—22:00	小说连播（重播）						
22:00—23:00	精品小说（重播）						
23:00—24:00	诺贝尔获奖小说（重播）						

表 1-29　2010 年有线戏曲曲艺广播节目时间表

时间	周一	周二	周三	周四	周五	周六	周日
0:00—1:30	长安大戏院						
1:30—2:00	梨园金曲						
2:00—3:30	评剧大观园						
3:30—5:00	地方戏						
5:00—6:00	电影录音剪辑						
6:00—7:00	戏剧空间						
7:00—8:00	空中曲苑						
8:00—9:30	长安大戏院						
9:30—10:00	梨园金曲						
10:00—11:30	评剧大观园						
11:30—13:00	地方戏						
13:00—14:00	电影录音剪辑						
14:00—15:00	戏剧空间						
15:00—16:00	空中曲苑						
16:00—17:30	长安大戏院						
17:30—18:00	梨园金曲						
18:00—19:30	评剧大观园						
19:30—21:00	地方戏						
21:00—22:00	电影录音剪辑						
22:00—23:00	戏剧空间						
23:00—24:00	空中曲苑						

表 1-30　2010 年欢乐时光广播节目时间表

时间	周一	周二	周三	周四	周五	周六	周日
6:00	《欢乐无限》(首播)						
7:00	《纪实广播小说连播》(首播)						
7:30	《幽默集装箱》(首播)						
8:00	《百年笑声二》(首播)						
9:00	《娱乐大篷车》(首播)						
10:00	《迷幻时空》(首播)						
10:30	《百年笑声一》(首播)						
11:00	《欢乐故事》(首播)						
11:30	《娱乐档案》(首播)						
12:00	《欢乐无限》(重播)						
13:00	《纪实广播小说连播》(重播)						
13:30	《幽默集装箱》(重播)						
14:00	《百年笑声二》(重播)						
15:00	《娱乐大篷车》(重播)						
16:00	《迷幻时空》(重播)						
16:30	《百年笑声一》(重播)						
17:00	《欢乐故事》(重播)						
17:30	《娱乐档案》(重播)						
18:00	《欢乐无限》(重播)						
19:00	《纪实广播小说连播》(重播)						
19:30	《幽默集装箱》(重播)						
20:00	《百年笑声二》(重播)						
21:00	《娱乐大篷车》(重播)						
22:00	《迷幻时空》(重播)						
22:30	《百年笑声一》(重播)						
23:00	《欢乐故事》(重播)						
23:30	《娱乐档案》(重播)						

表 1-31　2010 年怀旧金曲广播节目时间表

时间	周一	周二	周三	周四	周五	周六	周日
6:00	《经典走四方》						
7:00	《旧单车老情歌》						
8:00							
9:00	《下一站的回味》						
10:00							
11:00	《金曲无终点》						
12:00							
13:00	《音乐在旅途》						
14:00							
15:00	《旧单车老情歌》						
16:00							
17:00	《下一站的回味》						
18:00							
19:00	《经典走四方》						
20:00	《金曲无终点》						
21:00							
22:00	《音乐在旅途》						
23:00							

第十二节　教学广播频率与节目

1994—2010 年，北京电台的教学节目基本分两类：一是外语教学节目；二是其他教学节目，主要是北京广播电视大学、北京市广播电视中等专业学校开办的部分专业课程，统称为“电大教学节目”“电中教学节目”。

1994 年 1 月，北京电台的教学节目分布在中波 828 千赫、中波 1026 千赫、中波 1476 千赫和调频 87.6 兆赫的不同时段播出。中波 1476 千赫专门播放外语广播讲座，中波 603 千赫每天 18:00—24:00 试播 1476 千赫正在播出的讲座。

1994 年 4 月 1 日，北京电台将全部教学节目集中到中波 1476 千赫播出，同时启用调频 103.9 兆赫每天播出同一套教学节目。同年 10 月，中波 1476 千赫替换为中波 603 千赫。自 12 月 1 日起，北京教育广播使用中波 603 千赫开播，教学节目成为教育广播的重要组成部分。

1995 年 6 月 1 日起，北京儿童台由调频 97.4 兆赫副信道改用调频 103.9 兆赫播出。在儿童台播音休息的时间段，调频 103.9 兆赫播出教育广播外语教学节目。而“电大教学节目”和“电中教学节目”及部分外语教学节目仍在教育广播中波 603 千赫播出。1995 年教育广播播出的《中学英语学习指导》节目被评为 1995 年度北京广播奖优秀栏目。

北京教育台外语教学节目时间表

（调频 103.9 兆赫）

表 1–32 （1995 年 7 月 1 日起实行）

<table>
<tr><th>时间</th><th>周一</th><th>周二</th><th>周三</th><th>周四</th><th>周五</th><th>周六</th><th>周日</th></tr>
<tr><td>6:00</td><td></td><td></td><td></td><td></td><td></td><td></td><td rowspan="4">中级美国英语</td></tr>
<tr><td>6:30</td><td></td><td></td><td></td><td></td><td></td><td></td></tr>
<tr><td>7:00</td><td></td><td></td><td></td><td></td><td></td><td></td></tr>
<tr><td>7:15</td><td></td><td></td><td></td><td></td><td></td><td></td></tr>
<tr><td>7:30</td><td></td><td></td><td></td><td></td><td></td><td></td><td rowspan="3">21 世纪英语</td></tr>
<tr><td>8:00</td><td></td><td>中级美国英语</td><td>中级美国英语</td><td>中级美国英语</td><td>中级美国英语</td><td>中级美国美语</td></tr>
<tr><td>8:30</td><td></td><td>21 世纪英语</td><td>21 世纪英语</td><td>21 世纪英语</td><td>21 世纪英语</td><td>21 世纪英语</td></tr>
<tr><td>9:00</td><td></td><td>每日英语续集</td><td>每日英语续集</td><td>每日英语续集</td><td>每日英语续集</td><td>每日英语续集</td><td rowspan="3">大家说英语少儿篇</td></tr>
<tr><td>9:30</td><td></td><td>少儿篇</td><td>少儿篇</td><td>少儿篇</td><td>少儿篇</td><td>少儿篇</td></tr>
<tr><td>9:45</td><td></td><td>幼儿篇</td><td>幼儿篇</td><td>幼儿篇</td><td>幼儿篇</td><td>幼儿篇</td></tr>
<tr><td>10:00</td><td></td><td>中级美国英语</td><td>中级美国英语</td><td>中级美国英语</td><td>中级美国英语</td><td>中级美国美语</td><td></td></tr>
<tr><td>10:30</td><td></td><td>21 世纪英语</td><td>21 世纪英语</td><td>21 世纪英语</td><td>21 世纪英语</td><td>21 世纪英语</td><td></td></tr>
<tr><td>11:00</td><td></td><td>每日英语二册</td><td>每日英语二册</td><td>每日英语二册</td><td>每日英语二册</td><td>每日英语二册</td><td></td></tr>
<tr><td>11:30</td><td></td><td>少儿篇</td><td>少儿篇</td><td>少儿篇</td><td>少儿篇</td><td>少儿篇</td><td></td></tr>
<tr><td>11:45</td><td></td><td>幼儿篇</td><td>幼儿篇</td><td>幼儿篇</td><td>幼儿篇</td><td>幼儿篇</td><td></td></tr>
<tr><td>11:55</td><td colspan="7">外语节目第一次播音结束</td></tr>
<tr><td>20:00</td><td></td><td></td><td></td><td></td><td></td><td></td><td rowspan="2">大家说英语幼儿篇</td></tr>
<tr><td>20:30</td><td></td><td></td><td></td><td></td><td></td><td></td></tr>
</table>

续表 1-32

时间	周一	周二	周三	周四	周五	周六	周日
21:00							每日英语二册
21:15							
21:30							
22:00	少儿篇	少儿篇	少儿篇	少儿篇	少儿篇	少儿篇	
22:15	幼儿篇	幼儿篇	幼儿篇	幼儿篇	幼儿篇	幼儿篇	
22:30	21 世纪英语	21 世纪英语	21 世纪英语	21 世纪英语	21 世纪英语	21 世纪英语	每日英语续集
23:00	中级美国英语	中级美国英语	中级美国英语	中级美国英语	中级美国英语	中级美国英语	
23:30	每日英语续集	每日英语续集	每日英语续集	每日英语续集	每日英语续集	每日英语续集	
24:00	全天播音结束						

说明：1. 每周一、周三、周五播新课，周二、周四、周六分别重播前一天内容，周日复习，连播一周三讲课程；
2. 时间表中空白处均为北京儿童台节目。每周一上午维修机器

1996—1997 年，北京市总工会和北京教育广播举办“双休日、学外语、做现代文明北京人”系列活动。教育广播播出的外语教学节目有：《初学英语入门》《中学英语 1+1》《卡通儿童英语》《每日英语续集》《英语 2000》《21 世纪英语》《广播日语》《科普日语》《欢乐美语》《张士柏英语网》等。《张士柏英语网》被评为 1996 年度北京广播奖优秀栏目。1996—1997 年，北京电台教学节目一直安排在中波 603 千赫和调频 103.9 兆赫播出。

1998 年 1 月 1 日，儿童台合并到教育广播，教育广播改呼号为“北京人民广播电台中波 603 千赫”和“北京人民广播电台调频 103.9 兆赫”。其中，调频 103.9 兆赫播出新闻、专题、儿童、文艺性节目，中波 603 千赫成为教学专用频率，全天 18.5 小时全部播出教学节目。

北京教育台中波 603 千赫教学专用时间表
（1998 年 1 月 1 日起实行）

表 1-33

时间	周一	周二	周三	周四	周五	周六	周日	播出情况	周期（月）
5:30	开始播音								
6:00	健康一刻 古诗晨诵 音乐								
6:30	外语 300 句						初学英语入门	1 月 5 日播出	10
7:00	张士柏英语网								
7:30	外语 300 句								
8:00	英语 2000						外语 300 句（英、日、德）	1 月 19 日重播	2.5
8:30	广播日语								
9:00	初学英语入门								

续表 1-33

时间	周一	周二	周三	周四	周五	周六	周日	播出情况	周期（月）
9:30	广播日语						英语 2000	1 月 5 日播出	4.5
10:00	中文·英文			边说边唱					
10:30	广播日语								
11:00	英语听力集锦						英语听力集锦	1 月 5 日播出	6
11:30	广播日语								
12:00	英语 2000								
12:30	初学英语入门						张士柏英语网	1 月 5 日播出	7
13:00	外语 300 句								
13:30	张士柏英语网								
14:00	英语听力集锦					电大课程		说明： 1. 外语讲座每周一、周三、周五播新课，周二、周四、周六重播，周日复习，连播一周三讲课程； 2. 中学英语 1+1（第二学期）2 月 21 日播出； 3. 建外大街 14 号北京电台西侧播知音像书店（邮编 100022）提供售书服务并办理邮购（在原价基础上加收 20% 邮费）； 4. 方庄科教音像书店电话 67631809 中关村一小（电话：62564516）亦售书； 5. 录制全套外语教学播讲带联系电话：65159056（外语部）、65159071（书店）	
14:30	歌曲排行榜		停机检修	歌曲排行榜					
15:30	环球音乐潮			环球音乐潮					
16:30	影视窗			影视窗		中学英语 1+1（初一至高一）	中学英语 1+1（高二高三）		
17:00	歌曲排行榜			歌曲排行榜			初学英语入门		
17:30	初学英语入门								
18:00	张士柏英语网								
19:20	电大课程		19:00	环球音乐潮 歌曲排行榜		18:30 歌曲排行榜 广播日语（三讲连播）	外语 300 句（英日德）		
19:30	音乐								
20:30	社会学堂			20:00		影视窗	英语听力集锦		
23:10	电中电大课程			21:00		中学英语 1+1（初一至高三）			
23:30	22:30 音乐	影视窗					环球音乐潮		
24:00	歌曲排行榜								
	全天播音结束								

1999 年 1 月 1 日，调频 103.9 兆赫归交通广播使用，教育广播只使用中波 603 千赫播出。北京电台的教学节目除在中波 603 千赫播出外，部分外语讲座还在中波 927 千赫、调频 103.9 兆赫播出。同年 10 月，教育广播增加有线调频 89.1 兆赫，听众可以通过有线广播电视网收听教育广播中波 603 千赫正在播出的节目。

2001 年，北京教育广播《北京人英语 300 句》节目除了在中波 603 千赫播出，还在音乐广播的《你好 TAXI》和交通广播的《的士空间》中播出。

2001 年，北京教育广播在全天播音的 18.5 小时里，电大、电中课程仍占据其中 4 个小时。北京电台与北京广播电视大学和北京市广播电视中等专业学校的合作已近 20 年。由于正规学历教育已经完善，电大、电中在校生只有两万人。北京教育广播经与学校洽谈，决定把电大电中课程挪到有线调频中播出。

2002 年 1 月 1 日，北京电台在北京歌华有线电视网开辟教学专用频率——有线调频 99.4 兆赫。教育广播除个别英语节目外，教学节目全部集中安排在有线调频 99.4 兆赫，每天播音 24 小时。自 1 月 22 日起，“电大教学节目”“电中教学节目”结束在教育广播中波 603 千赫的播出，只在有线教学广播播出。

北京电台教学广播（有线调频 99.4 兆赫）节目时间表

表 1-34 （2002 年 1 月 1 日起实行）

时间	周一	周二	周三	周四	周五	周六	周日
0:30	广播日语（上、下）						
1:00	初学英语入门						
1:30	空中英语教室（初级版）						
2:00	空中英语教室（中级版）						
2:30	空中英语教室（高级版）						
3:00	欢乐美语						
3:30	广播电视日语						
4:00	广播日语（上、下）						
4:30	空中英语教室（中级版）						
5:00	空中英语教室（初级版）						
5:30	初学英语入门						
6:00	古代汉语	社会学概论	语言逻辑学	社会学概论 *	语言逻辑学 *	社会学概论	社会学 *
6:40	古代汉语	社会学概论	语言逻辑学	社会学概论 *	语言逻辑学 *	社会学概论	社会学 *
7:20	外语 300 句						
7:30	广播电视日语						
8:00	语文（电中）	辩证唯物主义（电中）	经济法（电中）	审计学（电中）	中国古代文学（下）*	发展经济学	发展经济学 *
8:40	语文（电中）	辩证唯物主义（电中）	经济法（电中）	审计学（电中）	中国古代文学（下）*	语言逻辑学	语言逻辑学 *
9:20	语文（电中）	辩证唯物主义（电中）	经济法（电中）	审计学（电中）	中国古代文学（下）*	语言逻辑学	语言逻辑学 *

续表 1-34

时间	周一	周二	周三	周四	周五	周六	周日
10:00	空中英语教室（高级版）						
10:30	空中英语教室（中级版）						
11:00	空中英语教室（初级版）						
11:30	广播电视日语						
12:00	广播日语（上、下）						
12:30	初学英语入门						
13:00	空中英语教室（初级版）						
13:30	欢乐美语						
14:00	现代汉语	古代汉语 *	经济应用文	现代汉语 *	经济应用文 *	政治经济学	非言语交流 *
14:40	现代汉语	古代汉语 *	经济应用文	现代汉语 *	经济应用文 *	古代汉语 *	非言语交流 *
15:20	老年科学健身	非言语交流	老年科学健身 *	非言语交流	老年科学健身	古代汉语 *	老年科学健身 *
16:00	欢乐美语				16:00	经济应用文 *	现代汉语 *
16:30	空中英语教室（中级版）				16:40	经济应用文 *	现代汉语 *
17:00	空中英语教室（高级版）				17:20	日语新闻听力	初学英语入门
17:30	广播日语（上、下）						
18:00	语文（电中）*	辩证唯物主义（电中）*	经济法（电中）*	审计学（电中）*	中国古代文学（上）*		
18:40	语文（电中）*	辩证唯物主义（电中）*	经济法（电中）*	审计学（电中）*	中国古代文学（上）*		
19:20	语文（电中）*	辩证唯物主义（电中）*	经济法（电中）*	审计学（电中）*	中国古代文学（上）*	发展经济学 *	政治经济学 *
20:00	中国古代文学（上）	外国文学	中国古代文学（上）*	中国古代文学（下）	外国文学 *	中国古代文学（下）*	外国文学 *
20:40	中国古代文学（上）	外国文学	中国古代文学（上）*	中国古代文学（下）	外国文学 *	中国古代文学（下）*	外国文学 *
21:20	中国古代文学（上）	外国文学	中国古代文学（上）*	中国古代文学（下）	外国文学 *	中国古代文学（下）*	外国文学 *
22:00	广播电视日语						
22:30	欢乐美语						
23:00	空中英语教室（初级版）						
23:30	空中英语教室（中级版）						
24:00	空中英语教室（高级版）						

说明：* 为重播

2002年3月1日，有线调频99.4兆赫播出时间改为每天6:00—24:00。

北京电台教学广播（有线调频99.4兆赫）节目时间表
（2003年7月实行）

表1-35

时间	周一	周二	周三	周四	周五	周六	周日
6:00	古代汉语	现代汉字学	现代汉语	语言逻辑学 *	经济应用文写作	政治经济学 *	政治经济学 *
6:40	古代汉语	现代汉字学	现代汉语	语言逻辑学 *	经济应用文写作	发展经济学 *	发展经济学 *
7:20	英语300句	日语300句	德语300句	法语300句	俄语300句	美语信箱	流行美语
7:30	每日一招说英语（25分钟）						
8:00	语文（电中）	辩证唯物主义（电大）	审计学（电中）	审计学（电中）*	外国文学	现代汉字学 *	现代汉语 *
8:40	语文（电中）	辩证唯物主义（电大）	审计学（电中）	审计学（电中）*	外国文学	现代汉字学 *	现代汉语 *
9:20	语文（电中）	辩证唯物主义（电大）	审计学（电中）	审计学（电中）*	外国文学	现当代文学专题研究 *	现当代文学专题研究 *
10:00	初学英语入门						张道真自学英语
10:30	空中英语教室（中级版）						
11:00	英语快行线						英法德300句
11:15	每日一招说英语（10分钟）						
11:30	每日一招说英语（20分钟）						美国成语俗语
12:00	美国成语俗语						
12:30	初学英语入门						
13:00	空中英语教室（初级版）						英语快行线
13:30	张道真自学英语						
13:50	英语2008						
14:00	社会心理学	语言逻辑学	非语言交流	现代汉字学 *	社会心理学 *	经济应用文写作 *	古代汉语 *
14:40	唐诗宋词选讲	语言逻辑学	非语言交流	现代汉字学 *	唐诗宋词选讲 *	经济应用文写作 *	古代汉语 *
15:20	老年科学健身	老年心理	老年科学健身	老年心理 *	老年科学健身	中国古代文学（上）*	中国古代文学（下）*
16:00	每日一招说英语（25分钟）				16:00	中国古代文学（上）*	中国古代文学（下）*

续表 1-35

<table>
<tr><th>时间</th><th>周一</th><th>周二</th><th>周三</th><th>周四</th><th>周五</th><th>周六</th><th>周日</th></tr>
<tr><td>16:30</td><td colspan="5">空中英语教室（中级版） 16:40</td><td>中国古代文学（上）*</td><td>中国古代文学（下）*</td></tr>
<tr><td>17:00</td><td colspan="5">天碟回响 17:20</td><td rowspan="3">每日一招说英语（25 分钟）</td><td rowspan="4">初学英语入门</td></tr>
<tr><td>17:30</td><td colspan="5">张道真自学英语</td></tr>
<tr><td>17:50</td><td colspan="5">英语 2008</td></tr>
<tr><td>18:00</td><td>语文（电中）*</td><td>辩证唯物主义（电中）*</td><td>审计学（电中）*</td><td>审计学（电中）*</td><td>政治经济学</td><td rowspan="2">18:35 英语快行线</td></tr>
<tr><td>18:40</td><td>语文（电中）*</td><td>辩证唯物主义（电中）*</td><td>审计学（电中）*</td><td>审计学（电中）*</td><td>发展经济学</td><td>18:50 英语 2008</td></tr>
<tr><td>19:20</td><td>语文（电中）*</td><td>辩证唯物主义（电中）*</td><td>审计学（电中）*</td><td>审计学（电中）*</td><td>唐诗宋词选讲 *</td><td>现代汉语 *</td><td>政治经济学 *</td></tr>
<tr><td>20:00</td><td>中国古代文学（上）</td><td>中国古代文学（下）</td><td>中国古代文学（上）*</td><td>中国古代文学（下）*</td><td>现代汉字学 *</td><td>现代汉字学 *</td><td>外国文学 *</td></tr>
<tr><td>20:40</td><td>中国古代文学（上）</td><td>中国古代文学（下）</td><td>中国古代文学（上）*</td><td>中国古代文学（下）*</td><td>现代汉字学 *</td><td>非言语交流 *</td><td>外国文学 *</td></tr>
<tr><td>21:20</td><td>中国古代文学（上）</td><td>中国古代文学（下）</td><td>中国古代文学（上）*</td><td>中国古代文学（下）*</td><td>现当代文学专题研究</td><td>非言语交流 *</td><td>外国文学 *</td></tr>
<tr><td>22:00</td><td colspan="7">张道真自学英语</td></tr>
<tr><td>22:20</td><td>英语 300 句</td><td>日语 300 句</td><td>德语 300 句</td><td>法语 300 句</td><td>俄语 300 句</td><td>流行美语</td><td rowspan="2">张道真自学英语</td></tr>
<tr><td>22:30</td><td colspan="6">美国成语俗语</td></tr>
<tr><td>23:00</td><td colspan="6">空中英语教室（初级版）</td><td>每日一招说英语（10 分钟）</td></tr>
<tr><td>23:30</td><td colspan="7">空中英语教室（中级版）</td></tr>
<tr><td>23:59:41</td><td colspan="7">全天播音结束</td></tr>
</table>

说明：1.* 为重播；2. 英语节目周日三讲连播

2004 年 9 月 17 日，北京外语广播开播，教学广播频率——有线调频 99.4 兆赫划归外语广播使用。直到 2010 年年底，一直是每天 6:00—24:00 播出，播音 18 小时。主要播出外语教学节目和由北京广播电视大学制作提供的各类课程。

第二章 对外宣传

1994 年 10 月，首届全国广播对外宣传协作会议召开，会议明确提出“广播电视并重、内外宣并举、中央台地方台联合”的指导思想，提出要建立“以国际台为龙头，以各省（区、市）台为依托的广播大外宣网络”。1995 年 5 月 1 日，中国国际广播电台与全国 31 家省级电台联合制作的外宣节目《中国之窗》开播，每台每月 1 期，每期 10 分钟。首次播出的节目就是由北京电台制作的。1995 年 9 月，北京电台制定外事外宣管理制度，成立外事外宣领导小组。一年后，北京电台“对外宣传报道小组”成立。

2000 年 11 月，北京电台成立国际部，全面负责对外宣传。

2004 年，开办北京外语广播，建设统一的外宣节目平台。

2008 年 4 月 30 日，北京外语广播网络电台上线开播，使北京电台的外宣工作形成传统广播与网络广播优势互补的局面。至 2010 年，北京电台保持 Radio774、外语广播网络电台、海外合作电台 3 个平台联动，传播内容各具特色、传播方式相互补充、传播手段丰富的外宣机制。

第一节 外事外宣管理

1995 年 9 月，北京电台颁布建台以来第一个外事外宣管理工作制度——《关于外事外宣管理工作的若干规定》（以下简称《规定》）。《规定》指出：外事外宣领导小组为全台外事外宣的领导机构，领导小组由总编辑、总编室主任、外事外宣科科长 3 人组成。总编辑兼任组长，总编室主任主管外事工作，外事外宣科科长负责日常工作。同时，《规定》规范了北京电台因公出国的手续办理，明确同外国驻华使馆交往和接待境外人员到访应注意的事项，以及对外交往和宣传中应注意的问题。

1996 年 10 月 23 日，北京电台“对外宣传报道小组”成立。小组由总编室外事外宣科成员和各专业台代表共 12 人组成。从此，北京电台对外宣工作不仅给予一定的资金支持，还把外宣节目列入年中、年末评奖中。

1999 年 11 月 10 日，北京电台在新闻广播内部成立国际部。国际部的主要任务是为《北京新闻》节目提供北京市主要领导的外事新闻报道，向国外传送文字和口播新闻，制作外宣专题节目，担负部分国际新闻的采访任务，开展与外国媒体交流的工作，制作每周 7 天的《环球 30 分》节目，并且每月为中国国际广播电台的《中国之窗》提供 1 期节目。

2000 年 11 月 28 日，北京市机构编制委员会办公室批准北京电台成立国际部。国际部的主要任务是“负责北京电台对外宣传；制作并向国外有关电台提供介绍中国、宣传北京的新闻、专题和经济生活服务类的节目；负责引进介绍世界各地经济文化、风土人情的节目”。从此，北京电台的外宣工作由独立的部门承担起来，与外国媒体机构的合作有了统一的接口。

2004 年 9 月 17 日，北京外语广播开播。2005 年 10 月 27 日，国际部更名为“外语台”。

至 2009 年 6 月，北京电台外事外宣管理工作的规定历经 4 次修订。2001 年年底第一次修订，规定北京电台外事外宣领导小组由总编辑、总编室主任、人事部主任、国际部主任 4 人组成。总编辑兼任组长，总编室主任主管外事工作，人事部主任负责政审工作，国际部主任负责日常外宣工作。2004 年 9 月再次修订时，外事外宣领导小组增加了台长和主管副总编辑；国际部主任更名为外语广播台长。2009 年 6 月第 4 次修订时，在外事外宣领导小组构成中，将人事部主任替换为党委办公室主任，负责政审工作。

第二节　1994—2004 年的对外宣传

一、利用北京电台广播频率开办外宣节目，使在京外国人了解北京、北京人了解世界

1994 年，北京电台对两个外宣节目——《英语新闻与专题》《友好城市之旅》（均在 1993 年 3 月 7 日开播）的播出时间和内容做出调整。1994 年元旦起，北京新闻广播的新闻性专题节目《友好城市之旅》节目改名为《友好之旅》，周日 19:30—20:00 播出。1994 年 4 月 1 日，《英语新闻与专题》节目改为《英语新闻》，调整到新开播的文艺广播，每周一至周六 20:50—

21:00 播出。《英语新闻》每次节目播 10 条左右的新闻和信息，每月的新闻信息量约 250 条。节目内容是宣传北京市各行各业在改革开放中的新面貌，报道北京市和国内的重大新闻，也适当安排与外国人有关的服务性内容。

1995 年 1 月 1 日,《英语新闻》节目调整回新闻广播播出。1996 年 1 月 1 日,《英语新闻》节目名称恢复为《英语新闻与专题》，在北京新闻广播周六 16:15—16:30 首播、周日 13:10—13:25 重播。(《英语新闻与专题》和《友好之旅》节目于 1997 年年底撤销。)

1996 年 8 月 6 日，北京新闻广播开办中文节目《世界之窗》，每周二、周六播出，每次 50 分钟。1997—1998 年,《世界之窗》节目每周一、周二、周三、周五、周六播出。1999 年 9 月 6 日，北京新闻广播将《世界之窗》改版为《环球 30 分》节目，每天播出，每次 30 分钟。

2001 年 5 月 8 日，在北京申办 2008 年奥运会的大背景下，北京电台国际部开办《Touch Beijing》（感受北京）英语专题节目。该节目以在北京的外国人为主要收听对象，每天在新闻广播、交通广播、音乐广播各播出 50 分钟，内容有新闻、专题、文娱信息、音乐等。这是北京电台第一个纯英语播出的综合性版块节目。同年,《Touch Beijing》在英国广播公司（BBC4 台）《世界一耳》栏目播出，受到好评。自 2002 年 1 月起,《Touch Beijing》每天在新闻广播播出。2003 年，在北京抗击“非典”的战役中，国际部每天编辑 50 分钟的抗击“非典”特别节目，在新闻广播《Touch Beijing》播出一个半月，使外国人及时了解北京疫情控制情况及恢复经济建设情况。2004 年 9 月，该节目移至北京外语广播播出。

由于广播覆盖的限制，上述节目在北京以外地区的听众收听不到，而在海外播出的北京电台节目，北京的听众收听不到。

二、利用北京地区其他媒体的外宣平台扩大外宣影响，使海外华人听到北京的声音，了解北京的发展

北京电台通过为北京地区其他媒体提供节目录音或文字稿件，将北京市的信息资源优势与其他媒体的传播渠道优势结合，扩大北京市的外宣影响力。

1995 年 5 月 1 日至 2010 年年底，北京电台每月为中国国际广播电台的《中国之窗》提供一套 10 分钟的专题节目，介绍北京，通过中国国际广播电台的传播平台在海外落地播出。

2003 年 10 月，北京电台国际部为中国国际广播电台华语广播外宣节目《城市之光》提供《今日北京》《评书联播》《老唱片》《空中笑林》等多个栏目，每周至少 60 分钟。通过中国国际广播电台的传播平台落地到北京电台合作电台之外的加拿大的蒙特利尔、多伦多，英国伦敦，南非，澳大利亚悉尼以及波罗的海地区等，进一步拓宽北京电台外宣覆盖范围。直到 2007 年 9 月，国际台华语广播节目改版时，两台此项合作结束。

三、“借船出海”，利用国外电台的传播平台，使北京电台的外宣节目在海外播出

1. 交换中文节目

1994 年以后，北京电台与新加坡“丽的呼声”电台、新加坡职工总会心电台、美国加州的联邦电台都进行过短暂的节目交流，基本上是文艺节目。

1997 年，北京电台开始通过国际长途电话以口播或传真方式定期向国外有关电台发送新闻或专题节目，使北京电台的新闻宣传走出国门。从 1997 年 6 月起，每天以口播方式向新加坡国际广播电台传送 4 条重要的北京新闻；从 8 月开始，每天向加拿大温哥华中文电台传送 10 条新闻，同时开始为新加坡广播机构新广时事中心提供北京电台制作的录音专题报道节目。

1998 年 5 月，北京电台的对外新闻传送方式由传真改为电子邮件，每年节约国际长途电话费 3 万元。

1999 年，北京电台对外传送新闻的外国广播机构有加拿大的温哥华中文电台和多伦多中文电台、3CW 澳大利亚中文广播电台及新加坡新广时事中心电台。每天 10 条左右的消息以北京新闻为主，再辅以全国其他省（市）的新闻。联合国广播处、澳大利亚澳洲广播电台、加拿大国际广播电台、英国广播公司、新加坡电台也为北京新闻广播《环球 30 分》提供节目。

2000 年 11 月北京电台国际部成立时，每天向海外提供节目不足 10 分钟。2001 年，国际部为澳大利亚广播公司（ABC）澳洲广播电台、3CW 澳大利亚中文广播电台、澳大利亚特别广播服务公司（SBS）多元文化电台、加拿大中文电台、加拿大温哥华华侨之声广播电台、新加坡新传媒电台和动力 88.3 电台、美国纽约华侨之声广播电台提供的节目有《今日北京》《空中笑林》《评书连播》《人物访谈》《中国歌曲排行榜》《中国新闻》等。自 2001 年起，国际部每年定购一定数量的电子信箱，以 .s48 的格式通过互联网传送北京电台节目。

2002 年，北京电台在海外落地的中文栏目 15 个，每天播出约 70 分钟。为澳大利亚和加拿大等电台传送的新闻节目，由原来每天 2 套增加到 4 套，全年累计传送新闻 6580 条。

2002 年，北京电台与美国中国广播网和新西兰 AM900 中文广播电台建立合作交流关系，使北京电台中文节目共在 6 个国家的 12 家媒体播出。每周 6 天在美国中国广播网播出国际部传送的《人物访谈》《空中笑林》《评书连播》《老唱片》《梨园金曲》等节目。自 2002 年 7 月起，由《今日北京》《空中笑林》合并而成的《北京电台精心奉献》栏目每周在新西兰 AM900 中文电台播出。

2003 年 9 月，北京电台在海外落地的中文栏目 15 个，平均每天播出约 75 分钟。除个别电台仍需以光盘寄送之外，海外节目传送主要依靠互联网电子邮箱。

2. 合办节目

北京电台与英国广播公司（BBC）合办节目始于1999年年底，新闻广播国际部与英国广播公司联袂推出《北京、伦敦庆祝新千年特别节目》，此节目被100多个国外电台转播。

从2000年7月15日起，北京新闻广播国际部与英国广播公司共同推出每次30分钟、为期6个月的《北京人在英国》系列专题节目，反映改革开放以后到英国学习的中国留学生、新移民在英国的奋斗史和他们的思乡之情。这个节目通过BBC的传播渠道在全球播出。

2002年6月8日5:00，韩国文化放送（MBC）《孙石熙视点》节目在北京电台举行主题为“你好中国，我爱你韩国——纪念中韩建交10周年”的对韩国现场直播，韩方共有20多人参加活动，整个节目持续3个小时。这是北京电台第一次在直播区接待外宾。

2003年5月8号，北京电台国际部与3CW澳大利亚中文广播电台合作推出大型直播节目《海外情　赤子心》，为北京抗击“非典”募捐。在6小时的直播期间募集到善款近4万澳元。

2004年3月25日、26日英国广播公司在北京与北京电台国际部联合制作的90分钟大型新闻杂志型英语节目《北京——变化中的城市》，通过英国广播公司《Outlook》（展望）节目向全球直播。这是《Outlook》节目首次同中国媒体联合制作英语节目。2004年4月5日，北京电台国际部与北京交通广播、英国广播公司国际台、英国广播公司网站、北京广播网联合完成大型直播节目《道路安全与都市交通》，北京市副市长刘敬民到北京电台现场参与节目。

表1-36　**北京电台1997—2003年度“中国彩虹奖”获奖名单**

届次	题目	作者	奖项	等级
第一届1997年度	北京人的择业观念在转变（专题·寄送）	王鸿南	专题类	三
	让我们携手同行	李彦平	中国之窗	三
第二届1998年度	中国革命博物馆收藏改革故事	陆健	新闻类	二
	为了藏羚羊——一封写给英国首相的信	康雪	新闻类	三
第四届2000年度	绿色奥运行动计划——推进环保事业的新契机（传送节目）	臧轶洁	专题节目	三
第五届2001年度	红丝带连着你我心——一位帮助艾滋病人的志愿者	陈琦、王海杰、汪桦、戴敏、马维	专题节目	二
第六届2002年度	变迁	陈雪瑾、苏京平、冯放、郭晋旭	专题节目	一
	前世今生话麋鹿	戴蔚然	栏目	二
第七届2003年度	为了这一天	陈雪瑾	专题节目	一
	回家过年	陈雪瑾、吴勇	专题节目	二

说明：2004年，“中国彩虹奖”并入“中国广播影视大奖”

第三节 2004—2010年的对外宣传

一、保持与海外媒体的合作，扩大北京电台节目在海外播出规模

2004年9月17日北京外语广播开播后，一方面积极参与北京电台的重大宣传报道活动，另一方面与海外媒体保持密切的合作交流。

2004年，外语广播对海外节目全年共播出新闻1200套，近10000条，约120小时；专题节目480套，约200小时。共有16个栏目在海外23家电台播出。

北京外语广播境外播出的专题节目《追寻历史的踪迹——一个侵华日军战地日记背后的故事》（戴蔚然制作）获得2005年度中国新闻奖三等奖。

2006年，北京电台增加美国洛杉矶1300电台和德国之声两家外宣节目落地电台。与新加坡新传媒集团合作的《电台通天下》节目，以电话连线直播方式替代以往的录音播出方式，节目更新鲜、生动。

2007年，为了配合北京市广播电视局“走出去工程”之赴美宣传活动，北京外语广播制作《倾听北京、感受奥运》北京电台奥运特别报道系列光盘，一套20张，其中1张是全英文节目，总时长20小时，分为准备篇、志愿者篇、走进奥组委篇、奥运建设者篇、奥运征歌篇等。这套光盘全面展示北京筹备奥运的情况以及百姓热切盼奥运的人文氛围，陆续在海外20多家电台播出。

2008年5月24—30日，北京外语广播组织“体验北京、感受奥运——海外记者看北京”大型活动，共有英国广播公司（BBC）、加拿大国际广播电台（RCI）、韩国广播公司（KBS）、联合国（广播）电台（UN Radio）、德国之声、澳大利亚特别广播服务公司（SBS）电台等12家海外媒体的20名记者参与活动。活动期间，这些记者参观国家体育场“鸟巢”并采访“好运北京”测试赛，走访北京市环保局、北京市交通管理指挥中心、北京市城市规划设计院和国家粮食署、联合国北京代表处等机构……为期5天的活动让海外记者多方面了解到北京市在筹办奥运过程中所做出的种种努力。这些记者在京和回国后纷纷连线直播或制作专题节目，报道北京的临赛状态和城市保障，共播发报道41篇。

2008年北京奥运会期间，北京外语广播推出《五环连五洲》专题节目，由外语广播奥运海外连线直播小组，每天在固定时间与海外电台连线，介绍当天北京奥运会比赛情况，同时反馈当地民众对北京奥运会的反响。到残奥会结束，《五环连五洲》节目先后与美国、加拿大等10

多家电台进行近百次的连线直播和连线录音报道，其中英国广播公司、加拿大国际广播电台、澳大利亚澳洲广播电台、德国之声电台、联合国（广播）电台几乎每天都与《五环连五洲》节目进行连线。除正常节目的传送外，外语广播对海外电台传送的奥运录音报道共171条，连线报道累计时间超过1200分钟。2009年，北京外语广播将《五环连五洲》节目常态化，每周固定连线海外合作电台，及时传递国内外的最新报道。

2009年，韩国广播公司（KBS）成为北京外语广播海外合作伙伴。至此，北京电台对外播出节目在15个国家的24家海外电台播出。外语广播对海外传送的节目达到每天90分钟。

2010年，为满足海外合作电台的新闻需求，《今日北京》节目制作周期从每月4期改为每周1期，节目时效性提高。外语广播依然保持每天对海外传送的节目近90分钟的水平。

2010年，与北京外语广播合作的海外电台有10余家，其中有海外华语电台也有德国之声、韩国广播公司、加拿大广播公司、澳大利亚广播公司等国家级媒体，而能播出北京电台节目的国家级主流媒体只有新加坡新传媒集团、加拿大广播公司和韩国广播公司。

二、开办外语广播网络电台，外宣覆盖全世界

2007年，北京电台着手创办外语广播网络电台，2008年4月30日上线开播，网址为：www.netfm.com.cn，每天播音24小时，其中6:00—24:00与北京外语广播同步播出，其余6小时为重播。外语广播网络电台是北京外语广播拥有独立域名并同时面向听众和网友进行节目传播和交流互动的网络平台，是北京市首家外语广播网络电台。外语广播网络电台的开播，是北京电台利用互联网的又一举措，也是北京电台对外宣传突破频率覆盖限制、服务全球的一项尝试。

2008年7月1日，外语广播网络电台奥运之声上线。奥运会期间，外语广播与外语广播网络电台整合相关内容，在网络电台推出文字新闻、图片新闻、赛事快报、赛事评论、外国运动员明星榜、奥运视频、五环连五洲、奥运服务信息、奥运印象、残奥印象、回味奥运、“大奥运小照片”摄影比赛等一系列专题页面，全面烘托奥运氛围。

2009年，外语广播网络电台在全天24小时播音中，有11小时直播、13小时录播，所有节目实现点播回放功能，不再有传统广播转瞬即逝的缺憾，成为北京电台又一重要的外宣平台。2009年外语广播网络电台平均每天在线人数达到7000人，其中三分之一来自海外。网络直播节目集新闻资讯、专题访谈、音乐欣赏、英语教学节目于一体，以中英双语播出为主要特色。这种“台网共做”的模式使传统广播与网络广播达到优势互补的效果。2009年北京外语广播举办的“我的汉语生活——外国人讲汉语故事”大赛和2010年“全球外国人汉语才艺大赛”等品牌活动都在外语广播网络电台开设专题页面，既方便报名、展示、评分，又提高外语广播

网络电台的日访问量。

2010 年，北京外语广播网络电台强化服务功能，推出《节目互动区》《英语服务区》《英语学习区》《汉语学习区》《海外华人区——唐人街》等五大版块，每一个版块针对特定人群进行精准服务，在服务中通过听友、网民、节目主持人之间的互动，吸引受众。在外宣产品制作方面，外语广播推出《中国音乐万千年》《传承》两个节目，每个节目制作中文、英文两个版本，在推荐到海外媒体播出的同时，还在网络上以视频、音频、图片、文字、电子杂志等多媒体形式集中展示，以飨全球网友。

第三章 北京广播网 《新广播》报

第一节 北京广播网

20 世纪 90 年代末，国内从中央到地方的新闻媒体纷纷利用互联网技术建立自己的官方网站，利用网络优势为传统媒体的宣传服务。

为弥补广播稍纵即逝的弱点，拓展新的传播空间和渠道，北京电台于 2001 年 8 月 22 日开通官方网站——北京广播在线，网址是：www.bjradio.com.cn。信息资料中心网络节目科负责网站的管理、维护和更新。网站设立“新闻中心”“精品内容”“节目推荐”“电台动态”“收听指南”“服务特区”等频道。以文字发布本台记者采写的新闻，再现新闻、交通、经济、教育、生活、音乐、文艺 7 个专业广播及国际部的部分精彩节目内容。同时，北京电台 7 套开路广播实现网上在线直播。网上广播平台包括 4 台 IBM 音频压缩工作站、3 台 IBM 服务器，10 兆光纤出口、2 兆数字专线负责音频节目传输。服务器放置在千龙网的机房（南银大厦后面）内。

2002 年，北京广播在线设立网站论坛和北京电台广播节目下载中心。8 月，网站开通 1 周年之际，明确网站宗旨是“汇七台之精华，扬一网之优势”。

2003 年 1 月，北京广播在线改版，重点建设在线直播、新闻与专题、下载专区、服务特区及电台主持人等五大版块，共设“新闻播报”“实时收听”“听友俱乐部”“DJ 特区”“金牌栏目”“百姓生活”“交通信息”7 个频道，加强与网友的互动以及服务功能。

2003 年 9 月 16 日，北京广播在线开展移动增值业务，北京电台手机短信互动平台开通，在交通广播、教育广播、经济广播投入使用，短信特服号：移动 08821、联通 8821。当年，各专业广播开办的短信节目逐渐统一到此短信互动平台中，短信特服号加各专业广播无线频率即为子服务代码，如新闻广播的短信代码为：移动 08821828、联通 8821828，交通广播的短信代码则为：移动 08821039、联通 8821039。北京电台短信互动平台还为各项品牌活动提供短信投票服务。

2004 年 3 月 17 日至 4 月 25 日，北京广播网协办北京电台首届“听众喜爱的名牌栏目”大型评选活动：开设专题页面，开通网站投票和手机短信投票系统。这两种投票方式所得有效选票占全部有效选票的 89.3%。从此，北京广播网每年都以网上音视频直播形式参与北京电台及各专业广播各项活动的宣传。

2004 年 3 月 18 日，“北京广播在线”更名为北京广播网，增设“听吧”频道和“手机短信”频道。“听吧”汇集北京电台各专业广播的优秀节目音频，内容包括小说、文学、音乐、曲艺、幽默、戏剧、两性、影视、原创、娱乐等门类，不仅提供在线点播，还可以在线录制和下载，是国内最大的音频节目提供平台。

2004 年 4 月 12 日，北京广播网与北京体育广播、新闻广播、交通广播等部门，共同直播 2004 年北京国际马拉松接力赛，网上音视频、图文的同步直播使广播节目实现可视化。从此，北京广播网开始配合电台及各专业广播，共同完成每年的重大宣传报道任务。

2004 年 8 月 1 日，北京广播网服务器迁入西单北京网通 IDC 机房，百兆带宽独享，千兆流量备用。

2004 年 11 月 23 日，通过向社会征集网站 logo，王格设计的作品最终被确定为北京广播网的 logo。标志以圆形、字母“B”和“e”、数字“8”作为设计元素。图形的圆形象征地球，代表着一个广阔的空间，中间的镂空线条分别是字母 B 和 e 以及数字 8 的组合，其中字母 B 是北京的首写字母，字母 e 表达网络的概念，数字 8 是“八台”之 8。飞扬旋动的圆形，充分表达“汇八台之精华，扬一（e）网之优势”的定位。在图形上方的红色部分，还似一飞翔的凤凰头形和音乐符号，旋动的两个圈代表着“互动”，快速旋转的视觉印象表达一种时间与时效的概念，体现“新闻”的内涵。整个图形综合表达出北京广播网音频、互动、新闻等主要特点。

北京广播网 logo

2004 年 12 月，北京电台小灵通短信特服号 18821 启用，使小灵通手机用户也能参与主持人短信互动节目。同年年底，信息资料中心将原有科室调整为采编部、策划部、技术部、音视频部，实现全中心办网站。

2005 年 2 月，北京电台访谈类节目拍摄、直播工作启动。电台除外语广播之外的 7 个专业广播直播间分别搭设摄像、灯光、切换和流媒体采集设备，北京广播网负责节目摄制和网上播出，每周播出时长达到30小时。

为配合北京电台第二届“听众喜爱的主持人”评选活动，2005年4月11日至5月20日，北京广播网邀请参评的60名主持人进行视频访谈，北京广播网全程进行音视频、图文直播。同年4月18日，北京广播网开设聊天室，加大互动功能；把《百姓TAXI》和《音乐周刊》两种杂志发布在北京广播网上。10月，信息资料中心更名为网络信息中心。12月，北京广播网Alexa排名从7月的25000名上升到7000名。

2006年5月，北京广播网实现北京电台8套有线调频节目的网上收听，加上原有的8套开路广播，实现电台全部16套广播节目的网上收听，成为国内首家提供16路网络广播的广播媒体网站。同月，汇集北京电台8个专业广播精品谈话节目的视频频道在北京广播网推出，这是全国第一个广播媒体网站的视频频道。6月16日，由共青团北京市委员会与北京电台共同创办的青檬网络电台开播，成为北京广播网的二级频道。青檬网络电台以大学生为受众定位，以“娱乐青年，引领青年”为办台目标，以“给你听，听你的”为办台宗旨。

2007年，北京广播网投资近千万元进行技术升级改造。5月1日，北京广播网天津机房搭建在天津世纪互联中心，总带宽为500M。机房共安装60多台新服务器，通过采用集群、负载均衡、网站缓冲等技术及设备，全面提升广播网的访问速度，提高网站的安全性和可靠性，达到千龙网、北青网等大型网站的技术水平。11月，北京广播网专线网络和网络流量监控系统建成，在北京网通机房独享百兆带宽。至年底，北京广播网主要网络服务全部移至天津机房，南北互联互通问题解决，不同网络环境（包括电信网、教育网）都能顺畅访问北京广播网。

2007年7月18日，北京广播网在线点播频道开通，网友可以收听北京电台16套广播3个月内全部节目的回放，成为提供回放栏目最多的广播媒体网站。8月22日，北京广播网博客、播客系统开通，为会员提供包含博客、播客、群组、相册图片、专辑、书签收藏在内的全方位个人门户服务。自2007年起，《新广播》报每期发布到北京广播网。2007年12月，北京电台短信业务实现四网合一，移动、联通、电信、网通用户统一使用电台短信特服号“10628821”。

2008年1月1日起，北京广播网加大电台访谈节目的音视频共做力度，日常音视频共做节目拍摄达每周120小时，最多时达130多小时。北京奥运期间，北京广播网开辟奥运频道，采用跟踪报道方式丰富奥运报道。3月10日，北京广播网视频频道改版为播播视频，在版式和技术上有所提升，支持视频上传功能，达到国内顶级视频分享网站的水准。其中电台音乐文艺类视频节目占有较大比例，此外还有网友上传的精彩原创视频。截至10月底，已上传作品10000多段，时长约3000小时。

2008 年 4 月 25 日，北京广播网建立的移动报道平台在北京奥运会火炬传递国内报道中启用。该平台是在手机移动终端的基础上开发的一套集音视频、图、文采集和传输于一体的移动报道系统，使过程操作简化，新闻实效性提高。在奥运火炬境内外传递的 49 场音视频共做的直播节目中，共采用前方记者发回的图片 1104 幅、视频 137 段。8 月 6—25 日，北京广播网奥运频道通过 24 小时滚动报道，共发布文字新闻 24000 条（日平均发布奥运新闻 1200 条）、图片新闻 2500 组、音频报道 1900 条、视频报道 50 段。8 月 6—26 日，北京广播网邀请北京电台负责奥运报道的领导、记者、主持人做客广播网视频直播间，制作播出《我与奥运共辉煌》视频访谈节目 21 期；原创节目《奥运天天报》以视频直播方式，介绍每日各大报纸、门户网站与奥运相关的资讯。该节目共播出 13 期。

2008 年 8 月 8 日，北京广播网新版上线，共设置 17 个频道。原有频道播播视频、听吧、博客、点播（广播回放）、论坛予以保留，新增资讯、汽车、娱乐、财经、健康等频道，各频道把专业广播的特色内容、品牌栏目进行整合推广。此外，新版网站以大型互联网搜索引擎技术为基础，提供实时、准确、快速和全面的站内搜索功能。

2008 年，北京广播网主动策划选题，整合 8 台音视频资源，先后制作北京市“两会”、奥运圣火传递、汶川地震救灾、短信大赛、金庸评书网、名牌栏目评选等近 60

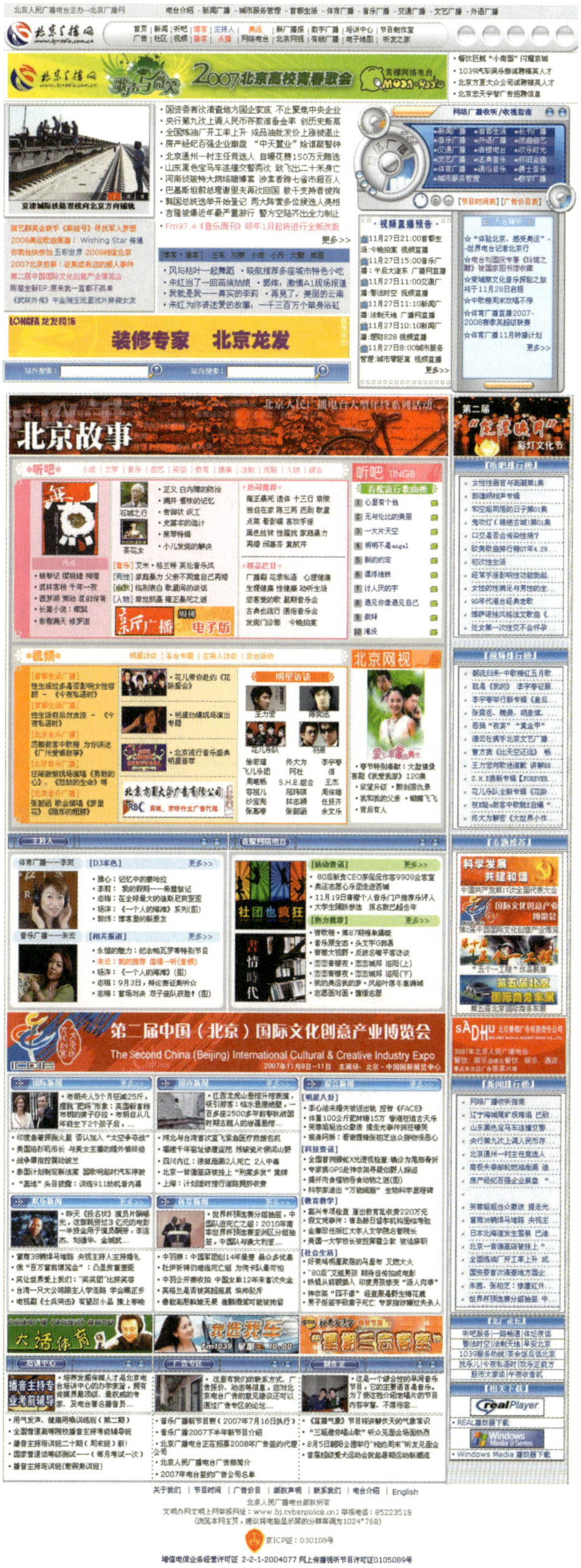

2007 年北京广播网首页

个专题网页。

2009年2月，北京广播网网址由www.bjradio.com.cn改为www.rbc.cn。4月29日，北京广播网原创视频访谈节目《播播会客厅》开播。6月26日，北京广播网天津机房迁移至廊坊网通机房，带宽增加至1300M。

2009年7月28日，北京广播网与微软公司合作，将北京电台9套开路广播和7套有线广播的在线直播植入微软Media Player播放器，使全球近10亿微软用户都可以通过Media Player播放器收听北京电台广播，并可通过Media Player播放器的推荐链接直接访问北京广播网。11月15日，完成广州电信机房和教育网机房两个镜像机房的建设，与廊坊核心机房组成CDN网络，使广播网的带宽增加一倍，达2.3G，服务器增至150余台，网站承载能力扩大一倍。网站访问效果及安全性全面提高。

2010年3月8日至7月31日，北京广播网策划举办首届亲亲宝贝“童话儿”网络征集活动。该活动是“网络播种，广播结果，网络与广播共赢”的尝试。

2010年6月8日，随着北京电台移动多媒体广播RBC综合频道开播，北京广播网在“播播视频”频道开辟“RBC综合频道专区”，把每天RBC综合频道的播出节目以专辑形式一并在广播网上展示。8月，北京广播网手机Wap网站开通，方便移动人群使用手机收听北京电台节目、浏览北京广播网。

2010年9月29日至12月4日，北京广播网与青檬网络电台合作举办“歌声与微笑——2010第五届北京高校青春歌会”。本次活动由中国电信北京分公司协办。活动首次采取网络视频直播的形式，提高活动的参与性和透明度。活动期间，北京广播网青春歌会官方网站的访问量高达693360人次，微博转帖34629次，短信投票2439票，总票数共计138874票，天涯社区、搜狐社区、凤凰社区等130家社交网站发布的活动主题帖，总浏览量超过150万人次，回帖5640个。

12月，北京广播网增加一条10M专线作为网站专线的备份线路，并改进网站的线路连通、安全预案等。

2010年，作为北京电台宣传业务平台之一，北京广播网完成“北京市两会”“第八套广播体操重现京城”“南非世界杯”“上海世博会”“爱在玉树”“关注舟曲泥石流”等重大宣传报道任务15项（次），结合时事热点、整合广播节目资源，策划完成网络专题报道63项（次）。同时，在报道中注重创新网络表现形式和深挖网络互动功能，开通“记者圈”博客，为《今夜私语时》《1039都市调查组》《雄鸡唱晓》等节目开辟网络互动空间，吸引新用户注册。

2010年，北京广播网的世界网站排名稳定在3000名左右。

第二节 《新广播》报

2005 年 9 月 28 日，北京电台决定创办一份报纸，名为《新广播》。2006 年 1 月 9 日,《新广播》报创刊，8 开 24 版，彩色印刷。北京电台因此成为全国首家独立办报的省级电台。

新广播
北京人民广播电台出品
RBC 能阅读的声音 能收藏的广播
2006 年 1 月 9 日
农历乙酉年十二月初十
580元购如意手机
携手蒙牛 北京电台狗年新春大型系列活动启动
京城广播陪你过大年
边听边读
P7 相声大腕儿轮流主持《空中笑林》
P10 电波报道京广桥辅路塌陷抢修纪实
P11 唐山地震 我第一个向中央报信
王东做超女评委：
我看着李宇春慢慢成长
全年每天都优惠 全北京手机接听 才1毛/分钟
联通手机信号好 地上地下均覆盖

2006 年 1 月 9 日，北京电台主办的免费直投式报纸《新广播》创刊

《新广播》报的编辑出版发行由北京电台总编室、北京广播公司广告经营部和北京蓝火花音乐文化传播有限公司共同运作。报纸主要版面有“要闻”“视点”“关注”“幕后”“预告”“生活”“健康”等；刊登的内容有：北京电台广播节目中有深度的独家报道，编辑、记者、主持人的工作情况，电台即将播出的节目和开展的活动的预告，听众对广播节目的听评意见，广播新媒介、新技术介绍，以及电台主持人形象展示等；报纸刊登的广告，是作为对电台广告客户的奖励，免费刊登。《新广播》报为周报，每期印刷 40000 份。由于没有刊号，最初是夹在《北京娱乐信报》《音乐周刊》中免费赠阅。

2006 年 2 月，北京电台提出《关于创办〈新广播〉报的几点意见》，明确《新广播》报的办报宗旨是“补充和延伸广播功能”，进一步提高北京电台的品牌影响力，增强广告的传播效果，完善产业链条，更好地服务听众。该意见对《新广播》报的内容与规格、机构与职责、稿件来源与要求、稿费标准与奖励办法等做出明确规定。2006 年《新广播》报发行量达每期 50000 份。

自 2006 年第 19 期起,《新广播》报与内蒙古《北方家庭报》合作，使用国内统一刊号 CN15-0051；2006 年第 35 期—2007 年第 2 期,《新广播》报与北京日报报业集团主办的《北京社会报》合作，使用国内统一刊号 CN11-0191；2007 年第 3 期—第 50 期，与《北京科技报》合作，使用国内统一刊号 CN11-0144；2008—2010 年,《新广播》报与《北京社会报》(2010 年更名为《北京社区报》) 再合作，使用国内统一刊号 CN11-0191。使用国内统一刊号后,《新广播》报成为公开发行的报纸。

对于北京电台每年的重点宣传和大型品牌活动、节目安排等,《新广播》报都开辟专栏和专版予以报道。2006年，北京市市长王岐山到北京电台调研、北京交通广播启动“重走长征路——1039红色之旅”活动、北京新闻广播开展“治多伦一亩沙地，还北京一片蓝天”大型环保公益活动、北京城市管理广播首届北京“魅力社区”评选等；2007年，北京电台开展中共十七大报道、全国和北京市“两会”报道、北京市第十次党代会报道、纪念香港回归十周年报道、庆祝建军八十周年报道,“主持人接孤残儿童回家过年”活动等。2008年,《新广播》报做好北京电台“八台一网”（八个专业广播和北京广播网）奥运报道的推手，以大容量、多版面、多篇幅的手段，图文并茂地全面反映北京电台奥运报道，报道北京电台的编辑、记者、主持人报道奥运赛事及非赛事活动的台前幕后，为读者提供北京电台奥运赛事直播收听指南。2009年2月4日《新广播》报出版纪念特刊，纪念北京人民广播电台建台60周年。《新广播》报2009年第39期（9月27日出版）和2009年第40期（10月4日出版）是两期“国庆特刊”，庆祝新中国成立60周年，报道北京电台的国庆报道情况。

2010年,《新广播》报对一版、报尾版及秀场版进行调整，内容上增强与读者的互动性。一版调整后突出新闻性，增加信息量，版式为头条新闻（要闻）+ 新闻性图片报道 + 标题新闻 + 报纸内容导读，重点反映电台的工作和活动。报尾版调整后改为主持人专版（秀场版），从原来以整版文字报道的形式改为以图片展示主持人形象为主。为了增强互动性,《新广播》报在“听迷”版增加了听众对电台评议内容的数量。2010年《新广播》报的24个版面中，有整版广告9个版，通栏广告及占版广告涉及23个版面。

《新广播》报2010年每期发行量为80000份，发行渠道以北京市五环内中石化、中石油等近200家加油站免费赠阅为主，还有少量报纸在北京市3000多家汽车4S店、超市、商业中心等场所展示。《新广播》报是北京电台跨媒体（广播、平面、电视、网络）经营的组成部分，是实现多媒体立体传播的途径之一，是服务听众、加强品牌建设、巩固广告客户的又一措施。

第四章 采编播工作及重大宣传报道

第一节 采编播工作

采编播工作是广播电台的核心业务，记者、编辑、播音员、主持人是完成广播宣传业务的主体。记者、编辑、播音员、主持人的工作水平在很大程度上决定着广播节目的质量。20 世纪 90 年代初以前，采编播人员各司其职，业务分工明晰。之后，随着以建立专业化系列台为龙头的全方位改革的推进，北京电台原有一线宣传部门如新闻部、农村部、社教部、文艺部、播音部等逐步撤销。到 1994 年年底，北京电台规划中的 7 个专业广播全都建成，节目生产归属各专业广播。各专业广播节目大量采取主持人直播版块形式，节目中开通热线电话。这种节目播出形式使记者、编辑、播音员、主持人的职责界限不再分明，许多节目集采编播（含主持，下同）于一人之身。1994 年 12 月，北京电台各专业广播全天播音时间已达 120 小时，为保证节目质量和安全播出、使节目体现各专业广播特色，北京电台从加强对节目和人员的管理、培训入手大力加强宣传管理。

1994—2010 年，随着专业广播的建立和频率的不断调整，北京电台围绕着提高节目质量一直在加强节目管理，加强采编播人员培训。总编室作为宣传管理部门，其职能不断强化。2003 年 1 月，北京电台在人事部内增设培训中心（副处级）。2006 年 10 月，北京电台增设节目制作中心、播音主持管理部。

一、完善与采编播相关的节目管理制度

除了坚持宣传精神传达制度之外，北京电台针对采编播等节目生产环节陆续制定、施行的规章制度主要有:《关于节目主持人的申报及管理办

法》（台字〔1993〕29号）、《关于审定稿件的规定》（台字〔1993〕30号）、《关于采编播部门安全播音的规定》（台字〔1993〕31号）、《关于加强对热线直播节目管理的意见》（总编字〔1999〕7号）、《关于上报节目选题的规定》（京广播宣字〔2007〕5号）等；针对节目监听、考评、奖惩等方面陆续施行的规章制度主要有：《关于在全国获奖作品的奖励办法》（台字〔1995〕43号）、《关于加强宣传管理避免播出差错的奖惩办法（试行）》（总编字〔1998〕8号）、《关于举办名牌节目（栏目）评选活动的办法》（总编字〔2001〕32号）、《关于开展节目质量考评的实施办法（试行）》（总编字〔2001〕39号）、《关于节目监听工作的管理办法》（总编字〔2002〕8号）、《关于开展"听众喜爱的主持人"评选活动的办法》（京广播宣字〔2003〕5号）、《关于开展"听众喜爱的名牌栏目"评选活动的办法》（京广播宣字〔2004〕23号）等。

为培养名记者、名编辑、名播音员、名主持人，鼓励采编播人员安心一线工作，努力提高业务水平，北京电台2004年9月实行《北京人民广播电台首席记者、编辑、播音员、主持人评聘管理办法（试行）》。从2004年起，"首席"每年评选一次，获得"首席"称号的人员是学科业务带头人，"首席"不仅是业务荣誉职位称号，还享有职位待遇和每月可观的津贴。到2010年，共有12人次被评聘为"首席"。北京电台设立采编播人员首席制，在全国省级广播电台中开创先河。

针对专业化办广播后，节目播出差错有增多的苗头，1998年，北京电台颁布《关于加强宣传管理避免播出差错的奖惩办法（试行）》，针对所有节目，把播出差错进行分类与定性。这是电台在宣传管理方面制定的各项规章中第一个把奖惩具体化的文件。这个文件经过几次修订、完善，对避免差错效果明显。《节目质量考评报告》显示，从2002年实行节目质量考评以后到2010年，一般性差错逐年减少，杜绝了严重和重大播出差错的发生。

到2010年年底，北京电台在采编播主持等各环节与节目和人员有关的规章制度几经修订，正在施行的共有24个。

二、采编播人员培训

在以建立专业化系列台为龙头的全方位改革进程中，北京电台始终把提高节目主持人的政治素质、业务素质，作为坚持正确的舆论导向、保证和提高节目质量的中心环节来抓，每年都会根据形势发展、上级要求和电台采编播人员及节目的具体情况开展多种形式的思想教育和业务培训。

1994年，在忙于筹建两个专业广播（文艺广播和教育广播）的情况下，北京电台还召开3次节目主持人业务交流会。

1994年年底，北京电台共有7个专业广播，大多数节目都是主持人直播（或录播）的版块节目，主持人由原来的编辑、记者、播音员和外聘的人员担任。主持人队伍扩大了，但业务素质参差不齐，有的没受过正规播音训练，有的没做过记者、编辑。1995年，北京电台举办3期脱产主持人培训班，全台164名主持人全部培训一遍。1997年6月，为贯彻北京市广播电视局关于播音员、主持人普通话水平测试及持证上岗的规定，北京电台举办播音员、节目主持人培训班，共有225名播音员、主持人参加学习。1998年，全台所有的主持人参加北京市广播电视局组织的主持人培训班。1999—2003年，北京电台每年举办宣传管理干部培训班，全台副处级以上或副科级以上的宣传管理干部全部脱产轮训。

2001年北京“申奥”成功后，北京电台每年除了有计划地安排采编播人员英语培训外，还加强与外国媒体的业务交流。2002年3月，北京电台请英国广播公司原中文部主任姜华给全台20名来自采编播一线的年轻人授课。这是北京电台第一次邀请国外媒体到台开展培训工作。2002—2007年，北京电台每年还派出一线员工组成媒体访问学习团，赴澳大利亚、英国进行为期数月的学习。

2002年8月举办的“北京电台迎十六大宣传培训班”，全台共350人参加培训。2003—2004年，北京电台为采编播人员举办过市场意识培训系列讲座、“三项学习教育活动”培训班、“广播节目创优培训班”、“BBC广播新闻采编实务培训班”等。2008年1月，北京电台召开奥运报道动员培训大会，7月就奥运新闻宣传举办2008年度北京电台采编播人员培训班。2009年和2010年，北京电台还举办两次医疗保健品类节目专项培训班。2010年度的采编播人员培训班，全台440多名采编播人员、宣传管理人员参加，是北京电台历史上参加新闻业务培训人数最多的一次。

除了每年进行全台性全脱产封闭式的集中培训，北京电台及各专业广播还不定期组织外请专家讲座、台内业务研讨、采编播人员经验交流等。艾丰、范敬宜、沈力、杨子才、李德民、赵忠祥等名编辑、名主持人都应邀到北京电台讲过课。2009年，北京电台利用台内人才资源，建立起一支由25人组成的内部培训师队伍。2009年、2010年，北京电台新入台员工参加入职教育后，还由老员工带队到延安广播电视台进行为期一个半月的集中培训，参加采编播实践。

连续的、多层次的政治和业务培训，使北京电台的采编播队伍素质逐年提高。节目管理和奖励机制的完善，使北京电台整体节目质量得到保障，并营造出创优、评优、奖优的良好氛围。1994—2010年，北京电台每年都有节目和人员获得全国大奖。

三、记者

采访是新闻宣传工作的第一道工序。北京电台建立专业化系列广播以后，日常节目的采访由各专业广播自己确定。到2010年，在北京电台9个专业广播中，只有新闻广播和交通广播有专职的记者队伍，其他专业广播的记者都编入具体节目部，完成相应的采访等任务。编辑、播音员、主持人外出采访，一般都以记者身份出现。

建立专业化系列广播后，直播节目、专题节目、综合节目大增，记者采访的目的不只是采制新闻消息、新闻专稿，还包括完成电话连线报道、访谈节目、现场直播节目等。现场连线报道，记者要与编辑及导播事先沟通连线的内容、确切时间、连线时长等。访谈节目采访，首先要有明确的选题，然后确定邀请的嘉宾，访谈之前要与嘉宾当面沟通，商量访谈内容，确定访谈提纲，告知要把握的宣传口径等。现场直播节目，直播前要与主办方联系，了解直播的内容、程序、时长等，正式直播之前还要与电台播出机房试线。

专业化系列广播的建立，激发了各专业广播记者的积极性、创造性，但也带来一些问题：如有时采访同一事件，几个专业广播的记者都去了，造成人力、物力的浪费。为形成电台新闻宣传的权威性，实现整体形象的改善，1999年12月，电台把7个专业广播记者整合，建立新闻中心。新闻中心共有各类工作人员55名。

新闻中心成立后，将各专业广播分散采制的新闻节目，改为由新闻中心统一采制，形成人力集中、导向可控、外采统筹的格局。由于新闻中心不承担任何经营创收的任务，电台播出的新闻在客观性、真实性、权威性上得到保证。新闻中心的记者每天向各专业广播提供31套380分钟的新闻节目，包括《北京新闻》(早、中、晚)、全天滚动播出的整点新闻，以及《科教新闻》《社会新闻》《体育快讯》《文化新闻》《经济新闻》《社会新闻》《环球科技》《文化视点》等。经过几年的历练，各专业广播记者采访的新闻节目凸显专业广播的特色，专业化办广播日渐成熟。2002年6月28日，根据新闻广播专业化建设及全台广播事业发展的需要，新闻中心人员并入新闻广播。2006年10月，北京市机构编制委员会办公室批准北京电台新闻中心并入新闻广播。

1998年盛夏，北京电台记者王鸿南在湖北省监利县采访抗洪救灾

北京电台虽然是一家地方媒体，但随着以建立专业化系列台为龙头的全方位改革的稳步推进，电台综合实力逐年提升，北京电台记者越来越多地赶赴其他省、市、自治区，乃至其他国家和地区，进行重大宣传报道活动。在采访中，北京电台记者始终发扬不怕困难、艰苦奋斗的优良传统，哪里有新闻事件发生，哪里就有北京电台记者的身影。1997年香港回归和1999年澳门回归的

2003 年春夏之交，北京出现“非典”疫情。北京电台记者白玉采访宣武医院医务人员

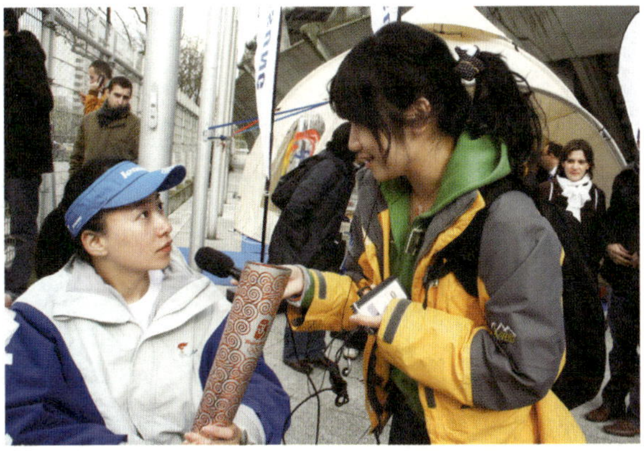

2008 年 4 月 7 日，北京奥运圣火传递途经法国，北京体育广播记者陈妹在巴黎采访中国残疾运动员、火炬手金晶

庄严时刻，北京电台记者都进行了现场连线报道；1998 年七八月间，我国长江、嫩江、松花江流域发生特大洪灾，北京电台分 4 批共 11 名记者先后奔赴抗洪一线采访，其中王鸿南和白钢是北京市属新闻媒体中最早到抗洪一线采访的记者；2003 年 4 月，北京突现非典型性肺炎疫情，记者白玉、王宝玲、是珠丽等人坚守在医院病房采访；2008 年 5 月 12 日汶川特大地震发生后，北京电台先后派出 10 多名记者冒着余震危险深入四川灾区采访，石秀冬是北京电台首位赴地震灾区采访的记者。

四、编辑

编辑是电台节目制作的第二道工序。所有播出节目都有编辑工作在其中。

北京新闻广播自成立即是北京电台的“主体台”,《北京新闻》是北京电台的标志性节目，在北京地区听众中有着重要影响。北京新闻广播担负着编发《北京新闻》，包括滚动播出的整点新闻的重要任务。1993—1998 年，新闻广播的记者、编辑分成几个组，既是记者又是编辑，轮流编辑《北京新闻》。从 1999 年 9 月开始，外出采访的记者不再兼任编辑工作。一支由 8 人组成的专职编辑队伍负责编辑《北京新闻》，这一举措有利于编辑工作的业务研究和质量提高。其他专业广播也有少量专职编辑本专业广播新闻的人员。

2001 年 7 月 13 日“申奥”成功当天晚上,《北京新闻》当班编播人员为庆祝胜利合影

北京电台除新闻节目外，大量的编辑工作体现在专题和整套节目上。专业化办广播

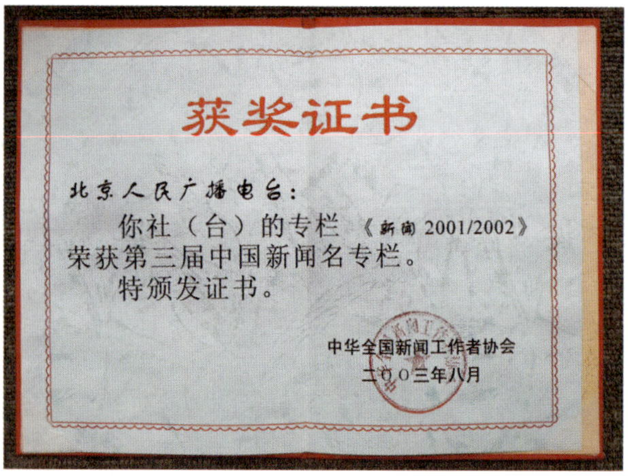

2003年8月，北京新闻广播新闻版块节目《新闻2001》《新闻2002》获得中国新闻名专栏奖

以后，广播节目的播出形式发生巨大变化，直播、大版块、综合节目成为主体。这些大版块综合节目更能体现编辑的功力。一个版块综合节目少则半小时，多则一小时，甚至两小时。一次节目时间长、内容多，那么节目的选题、顺序的安排、内容的转换、过渡是用语言串联还是选用音乐歌曲、广播特色和北京地方特色如何体现等，都需要编辑下功夫。于是，北京电台针对编辑工作进行业务培训、研讨，加强制度管理和奖项设立，编辑人员的政治素质、编辑技巧不断提高。自1995年起各专业广播的所有节目都有明确的节目方针，自2002年起所有节目除了有节目方针还有质量要素。编辑按照节目方针和质量要素的要求编排节目，使每套节目都能符合各专业广播的办台方针。编辑的作用凸显，责任加大，北京电台的整体节目质量有所提升，每年都有“编”出的精品节目在台内外获奖。

北京文艺广播和音乐广播节目更是以编辑的节目为主，这些节目不仅要有专业内容还要有广播特色。例如文艺广播的《空中笑林》《评书联播》《小说连播》《开心茶馆》等节目编辑，要揣摩听众心理，根据听众调查、听众反映精心策划每期节目，使这些节目能常听常新、百听不厌，让听众在欢乐中得到知识，陶冶情操。音乐广播的《每周一歌》《中国歌曲排行榜》《全球华语歌曲排行榜》《古典也流行》等节目编辑，不仅让听众能听到好听的歌、曲，还对歌、曲作者及创作背景作介绍，编辑的串词、解说画龙点睛，让听众在欣赏的同时，对其有深入的了解。这些文艺、音乐编辑经常深入生活去采风，汲取各方面营养，从而提高节目质量。

五、播音员、主持人

播音、主持是广播宣传工作的第三道工序，也是播出节目的最后一道工序。

1993年8月6日，北京电台播音部（正处级）撤销，播音员分配到各专业广播工作。1994年12月，电台规划中的7个专业广播全都建成。北京电台播音员队伍发生巨大变化，只有新闻广播有6名专职播音员，负责播出各类新闻节目。直到2010年，新闻广播一直由专职播音员担任新闻节目播音，其他专业广播的播音员除播出少量的本专业广播的新闻外，主要担负起节目主持工作。

北京电台除去新闻节目，其他类节目（即使是录播节目）都以主持的形式播出。针对节目播出形式发生的变化，1993年8月1日，电台制定《关于采编播部门安全播音的规定》（台字

〔1993〕31 号）。到 2010 年，此文件共做 4 次修订，一直强调播音员、主持人要对“播出的每一篇稿件负责，把好最后一道关”。

1994 年年初，全台有各类主持人 90 多名，远远不能满足工作需要，除了从社会上聘用一些客座主持人外，大量的记者、编辑走上主持岗位。1995 年全台主持人达到 164 人。从这年开始，北京电台每年 12 月举办为期一个月的“主持人节目展播”活动，组织听众和专家听评，评出最佳主持人节目和优秀主持人节目。这项活动的开展，起到了引领和带动作用，主持人的节目质量逐年提高。

1997 年，根据广播电影电视部有关文件精神，北京电台 203 名播音员、主持人参加普通话水平测试，其中 173 名获得一级甲等证书。1998 年 1 月 1 日起，北京电台所有播音员、主持人持普通话水平测试一级证书上岗。1998 年 7 月，北京电台所有播音员必须持北京市广播电视局颁发的“播音员、主持人上岗证书”上岗。自 1999 年 1 月起，北京电台播音员、主持人必须取得“普通话水平测试一级甲等证书”或播音系列中级以上证书，经过审批获得国家广播电影电视总局颁发的“播音员主持人上岗证书”才能上岗。编辑记者及外聘人员如参加节目主持也照此办理。

为迎接新中国成立 50 周年，1999 年 6 月 12 日起，北京经济台推出《我和我的祖国》系列直播访谈，节目同步在互联网上视频播出，使广播第一次做到“既能听，也能看”。图为主持人王枫桂（左）和首期访谈嘉宾“棋圣”聂卫平（右）

1999 年 8 月，北京电台播音主持管理委员会成立。播音主持管理委员会是播音员、主持人的业务管理组织，负责对全台播音员和主持人的资格审查、业务培训和有关评奖事宜。该委员会第一次会议即评定出 14 个担任《北京新闻》节目的播音员。2001 年，北京电台共有 220 名主持人，其中包括 78 名外聘的客座主持人。2003 年，北京电台主持人数量达到 260 名，其中有客座主持人 98 名。

为培养一批在社会上立得住、叫得响的名牌主持人，给主持人营造一个良好的钻研业务的氛围，从 2003 年起到 2010 年，电台每两年举办一次“听众喜爱的主持人”评选活动。首届评选活动有 110 名主持人参评，收到听众有效选票 203451 张。通过听众直接投票（占 55%），社会抽样调查（占 45%），两者数据综合统计出主持人排行，前 10 名为“听众最喜爱的主持人”，随后的 20 名为“听众喜爱的优秀主持人”。李莉、伍洲彤等 10 人成为首届“听众最喜爱的主持人”。

从2005年开始，北京电台每年对在岗播音员、主持人进行考核认定，新进台人员也必须经过培训，考试合格并经播音主持管理委员会认定后方能上岗。2005年，北京电台通过资格认定的播音员、主持人共计144人，2006年达190人（包括外聘客座及节目制作公司主持人）。

2006年6月，电台制定《关于主持人、值班员上岗培训管理规定》所有节目主持人必须经过技术中心进行技术培训，获得“节目主持人上岗证”后才能上岗主持节目。若播出设备发生变化，技术部门还会组织再培训。

自2007年起，播音主持管理部逐步成为播音主持管理委员会的日常工作机构，负责北京电台播音员、主持人的管理。每年集中对全台在岗或即将上岗的播音员、主持人资质进行审核，为配合各部门工作，还随时对各部门临时申报播音员、主持人资质进行申报与审核；每年组织中国播音主持“金话筒”奖评选的台内选拔和报送；每年负责“北京广播播音主持新秀奖”的评选工作。

2010年，北京电台具备播音员、主持人资质的人员共有161人（包括记者和负责现场报道的人员），自此，北京电台不再有“客座主持”“嘉宾主持”，凡每周超过两次在节目中以主持身份出声的必须具备主持人的资质。

表1-37　北京电台获得中国播音主持“金话筒”奖人物和作品一览表

届次	姓名、作品	奖项
第三届（1997年）	孔剑清	金奖
第四届（1999年）	苏京平	金奖
第六届（2003年）	蔡明可	金奖
第七届（2006年）	梁晋、王为	金奖
第八届（2007年）	王春旭、顾峰《雪天行车公益广告》	广播主持作品
第九届（2008年）	梁洪蕾	播音员主持人
	张红力、陈彦旭《资讯早八点》	广播播音作品
第十届（2009年）	孙怡	播音员主持人
	牛力《寻找我的双脚》	广播主持作品
第十一届（2010年）	李莉	播音员主持人
	张婧琳《浅谈全运会》	广播主持作品

第二节　重大宣传报道

北京电台拥有一支政治强、业务精、纪律严、作风正的新闻队伍。这支队伍在遇有群众关注度极高的大事、急事、突发事件的宣传活动中，经受住了一次次的考验。

1998年7—8月，我国长江、嫩江、松花江流域发生特大洪灾，北京电台分4批共11名记者先后奔赴抗洪一线采访，其中王鸿南和白钢是北京市属新闻媒体中最早到抗洪一线采访的记者。其间，全台共播发有关消息、专题报道260篇。

1995年国庆前夕，记者苏京平、韩爱民乘飞艇在空中直播报道北京的建设成就和巨大变化。这一直播报道形式首开了广播史上的先河

2003年3月20日10:34，美国与伊拉克爆发战争，引起了世人的关注。为了满足民众了解战争的渴望，北京电台及时插播开战消息和战事报道，推出《硝烟在海湾升起》栏目。广播快捷的优势得到发挥，通过电话连线，连接四面八方，一条条口头报道直接传进直播室，炸弹的爆炸声，民众的叫喊声都可以从广播中听到。为了听广播，一时间京城市场上的收音机脱销。

2003年10月15日，中国成功发射第一艘载人航天飞船神舟五号，北京电台是唯一进入发射现场采访的地方媒体。图为北京电台记者在发射现场进行报道

2003年4月，北京突现非典型性肺炎疫情（SARS），到了谈SARS色变地步。面对重大疫情，北京电台从4月15日开始，加大宣传防治“非典”的力度，7个专业广播相继调整日常播出节目内容，增设防治“非典”节目，先后开办《万众一心　防治“非典”》《和你在一起》《南北一心　守望相助》等11个专题节目。记者白玉、王宝玲、是珠丽等人冒着生命危险深入医院、社区、机关等地采访，通过电波及时传递疫情情况，在两个多月的时间里，仅新闻广播和交通广播发稿就达1260篇。这些报道起到了稳定人心、安定社会的作用。

2008年5月12日汶川特大地震发生以后，北京电台先后派出10多名记者、主持人冒着余震危险深入灾区采访，石秀冬是北京电台首位赴地震灾区采访的记者。5月12日至6月29日，全台有139个节目播出有关抗震救灾的内容，总时长2742小时，播出抗震救灾的报道9300多条，连线报道400多条。广泛动员社会各界奉献爱心，共募集捐款2.5亿多元，车辆735辆，救灾物资900余吨。

2008年5月17日，北京城市服务管理广播记者石秀冬在汶川地震灾区做现场报道

为搞好北京奥运会的宣传报道，2008年年初，北京电台成立由台长、总编辑担任总指挥的“奥运报道领导小组”，全台共抽调14个部门151人参加奥运报道工作。此次报道工作规模之大、参与人员之多，创北京电台历史之最。从3月24日第29届奥运会圣火点燃到8月8日，北京电台完成了主题为“和祥云一起飞翔”和“祥云飞过我的家”的49场跨国、跨省市的大型音视频现场直播。这次奥运圣火采集和境内外火炬传递报道创造了北京电台历史上多项第一：第一次通过DAB数字多媒体广播视频直播第29届奥运会圣火采集仪式和火炬传递活动；第一次派出多名记者，跨国追踪采访奥运火炬境外传递；第一次记者运用多媒体采访手段，从现场发回音频、文字、图片和视频报道；第一次北京电台8个专业广播协同作战，100多名记者和主持人前往全国34个奥运火炬经过城市，开展采访、直播活动，在现场直播过程中，实行双编导制，电视、广播节目导播人员各司其职，各有侧重，相互配合；第一次实现境外大型现场直播，开创音视频共做的新型报道方式，特别是第一次利用DAB数字多媒体广播平台直播现场盛况，实现了广播媒体与新媒体的对接。

2008年8月3日，北京电台奥运报道部全体人员合影

2008年8月北京奥运会、2008年9月北京残奥会举办期间，全台8个专业广播的奥运节目播出总时长达到每天120小时，占北京电台总播出时长的71%；全台共播发奥运赛事报道

15407条，非赛事报道8500条，文化报道4600条；全台8个专业广播全程直播北京奥运会的开、闭幕式实况，直播赛事实况500多场。在北京奥运会的宣传报道过程中，北京电台形成了一套可以从容应对复杂报道任务的工作模式和操作程序。北京电台的影响力大幅提升，据中国广视索福瑞媒介研究有限责任公司调查，北京奥运会期间北京电台占北京广播市场的份额达65.8%，其中交通广播、文艺广播、体育广播奥运之声、新闻广播分别列北京地区广播收听率排名第一至第四名。

2009年，是中华人民共和国成立60周年大庆之年。北京电台全频率参与，多媒体展现；开设的栏目成系列，规模大，覆盖面广。10月1日国庆节当天，全台取消机器检修，9个专业广播、北京广播网、移动多媒体广播全程转播国庆庆祝大会和国庆联欢晚会实况。国庆期间还推出了143小时286个单元的国庆特别节目，节目分为“锦绣中华”“京城纪事”“风云人物”“讴歌时代”“环球采风”“百花齐放”6个专栏。特别是北京电台策划的“60年胡同传奇”大型故事征集活动、“新中国60年60首金曲”展评活动、“群英耀中华——60位老艺术家系列访谈”活动，被列入北京市庆祝新中国成立60周年市级重点文化活动。

第二篇
技术

第一章
广播技术

技术建设、维护和改造工作是广播宣传的重要组成部分，是提高节目质量、保障安全播出的关键环节。

1994 年，北京电台在《北京人民广播电台技术和事业发展十年规划和“八五”计划纲要》（1991 年制订）的基础上，制订《北京人民广播电台技术发展“九五”规划》，技术工作向着设备数字化、办公现代化、广播立体声化、播出自动化的方向发展。

1994 年开始建设的综合网、音频网平台，逐渐承载了电台宣传、经营、节目制作、节目播出的全部工作流程，成为支撑业务流转的基础。其网络结构不断优化，业务应用持续增加，安全运行稳定可靠，使用范围逐步扩大。由音频工作站、服务器和磁盘阵列组成的音频制播系统，彻底改变了传统录音、后期制作和节目播出的形式，大大提高了工作效率。

1995 年 7 月 8 日，在位于繁华商业街的隆福大厦里，北京电台第一个台外直播间——隆福直播室启用，现场听众不仅可以听到《隆福直播室》节目，还能够透过落地玻璃看到“北京经济台”主持人的工作状态，甚至通过无线话筒直接参与到节目中。这个直播室常常被路人围观，每逢节假日更是围得水泄不通，成为隆福寺街头一景，也是北京电台自我宣传的窗口。进入 21 世纪，北京电台陆续在北京市公安局公安交通管理局指挥中心、北京市气象局等地建立常设直播间。

2003 年，北京电台对技术楼进行改造，在原有三层的基础上加盖两层，增加建筑面积 2860 平方米。技术楼总建筑面积达 7758.8 平方米。同年 10 月，在技术楼五层开始安装新广播中心。

2004 年 5 月 18 日正式启用的北京电台新广播中心（以下简称广播中心）包括 8 个数字播出机房、1 个主控机房和 1 个综合演播室。广播中心全方位适应各专业广播的需求，结束了多年来模拟播出的历史，实现播出、传输手段的先进、安全与多样。

至2010年，北京电台节目制作、播出、传输和无线覆盖大量采用数字化设备、技术和手段。光缆线路和数字微波的建设不仅增加了传输量，提高了传送的节目质量，而且安全、可靠，为数字广播和数字传输奠定了基础。ISDN（Integrated Services Digital Network）和卫星传输等现代化数字通信技术的应用为台外直播提供了高质量、灵活便捷的传输方式。音频处理器的使用进一步提升了信号传输质量。

804中波发射台用全固态数字调幅发射机全面取代脉宽调制和板极调制中波发射机，发射效率从30%提高到85%。数字移动多媒体广播成为北京地区覆盖范围和效果最好的无线广播覆盖网。调频广播从频率数量到发射功率都有所增加，采用的精密同步调频技术弥补了小功率调频覆盖的不足。

2010年，北京电台播出9套开路广播节目；在北京歌华有线电视网播出15套有线调频广播节目、16套有线数字广播节目；在移动多媒体广播播出17套数字音频节目，试验播出4套数字视频节目、2个数据服务频道。北京新闻广播和城市管理广播两套节目通过亚星－Ⅱ号卫星传输，提供节目接收的新途径。

第一节　录音制作

节目录音制作在以声音传播信息的广播媒体中占有十分重要的地位，是一项关键的技术工艺和手段，包括录音、复制、剪辑和后期制作。1994年，北京电台建国门外技术楼的录音、复制机房为18个，其中两个演播室面积达44平方米，其余均为25平方米。机房内的日本产OTARI5050型录音机、瑞士产A812型录音机、961型调音台为主录设备，635型录音机仅用于放音。全台的录播节目均由录音制作部录音员配合播音员、节目编辑共同完成制作。这种工作模式可以合理调配录制机房、设备的资源，充分发挥录音员的业务能力和特点，保证节目录制的质量和水平。随着各专业广播录制小机房的建立和音频工作站的普及，越来越多的节目制作工作开始由编辑、记者和主持人独立完成。操作简便、非线性编辑、网络传输和数字化存储的特点，使得节目制作的技术门槛降低，制作效率提高。专业录制机房使用复杂设备录制节目还是由录音员完成。

1994年，全台共有7套节目播出，全年播出时间37972小时，直播、录播及转播时间与全年总播出时间的比率分别为36.3%、59.6%和4.2%。此后，随着宣传内容的不断扩大，播出节目套数逐渐增加。到 2010 年，全台 9 套开路广播的年播出总时间已经达到 68832 小时，直播、录播及转播时间与全年总播出时间的比率分别为 46.8%、52.1% 和 1.1%。其中，全年录制节目的播出时间从 1994 年的 22474.4 小时增加到 2010 年的 35802 小时。

一、室内录音

1994 年 5 月，录制机房的录制设备进行更新改造，购买了第一批数字音频磁带录音机（DAT），型号是 PCM2700A。

1995 年 4 月，试用由北京双子科技有限公司和四川成都科技大学联合研发的第一台国产光磁盘录音机样机。

从 1996 年开始，北京电台更新改造录制机房的设备。同年 5 月，以日本 YAMAHA1642 调音台替换上海中国唱片厂生产的 412 晶体管调音台。1997 年 5 月，逐步将国产 635 录音机替换为日本 OTARI MX-5050 立体声录音机，实现了节目录制立体声化。2005 年，更新 STUDER OnAir 3000 数字调音台。在此后的机房改造中，STUDER OnAir 3000 调音台、苹果 PROTOOLS 工作站、CD 刻录机、CD 机、DAT、MD、数字混响器、音频工作站等录放音设备成为录制机房的主要配置标准。到 2008 年，录制机房设备数字化率已达到 90.28%。

在 1997 年之前，录播节目都由录音员制作完成。录音员由录音制作部统一管理，面向全台编播部门承接录制工作。

1998 年 1 月，北京音乐广播安装 40 个桌面数字音频工作站，节目在办公室制作好，通过网络直接传输到直播机房，由电脑调控自动播出，这在全国电台中尚属首家。以后，北京电台逐渐淘汰开盘磁带录音机，音频工作站成为主要的节目编辑工具和记录载体。

1998 年 1 月 1 日起，北京音乐广播在全国电台中率先启用电脑制作播出网络系统（音频工作站），全面实现系统数字化、制作网络化、播出自动化

2000 年 1 月，录音制作部一部分录音、制作机房以及录音员划归各专业广播，由专业广播自行管理，剩余机房和人员归属技术中心。

2001 年，北京电台音频网已接入 160 个工作站。2002 年，全台采编播人员全部使用音频工作站，开盘磁带录音机和磁带记录载体退出录音制作系统。

为了满足节目制作的需要，提高安全播出的可靠性，2004 年 4 月，技术楼三层的 5 个播出机房（301、303、310、311、312）改造为录音机房，并具备直播节目的功能，可作为备播机房使用。5个机房均配备STUDER OnAir 2000调音台、CD机、DAT、MD、数字混响器、音频工作站等数字录放音设备，另外还配备了用于播出的报时信号、延时器和电话耦合器等处理设备。

2004年7月，为发展新媒体、扩展新业务，利用网络平台展示音频、视频、文字多元化、多形式的北京电台节目，在技术楼五层130平方米综合演播室，安装3讯道广播级视频演播设备和虚拟演播设备，音视频控制室位于技术楼308机房，同年11月投入使用。2005年5月，为提高电台视频节目拍摄制作能力，将原有的3讯道广播级视频系统扩展成“4+1”讯道的系统。

2010年，北京电台全年录播节目35802小时。

二、外出录音

1994年，北京电台记者外出采访的主力设备是SONY-TC-D5便携式磁带采访机。1998年7月，开始使用日本爱华（AIWA）MD机。2006年，北京电台记者逐渐使用大容量闪存卡记录方式的纯数字采访机（英夫美迪生产的PAW-100；Roland生产的EDIROL R-09HE）。

1994年，录音制作部外录科负责外出录音，内容包括：戏曲、相声、音乐会、电影录音以及电台所有台外节目的录音、外出采风、大型专题采访等。每年的外出录音最多时有300多场，有些录音制作成节目播出，还有一些留作资料。

1998年，因工作需要，外录科人员分别划归音乐广播和文艺广播，外出录音的工作由音乐广播、文艺广播和录制部负责。使用的设备主要有：德国NAGRA IV-SJ开盘磁带便携式录音机，SONY TC-D5便携式盒式磁带便携式录音机，SONY、SENNHEISER、SHURE、audio-technica、AKG、NEUMANN U87等电容、动圈、铝带、驻极体话筒。

2007年左右，由于专业广播节目设置的变化，再加上演出方收费过高和版权保护的原因，外出录音逐年减少。

三、后期制作

后期制作是对录音素材再加工的过程，是对素材资料内容的补充、艺术的提升、质量的审查和整体的完善。

1995年2月，为了提高后期节目制作能力，北京电台利用英国AMEK公司的BIG大型多轨调音台和原转播车使用的两台MTR-70模拟磁带录音机，自行设计、安装了可供制作音乐母版的多轨录制机房，后又将模拟多轨录音机更换为3台Alesis-ADAT 8轨音频数字录音机，实现数字化多轨录制。1997年5月，3台Alesis-ADAT 8轨音频数字录音机更换为SONY 3324数字多轨录音机。

由于各专业广播播出时间延长，录播节目时间不断增加，专业录制机房不能满足编播人员的使用需求。1997 年，在办公楼 20 层音乐广播编辑区第一次建立了简易的录制间（统称小机房）。小机房经过简单的声学处理，配置必要的调音台、话筒和 CD 机，使用者可通过音频工作站完成语言录制和节目编辑工作。此后，各专业广播陆续建设小机房，共达 50 多个，大大缓解编播人员在节目制作中对录制机房使用需求的压力，方便了节目制作人员。

1998 年 1 月，在技术楼 205 制作机房安装 MACKIE16-8-2 调音台和 Triple DAT 音频工作站。Triple DAT 音频工作站是北京电台第一个多轨音频工作站，可对所录制的音频进行实时的多效处理，包括：EQ、动态处理器、效果器、频谱分析仪、相位表等，可对所录音频信号进行时间伸缩、音高变换、音调修正、降噪处理。同年 3 月，在 6 个录制机房（107、112、101、201、204、207）安装 STUDER 962 调音台，配备专业效果器。

2001 年 5 月，北京文艺广播使用的 109 录制机房改造，安装 Sony DMX-100 全数字录制调音台，具备 24 比特量化，采样频率高达 96 千赫，全部马达推子，所有控制可记忆再现。这台数字录制调音台投入使用后，标志着北京电台录制机房开始向数字化录制系统升级。

2003 年 2 月，北京电台购置第一台大型数字多轨录音调音台——STUDER Vista 7。2004 年 3 月，安装第一台苹果多轨录制音频工作站，取代 SONY 3324 多轨磁带数字录音机。2006 年 5 月，在技术楼三层原主控机房，搭建全数字多轨制作系统。此系统的演播室和技术楼五层视频演播室共用，7 月投入使用。2008 年 3 月，在 206 机房建立北京电台第一个 5.1 环绕立体声机房，大大提高音乐节目制作的水平和能力，填补了录音种类的空白。主要设备是 SSL C200 数字多轨录制调音台。

随着北京电台网络化、数字化智能技术的应用及音频工作站的普及，后期制作已经不仅局限于复制机房，而是延伸到办公区域。采编播人员经过培训可以独立完成节目的制作。专业录音员的工作侧重在广播剧、音乐录音（歌曲、戏曲、民乐、交响乐等器乐）及制作、广告录制、外出扩声、外出录音、现场大型演出扩声及录制、重点采访及访谈的录制等。截至 2010 年，全台桌面音频工作站已经达到 256 套，除完成自动化播出、节目审听、排单外，主要用于节目的后期制作。

第二节　播出控制

播出控制是电台节目生产流程的重要步骤，是安全播出的关键环节，要求精确、准时、可靠和高效。广播中心是实现播出控制的核心部位，要保证直播录播的顺畅、安全运行的可靠、信号交换的便捷、应急处理的及时。

20 世纪 90 年代，专业化办台和主持人直播的方式改变了多年广播录音播出的单一形式，不断增加的节目套数和播出渠道（无线、有线调频、数字移动多媒体）给广播技术的播出控制提出新的要求。

一、台内直播和录播

北京电台 1990 年开办北京经济台，既是广播宣传改革的探索，也带来节目播出形式的突破。传统的“主控”“小控”的概念发生改变，传音员通过播放磁带以录音播出节目的方式逐渐淡出，随之而来的是主持人成为话筒前的主角，独立完成调音台及周边设备的操作。在主持人直播节目过程中接进热线电话，成为越来越多广播节目的新特点，深受各方欢迎。听众通过电话积极参与节目互动，专家通过电话方便地参加直播，记者现场采访报道以电话连线方式在直播节目中插播。

大版块的节目设置、主持人直播和热线电话的接入极易引发播出安全。伴随着热线直播节目的开播，北京电台设立“导播”岗位，辅助主持人直播并完成录播节目的播出。技术人员负责主控值班和技术保障。为此，北京电台不断更新设备，调整机房布局，加强安全控制。

为保证播出质量，提高设备运行指标，完善技术功能，北京电台于 1994 年 4 月至 1996 年 3 月，对主控机房进行大规模技术更新改造，为以后广播中心实现播控技术的数字化、自动化打下基础。

1996 年，先后完成经济、音乐、文艺、新闻、教育等专业广播的直播机房改造，建成以主持人操作为主的包括导播间的直播机房。但文艺、音乐广播的节目播出长期在办公楼 21 层的机房，在播出安全、信号传输、值班维护等多方面都受到限制。

1999 年 2 月，北京电台数字音频制播系统已连接 80 多台各类音频工作站，供全台 7 套节目的编辑、记者使用，各专业广播的录播节目全部实现自动播出。同年 10 月，北京电台要求导播必须严格按《导播工作程序》操作，热线直播节目要使用延时器等方式确保安全播出。

2003 年 10 月，北京电台广播中心改造工程开始安装播出机房。这项技术改造工作，对于电台事业发展、宣传工作、广告创收和安全播出都有着举足轻重的意义。新广播中心包括 1 个主控机房（200 平方米），8 个播出机房（新闻广播播出机房 100 平方米，交通、体育、教育、经济广播播出机房各为 60 平方米，音乐、文艺广播播出机房各为 80 平方米，备用机房 40 平方米）和 1 个综合演播室（130 平方米）。

北京电台自行设计安装主控机房播控系统，从丹麦引进 3 套 NTP 公司的矩阵系统替代传统的单机分离式播出和切换设备，实施了播控、传输全系统数字化、网络化、一体化的改造方案。该系统实现了 16 套节目在矩阵系统内向中央广播电视塔、804 发射台、办公楼 21 层微波机房等不同路由的播控和传输；播出节目、各类转播节目可在矩阵系统内灵活交换和传送；能够对节目传送各环节进行监视、监听和故障报警。

安装在技术楼 5 层的 7 个专业广播播出机房中，交通、音乐、文艺广播播出机房仍采用 Integrity 数字调音台，其余 4 个机房采用 STUDER OnAir 2000 数字调音台（12 路输入通道包括 3 路 MIC 输入通道、3 路模拟线路输入通道、4 路数字输入通道、2 路 6 选 1 输入通道）。一个备用播出机房，作为应急处置其他机房故障时使用。以上 8 个播出机房均配备有主、备播出音频工作站，CD、DAT、数字播出延时器、模拟盒式磁带录音机等周边设备。

2004 年 5 月 18 日，北京电台新广播中心启用，北京电台从此结束多年模拟播出的历史

主控系统建设中还建立了技术监控系统、GPS 授时系统。2004 年 5 月 18 日，新广播中心投入使用。

2005 年 5 月开始，北京电台陆续为 7 个专业广播播出机房安装三机位 DV 级视频编录设备及专业灯光系统，实现广播节目的音视频同步播出。

2008 年 11 月，技术楼五楼综合演播室拆除，改建成爱家广播和外语广播两个播出机房。2009 年 1 月 18 日，爱家广播播出机房建成开播。2009 年 3 月 17 日，外语广播移至新机房播出。

据统计，从 1994 年到 2010 年，北京电台直播、录播和转播的时间比例有所变化，直播时间比例由 1994 年的 36.3% 上升到 2010 年的 46.8%，转播时间比例由 1994 年的 4.2% 下降到 2010 年的 1.1%。全年直播时间从 1994 年的 13681.2 小时增加到 2010 年的 32136 小时。

二、台外播出和转播

现场转播一直是广播电台最具特色的播出形式之一。在 20 世纪 90 年代之前，北京电台的现场转播大多局限于体育场和剧场，依靠长期或临时租用的电话线路向广播中心回传音频信号。90 年代初期曾使用转播录音车进行转播，利用车内的小功率调频发射机回传信号。

1. 台外常设直播间

1995 年 7 月至 1996 年 9 月，北京经济台在隆福大厦东侧橱窗配置日本索尼公司播出设备

1995 年 7 月 8 日，京城第一家设在电台之外的直播室——《隆福直播室》开播

搭建直播室，使用微波传输播出《隆福直播室》节目。这是京城第一家设在电台之外的直播室，是北京电台开通主持人直播热线节目之后的又一播出新形式。在社会主义市场经济体制建立过程中，隆福直播室应运而生，节目贴近市场、贴近群众、形式新颖，在北京引起一时轰动。

2002 年 1 月 1 日，北京交通广播搭建在北京市公安局交管局指挥中心的直播室启用。这是全国首个常设在公安交管部门的直播间。该直播室通过光缆与北京电台主控机房连接，不仅将播出信号传回台内，同时将台内音频网络延伸到北京交通管理指挥中心。

2006 年 1 月，北京电台完成位于北京市气象局的直播室搭建任务，开播城市管理广播《直播气象》节目，这是全国第一个在天气预报会商室进行直播的气象节目。

2008 年 5 月，北京电台对交管局指挥中心直播机房进行改造，用 STUDER OnAir 2000 数字调音台替代 STUDER OnAir 1000 数字调音台，增加视频和专业灯光设备，并通过两套光缆传输设备连接，实现交通广播台内播出机房和指挥中心播出机房音频的双向传输。

2. 台外临时直播室

2002 年之后，北京电台各专业广播台外现场直播节目数量逐年增长，规模也越来越大。从北京市党代会、人代会等重大政治性会议，到车展、房展等商业性展览会，从各种演出到社会活动，从北京市到外省（市），从一套节目播出到几套节目联合播出，甚至发展到与其他省（市）电台联合转播。

2002 年 5 月 9—11 日“北京国际电视周”期间，北京电台在北京展览馆搭建球形透明直播室，观众在现场观看节目直播，领略主持人的风采。这是北京电台首次在台外搭建临时直播室。同年 6 月 6 日，“第七届北京国际汽车工业展览会”开幕，北京电台在北京国际展览中心搭建直播室，交通广播连续 8 天进行现场直播。此后每逢北京、上海国际车展，北京交通广播均在现场设立直播间，互动播出车展盛况。

2004 年起，每届北京外语游园会，北京外语广播均在活动现场搭建直播间，与听众现场互动。

自 2006 年起，每逢中国北京国际文化创意产业博览会举办，北京电台都在会场内搭建直播间，现场传递文博会动态。

2010 年 5 月 4—8 日，上海世博会“北京活动周”期间，北京电台在世博园国际广播电视中心搭建直播间，每天进行现场直播，共计直播 22 小时。这是北京电台历史上规模最大的异地直播报道活动，创下直播时间最长、参加人员最多、报道方式最多等多项第一。

2010 年 5 月，北京电台《世博直通车》节目在上海世博园国际广播电视中心直播间直播

3. 境外转播

1998 年 4 月 22 日，北京音乐广播使用 ISDN 设备在日本东京现场转播“世界地球日音乐会”。此后每年都进行此项转播活动。

1999—2010 年，北京音乐广播连续 12 年对格莱美颁奖典礼进行现场转播。

1999 年 8 月、2001 年 8 月、2006 年 8 月和 2007 年 8 月，北京音乐广播通过 ISDN 及欧广联通信卫星 4 次现场转播萨尔茨堡音乐节。

2001 年 5 月、2006 年 5 月和 2007 年 5 月，北京音乐广播 3 次现场转播布拉格之春音乐节。

2002—2010 年，每年 4 月 22 日，北京音乐广播赴日本东京直播世界地球日音乐会，并通过全国卫星音乐广播协作网向成员台同步转播。

2002—2010 年，北京音乐广播每年 6 月现场转播柏林森林音乐会；2002—2010 年，每年 12 月现场转播柏林除夕音乐会；2004—2010 年，对丹麦罗斯基勒音乐节进行 6 次现场转播；2007—2010 年，对全英音乐奖颁奖典礼进行 4 次现场转播。

除了上述转播，北京音乐广播每年还会不定期地转播国内外的其他重大音乐活动。

三、自动播出

1999 年 10 月，北京电台全部 7 套开路广播节目用调频信号通过有线广播电视网播出。2002 年以后，北京电台在北京歌华有线电视网陆续开办专门的有线调频广播节目。自 2006 年 9 月起，北京电台的广播节目可以通过移动多媒体广播播出。有线调频广播节目和移动多媒体广播节目没有播出机房，完全采取录播方式，通过音频工作站自动播出。

北京电台 2002 年增设的 11 套有线调频自动播出系统

2010 年，北京电台除了 8 套（不含体育广播）开路广播播出的节目，还有 7 套节目通过歌华有线电视网和移动

2006 年 9 月，北京电台启用移动多媒体广播前端设备

多媒体广播覆盖网播出。这 7 套采取自动播出的节目是：古典音乐广播、通俗音乐广播、教学广播、长书广播、戏曲曲艺广播、欢乐时光广播、怀旧金曲广播。这些节目的前期制作过程与其他节目完全相同，节目制作完成后，经过审核，排好节目单，通过自动播出工作站播出，无须人工干预。

第三节　信号传输

1994 年，北京电台广播中心通过铠装铅包电缆（主用）和数字微波（备用）向酒仙桥 804 发射台传送节目；通过光缆和小微波 STL（Studio Transmitter Link）向中央广播电视塔和皂君庙调频发射台传送节目。

20 世纪 90 年代，北京电台广播宣传对节目转播、信号交换以及获取其他媒体信号、信息资源不断提出新需求。从 1996 年开始，北京电台在接收中央人民广播电台、中央电视台、新华社的信息、与各省（市）电台交换、传输节目以及北京电台上星节目的方式和手段上都有新突破。

为保障无线覆盖，在解决“听得到”的同时，还要保证“听得好”。1993 年 5 月，北京音乐广播首次在北京电台传输系统中使用音频处理器。1997 年 7 月，北京文艺广播首次使用 ORBAN 8101B 音频处理器，中波发射机传输系统也陆续配置美国产 ORBAN 系列音频处理器。音频处理器具有降低峰值电平，提高平均调制度，增加边带波功率以增加响度的优点，可以提高节目清晰度，使听众感到响度也增加了。立体声广播覆盖半径约为同功率等级发射状态的单声道广播的一半，采用音频处理器后，使接收载波场强略低于要求的地方也有可能收到质量较高的信号，扩大了覆盖范围。

2010 年，北京电台的信号传输包括 ISDN、光缆线路、卫星、电话等多种手段。

一、广播中心向中波发射台传送

1994 年 4 月，北京电台广播中心向 804 发射台传送新闻广播节目（中波 828 千赫）、经济广播节目（中波 1026 千赫）、交通广播节目（中波 927 千赫）和教学节目（中波 1476 千赫）。同年 10 月，中波 603 千赫替换中波 1476 千赫，以解决频率不稳定和同频干扰问题。同年 12 月，中波 603 千赫改传教育广播节目。

1997 年 4 月，北京电台完成广播中心到 804 发射台光缆线路建设，以一条 10 千米、10 芯单模光缆取代原铠装铅包电缆。光缆两端配置德国飞利浦光端机传送 4 套单声道节目。

1999 年 4 月，中波 927 千赫改传生活广播节目。2002 年 1 月，中波 927 千赫改传体育广播节目。2004 年 1 月，中波 603 千赫改传首都生活广播节目。2004 年 9 月，增加中波 774 千赫传送外语广播节目。

2005 年 1 月，北京电台将广播中心至 804 发射台的两条 STL 微波通路更新为 NEC 公司 13G SDH 通用微波设备。此后，北京电台在信号传输设备上基本和电信部门并轨，采用国际通用的信号传输接口。此条传输线路为节目传输备用线路。同年，广播中心至 804 发射台新敷设的一条 96 芯光缆传输线路成为节目传输主用线路。

2005 年 3 月，中波 1026 千赫改传城市管理广播节目。2007 年 11 月，中波 1026 千赫改传城市服务管理广播节目。2009 年 1 月，中波 603 千赫改传故事广播节目，中波 927 千赫改传爱家广播节目。

2010 年，广播中心向 804 发射台传送的节目有：新闻广播节目（中波 828 千赫）、爱家广播节目（中波 927 千赫）、故事广播节目（中波 603 千赫）、城市服务管理广播节目（中波 1026 千赫）和外语广播节目（中波 774 千赫）。

二、广播中心向调频发射台传送

1994 年 2 月，北京电台启用广播中心到中央广播电视塔的传输光缆（长 16 千米、8 芯单模波纹钢带光缆）。光缆两端配置德国飞利浦公司生产的两套 DIGAS 光端机。作为主用线路，每套设备可同时传送 4 路立体声信号和 4 路数据。1994 年，北京电台广播中心向中央广播电视塔传送音乐广播节目（调频 97.4 兆赫）、文艺广播节目（调频 87.6 兆赫）。

1994 年 4 月，北京电台广播中心向皂君庙调频发射台传送教学节目（调频 103.9 兆赫）。1994 年 7 月，使用广播中心到皂君庙调频发射台的小微波传输通路，作为备用传输线路。1995 年 6 月，皂君庙发射台调频 103.9 兆赫改传儿童台节目。1996 年，该发射台增加调频 97.4 兆赫传送音乐广播节目，增加调频 87.6 兆赫传送文艺广播节目。

1996年6月，北京电台利用广播中心到中央广播电视塔的光缆和北京电视台由中央广播电视塔到皂君庙调频发射台的光缆，建成北京电台广播中心到皂君庙调频发射台的光缆传输系统（主用），使用飞利浦DIGAS系列光端机。

1997年7月，广播中心到中央广播电视塔的光缆传输主用通路更新为美国NVISION公司的NV2000光端机，备用通路仍使用飞利浦DIGAS光端机。

1998年1月，北京电台广播中心向中央广播电视塔增加调频103.9兆赫传送教育广播节目。1999年1月，中央广播电视塔调频103.9兆赫改传交通广播节目。

1999年5月，北京电台广播中心到中央广播电视塔光缆传输主用通路更新为全数字化，添加数字信号同步器，并把NV2000数字光端机模拟接口更换为AES数字输入、输出接口。

2001年3月，北京电台建成广播中心至皂君庙调频发射台第二个光缆传输系统。同年，广播中心向中央广播电视塔增加调频100.6兆赫传送新闻广播节目，向皂君庙发射台增加调频107.3兆赫传送经济广播节目。

2003年，北京电台广播中心至中央广播电视塔的8芯光缆更换为96芯（北京电台和北京电视台各48芯）光缆。

2005年1月，北京电台广播中心至中央广播电视塔的备用STL微波通路，更新为NEC公司13G SDH通用微波设备。此后，北京电台在信号传输设备上基本和电信部门并轨，采用国际通用的信号传输接口。

2005年，皂君庙调频发射台增加调频102.5兆赫传送体育广播节目。

2006年2月，广播中心到皂君庙调频发射台的备用微波传输通路更新为NEC公司13G微波设备。

2008年，皂君庙发射机房更换音频传输光端机系统。

三、现场转播信号回传

随着北京电台系列化专业台的陆续开播，以及技术进步和广播设备数字化进程的加快，北京电台台外直播节目的比重逐渐增加。在活动现场搭建直播间或转播台，对现场转播信号回传的技术手段、能力和质量提出更高的要求。

1996年，北京电台开始使用北京广播器材厂生产的4套13G便携式模拟微波设备进行实况转播。

1998年4月4日，北京音乐广播在广州天河体育中心首次使用ISDN线路现场直播京粤港普通话歌曲群英会颁奖典礼，从技术上突破地域限制，使北京音乐广播大量转播世界各地音乐盛事成为可能。北京电台成为全国第一个用ISDN线路现场直播演唱会的广播电台。同年4月

22 日，北京音乐广播使用 ISDN 设备在日本东京直播“世界地球日音乐会”，高品质地完成超远距离的信号传输。1998 年 8 月，北京电台使用 13G 微波设备在首都体育馆采取接力的方式转播首都各界联合主办的“爱心与祖国同在”抗洪赈灾义演晚会。

1999 年 2 月，北京音乐广播首次赴美国洛杉矶，通过 ISDN 线路现场直播第 41 届格莱美颁奖典礼，成为国内第一家跨洋现场转播国际顶尖级音乐盛典的广播电台。此后，每年北京电台都会到美国、德国、丹麦、英国、奥地利、捷克等国现场直播国际音乐盛会。

2001 年 4 月 18 日，北京电台与电信部门合作，利用会议电话系统，与上海、天津、重庆等 11 家电台同时联合直播在中华世纪坛举行的《全国旅游广播网》节目开播仪式。利用会议电话系统实现多家广播电台联合播出在国内这是第一次。

2002 年 7 月 13—15 日，北京音乐广播每天通过宽带网络从荷兰海牙向国内传送“北海”爵士音乐节系列音乐会节目，使中国听众第一次收听到“北海”爵士音乐节的现场演出，实现音乐广播的首次网络国际转播。

2004 年 4 月 11 日，北京电台使用无线专业传输设备独家全程直播北京国际接力马拉松赛。这是北京电台首次实现移动直播。

2004 年 6 月 9 日，在人民大会堂东门前，北京电台首次使用卫星信号传播车高质量地完成雅典奥运火炬在中国传递开幕式的直播。当日，北京体育广播、文艺广播和北京广播网联袂进行音视频同步全程移动直播“奥运圣火在京传递”活动，开创现场直播时间长达 10 小时的中国广播史纪录。

2004 年 6 月 9 日，在人民大会堂东门广场举行的雅典奥运圣火传递仪式上，北京电台首次启用卫星转播车，为体育广播、文艺广播和北京广播网的现场直播进行信号传送

北京电台通过采用新技术，打破地理位置、传输途径的局限，将直播现场延伸到需要转播的任何场所。同时，随着北京城市建设的飞速发展，高层建筑增多，传输通道狭窄，微波传输逐渐淡出转播传输设备行列。

2006 年，北京电台技术中心传输科更名为转播传输科，标志着台外转播的次数、规模和形式发生了较大的改变，现场转播工作进入常态、规范、灵活多样的阶段。2006—2010 年，平均每年转播 200 场次。

2008 年，北京电台投资兴建的北京广播大厦竣工。电台广播中心主控机房到北京广播大厦 1 号、2 号演播厅节目控制室音频传输的光缆通路先后建成。广播大厦的专业广播电视节目演播室成为北京电台每年举办大型直播活动的重要场所。

四、其他信号的传送

1996年9月，北京电台实现用卫星接收中央人民广播电台第一套节目（中波639千赫）信号。

1997年12月，北京电台通过光缆和微波传送中波828千赫（新闻广播）节目到北京电视台，打包完成北京广播电视节目上卫星播出的工作。2007年4月，按照国家广播电影电视总局的要求，配合北京电视台完成广播卫星转星调整工作，增加北京城市管理广播节目上星的传送及卫星转播信号传输。2009年4月，北京新闻广播上星节目传输路径变更为经北京电视台新台址（北京市朝阳区建国路98号）。

1999年4月，北京电台在技术楼顶架设卫星接收天线，接收中央电视台《新闻联播》节目信号用于转播。

2001年11月，北京电台与卫星公司合作，为北京音乐广播建立可覆盖全国的高质量卫星传输的音乐广播协作网。

2002年5月，北京电台在主楼25层安装卫星接收天线，接收中央电视台第一套节目音频信号和中央人民广播电台第一套节目作为转播备用信号，同时接收的还有新华社、英国广播公司（BBC）的图文、图像、声音信号。

2002年，北京电台通过国家光缆干线网、北京歌华有线电视网接收中央人民广播电台第一套节目信号。2006年2月，通过微波通路从中央广播电视塔回传中央人民广播电台第一套节目信号。这两路信号均作为转播备用。

2008年11月，北京电台完成向北京市“村村通”郊区覆盖工程传输节目信号。

2010年，北京电台转播传输手段包括：ISDN、光缆线路、卫星、数字电话耦合器和记者电话等。

第四节　无线覆盖与有线接收

无线覆盖，移动接收，是广播技术的特点。

1994—2010年，随着北京城市建设发展，城市规模扩大，高楼大厦越来越多，位于北京市朝阳区酒仙桥的804发射台周边开阔地被逐渐蚕食，中波广播的无线覆盖面积相对缩小，且受到更多环境因素干扰，北京电台中波广播的发射效果越来越差，中波广播的覆盖面积及服务区域已经不能完全满足北京城八区的收听需要，所以，收听中波广播的人群数量呈每年下降的趋势。虽然调频广播在城市中的收听效果具有优势，但广播的无线覆盖范围不够、电磁环境干扰增加仍是难以解决的问题。

一、中波覆盖

1994 年年初，804 发射台使用中波 828 千赫、927 千赫、1026 千赫和 1476 千赫 4 个频率分别发射新闻广播、交通广播、经济广播和教学节目。

1994 年 5 月，804 发射台新安装的上海广播电视研究所生产的 POM10 千瓦全固态一备四中波发射机投入运行，至此，原来做备用的 4 部 7.5 千瓦中波发射机全部停机。

教学节目使用的中波 1476 千赫位于中波频段的高端，频率稳定度差，传播效果不好，另有国外电台的同频干扰，长期以来听众意见很大。1994 年 10 月，北京电台用中波 603 千赫替换 1476 千赫。同年 12 月，中波 603 千赫发射新开播的教育广播节目，发射功率 10 千瓦，覆盖效果明显提高。此时，中波 828 千赫、1026 千赫发射功率 50 千瓦，927 千赫发射功率 10 千瓦。804 发射台场区内的两座桅杆式发射天线，116 米中波发射天线承载 927 千赫和 603 千赫的发射，147 米中波发射天线承载 828 千赫和 1026 千赫的发射。发射机通过高频同轴电缆与天线的调配网络连接。

1995 年 6 月，804 发射台启用美国哈里斯公司（HARRIS）生产的 2 部 25 千瓦全固态数字调幅发射机，替换陕西 762 厂生产的 GZ-10-3 型 10 千瓦脉宽调制中波发射机，发射中波 603 千赫和 927 千赫；将 4 部 10 千瓦全固态数字调幅发射机用作 4 个中波频率的备用发射机。804 发射台实现全部 5 套播出发射机 1+1 的工作方式，总发射功率 160 千瓦。

1996 年 3 月，启用美国哈里斯公司生产的 2 部 50 千瓦全固态数字调幅发射机，替换陕西 762 厂生产的 GZ-10-1 型 10 千瓦中波板调发射机，发射中波 828 千赫和 1026 千赫。

2001 年，804 发射台改造发射机馈线系统，将临时性铜皮连线全部改造成正式电缆头，加装备用电缆和假负载切换开关，提高发射系统的可靠性。

2002 年 7 月，启用美国哈里斯公司生产的 4 部 10 千瓦全固态数字调幅发射机，作为中波 828 千赫、1026 千赫、603 千赫和 927 千赫的备机。

为了解决新开频率无发射场区的问题，2004 年 3 月，北京电台进行新型双锥塔小天线的开发试验。同年 9 月，开始使用中波 774 千赫频率发射北京外语广播节目，发射功率 10 千瓦；中波 603 千赫的备用发射机改频为 774 千赫的备机。

双锥塔小天线是一种实用的不需要铺设地网的小型中波发射天线，占地面积仅几十平方米，相当于传统铁塔天线的 1/300。双锥塔中波小天线仍然采用传统天线的地波传输方式。经过对北京城区和东、南、北四个方向覆盖场强的测试，场强覆盖相当于传统天线，在 70 千米

2008 年，北京电台 804 发射台中波发射天线

以外远端测量场强衰减比较平缓，证明双锥小天线的远端覆盖效果更好一些。在 2005 年度北京市广播电视局科技创新奖评比中，“双锥塔中波小天线”项目获得高新技术研究与开发一等奖。

2005 年 8 月，用哈里斯公司 25 千瓦全固态数字调幅发射机发射的中波 927 千赫改频用作 774 千赫的主机；启用哈里斯公司 2 部 50 千瓦全固态数字调幅发射机作为中波 603 千赫和 927 千赫的主机。

2010 年，北京电台中波发射系统运转正常。

表 2-1　1994—2010 年 804 发射台使用设备情况一览表

中波发射机					
型号	名称	发射功率	数量	生产厂家	使用情况
GZ-10-3	脉宽调制中波调幅发射机	10 千瓦	4	陕西七六二厂	用于 927 千赫、1476 千赫（1994 年 10 月改为 603 千赫），至 1995 年 6 月
GZ-50-1	中波板调发射机	50 千瓦	2	陕西七六二厂	用于 828 千赫、1026 千赫，至 1996 年 2 月
TS-10B	全固态中波发射机	10 千瓦	1	上海市广播科研所	1994 年 4 月启用，用于 828 千赫、927 千赫、603 千赫、1026 千赫作备机
DX-25U	全固态数字调幅发射机	25 千瓦	2	美国哈里斯公司	1995 年 7 月启用，用于 603 千赫、927 千赫； 2005 年 8 月，927 千赫改频为 774 千赫（主机）
DX-50	全固态数字调幅发射机	50 千瓦	2	美国哈里斯公司	1996 年 3 月启用，用于 828 千赫、1026 千赫
DX-10	全固态数字调幅发射机	10 千瓦	4	美国哈里斯公司	2002 年 7 月启用，用于 828 千赫、1026 千赫、603 千赫、927 千赫作备机； 2004 年 9 月，603 千赫改频为 774 千赫（备机）
3DX-50	全固态数字调幅发射机	50 千瓦	2	美国哈里斯公司	2005 年 8 月启用，用于 603 千赫、927 千赫作主机
配电设备					
型号	名称	标称	数量	生产厂家	使用情况
KYN18A	高压开关柜	10 千伏	10 面两组	北京开关厂	1999 年 10 月启用

续表 2-1

配电设备					
型号	名称	标称	数量	生产厂家	使用情况
MNS2-A	低压开关柜	380 伏	7 面两组	广东汕头南粤开关厂	1999 年 10 月启用
SCB9-630/10	干式变压器	630 千伏	两组	常州华迪特种变压器公司	1999 年 10 月启用
GZS1121-65/220-FM	直流控制屏	220 伏	一组	北京合欣机电有限责任公司	1999 年 10 月启用
P350E	柴油发电机组	350 千伏	一组	英国威尔信公司	2003 年 12 月启用

天线			
名称	高度	生产厂家	使用情况
垂直铁塔式中波发射天线	147 米	北京双桥天线设备厂	1981 年 8 月启用。1994—，用于 828 千赫、1026 千赫
垂直铁塔式中波发射天线	116 米	北京双桥天线设备厂	1968 年 10 月启用。1994—，用于 603 千赫、927 千赫
双锥式中波发射天线	29.5 米	青岛众望科技有限公司	2004 年 7 月启用，用于 774 千赫

二、调频覆盖

1. 1994 年 4 月 1 日，北京文艺广播使用调频 87.6 兆赫在中央广播电视塔播出，发射功率 10 千瓦。这是继 1993 年 8 月北京音乐广播使用调频 97.4 兆赫播出后，北京电台在中央广播电视塔播出的第二个调频广播。

1998 年 1 月，北京电台第三个调频频率 103.9 兆赫（北京教育广播）由皂君庙调频发射台移至中央广播电视塔播出，使用泰克诺 VL1000 全固态调频发射机，发射功率 1 千瓦。1999 年 1 月，该频率改为播出北京交通广播节目。2000 年 12 月，发射功率扩大到 10 千瓦，使交通广播覆盖面积增加，收听效果改善。

1999 年 6 月，北京电台在中央广播电视塔上使用的 3 部电子管调频发射机更新为美国 BE 公司生产的 BE FM-5C 10 千瓦数字调制全固态调频发射机，实现并机和“5+1”工作方式。这 3 部 10 千瓦调频发射机由中央广播电视塔代管代维。

2. 皂君庙调频发射台在北京音乐广播节目于 1993 年移至中央广播电视塔发射之后，经过短暂调整继续使用。1994 年 4 月，使用调频 103.9 兆赫播出北京电台教学节目。1995 年 6 月，该频率改播北京儿童台节目，发射功率 1 千瓦。

1996 年起，皂君庙发射台承担中央广播电视塔每周二下午停机检修期间北京音乐广播（调频 97.4 兆赫）、文艺广播（调频 87.6 兆赫）节目的代播任务。

自 1998 年 1 月起，调频 103.9 兆赫由皂君庙调频发射台移至中央广播电视塔播出。

2006 年，皂君庙调频发射系统全面改造，对天馈线、发射机、多功器、传输、监控等设备进行更新，包括安装 3 千瓦发射机 3 部、1 千瓦发射机 1 部，实现 6 个调频频率（新闻广播、城市管理广播、体育广播的主用发射，文艺广播、音乐广播、交通广播的备用发射）发射和监控。

3. 2000 年 12 月，为了改善中波发射在市区收听效果不好的问题，北京电台开始进行小功率调频同步广播试验。在皂君庙调频发射台、中央广播电视塔安装两套同步调频设备。2001 年 8 月，北京电台同步广播通过国家广播电影电视总局的专家验收。同年 10 月，北京新闻广播节目启用调频 100.6 兆赫同步广播，发射地点在中央广播电视塔和北京电台办公楼楼顶，发射功率 2×200 瓦；12 月，经济广播节目在皂君庙调频发射台启用调频 107.3 兆赫同步广播，发射功率 100 瓦。

为迎接北京奥运会，2005 年，调频 102.5 兆赫与中波 927 千赫同步播出体育广播节目。该频率采用精密调频同步技术，设置北京电台办公楼、皂君庙调频发射台和 804 中波发射台 3 个发射点，发射功率 3×50 瓦。同年，调频 107.3 兆赫与中波 1026 千赫同步播出城市管理广播节目，设置北京电台办公楼、皂君庙调频发射台两个发射点，发射功率 2×100 瓦。

2008 年，调频 102.5 兆赫发射功率由 3×50 瓦升至 3 千瓦，同步调频广播同时停止。

2010 年，北京电台无线调频频率从 1994 年的 3 个（87.6 兆赫、97.4 兆赫和 103.9 兆赫）增加到 6 个（87.6 兆赫、97.4 兆赫、103.9 兆赫、100.6 兆赫、102.5 兆赫和 107.3 兆赫）。

三、卫星覆盖与有线接收

20 世纪 90 年代中后期，北京电台应用多种广播技术手段，如卫星覆盖、有线调频广播、有线电视网数字广播、移动多媒体广播等，弥补广播节目无线覆盖不足、收听质量不好的问题。

1998 年，北京新闻广播节目与北京电视台第一套节目同步上星，使用亚星－Ⅱ号第五转发器，广播频率为 KU 波段。2007 年，北京电台实现新闻广播和城市管理广播两套节目上星。广播节目上星对于解决北京地区，特别是山区的广播覆盖起到重要的作用。

随着北京有线广播电视网的建设，1999 年 10 月，北京电台全部 7 套广播节目通过调频广播的方式送入东城区、西城区、崇文区、宣武区有线广播电视网；2000 年 4 月，又扩展到海淀区、朝阳区、丰台区、石景山区的有线广播电视网。有线调频广播采用立体声模式播出，信号稳定，不受干扰，如果接入音响设备的调频天线端口，收听质量非常好。从此，北京的听众不仅可以通过无线电波收听北京电台的中波和调频广播节目，还可以通过有线广播电视网收听到清晰悦耳的广播节目。但是，收听有线广播需要一定的条件：要在接通有线电视的固定场所，通过同轴电缆将有线电视网络 FM 输出端口连接到接收机天线端口，或者使用“有线广播功率放大器”接收。虽然存在接收不方便等问题，但对北京电台广播节目覆盖是一种补充，可以满足部分听众的需求。

2002 年，北京电台在北京歌华有线电视网中先后开办教学广播、古典音乐广播和欧美流行音乐广播。同年 12 月，又增加有线英语广播。

2003 年 8 月，北京电台在歌华有线电视网开办文学影视广播和戏曲曲艺广播。同年，北京电台在歌华有线电视网数字平台试播有线数字节目。

2004 年，欧美流行音乐广播更名为通俗音乐广播。同年 5 月 1 日，北京电台在歌华有线电视网开办轻音乐广播和亚洲流行音乐广播；在歌华有线电视网的数字平台试播爵士音乐广播。2004 年年底，在歌华有线电视网中播出的 18 套有线调频广播节目中，北京电台占 15 套。这 15 套节目同时送入歌华有线电视网数字平台播出。

有线数字广播需要使用有线数字机顶盒接收，声音可以达到 CD 质量。自 2005 年起，国家广播电影电视总局大力推广数字电视。随着北京市全面推广数字电视，北京电台有线数字广播覆盖面积也逐年扩大。

2006 年 9 月 6 日，北京电台移动多媒体广播正式开播后，有线亚洲流行音乐广播和轻音乐广播的名称和呼号分别调整为欢乐时光广播和怀旧金曲广播，每天同时在有线调频和移动多媒体广播播出。

2007 年，在歌华有线电视网数字平台播出的爵士音乐广播移至移动多媒体广播播出。

2008 年 1 月 1 日，“有线文学影视广播”改名为“长书广播”，每天在有线调频和移动多媒体广播播出。

2010 年，北京电台在歌华有线电视网传送的 16 套数字广播节目是：新闻广播、城市服务管理广播、故事广播、体育广播、交通广播、文艺广播、音乐广播、古典音乐广播、通俗音乐广播、教学广播、外语广播、长书广播、戏曲曲艺广播、欢乐时光广播、怀旧金曲广播和爱家广播，分别占用 301~316 频道。

第二章
移动多媒体广播技术

1994 年 6 月制定的《北京人民广播电台技术发展“九五”规划》中指出，“数字音频广播（DAB）是目前世界上正在研究试验的广播新技术，具有音质好、移动接收性能好、抗干扰能力强、频率利用率高、易于实现一个频道多套节目播出，数字广播很可能是下一代声音广播的方式，我们要积极研究探索，争取早日实现数字广播”。根据这个规划，北京电台一直在跟踪、研究数字音频广播（DAB）（以下简称移动多媒体广播）技术的发展和应用。

2004 年，北京电台安装在中央广播电视塔的数字音频广播发射机

2004 年下半年，北京电台获得原属北京市昌平电视台的电视 11 频道频率使用权，用于北京地区移动多媒体广播的播出试验，在中央广播电视塔的移动多媒体广播发射机安装也已完成。至此，北京电台移动多媒体广播的应用工作进入实质性阶段。

自 2005 年 2 月 23 日起，每天 9:00—17:00 在中央广播电视塔进行移动多媒体广播测试。使用的设备为德国罗德与施瓦茨（ROHDE&SCHWARZ）公司的六路音频编码复用器和 500 瓦移动多媒体广播发射机，以及德国斯必能（SPINNER）公司的滤波器，依据欧洲移动多媒体广播标准 10B 频道，中心频率 211.648 兆赫、带宽 1.536 兆赫。

2005 年 4 月，北京电台广播中心至中央广播电视塔传输 ETI（Ensemble Transport Interface，总成信号传输接口）信号的数字微波传输链路搭建完成。4 月 18 日，移动多媒体广播开始试播。试播 5 套码率为 192kbps 的音频节目，使用 PHILIP、RadioScape、LG、SAMSUNG、德国兰宝 BLUAPUNKT、JVC、Dizipia 的车载和手持数字音频广播接收机测试接收。同年 11 月初，搭建完成传送 ETI 信号的光纤链路。

2005 年 9—10 月，北京电台在技术楼五层主控机房为移动多媒体广播前端设备安装专用的机柜，并完善不间断电源、配电盘、光纤端口盘、网络端口盘、GPS 信号、音频信号端口盘、视频信号端口盘等设施及配套线路，安装微软公司、韩国 PIXTREE 和韩国 OTT 公司的数字多媒体编码器以及向瑞典 FACTUM 公司和英国 RadioScape 公司借用的音频编码器和复用器，开始各种数字多媒体业务的试验。

2005 年 11 月，在中央广播电视塔安装 4 部美国哈里斯公司的 DAB 630 系列 1 千瓦数字音频广播发射机及瑞典卡塞尔公司的射频信号滤波合成器。这些发射机具备完善的 ETI 信号自动切换、远程监控等功能，最多可以提供 6Mbps 的播出码率。德国罗德与施瓦茨公司的发射机停用。

2006 年 9 月开始，移动多媒体广播前端设备启用，向北京地区提供 16 套数字音频广播、4 套数字视频节目的播出。音频广播节目包括：中央人民广播电台中国之声、中国国际广播电台环球资讯广播、轻松调频、劲曲调频，北京电台新闻广播、城市管理广播、首都生活广播、体育广播、交通广播、文艺广播、音乐广播、外语广播、古典音乐广播、欢乐时光广播、长书广播、怀旧金曲广播。视频节目包括：CCTV-1、CCTV-5、BTV-1、中国国际广播电台环球奇观。

2007 年，北京电台建成完善了数字广播播出平台涉及的卫星及有线音视频节目接收系统、音频节目交换系统、视频节目交换系统、视频节目制播系统、视频节目编码系统、总成信号分配系统、数字多媒体及公共信息服务数据平台、供配电辅助设施等。

截至 2008 年 6 月，北京电台建成 4 个移动多媒体广播同步发射站点，分别位于国家广播电影电视总局 491 发射台、名人广场写字楼、大兴区广电中心、顺义区广电中心。每个站点配备 4 部 1 千瓦发射机及 1 套射频滤波合成器，与中央广播电视塔共同组建起移动多媒体广播单频网（Single Frequency Network，SFN），以确保北京奥运会重点区域及北京城区的数字广播信号具有良好的覆盖效果。2010 年，在北京市广播电影电视局远郊山区村村通广播电视转播站：房山霞云岭乡四马台村白草畔转播站、延庆刘斌堡乡上虎叫村浆棚山转播站、怀柔汤河口镇汤河口南山转播站、密云不老屯镇白土沟西山白土沟转播站、平谷山东庄镇鱼子山村景台山转播站，建设了 5 个移动多媒体广播发射站点，在北京广播大厦楼顶建成移动多媒体广播转播站（2010 年尚未发射播出），每个站点配备 4 部 600 瓦发射机及 1 套射频合成器。2010 年，北京电台建设移动多媒体广播同频覆盖网站点共 11 个。

第三章 信息化建设

北京电台信息化建设是将计算机、网络技术及软件应用与电台传统制作、播出、传输手段和编播、行政业务相融合的过程。北京电台的网络建设分为音频制播网（音频网）和综合业务网（综合网）。音频网承担音频节目采集、制作、编审、播出、存储等业务，对外完全物理隔离。综合网承担互联网接入，运行新闻采编、人事、财务、办公自动化等业务。

1994年，北京电台系列化专业台建成，各专业广播都有使用新华社信息的需求，于是启用专用通信线路接收新华社稿件，并将原来的单点接收改为多路分发模式。

1994年，北京电台计算机局域网（综合网）开始组建。主干采用同轴细缆总线型网络拓扑结构，服务器操作系统为Novell NetWare，客户端为Novell、DOS。此后，随着微软系统的普及，服务器操作系统也发展为Microsoft Windows NT Server，客户端为Microsoft Windows 3.2，并根据功能的不同分成不同的域，相互衔接构成初步的网络应用系统。

1994—1997年，北京电台与四川成都科技大学音频试验室（即后来的英夫美迪公司）合作研发磁光盘录音机及音频工作站系统，由此拉开北京电台音频节目制作、播出数字化、网络化的序幕。

1996年，新华社稿件接收改建成网页共享模式，更大范围地为采编播人员提供获取信息的便利。

1998年正式使用的音频制播系统包括在网络环境下运行的音频工作站、服务器和磁盘阵列。传统录音、后期制作和节目播出的形式彻底改变。通过音频工作站可以在任何地点、对音频文件进行非线性的编辑工作和后期加工，可以对播出的节目灵活编排和插播，可以使用一台音频工作站同时播出多套节目，还可实现音频资源共享。利用音频压缩技术，将常用音乐资料输入和存储在音频网的磁盘阵列中，使采编播人员直接在音频网上获得音乐资料，大大提高工作效率。1998 年搭建的北京电台音频网采用 ATM（异步传输）方式作为主干传输，带宽为 155Mbps，桌面带宽为 25Mbps；“以太”网模式连接到桌面 10Mbps。

2000 年，北京电台综合网升级为以光纤做主干的星形百兆以太网络。核心交换机为 3Com CoreBulider3500，并在办公楼九层建立第一个网络机房，成为综合业务网络的核心节点，承担网络交换与对外连接等任务。

在计算机网络技术的运用大大提高北京电台节目制作、播出和办公效率的同时，也带来网络安全的风险。2001 年，在综合网与互联网之间加装防火墙、入侵检测系统等安全系统。2002 年，在电台内部的财务网和综合网之间部署防火墙。此后，不断升级和调整网络安全的硬件和软件，对用户实施域权限管理。

2003 年，技术楼五层网络机房启用，办公楼九层的网络机房停用。音频网采用千兆以太网络为主干，10/100M 到桌面。网络结构为主播网与制作备播网双网并行，通过共用服务器进行数据共享，核心交换机为 3Com Switch 4007R。音频网络数据存储由 2001 年直连式存储（Direct-Attached Storage，DAS）发展为 2003 年的存储区域网络（Storage Area Network，SAN）。

2008 年，音频网部署防病毒软件。

2010 年，音频网络磁盘总容量从最初的 54G，发展到磁盘阵列 26 台、总容量 75TB（约 70 万小时音频）。网络结构发展为以核心交换机 cisco7609 的千兆以太网为主干，百兆到桌面，接入音频网的终端 256 台，在节目制作中心音频制作系统实施指纹认证。

2010 年年底，北京电台音频网和综合网安装服务器 70 台。接入综合网的终端近千台，运行有办公自动化系统、紫光新华电台采编系统、财务管理系统、人力资源管理、听众服务系统等十余个应用系统。

北京电台接入互联网的方式经历了利用调制解调器拨号、ISDN、2Mbps 光纤专线的过程。2010 年，承担互联网接入服务的中国网通、中国电信为北京电台提供的带宽由 2003 年的各 10Mbps 扩展到各 50Mbps，互联网接入带宽共 100Mbps。

第三篇

产业

第一章
广告经营

1994 年 1 月，北京电台经费由政府全额拨款改为实行差额预算。而设备老化、员工待遇较低等问题亟须解决，创收的重要性日益凸显。为此，北京电台在广播广告经营策略等方面进行 3 次大调整，使广告收入成为北京电台的主要经济来源，成为宣传和事业发展的重要保障。

第一节　广告承揽

1994 年 1 月，北京电台开始在全台范围内施行“统一管理、分散经营、分别核算”的广告经营管理办法。各专业广播的广告经营由 1993 年以前的电台统一操作改为由各专业广播自行操作。所谓自行操作，即电台广告部不再具体承担广告承揽任务，只负责电台广告的统筹管理。各专业广播由台长或一名副台长负责广告经营，公关部下设若干广告业务员或下辖若干广告代理公司，具体负责本专业广播的广告承揽工作，每年完成电台下达的广告任务指标。部分专业广播对编辑、记者也下达适当的广告任务。各专业广播是自收自支的“分别核算”，这种广告经营权下放的办法，调动了创收的积极性。1994 年，全台经营创收从 1993 年的 1525 万元增至 2937 万元，并保持连年增长的态势。

1994 年，北京电台经济广播、新闻广播、音乐广播、儿童台、文艺广播、教育广播的广告承揽均采用这种方式，而交通广播例外。交通广播从成立之日起，广告全部承包给广告业务员或广告代理公司，规定广告先收款后播出，广告费由广告公司预先垫付。交通广播广告承包的形式经历了 3 年独家代理、1997—1998 年多家联合代理、1999 年多家联合承包代理、2000 年多家联合风险代理，2001 年进入多家联合风险行业承包代理阶段。通过调

2001年5月31日，北京交通广播举办下半年广告招标会

整广告经营政策，交通广播广告收入从1994年的318万元、1996年的1031万元、1999年的3103万元，增长到2001年的6800万元。

北京音乐广播于2001年3月与北京爱耳贝思广播广告有限公司签订5年的广告独家代理合同，但运营效果不显著。两年多后，由于北京电台广告经营管理政策发生变化，该公司无条件退出。

至2003年，北京电台由于实行“统一管理、分散经营、分别核算”，责权明确，各专业广播有目标、有动力，也有压力，广告收入由增速缓慢到快速增长。各专业广播在自行操作和委托广告公司代理的不同模式下，各自形成针对市场的分散型经营策略。

2003年下半年，北京电台决定：自2004年起，广告经营变专业广播分别操作为全台集中操作，并在全台实行广告分行业代理制。北京广播公司内设广告经营部，负责全台的广告招揽及相关事项、管理广告公司、与各专业广播协调广告播出事宜。专业广播负责经营的副台长担任广告经营部行业总监。各专业广播不再具体承担广告承揽工作，原有的业务员和广告公司自愿参与电台广告代理的招标，竞标成功者获取代理资格。至此，北京电台广告经营管理办法调整为“统一管理、分散经营、集中操作、分别核算”。

2003年10月24日，北京电台举办2004年度广告招标会

2003年10月，北京电台2004年度广告招标会召开，中标的33家代理公司按33个行业统一代理电台广告，彻底打破以7个专业广播为主竞标的格局，形成全台对外竞争合力。

2004年，北京电台的广告承揽调整为“集中操作”，推行全台“一盘棋”的策略，带来较大变化的是广告销售方案和对客户投放的限制。首先，制定组合销售（俗称“搭售”）方案。广告客户投放调频台（交通广播、音乐广播和文艺广播）时，必须按比例同时选择投放中波台（新闻广播、经济广播、体育广播和首都生活广播），旨在均衡分布各专业广播的广告播出量，避免出现过于集中的现象，解决调频台与中波台的两极分化问题。组合销售不同程度地充实了中波台的广告播出量，使全台总收入因此增加25%。其次，合理分配公开招标超出标的的部分收入：招标超出标的的金额，要求客户按比例投放在中波台中。客户的被动投放，不仅增加了中波台的广告收入，也使电台广告总收入大幅提高。

2005 年，北京电台按照《北京人民广播电台广告代理商行业划分细则》，将广告市场分成商城、市场、家装市场、装饰公司、汽车品牌、房地产、化妆品、餐饮、旅游、文化、体育等 31 个行业，由 24 家广告公司代理。

表 3-1　2005 年度北京电台广告代理公司一览表

广告公司简称	代理行业
嘉航远盟	综合
方厦大众	商城 市场
东方智强	家装市场、装饰公司 家居建材品牌
和平	交通、音乐台食品、药品、医疗 文艺台食品、药品、医疗
韵洪	汽车品牌 房地产东区
宝岛	房地产西区 体育
华纳成	电器 金融 A
尚世先锋	新闻台食品、药品、医疗 体育台食品、药品、医疗
创世飞天	娱乐
南方梅地亚	文化
联合广电	通信、IT
世创汇邦	交通、汽车用品
瑞都联合	首都生活台食品、药品、医疗
赛都	餐饮
九九世创	城市管理台食品、药品、医疗
瑞迪奥	服装、服饰
中心博文	化妆品
中信凯旋	日用品
金色水滴	旅游
忠天宇智	酒
瑞迪优	金融 B
方略大成	饮料
华夏世恒	烟
益格时代	烟

2007年，为打破代理公司逐渐形成的行业垄断，北京电台首次公开向社会招募广告代理公司，引进13家广告公司，最终共有37家广告公司为北京电台代理承揽2008年广告业务。

2008年，北京电台广告经营策略由行业代理变为项目代理，开始实行全台分项目代理制：把市场份额大的行业化为多个项目，不设立行业独家代理公司，强化广告代理公司之间的竞争，降低电台经营风险，继续深度实现北京电台广告利润的最大化。同年11月，北京电台首次举办节目推介暨品牌活动推广会，以现场演示广播节目直播等方式，向广告客户介绍更多的合作平台，增加电台广告收入。

2009年，面对国际金融危机和同行业激烈竞争态势对广告创收的冲击和影响，北京电台继续实行广告项目代理制，广告公司通过竞标获得项目代理权。另外，在专业广播开设组合套播的信息类广告节目《百姓生活资讯》《资讯联播》及制播个性化献礼公益广告等，为广告客户提供个性化增值服务。《资讯联播》是第一个由电台定价、贯通全台9个专业广播的广告节目。广告客户一次投放，可覆盖9个专业广播，播出时间覆盖全天24小时。9个专业广播按照各自的品牌价值，获得自身收入。新策略成效非常明显，2009年全台广告创收6.23亿元，较2008年略有增长；2010年广告收入7.12亿元，比2009年增长14.3%。

至2010年，北京电台各专业广播广告的承揽，由全台集中操作、广告公司代理的做法保持不变。

第二节　广告类型与价格

一、广告类型

1994年，各专业广播广告创收形式除纯广告外还有“合办节目”。“合办节目”一般指政府部门、社会机关团体、企事业单位出资与电台联合举办的特定专题节目。由合办单位出资的有奖征文、征答、知识竞赛等也视为合办节目。包括在节目中播出企业（产品）的信息、以企业冠名节目，以及请企业代表参与节目播出，介绍企业信息或产品等方式。此类广告有的安排在节目中，有的独立在节目外。如，经济广播的《国安综艺》，文艺广播的《超音波音响世界》，音乐广播的《雀巢咖啡音乐时间》《燕莎之夜》等。1995年，北京电台合办节目收入1500万元。合办节目在增加电台收入的同时，也在一定程度上影响了广播宣传质量。除了合办类广告节目，北京电台还有时段广告、报时广告、天气预报广告等特别广告。

20世纪90年代中后期，北京电台在保证广告创收数额稳定增长的同时，对广告播出形式进行调整，逐渐减少合办节目比例，取而代之的是30秒、20秒的商业品牌广告。这些广告在整点、半点前播出，广告内容相对规范，播出时段、时长固定。商业品牌广告的类型包括时段广告、不同时段组合的套播广告，还有冠名广告、标版广告等。

至 2000 年，合办节目中的保健品节目依然是电台创收的重要组成部分，有的专业广播保健品的广告收入占每年总收入的近半数。于是，电台在保证创收收入增长的同时，开始限制保健品节目的长度和播出次数，提高此类节目的制作质量。

2002 年，北京电台加大对“保健品、医疗器械”等广告的监控力度，以后每年都按照国家有关法律法规整顿此类广告。自 2008 年起，北京电台不再播出 8 类涉性药品、医疗、保健品广告。2008—2010 年，北京电台医药、保健品类广告收入及合办节目的收入在广告创收中占比呈下降态势。

2010 年，北京电台常规广告有 5 秒、7 秒、10 秒、15 秒、20 秒、30 秒等多种版本，以 15 秒广告投放最多，占全部版本的 29%，比 2009 年（43%）大幅下降。而 5 秒、10 秒的广告投放明显增长，占比分别为 24.9%、22.0%，短时间的广告价值有所提升；北京电台特别广告包括标版、节目挂牌或冠名、合办节目、企业直播和医疗保健直播节目、专题节目（知识性广告专题和保健专题，每次 1 分钟、3 分钟、5 分钟、10 分钟、20 分钟等）。

二、广告价格

1994—1999 年，北京电台各专业广播的广告价格主要是随自身的品牌价值而定，同时参考相关同类媒体的价格，有时也为个别客户特殊制定个性化的价格。

1994 年，北京电台 30 秒广告最高价为 1200 元，最低价为 300 元。

1996 年度北京电台广告价格见表 3-2 至表 3-8。

表 3-2　**1996 年北京人民广播电台 828 千赫广告价格表**

段位	播出时间	长度	价格				
A1	6:59′ 30″—7:00	10 秒	1200 元				
A2	7:16—8:00	30 秒	7:16 （8:16） 1400 元	7:27 （9:07） 1250 元	7:35 （9:15） 1100 元	7:49 （9:29） 700 元	7:59 （19:29） 600 元
B1	6:20—6:23 （19:17—19:20）	30 秒	600 元				
B2	6:25—6:30 （21:35—21:40）	30 秒	1000 元				
C	11:50—12:00	30 秒	600 元				

续表 3-2

段位	播出时间	长度	价格
D	8:00—9:00 11:00—13:00 17:00—19:30 23:05—23:10	插播 30 秒	500 元
	其他时间插播	30 秒	400 元
	套播每天 4 次	30 秒	2000 元，其中一次在 A2 或 B2 段，其他三次在 D 段
制作费：每次 500 元，有特殊要求、创意，演播制作费不少于 2000 元			

表 3-3 **1996 年北京音乐台广告价格表**

段位	播出时间	15 秒价格	30 秒价格	说明
A	11:00—13:00 周六、日—14:00	700 元	1200 元	超出段位条数的广告加收 30% 各段位广告在各整点节目前播出 E 段位广告仅限 30 秒规格
B	10:30—11:00 17:30—20:00	500 元	800 元	
C	7:00—7:30 9:00—10:30 16:00—17:30	400 元	600 元	
D	6:00—6:30 7:30—9:00 13:00—16:00 20:00—1:00	300 元	500 元	
E	1:00—6:00		200 元	
套播	T1	ABCD 段位	2500 元 / 套	套播广告的规格一律为 30 秒
	T2	ABDD 段位	2400 元 / 套	
	T3	ACDD 段位	2200 元 / 套	
	T4	ADDD 段位	2000 元 / 套	
	T5	BDDD 段位	1600 元 / 套	
	T6	CDDD 段位	1400 元 / 套	
短语标版	A 段		500 元 / 次	一句话广告（不超过 20 个字）
	其他段		300 元 / 次	
其他费用	制作费		2000 元 / 条	15 秒广告制作（创意）按 30 秒广告计算
	创意费		2000 元 / 条	

表 3-4　　1996 年北京经济台广告价格表

节目名称	播出时间	价格
天气预报	6:27—6:30	800 元 /30 秒
转播结束语	6:59—7:00	1200 元 /30 秒
1026 经济新闻	7:00—7:30 （10:20—10:50 重播一次）	7:00　1200 元 /30 秒 7:15　1100 元 /30 秒 7:30　1100 元 /30 秒
信息高速路	7:30—8:00	600 元 /30 秒
金融一条街	8:00—9:00	500 元 /30 秒
首都市场	9:00—10:00	500 元 /30 秒
经济大世界	11:20—12:30	500 元 /30 秒
午间奏鸣曲	12:30—14:00	
隆福直播室	15:30—17:30	800 元 /30 秒
都市生活	17:30—19:00	500 元 /30 秒
宝葫芦	19:00—19:30	
月亮城	19:30—22:00	400 元 /30 秒
海东时间	22:00—23:00	300 元 /30 秒
星期天特别节目	8:00—10:00	800 元 /30 秒
	11:20—14:00	1200 元 /30 秒
	17:30—22:00	800 元 /30 秒
套播广告	全天 4 次　6:29　7:30　12:30　19:30	1500 元 /30 秒
	全天 6 次　6:29　7:30　12:30　17:30　19:30　21:30	2000 元 /30 秒
二类广告	按各时间广告价格的 1/2 收费	
节目挂牌	按各时间广告价格的 1/2 收费	
报时广告	全年整点 30 万元，半年整点 20 万元	
合办节目	以 5 分钟为一个节目单元，每 5 分钟收费 1500 元，超过 5 分钟按各版块规定价格收费	

表 3-5

1996 年北京交通台广告价格表

<table>
<tr><td rowspan="3"></td><td rowspan="3">段位</td><td rowspan="3">播出时间</td><td colspan="4">价格</td></tr>
<tr><td colspan="2">国内（元）</td><td colspan="2">国外（美元）</td></tr>
<tr><td>30 秒 / 次</td><td>15 秒 / 次</td><td>30 秒 / 次</td><td>15 秒 / 次</td></tr>
<tr><td rowspan="11">常规广告</td><td>A</td><td>9:10　9:30　10:00　10:30</td><td>1200</td><td>700</td><td>230</td><td>120</td></tr>
<tr><td>B</td><td>8:10　8:30　11:05　11:30</td><td>1000</td><td>600</td><td>180</td><td>100</td></tr>
<tr><td>C</td><td>17:10　17:30　18:10　18:30</td><td>800</td><td>500</td><td>150</td><td>80</td></tr>
<tr><td>D</td><td>12:00　12:30　13:00　13:30</td><td>700</td><td>400</td><td>180</td><td>70</td></tr>
<tr><td>E</td><td>14:00　14:30　15:10　15:30　16:00　16:30</td><td>600</td><td>350</td><td>110</td><td>60</td></tr>
<tr><td>F</td><td>18:55　19:30　20:10　20:30　21:00　7:10</td><td>500</td><td>300</td><td>100</td><td>50</td></tr>
<tr><td rowspan="2">套播</td><td>ABCDEF（6 次 / 天）</td><td>2500</td><td>1500</td><td>480</td><td>250</td></tr>
<tr><td>CDEEFF（6 次 / 天）</td><td>1500</td><td>850</td><td>280</td><td>150</td></tr>
<tr><td colspan="2">广播广告创意制作费</td><td colspan="2">2000</td><td colspan="2">400</td></tr>
<tr><td colspan="6">备注：每个广告段长度 5 分钟，超出规定条数加收 30%</td></tr>
<tr><td>类别</td><td colspan="2">播出方式</td><td colspan="3">价格</td></tr>
<tr><td rowspan="7">特别广告</td><td>挂牌广告</td><td colspan="2">在节目前或后播出特约播出等内容</td><td colspan="3">A 段：300 元 / 一句话
其他段：200 元 / 一句话</td></tr>
<tr><td>报时广告</td><td colspan="2">在整点时播出 5 秒报时广告
全天播出 14 次</td><td colspan="3">每月 60000 元
一个月起订</td></tr>
<tr><td>台标广告</td><td colspan="2">企业广告与交通台台标音乐合制
每次 5 秒，每小时 2 次，全天播出 30 次</td><td colspan="3">每月 80000 元
一个月起订</td></tr>
<tr><td>企业直播</td><td colspan="2">请企业领导人到直播室直播
介绍企业及产品，接打热线电话</td><td colspan="3">5000 元 / 次
每次约 30 分钟</td></tr>
<tr><td>现场直播</td><td colspan="2">主持人在企业现场以转播车直播</td><td colspan="3">10000 元 / 次　约 40 分钟</td></tr>
<tr><td>步步高有奖竞猜</td><td colspan="2">每个整点设 2 个问题接听众电话回答以某产品作为奖品
全天 10 次</td><td colspan="3">2500 元 / 天　10 天起订
企业提供奖品</td></tr>
<tr><td>合办节目</td><td colspan="2">合办节目为企业独家赞助，每 45 分钟节目可插播该企业 8 条 80 秒广告</td><td colspan="3">9:00—13:00　5000 元 / 次
17:00—22:00　4000 元 / 次
13:00—17:00　3000 元 / 次</td></tr>
</table>

表 3-6

1996 年北京文艺台广告价格表

段位	播出时间	价格
A	11:30—13:00	1000 元 /30 秒 600 元 /15 秒
B	6:25—8:30 17:00—18:30	700 元 /30 秒 400 元 /15 秒
C	9:00—11:00 13:30—16:30 19:00—24:00	500 元 /30 秒 300 元 /15 秒

续表 3-6

段位	播出时间	价格
套播	7:18—7:20 12:00—12:05 18:00—18:05 22:00—22:05	1600 元 /4 次
报时标版	8:00　9:00　10:00　11:00　12:00 13:00　17:00　18:00　21:00　22:00	1200 元 /10 次
天气预报	6:25　7:20　8:00 12:00　18:00　22:00	800 元 /6 次
挂牌广告	节目前后播“特约播出”“联合合办”等	节目前后播 2 次。按栏目时段 30 秒广告价格一半收费
合办节目	4000 元 /55 分钟 2400 元 /25 分钟 1000 元 /5 分钟	基本合作期为一季度 合办节目不含节目制作费
制作费	800 元 / 条	广告创意 1000 元 / 条

表 3-7　1996 年北京教育台广告价格表

播出时段		价格（元 /30 秒）	
		广告	挂牌特约
A	7:00—8:00 11:00—13:00 21:00—22:00	650	500
B	6:30—7:00 17:30—18:40	450	400
C　其他时间		300	200
合办节目价格		每合办 10 分钟 800 元，超过 30 分钟优惠 10%	

套播广告价目表		
播出时段	播出时间	价格（元 /3 次）
AAA	7:00—8:00 11:00—13:30 21:00—22:00	1300 元 /3 次
ABB	A 段任选一次 6:30—7:00 17:30—18:40	900 元 /3 次
ABC	A、B、C 段各选一次	800 元 /3 次
ACC	A 段任选一次 C 段任选两次	700 元 /3 次
BCC	B 段任选一次 C 段任选两次	650 元 /3 次
CCC	C 段播出三次	550 元 /3 次

表 3-8　1996 年北京儿童台广告价格表

类别		播出时间	国内（元）	国外（美元）	说明
广告	A	18:00—21:00 周六、周日全天	600/15 秒 1000/30 秒	360/15 秒 600/30 秒	
	B	12:00—13:00 17:00—18:00	500/15 秒 800/30 秒	300/15 秒 480/30 秒	
	C	7:00—7:30 15:30—16:30	400/15 秒 600/30 秒	240/15 秒 360/30 秒	
	D	其他时间	300/15 秒 400/30 秒	180/15 秒 240/30 秒	
	套播	ABCD 段	2200/ 套	1320/ 套	套播广告规格一律为 30 秒
		ABDD 段	2000/ 套	1200/ 套	
		ACDD 段	1800/ 套	1000/ 套	
		ADDD 段	1600/ 套	960/ 套	
		BDDD 段	1400/ 套	840/ 套	
		CDDD 段	1200/ 套	720/ 套	
报时广告		全天整点（11 次）	40 万元 / 年	28 万 / 年	每次 7～10 秒，一个月起订
特约播出		任意节目	500/ 句	300/ 句	一句话限 20 字以内
协助播出		任意节目	300/ 句	180/ 句	一句话限 20 字以内
合办节目		A 段	5000/60 分	3000/60 分	节目可插播 30 秒广告 6 条；合办期限一般不低于三个月，每次节目一般不低于 15 分钟；新开栏目（以企业名称命名、由客户创意策划）价格加倍
		其他段	4000/60 分	2400/60 分	
现场直播		任意时段	5000/60 分	2000/60 分	插播广告同合办节目
制作费			1000/ 条	600/ 条	含创意，有特殊要求价格另议

由于各专业广播分散经营，在广告承揽中，价格执行得不够严格，对客户优惠的折扣率也不固定，各专业广播之间竞相降价现象时有发生。1999 年，北京电台制定《关于严格控制以实物补偿广告的管理规定》《关于广告优惠幅度和实行最低限价的通知》《关于保健品节目的管理规定》。1999 年，北京电台 30 秒广告最高价格为 2000 元，最低价格为 400 元；15 秒广告最高价格为 1000 元，最低价格为 200 元；套播（4 次）30 秒广告最高价格为 3400 元，最低价格为 1400 元；套播（4 次）15 秒广告最高价格为 2000 元，最低价格为 900 元。

北京交通广播随着自身知名度的提升，广告播出时间与广告收入成正比增长。由于品牌广告聚集，“黄金时间”有限，为解决广告时间的过度饱和，1999 年 12 月，交通广播面向社会对部分广告时段进行招标。此做法是地方广播电台广告经营的首次尝试。公开招标不仅解决黄金时间的归属问题，也随行就市地提高了黄金时间的价格，例如北京轮胎厂以 190 万元（超过底价 113.2 万元）的价格夺得《路况信息》5 秒标版权。2001 年 5 月，交通广播对下半年广告时段进行公开竞标再获成功。

2002 年 12 月 6 日，北京电台举办 2003 年“合办节目”招标会。招标会旨在合理利用各广告时段，统一合办节目价格，加强对合办节目的宏观调控。在全部 21 个合办节目时段的竞标中，中标总额达 9314 万元。

2003 年，北京电台保健品类合办节目基本上每次 15 分钟，周六、周日个别时段安排 30 分钟以上的节目。价格为：文艺广播 350 元 / 分钟，3 分钟小专题 1312 元 / 分钟；新闻广播 300 元 / 分钟，3 分钟小专题 1125 元 / 分钟；经济广播 250 元 / 分钟，3 分钟小专题 750 元 / 分钟；体育广播和教育广播都是 200 元 / 分钟，3 分钟小专题 600 元 / 分钟。每天 6:30 以前、23:00 以后的保健品节目价格各专业广播都有不同程度的优惠。

2003 年 11 月 11 日，在北京电台 2004 年上半年广告招标会上，交通广播、音乐广播和新闻广播共同推出 40 条标版和知名节目进行竞标，最终有 30 个标版和知名节目以 3949 万元招标成功。

2004 年，北京电台实行“集中操作”及行业代理后，对全台广告进行统一定价，实行统一优惠折扣。具体价格调整的标准是：选取交通广播售出率和千人成本都比较适中的广告时段为标准，以到达千人以及听众的人均收入、听众的忠诚度三项指标为衡量依据，对所有广告时段的价格进行考核。高出标准的广告时段按比率提高价格，低于标准的广告时段降低价格。把各专业广播广告全部按照价格由高至低划分成 A、B、C、D、E、F 时段，贯穿全天 24 小时。组合套播有单频率自组和跨频率组合的两种套播形式，原则是将优势资源的广告时段搭配广告价值认知度不高的时段，组合后以低于刊例价的价格出售。

2005—2010 年，北京电台对交通广播、音乐广播、文艺广播的标版和高收听率的节目不定价，每年 5 月和 11 月举办广告招标会，现场拍卖的成交价远远高于起拍价，多次创下电台历史上同类招标的新纪录，例如在对 2008 年下半年的广告招标中，《路况信息》最后一条 5 秒标版以 676 万元成交价成为招标会“标王”，同比增长 125%。对于成交价上涨的广告时段，不采用一次到位的方法，具体做法是：5 月提价，7 月生效；11 月提价，次年 1 月生效。对于预交全年广告款的客户，不包括在涨价的范围内。

2010 年，在北京电台常规广告中，30 秒广告最高价格为 4000 元 / 次（新闻广播），最低价格为 150 元 / 次（故事广播）；15 秒广告最高价格为 5600 元 / 次（交通广播），最低价格为 85 元 / 次（故事广播）；套播（4 次）30 秒广告价格为 2240 元 / 天（新闻广播），套播（4 次）15 秒广告价格为 1350 元 / 天（新闻广播）。

2010 年，北京文艺广播每次 20 分钟的企业直播节目价格为 15000 元，3 分钟小专题价格

3000～4200元／次；新闻广播的医疗保健直播节目为850元／分钟，3分钟小专题价格2400元／次；城市服务管理广播20分钟的广告专题节目价格为8000元／次，3分钟小专题价格有1800元／次、2500元／次两档；体育广播每期不低于25分钟的企业直播节目价格为10000元／次，3分钟小专题价格1800元／次；故事广播每期50分钟的企业直播节目价格为15000元，3分钟小专题价格1200元／次。

第三节　广告制作和播出

北京电台广播广告的制作播出过程包括文案编写、文字音响音乐编辑、录音制作合成、审核、备案、发送和播出。

20世纪90年代中期，北京电台播出广告客户制作好的成品广告较少，但成品广告的质量相对较高，如雀巢咖啡、可口可乐等。北京电台播出的大部分广告是由播出所在的专业广播负责制作。文案部分由广告客户提供，不排除承揽人员或业务员编写，设有三级审稿制。文案请播音员或主持人播音，通过简单配乐后制作完成。广告播出带一般是开盘胶带，也有循环带、盒式录音带。播出带放置机房，按时间段由值班人员或节目主持人播出。有些广告被复制多份，交由主持人在自己负责的节目时段播出。

1998年，北京音乐广播、文艺广播陆续使用音频工作站播出广告，广告播出流程初步形成：即广告公司自行负责广告制作，制作之前在各专业广播公关部备案，填写广告制作单，交纳广告制作费（部分专业广播免收制作费），自行有偿邀请广告演播人员，广告在电台录音机房由录音师制作。制作成品交各专业广播公关部，输入播出系统。由于流程明确，广告的制作和播出运转顺畅，广告制作播出的程序性和准确性得以提高。

2000年以后，北京电台广告播出数量和单一广告播出频次增多，广告制作质量和播出质量受到各方关注。2004年北京广播公司内设广告经营部后，可为客户提供创意、录音、制作一条龙服务。广告制作由电台专职录音师及专用录音机房完成。广告经营部设立广告播音主持人员声音库，客户通过文字介绍和音像资料从中选择声音代言人。

2007年，节目制作中心承担起为北京电台广告客户提供创意、编写、制作商业广告的服务。为整体提升广告专业水平，北京电台在全台范围内公开招聘具有高级职称的编辑参与广告制作，制定出“像录制节目一样制作广告”的标准。

至2010年年底，北京电台广告虽然主要依靠自动播出系统，但还是需要主持人在直播中把控好节目与广告之间的衔接，正确操控设备，特别是节目中还有口播广告，所以每季度都会发生几起广告未按合同正常执行的错播、漏播事故。

第四节 广告经营效益

北京音乐广播从1993年开播，广告一直由公关部广告业务员招揽，有任务定额，超额有奖，完成越多奖励幅度越大。音乐广播的广告业务人数是全台最多的，有的业务员一年承揽400多万元。

1994年，北京电台全天广告播出时间为160分钟，全年经营创收共2937万元。新闻广播创收972万元，经济广播创收524万元，交通广播创收318万元，音乐广播创收813万元，文艺广播创收197万元，教育广播创收70万元。

1995年、1996年，音乐广播有业务员得到一辆桑塔纳轿车的奖励。1997年，音乐广播部分广告外包给广告公司。1995—1999年，音乐广播的广告创收一直稳居北京电台各专业广播第一名。

1997年，北京电台全天广告播出7个多小时，全年经营创收首次突破亿元，达1.13亿元。1997年至2010年，北京电台广告收入连续保持在全国省级广播电台第一的地位。

1999年，交通广播广告经营实行多家联合承包代理制，确定各家广告公司共同完成的全年任务，对超额完成的部分实行高额奖励。当年交通广播广告收入3103万元，在7个专业广播中的创收排名从第三上升到第二。2000年，交通广播通过对广告时间进行公开招标，使当年广告创收达到6032万元，创下全国广播行业单一频率广告收入的最高纪录。

2001年，交通广播广告代理进入多家联合风险行业承包阶段。把客户按行业划分开，每个代理公司负责一个或几个行业，互不交叉，各负其责。通过代理公司在各个行业的细致工作，2001年交通广播广告收入达到6800万元，2002年突破1亿元，2003年实现1.5亿元广告收入。

2004年，北京电台把交通广播分行业代理的做法在全台推广，启用“集中操作”的办法，解决广告承揽中的各自为政。当年北京电台实现经营创收3.8亿元，同比增长1亿元。其中，交通广播创收超过1.7亿元。

通过完善广告组合销售措施，2005年，除城市管理广播和音乐广播外，其他5个专业广播（不含外语广播）创收均实现不同程

2009年5月8—9日，国家广播电影电视总局在北京电台举办“广播电视广告经营管理现场经验交流会”，北京电台介绍了广告经营和管理经验，并获得广电总局颁发的“广播电视播放行业自律示范单位”称号

度的上升，全台实现广告收入 4.2 亿元，占全国电台广告总收入的 10.8%，占北京市广电行业总收入的 13.9%。

2008 年，北京电台广告经营开始实行全台分项目代理制，强化广告代理公司之间的竞争。同时，通过节目推介和品牌活动推介，增加电台广告收入。2008 年北京电台广告收入 6.21 亿元，2010 年 7.12 亿元。

2010 年，北京电台广告共播出 1127 万秒，同比增长 19.4%。在纳入统计的 8 个专业广播（不含外语广播）中，交通广播的广告投放占北京电台 60 % 的份额，是最主要收入来源；音乐广播和文艺广播分别占 17.5% 和 9.2%，位列第二、第三。交通广播的广告平均单价最高，为 243 元 / 秒，同比增长 8%；音乐广播和文艺广播广告平均单价分别为 91 元 / 秒和 76 元 / 秒。北京电台广告收入在全国省级广播电台中连续 14 年保持第一，交通广播连续 11 年位居全国广播媒体单频率广告创收第一。

第二章 节目交易

20 世纪 90 年代，北京电台各类播出节目基本上是由本台采编播人员制作，与外地电台的节目交易仅限于长篇小说、戏曲曲艺、广播剧等文艺节目。各台具体节目制作人员互相无偿交换节目带，或者以稿费形式以极低价格外购。1994 年以后，北京电台各专业广播不定期地参加各级协会、外地专业广播举办的多种类型的节目交易会、展销会。

1999 年 1 月，中国广播剧研究会主办、北京电台承办首届全国广播剧交易会，只有 2000 多集达成口头购买协议，实际交易额很不理想。2000 年 10 月，在北京交通广播倡议并主办的首届全国交通广播节目交流、交易展示会上，交易意向最集中的节目类型还是广播剧，北京交通广播的广播剧和交通专题节目都有售出。

2001—2004 年，北京电台每年参加全国广播节目交流会（交易会、展销会），展示电台和各个专业广播的风采，宣传名牌栏目和重点交易节目，发放北京电台《参展节目汇编》《参展手册》等印刷品，各专业广播的节目销售代表现场推介节目。但是每届交易会当场成交的不多，重点节目主要是小说连播、评书连播、广播剧、经典老歌、中外名曲、幽默笑话等类型。

北京电台在长篇小说和广播剧的制作方面，占有首都优势，制作演播水平位居全国前列。2004 年，北京文艺广播《小说连播》节目价格为 30 元 / 集（每集约 30 分钟），北京交通广播的幽默广播剧《大宝一家亲》40 元 / 集（每集 15 分钟）。除了出售，北京电台节目也与其他电台进行等价交换。

2006 年，北京广播公司下设节目制作销售管理部。2007 年，由节目制作中心接手这项工作，并对收听率高的日播和周播节目，开展有针对性的对外推广和销售，探索成品节目的销售规律。

2008年，北京电台利用自身节目创意、策划、制作等方面的资源，开始为外地广播电台提供精品节目、量身定制特色节目以及技术加工等方面的有偿服务。成品广播节目销售到全国49家省（市）级广播电台及频率，销售范围覆盖全国21个省（自治区、直辖市），销售的节目涵盖娱乐、音乐、访谈、故事、评书、小说、戏曲、专题等多种类型。这些节目不仅满足了外部节目市场的不同需求，其中多档精品节目还为外地广播电台的各类时段创造出收听率与市场份额的好成绩。2008年，北京电台广播节目总销售额为17万元。

2009年，北京电台与社会有关业界合作，在频道整体包装、新媒体业务、音频产品制作、个性声音输出等方面进行深入开发，拓展广播市场运营的空间与领域。例如：山东潍坊新闻频道、山东潍坊爱家频道、山东潍坊交通音乐频道、北京顺义人民广播电台及山西阳泉交通广播5个电台频道包装业务，全年创收92700元。2009年度，北京电台广播节目总销售额达到39.8万元。

2010年，北京电台继续推广对外频道包装业务，完成福州交通广播、房山电台乐活频道两个项目，全年频道包装项目总收入为55.89万元。同时，约10万分钟的自制成品节目在全国各地落地播出，节目销售到全国80家省、市级广播电台及频率，覆盖江苏、山东、福建、黑龙江、陕西、上海等27个省（自治区、直辖市）。2010年，北京电台广播节目总销售额为46.98万元。

第三章
北京广播公司

北京广播公司的前身是北京广播发展总公司。

1994 年，北京广播发展总公司的业务及子公司主要有北京华美国际广告有限公司、北京儿童台、北京广发卓诚信息公司、北京电台外语学校、墨岚画馆等；也有由专业广播开办的分支企业，如经营外语讲座、电大、电中教材的播知音像书店，经营高级音响器材、录音带和高级汽车音响等业务的太阳文化传播公司等。1994 年教师节前夕，北京电台外语学校被北京市成人教育系统评为“北京市社会办学先进集体”。1994 年，北京广播发展总公司向北京电台上交 50 万元利润。但交通广播汽车驾校由于缺乏人才、没有场地和资金，导致经营不善，最终卖出。电台办公室开办的养殖场（鱼塘）也由于缺乏经营人才等原因停办。

1995—2002 年，北京电台在广发公司名下或在各部门、各专业广播属下，陆续成立北京广发青少年文化交流中心、北京电台投资理财培训学校、北京市绿岛机动车驾驶员服务中心、北京网络培训学校、北京电台培训中心等企业。

2002 年 3 月 21 日，北京电台对北京广播发展总公司进行重组，将各部门所属三产并入其中，加大资金投入力度，更名为“北京广播公司”（Radio Beijing Corporation，简称“RBC”），具有事业法人资质。该公司成为北京电台进行跨领域合作，吸纳外部资金、对外进行战略性扩张的平台。2002 年年底，北京广播公司资产总额为 1139 万元，所有者权益 1094 万元。

2003 年，北京电台对北京广播公司追加投资 12000 多万元，使其注册资本达到 1.28 亿元。北京广播公司是北京电台全资子公司，负责对外投资和管理下属投资公司。

2005 年，北京广播公司继续清理不良资产，进行一系列投融资活动。

截至10月31日，总计对外长期股权投资15家。2005年，先后成立北京悦龙数字广播传媒科技有限公司、北京同步广告传播有限公司、时代文广文化传媒有限公司、北京翔龙广视文化传播有限公司。2006年1月成立北京中歌嘹亮音乐文化传播有限公司，3月成立北京交广传媒有限公司。

2007年，北京广播公司营业收入为9691万元，比2006年的4592万元增长5099万元。2007年12月21日，北京广播公司注册资金增加到2.58亿元。

2008年，北京银龙广播电视节目制作有限责任公司成立，标志着北京电台建立起面向市场的节目制作与销售平台。至此，北京广播公司共拥有9家全资和控股二级公司，其中北京交广传媒有限公司、北京悦龙数字广播传媒科技有限公司、时代文广文化传媒有限责任公司、北京中歌嘹亮音乐文化传媒有限公司、北京蓝火花音乐文化传播有限公司、北京翔龙广视文化传媒有限公司6家二级公司经营状况良好。2008年，6家二级公司实现经营收入总计47786万元，比2007年增长43990万元。

2010年，北京广播大厦管理有限公司、北京银龙广播电视节目制作有限公司、北京悦龙数字广播传媒科技有限公司、北京翔龙广视文化传媒有限公司、北京中歌嘹亮音乐文化传播有限公司、北京蓝火花音乐文化传播有限公司、北京交广传媒有限公司、时代文广（北京）文化传媒有限责任公司、北京超极限文化传播有限公司9家公司全年共实现经营收入59101万元，利润总额376万元，净利润125万元，资产总额达到55840万元。经营收入、资产总额比2009年的41587万元、51774万元分别增长了42.11%和7.85%。剔除不可比因素，2010年的利润总额和净利润比2009年分别增长了2826万元和2728万元。

2010年年底，北京广播公司总部设有3个职能部门：综合管理部、投融资部、财务部。公司总部及下属子公司签约员工800余人。北京广播公司共有11个控股或独资子公司和机构。

一、北京广播大厦管理有限公司

北京广播大厦管理有限责任公司是北京广播公司的全资子公司，具有酒店、数字影视制作基地和写字楼三大业态。该公司注册成立于2008年1月22日，注册资本1000万元。公司的主要业务职能是负责北京广播大厦的日常运营管理，核心业务涵盖商业大厦项目的商业策划、商业规划、商业设计、写字楼招商招租、数字化影视制作基地的经营

2008年，北京电台投资最大的资产——北京广播大厦投入使用

管理、市场研究、商业培训、企业战略、组织设计、流程设计、投资顾问、资产并购、投融资中介等。

北京广播大厦由北京电台独家投资兴建，位于北京市朝阳区建国门外大街甲14号。大厦建筑面积59294.07平方米，是集高档商务酒店、餐饮、会议中心、写字楼和数字影视制作基地于一体的现代化综合型5A级智能建筑。2009年12月28日取得酒店经营资质，正式对外营业。2010年，北京广播大厦管理有限责任公司共实现经营收入5100多万元。

二、北京银龙广播电视节目制作有限公司

2008年10月21日，北京银龙广播电视节目制作有限公司由北京广播公司独家出资成立，注册资本为1.3亿元。以广播电视节目的制作、经营，广告代理、设计、制作、发布，承办文化交流活动为主营业务。该公司是北京电台制播分离改革的试点企业，节目制作与销售产业化和市场化运作的平台。

北京银龙广播电视节目制作有限公司是北京电台广播节目制作团队的集合，其中包括：近百名节目采编播人员，10多名专业录音师，近10名市场策划、推广人员及行政管理、后勤保障人员，在编人员302人。公司每年向北京电台所属各专业广播提供100多档广播节目，包括音乐类、综艺娱乐类、故事类、小说类、专题类、访谈类、生活服务资讯类、广播剧等，几乎囊括除新闻类节目外的所有广播节目类型。其中，北京音乐广播、文艺广播、故事广播、爱家广播4个专业广播播出的所有节目，全部由银龙公司提供。

北京银龙广播电视节目制作有限公司全权代理北京电台所属系列台和北京广播网的广告，其中包括对广告的承揽、取费以及制作播出和相关服务。

受国内投资政策和广播节目制作市场尚未形成的制约，北京银龙广播电视节目制作有限公司的成立只是北京电台在制播分离改革方面进行的初步探索。

三、北京同步广告传播有限公司

北京同步广告传播有限公司成立于2005年1月7日，是由北京广播公司与香港凤凰卫视有限公司共同投资成立的中外合资公司，注册资本为3000万元，其中北京广播公司出资1650万元，占55%的股份。主要从事广播频率的跨地域经营。公司的主要任务是在北京以外的地区，通过合资、合作等多种方式，把北京电台的广告经营操作经验和理念输出到外地电台，使双方共赢获得利润，盈利共享。合作形式主要是向对方派出合作频率的负责人，负责频率定位、节目设置、人员配置、广告营销方案和广告价格的制定等，相当于对外派出一名电台台长。派出人员多是抽调台内现任或有任职能力的管理人员。在外设置的节目可以与北京电台共

享节目资源。这种合作从组织结构到播出内容，都显示出跨地域经营中的北京电台特色。

2005—2007年，公司以合资和承包经营的形式运营的项目有：郑州音乐频率、青岛音乐频率、海口音乐频率、贵州都市频率、佛山交通频率、湖北音乐频率、潍坊音乐频率等。2007年，海口音乐频率、潍坊音乐频率、青岛音乐频率在当地收听率保持第一。北京电台逐步形成以北京为中心，兼及其他地区的跨地域经营态势，实现更大的播出范围和更大规模的运营。

2009年，北京同步广告传播有限公司全年营业收入总计6915万元，利润总额125万元，实现净利润28万元。

2010年，公司运营的青岛、海口、武汉、潍坊4个项目全部实现盈利；合作到期的佛山项目不仅收回全部投资（300万元），还获得收益近300万元。

四、北京悦龙数字广播传媒科技有限公司

北京悦龙数字广播传媒科技有限公司成立于2005年1月4日，注册资本1000万元。由北京广播公司与阳光资产集团共同出资，其中北京广播公司出资总额为600万元，持股比例60%；阳光资产集团以等值为400万元的外币出资。悦龙公司主要负责国家广播电影电视总局在北京地区唯一批准的数字广播的播出、北京市场的运营和推广。2006年，悦龙公司被批准列入文化创意产业发展项目库，并得到北京市政府6000万元拨款的相应扶持，用于数字广播覆盖网络建设。2006年9月，北京电台移动多媒体广播正式开播，2006年年底，在移动多媒体广播平台上播出的音频节目达到10套，同时，还试验转播北京电视台和中央电视台共3套电视节目。

2007年，悦龙公司逐步完成移动多媒体广播播出平台的搭建，大力推广接收终端，扩大网络覆盖范围，公司实现收入110.3万元。2008年，悦龙公司由于受政策等因素制约，尚未实现盈利，但营业收入有较大增长，实现营业收入648万元。2009年9月至2010年5月，在北京市文化创意产业基金的支持下，地铁4号线数字广播覆盖进行测试。2009年10月，悦龙公司自主研制的移动多媒体广播播放器——“听立方”面市，成为首款可以接收推送式广播服务的接收终端。

2010年2月1日，北京电台移动多媒体广播推送式广播正式运营，即用户自主点播节目，由推送式广播播控系统将音频节目、图片、文字等多媒体内容以文件方式传输并自动储存到用户的接收终端上，使用户能够不受时间与空间限制，自主收听、收藏节目。这是国内外广播电台首次在无线广播中提供自主点播服务。2010年年底，移动多媒体广播播出音频广播节目17套、视频节目5套，同时利用推送式广播技术播出音频和图文节目。

五、北京翔龙广视文化传媒有限公司

北京翔龙广视文化传媒有限责任公司成立于2005年11月29日，是由北京广播公司与泰

星泛美投资有限公司共同投资成立的具有独立法人资格的境内企业。注册资金为2000万元，北京广播公司投资1020万元，持股比例占51%。

公司负责运行北京电台网络电视平台——“北京网视”频道。北京、天津、河北、黑龙江等省（直辖市）的网民可以直接在这个平台上欣赏到北京电台广播节目的电视版，还可以在线欣赏MTV作品、影视剧等。“北京网视”于2004年12月24日开通，由北京电台与中国网通北京电信公司和中国网通吉芙德公司合办，是全国第一家由广播媒体创办的网络电视平台。

2008年年初，北京网视业务并入北京广播网，实现网络资源、技术资源、人力资源等优势互补，降低网视的运营成本。翔龙公司确定以有线数字电视“动感音乐”频道的创收经营为主攻方向的发展战略（“动感音乐”开播于2003年9月1日，是由北京广播公司与北广传媒数字电视有限公司共同运营的有线数字付费电视频道，是广播电视资源整合经营的举措）。翔龙公司开拓各种创收渠道，为电台各单位提供视频制作服务，对外承接商业性视频制作业务，开展有偿播出MV业务。2008年，翔龙广视公司实现主营收入26万元。

2009年，翔龙公司进一步收缩北京网视业务，开拓新的创收渠道。“动感音乐”频道联合顺义电视台共同制作《燕京歌唱部落》栏目，并对节目成品收费播出，在丰富频道内容的同时赚取商业利润，该项目全年给公司带来25万元收入。翔龙公司与MTV公司合作，在广播大厦3号奥威虚拟演播室录制电视栏目《天籁村》，并在“动感音乐”频道落地播出，全年实现经济收入21万元。翔龙公司还完成移动多媒体广播综合频道的整体包装工作，电视节目包装及制作项目已经成为翔龙公司重要的创收方式。2009年10月，翔龙公司取得文化部颁发的营业性演出许可证，取得组织商业演出及从事艺人经纪业务的资格。

2010年，翔龙公司每天为数字电视“动感音乐”频道制作日播节目4小时成片，共计完成制作播出365期，共计1460小时。公司承接了美国MTV全球音乐电视台2010年度中国大陆地区节目制作任务，招募一批高水平高素质的节目编导制作人员，制作以MTV《天籁村》为代表的多档电视节目，公司实现主营业务方向以及业务能力的突破。

六、北京中歌嘹亮音乐文化传播有限公司

为充分利用国家文化产业的优惠政策，2006年1月23日，北京中歌嘹亮音乐文化传播有限公司注册成立。该公司是在原中歌锦绣音乐文化传播有限公司的基础上，经股份改造而设立的。公司由北京广播公司和厦门美都投资控股有限公司共同出资成立，注册资本1100万元，其中北京广播公司出资825万元，占75%。2007年公司净利润为17万元。2008年，公司营业收入累计完成735万元，净利润为4万元，超额完成2008年经营目标。

北京中歌嘹亮音乐文化传播有限公司是集节目制作、品牌活动策划及推广、演唱会承办于

一身的媒体型专业文化公司。

至 2010 年，公司为北京音乐广播制作的流行音乐品牌节目主要有:《中国歌曲排行榜》《全球华语歌曲排行榜》《就听好歌不听话》。公司还一直负责北京电台移动多媒体广播“怀旧金曲广播”和歌华有线电视网“通俗音乐广播”的制作。公司承办的北京音乐广播大型活动有“北京流行音乐典礼”“中歌榜红五月歌会”“庆祝新中国成立六十周年金曲盛典”等。中歌嘹亮公司独家代理北京电台演出、唱片、文化、娱乐类广告。

七、北京蓝火花音乐文化传播有限公司

北京蓝火花音乐文化传播有限公司成立于 2003 年 8 月。北京广播公司出资 194 万元，持股比例 97%；北京鼎易创新科技有限公司出资 6 万元，持股比例 3%。注册资本 200 万元。

2005 年 3 月，完成增资后股东构成：北京广播公司出资 379 万元，持股比例 37.9%；中信文化体育产业有限公司出资 615 万元，持股比例 61.5%；北京鼎易创新科技有限公司出资 6 万元，持股比例 0.6%。注册资本 1000 万元。

2006 年 4 月，北京广播公司用 400 万元收购中信文化体育产业有限公司在北京蓝火花音乐文化传播有限公司全部 61.5%的股份，使北京广播公司获得 215 万元的股权溢价收入。北京蓝火花音乐文化传播有限公司注册资本 1000 万元，北京广播公司持股比例达 99.4%。

北京蓝火花音乐文化传播有限公司是为北京电台多元化发展而成立的报刊公司，旨在通过对广播资源的有效整合，进行跨媒体运营，发展文化创意型产业。该公司以出版《音乐周刊》杂志、运营北京电台出版的《新广播》报为主营业务。同时，利用公司报刊制作平台，为北京电台内外用户提供平面设计、制作、印刷、投递等相关服务。2008 年，公司实现业务收入 328 万元，实现净利润 28 万元。2009 年，公司支出下降幅度大于发行收入下降幅度，广告和活动收入比 2008 年有所增加，全年实现营业收入 270 万元，净利润达到 37.58 万元。

2010 年 2 月 8 日出版的《音乐周刊》

《音乐周刊》由北京广播公司投资，是全国唯一一本音乐类周刊。由北京日报集团主办，国内统一刊号 CN11-0191，全彩色豪华纸张印刷，8 开 44 页，公开出版，全国发行。

《音乐周刊》2004 年 3 月 24 日创刊，内容上与北京音乐广播携手互动，做到文字与广播相互补充、相互延

伸。遵循“时尚音乐资讯大全，青年娱乐消费指南”的编辑定位，使《音乐周刊》品质上与北京音乐广播相匹配，以适应广告客户的品牌形象需要。《音乐周刊》2008 年改进版面、栏目设置和新闻选题策划，加强与音乐广播的互动内容，增加更多的独家报道内容。2010 年，《音乐周刊》主要栏目有《中国歌曲排行榜》《全球华语排行榜》《众星相》《现场直击》《秀场风云》《特别策划》《封面故事》《音乐 VIP》《音乐达人》《974 直播间》《MV 故事》《音像超市》《星踪资讯》《娱乐看台》等。

八、北京交广传媒有限公司

2006 年 3 月，北京交广汽车俱乐部有限公司成立。其中，北京广播公司出资 255 万元，持股比例 51%；北京易通卡文化传播有限公司出资 245 万元，持股比例 49%。2006 年，交广汽车俱乐部承办“重走长征路——1039 红色之旅”、第三届“人与交通”摄影大赛、“埃及交通摄影考察之行”、“甘肃、内蒙古、山西三省摄影采风”等活动。当年投入当年盈利。

2007 年年底，公司成立北京 1039 广告有限公司。2007 年，北京交广汽车俱乐部有限公司营业收入为 2164 万元，比上年的 1059 万元增长了 1105 万元。2008 年，公司利用移动多媒体广播平台开发“北京公共服务信息平台”。这一平台包括一套“基于数字广播数据服务的综合运营管理体系”，以及一系列终端接收机——1039 新媒体机。2009 年，1039 新媒体机——A701、A48、A43 三款产品荣获北京市自主创新产品证书，被纳入政府采购自主创新产品目录。2009 年，公司实现经营总收入 27555.29 万元，利润总额 307.5 万元，净利润 190.15 万元。

2010 年 1 月起，公司卡务运营中心正式发售 1039 易通卡。广告公司成为北京电台 2010 年房地产、汽车及交通行业独家代理。2010 年 6 月，公司注册资金 1500 万元。其中，北京广播公司出资占 51%。2010 年 10 月，公司更名为北京交广传媒有限公司。公司以基于数字广播、移动互联网、移动通信的新媒体研发、内容服务及运营，开展预付费卡发行、管理、营销及相关金融服务，广告代理、制作以及全方位汽车服务和交通资讯服务为主营业务。公司下设多家子公司。

九、时代文广文化传媒有限公司

2002 年 12 月，北京电台成立联合广大文化传播发展（北京）有限公司，从事项目制作，承办北京电台各种品牌活动，兼营北京电台培训中心。2005 年，为了很好地利用国家对文化产业税收优惠政策，时代文广（北京）文化传媒有限责任公司成立。

由北京广播公司出资 258 万元，北京大学新闻与传播学院出资 42 万元，2005 年 10 月 18 日，时代文广文化传媒有限公司成立，注册资本 300 万元。初期主要负责北京电台及所属“八台一网”的媒体的形象塑造、品牌推广、公关活动、节目制作、广告策划等，是北京电台专业的品牌推广部门。公司成立当年实现盈利，营业收入逐年增加。2006—2010年，公司每年承办北京电台多项大型活动，如“广播过大年系列活动”、听众喜爱的名牌栏目评选活动、听众喜爱的主持人评选活动、“我要去澳洲”系列活动、魅力社区评选活动、北京电台主持人大型选拔活动等项目。公司每年还为电台制作两三档固定节目，如《演艺群英会》《话说天下》等。

2009年，在完成电台大型活动项目的同时，公司还承办“优酷网络视频年度盛典”“文博会广播影视论坛”等中小项目。2009年，时代文广公司实现经营收入1678.73万元，利润总额18.28万元，净利润13.58万元。

2010年，时代文广文化传媒有限公司开始部分承担北京电视台的社会活动及大型主题文艺晚会，在大型活动策划、整合传播行业中逐渐创立起自己的品牌。

十、北京超极限文化传播有限公司

北京超极限文化传播有限公司成立于2009年9月28日，由北京广播公司与北京百年智强广告有限公司、北京体广文化传播有限公司共同出资成立。注册资本500万元，北京广播公司出资330万元，持股比例占66%。公司利用北京体育广播资源优势，致力于发展广告、旅游、培训、体育运动项目经营、大型活动及体育赛事推广等业务，并独家代理北京电台体育行业广告。

2010年，公司运营状况良好。

十一、北京芭其乐文化传媒有限公司

北京芭其乐文化传媒有限公司成立于2010年12月1日，注册资金600万元，公司股东由3家法人股东构成。其中，北京广播公司出资300万元，占资本总额的50%；北京星尚传媒科技有限公司、北京飓和传媒投资管理有限公司各出资150万元。

公司专业从事旅游文化创意产业活动的创意、策划、推广、宣传，制作、发布、代理广告，以及舞台剧经纪、推广，广播、影视、节目制作及音像制作。独家代理北京电台旅游行业广告，是环球旅游广播联盟栏目广告独家销售商。

十二、北京电台培训中心

北京电台培训中心成立于2002年9月，是由北京电台创办的事业法人培训服务机构，注册资金40万元。初期，中心由联合广大文化传播发展（北京）有限公司兼营。主营业务是成人及青少年短期培训，面向社会开设传媒专业及语言艺术类培训课程，同时为机关、企事业单位提供专题培训。2004年10月，获得北京市语言文字工作委员会批准建立“北京市普通话培训测试中心北京电台工作站”，拥有“国家普通话水平等级测试”的授权资质，拥有文化部全国社会艺术水平“朗诵考级”的授权资质和朗诵考级教师专业证书的培训资质。

2005 年下半年，培训中心从联合广大文化传播发展（北京）有限公司分离出去，由北京广播公司代管，纳入北京广播公司考核体系。2006 年，北京电台培训中心组织“新苗杯”全国中学生主持人大赛和北京赛区选手赛前辅导。2007 年，培训中心开设的广播影视相关培训课程有“播音主持电台特训”“广播电视编辑记者、播音员主持人资格考试考前辅导”等。作为北京市普通话等级测试站点，培训中心为北京电台承担定期进行播音员主持人测试的任务。

2008—2010 年，北京电台培训中心经营收入每年稳定增加，全面完成经营预算。2010 年净利润达 10 多万元。

第四篇

管理

第一章
体制与机构

第一节 体 制

北京电台自 1994 年至 2010 年的 17 年间，由于上级领导机关的变化，隶属关系发生了三次变化。

2001 年 4 月之前的 20 多年间，北京电台一直是北京市广播电视局所属的事业单位，台长、总编辑由北京市政府任免，归市委组织部管理，市人大常委会发任免书。台级副职干部由市委宣传部任免和管理。正处级干部由北京市广播电视局任免，其中总编室主任、党委办公室主任、人事部主任和新闻广播台长须报市委宣传部同意并备案。副处级干部由电台党委任免，报北京市广播电视局备案。科级干部由电台台务会任免。电台党委委员和纪委委员经电台党员代表大会选举产生，党委书记、副书记经台党委全体会议选举产生，纪委书记、副书记经台纪委全体会议选举产生。工会委员会经电台会员代表大会选举产生，工会主席、副主席经电台工会委员会全体会议选举产生。

第一次变化是 2001 年 4 月北京广播影视集团组建（同年 5 月 28 日北京广播影视集团挂牌成立）后，北京电台作为集团所属单位之一，集团管委会副主任兼任北京电台台长，集团管委会委员兼任北京电台总编辑。正处级干部由北京广播影视集团任免，副处级干部由电台党委任免，报北京广播影视集团备案。台长、总编辑的任免和管理及其他干部任免同变化之前。

第二次变化是 2005 年 3 月，由于北京广播影视集团重组为企业化的北京北广传媒集团有限公司，北京电台又恢复为北京市广播电视局直属事业单位，所有干部的任免同2001年4月变化之前（2009年2月，北京市广播电视局更名为北京市广播电影电视局）。

第三次变化是2010年5月，北京市对广播影视体制进行调整，将北京北广传媒集团、北京电台、北京电视台整合组建为北京广播电视台，为北京市委、市政府直属事业单位。北京广播电视台常务副台长兼任北京电台台长。电台台长、总编辑由北京市政府任免，归市委组织部管理。台级副职干部由市委宣传部任免和管理。电台正处级干部由北京广播电视台任免，副处级干部由电台党委任免，报北京广播电视台备案。

第二节　机　构

1994—2010年，北京电台正处在以宣传改革为主导的全方位改革阶段，电台内部机构设置是随着改革的不断深入而变化的。有的机构因改革的深化应运而生，有的机构因不适应改革的需要而被撤销，有的机构是为适应科技的进步和发展而设立的。

1993年年底，北京电台已开播的专业广播有经济广播、新闻广播、音乐广播、儿童台和交通广播。1994年又先后建立了两个专业广播：4月1日，北京文艺广播开播，文艺广播设戏曲部、文学部、综艺部、播音部、策划部和公关部；12月1日，北京教育广播开播，教育广播设外语部、专题一部、专题二部和公关部。至此，1992年电台规划中的7个专业广播全部建立。

到1994年年底，北京电台设置有17个处级机构：宣传部门有新闻广播、经济广播、教育广播、交通广播、文艺广播、音乐广播和儿童台；技术部门有播出部、录音制作部、804发射台；职能部门有办公室、总编室、总工程师办公室、人事保卫部、党委办公室、计划财务部和广告部。

7个专业广播建立以后，北京电台初步完成由综合台到建立专业化系列台的转变。这一重大改革，在电台内部形成了竞争机制，有效地调动了各专业广播努力办好节目、增加经济创收的积极性，为广播事业带来了生机与活力，机构调整也进入相对稳定期。

1995年5月，北京电台成立人事部、保卫部，撤销人事保卫部。1996年12月，北京电台增设工会。

1998年以后，随着宣传改革的不断深化，宣传、技术、职能部室的机构设置几乎年年都有不同程度的调整。

1998年1月，儿童台合并到教育广播。3月，北京电台台长吕浩材离任。5月，刘敏被任命为台长，免去总编辑职务；降巩民被任命为总编辑。

1999年1月，总编室的节目科撤销，组建了听众联系科，目的是加强电台与听众的联系和沟通。4月18日，北京生活广播开播，生活广播设节目部和公关部。9月，在原总工程师办公室计算机科的基础上成立计算机中心（处级），负责全台的计算机管理、网络维护与软件开发及硬件维护工作。12月，北京电台增设新闻中心，并在原总编室资料室和音乐广播音像资料中心的基础上，成立北京电台信息资料中心（处级）。信息资料中心负责全台图书报刊、音像资料的收集、整理、开发、利用和电台内外网站的管理工作。

2000年1月，总编室成立社会调查科，负责全台听众社会调查工作。调查科每季度对各专业广播所有节目做一次社会调查，并把调查报告提供给台领导和各专业广播，以此作为电台了解全台节目收听情况、调整和改进节目的依据。同月，在原播出部、录制部和计算机中心的基础上，合并成立北京电台技术中心（处级），负责全台的录音、传输、播出等技术工作。11月28日，北京电台国际部成立（处级），负责全台的对外宣传和北京市主要领导外事活动的采访报道。

2001年3月，北京电台内设机构22个，实有21个（计算机中心并入技术中心）。实有副局级干部2名，副台级干部（正处）7名，部门正处级干部15名，副处级干部42名。

2001年4月，台长刘敏离任；降巩民被任命为台长，免去总编辑职务；汪良被任命为总编辑。12月，总工办与技术中心合署办公，新的技术中心一套人马，对外保持总工办和技术中心两块牌子；保卫部合并到办公室，办公室副主任兼保卫部主任，对外仍保留保卫部的牌子。同月，电台总编室成立由12人组成的节目质量考评科，负责对全台播出节目的质量考评工作。

2002年1月1日，北京生活广播停播，北京体育广播开播。体育广播设新闻部、专题部、综合部和公关部。2月，北京电台成立研究室，主要任务是了解和研究国内外广播媒体发展新情况、新动向，完成台领导交办的研究课题，编印《传媒动态》刊物，负责全台听众社会调查等。6月，北京电台党委决定，新闻中心人员并入新闻广播，在新闻广播暂设编委会，负责协调新闻广播新闻节目的统一运作和管理，策划组织重大宣传报道活动。

2003年1月，北京电台在人事部内增设培训中心（副处级），负责全台员工培训的规划、管理和组织安排工作。8月，北京电台纪检监察审计办公室成立，与党委办公室合署办公。10月，台长降巩民离任；汪良被任命为台长，免去总编辑职务；陆莹被任命为总编辑。

2004年1月，北京教育广播停播，首都生活广播开播。首都生活广播设公关部、名人谈话部和健康生活部。同月，总编室听众联系科扩展为“听众服务中心”，目的是进一步强化与听众的联系与沟通。9月，北京外语广播（由国际部开办）开播。外语广播设英语节目组、中文节目组和教学节目组。

2005年3月，北京经济广播停播，北京城市管理广播开播。城市管理广播设新闻专题部、信息处理部、综合部和公关部。10 月，北京市机构编制委员会办公室批准北京电台信息资料中心、国际部分别更名为网络信息中心、外语台。

2006 年 1 月，北京电台《新广播》报创刊，总编室成立报刊编辑科。《新广播》报以电台节目内容的精摘、节目或大型活动的预告、广播多媒体发展、采编人员的介绍、主持人形象展示、广播人台前幕后的故事等为主要内容，以此延伸广播功能，扩大电台的影响力。广告作为对与电台长期合作的广告客户的奖励，免费刊登（《新广播》报广告内容由北京广播公司广告经营部负责，版面编排和印刷发行由北京蓝火花音乐文化传播有限公司负责）。7 月,《北京人民广播电台节目制作运行机制改革总体方案》颁布。《方案》核心内容是：整合全台人力资源，建立节目制作中心；改革各专业广播节目制作运行方式，建立新的充满生机与活力的节目制作运行机制，各专业广播除新闻和新闻性节目外，其余节目统一由节目制作中心通过招标确定制作人或制作团队。10 月，北京电台新闻中心并入新闻广播；增设节目制作中心、新媒体编辑部和播音主持管理部。节目制作中心职责是负责各专业广播除新闻及新闻性节目以外的其他节目的编辑、制作以及节目的策划、包装、推广工作。新媒体编辑部负责新媒体（北京广播网、网络电视、移动多媒体广播、动感音乐电视）节目播出前的审查工作。至此，北京电台内设机构为 27 个，处级领导职数为 84 名。

2007 年 11 月 1 日，北京城市管理广播更名为北京城市服务管理广播。

2009 年 1 月 1 日，首都生活广播调整为北京故事广播，故事广播设节目管理部和公关部。1 月 18 日，北京爱家广播开播，爱家广播设节目管理部和公关部。9 月 14 日，北京市机构编制委员会办公室批准北京电台研究室更名为广播发展研究中心。

2010 年，北京电台的机构设置：宣传部门有新闻广播、城市服务管理广播、故事广播、交通广播、体育广播、文艺广播、音乐广播、外语广播、爱家广播和网络信息中心、节目制作中心；技术部门有技术中心、804 发射台；职能部门有办公室（保卫部）、总编室、总工程师办公室、党委办公室、纪检监察审计办公室、新媒体编辑部、播音主持管理部、人事部、计财部、广告部、广播发展研究中心、工会。

第二章 宣传管理

北京电台是首都台，历来重视宣传管理工作。特别是20世纪90年代以后，随着宣传改革的不断深入，宣传管理的工作任务日趋繁重，它不仅关系到电台的安全播出，还关系到电台的宣传改革能否持续、稳步、深入地向前发展，甚至关系到宣传改革的成败。因此，进入20世纪90年代以后，北京电台历任领导班子在抓宣传改革的同时，十分重视宣传管理工作。通过宣传管理，牢牢把握住宣传权。

宣传管理的核心是节目管理。另外，与节目有直接关系的听众联系、听众调查、节目评奖等也是重要的宣传管理内容。

第一节 节目管理

节目管理是北京电台宣传管理的核心工作，包括节目设置、节目采编、节目审定、节目监听、节目考评等。

一、节目设置

节目设置是电台宣传的基础性工作。节目设置要根据形势的变化、全市工作重点的转移、专业化系列台的分工，进行及时调整。

1994年，北京电台规划中的7个专业广播建成以后，给全台宣传带来了生机和活力，同时也给节目管理提出许多新问题。其中最突出的是由于受创收的影响，出现了什么节目能挣钱就开办什么节目、谁给钱就宣传谁等忽视节目质量、违背专业广播办台方针的现象。

另外，由于各频率原有节目设置的沿袭，专业化系列台建立以后出现了各专业广播之间节目设置内容交叉、形式雷同等问题。这些问题不仅影响电台整体效益的发挥，还经常产生各种矛盾。针对专业化办台中存在的问题，北京电台决定把规范专业广播提上议事日程。1994年7月25日，台务会研究如何使已经建立的专业广播办出各自特色，从而充分发挥电台整体效益的问题。会议决定，重新起草各专业广播的办台方针，并制定相应的宣传管理规定。会后，在调查研究的基础上分别起草了新闻广播、经济广播、交通广播、教育广播、儿童台、文艺广播、音乐广播的办台方针和《关于加强宣传管理，严格按专业台办台方针设置节目的规定》。

1994年10月18日,《关于加强宣传管理，严格按专业台办台方针设置节目的规定》(以下简称《规定》) 和《关于认真贯彻各专业台办台方针的通知》(以下简称《办台方针》) 印发全台。《办台方针》明确规定了各专业广播的办台宗旨、任务、主要听众、节目设置范围等。《规定》强调，各专业广播的节目必须按照电台确定的办台方针设置，各专业广播所有节目（栏目）必须制定明确的节目方针，节目方针一经编务会讨论通过后，就要严格按节目方针办节目，并由总编室负责检查、监督执行。检查是随机的，每次检查的情况要写成书面报告向编务会汇报，并通报各专业广播。

1994年12月初，各专业广播按照各自办台方针全面调整节目。台编务会分别对每个专业广播的节目调整方案进行审查确认。自1995年1月1日开始，各专业广播按台编务会批准的新节目时间表运行。

从1995年开始，每年年底之前，北京电台要召开一次节目调整汇报会，参加人员有电台台长、总编辑、副总编辑及各专业广播台长、主管宣传的副台长和总编室主任、副主任等。会上各专业广播要汇报下一年节目调整思路，包括有什么新节目要上、什么节目停办等，会上讨论决定。新的一年节目播出时间表，一般在当年年底前由台编务会讨论确定，一经确定，各专业广播就要严格按节目播出时间表播出节目。新的节目时间表，一般都在下一年1月1日开始实行。

规范专业广播是北京电台专业化系列台建立以后，在宣传管理上采取的一项重大举措，它涉及各专业广播的经济利益和人员调整。为稳妥起见，北京电台采取渐进的办法，没有搞一刀切。原因是考虑到听众的收听习惯和一些专业广播的承受能力。另外，有些问题还有待在实践中进一步探讨和研究。1995—1997年，经过3年的调整，规范专业广播的工作取得明显效果，各专业广播在节目设置上杜绝了重复、雷同和不按办台方针设置节目、不按节目方针开办节目的问题。

从1998年12月开始，北京电台将过去每年一次的各专业广播分别汇报下一年节目设置方案的汇报会，改为全台集中研究节目调整的研讨会。每年研讨会围绕一个具体的议题，各专业广播分别阐述各自的认识和改进措施。与会人员充分讨论，统一专业化办台的思路。在1999

年10月的研讨会上，台长吕浩材提出，节目设置就像交通中的“红黄绿灯”，一个专业广播可以办什么节目，不能办什么节目，要有个界限。2000年，新闻广播撤销《今日财经》节目，此节目内容合并到经济广播播出；经济广播、交通广播、文艺广播撤销足球节目，新闻台增加体育节目播出时间。

2001年9月，把原来的研讨会明确为“北京电台专业化办台研讨会”。这次会议对专业化办台中提出的“红黄绿灯”节目概念做出了明确的界定。

“红灯”：与本台宗旨、主要听众、办台方向、市场定位不符，并且对其他台有干扰的内容；对其他台没有干扰，但与自己形象严重不符的内容；虽有经济效益，但因小利干扰了大利。这样的节目不能办。

“黄灯”：为着娱乐和调节而不是以竞争为目的的内容；以专业为本的阐发性的内容；自己得利与人无害、周末填充性的节目。这样的节目可办可不办。

“绿灯”：与本台专业建设完全相符，本台独有的，主要听众必听的，市场销售占位独到的。这样的节目要认真办好。

“红黄绿灯”的提出和界定使规范专业广播的工作得到进一步深化。不仅进一步明确了各专业广播可以办什么节目，不可以办什么节目，对于为了调节节目气氛以及对己有利而对别人无害的内容和各专业广播（除音乐广播、文艺广播）的音乐、文艺、娱乐类节目要不要办、怎么办的问题，也统一了认识。

根据“红黄绿灯”理论，2002年的专业化办台研讨会对各专业广播的节目设置提出如下进一步规范的意见：

北京新闻广播的《北京新闻》，由新闻广播独家首播，允许其他专业广播用其他时间重播。经济广播的财经类节目如金融、保险、证券，包括股票信息都应保护。教育广播的性教育和心理咨询节目应得到保护。交通广播的路况信息，只许交通广播办。音乐广播的音乐歌曲排行榜类节目应受到保护，其他专业广播的音乐节目不得超过20%。“长书节目”（“长书”即长篇评书）由文艺广播首播，其他专业广播的“长书”由文艺广播提供。体育广播的重大赛事和体育专题应受到保护。“天气预报”由电台总编室统一对外联络，各专业广播共享。

2002年以后，类似上述的规范和调整工作每年都要进行一次，只是规范和调整的力度不同。听众调查表明，调整和规范的结果是，各专业广播的特色更突出，节目质量提高，北京电台整体宣传效果加强。

二、节目采编

具体广播节目的生产涉及采访、编辑、播音、录制、播出等环节。在1990年8月北京经济广播开播之前，北京电台广播节目都是经过录音制作后播出的，每个节目都有完整的文字稿件，每个生产环节都比较清晰，节目的审定、修改、签发有据可查。虽然在20世纪80年代北京电台已开办部分主持节目，主持人集采访、编辑、播音于一身，节目播出实际上采取的仍是录播形式。

北京经济广播开播伊始，即以大版块的节目设置、主持人直播、听众热线电话参与为主要特点。随着其他专业广播的陆续开播，北京电台播出总时长，特别是直播节目的总时长大量增加。节目生产各环节被整合、削减，记者、编辑、主持人的界限也不再分明，直播节目没有完整文字稿可供审定。但总的来说，电台节目的采制还是由记者、编辑和主持人（录播节目有录音员）来承担的。

1993年7月，北京电台颁布《关于采编播部门安全播音的规定》，对节目的采编、播音主持、制作等提出具体要求。至2010年，此规定根据节目采制中不断出现的新情况，共做4次修订。每次修订都强调："记者采写稿件，要深入采访现场，认真调查研究"；"采制录音报道或口头报道，音响必须真实、准确，不能弄虚作假"；"根据文件、简报或其他材料编辑的稿件，必须重新核对事实，才能发稿"；"重播节目，责任编辑必须重新审听"。

为了使记者、编辑和主持人及时了解和掌握宣传精神，把握正确的舆论导向，北京电台坚持每周一次的编务会和编前会制度。编务会由总编辑、副总编辑及总编室主任参加，遇有重要问题台长也参加，主要任务是研究日常宣传问题，重大宣传问题提交台务会研究决定，为开好全台编前会做准备。每周一次的全台编前会，台领导、各专业广播台长及其他部门领导参加。会议的主要任务是，传达上级宣传精神、听取采编部门前一周的宣传情况汇报、布置下周宣传任务、通报宣传管理工作事项等。会后，各专业广播及各部门再将编前会精神传达到每个员工。到2010年，北京电台编务会和编前会制度已沿袭22年。

除此之外，如接收到紧急的宣传精神，总编室立即传达到各专业广播负责人，各专业广播负责传达到每个采编播人员。精神传达不过夜，一级传一级要有记录备案。总编室还不定期将宣传要求和口径汇编成《编播人员须知》《宣传精神备忘录》等发放给采编播人员。

北京电台建立专业化系列台以后，日常节目采制由专业广播确定。专业广播每周一次的编前会主要任务是传达宣传精神，研究下一周的宣传报道工作。专业广播各节目部要汇报下一周以及近期准备采制的节目选题，会上被确认后，便开始采制节目。确认后的节目选题在实施中常常会有变化，节目采制人要及时与本节目部负责人沟通，重新确定选题。

记者采制的节目，除有文字稿、录音报道之外，还有连线节目、访谈节目、现场实况转播等直播节目。连线节目采制，记者与编辑及传音员要事先沟通好，连线的内容、什么时间连、连多长时间等。访谈节目采制，先要有明确的选题，然后确定访谈嘉宾，主持人在访谈之前要与嘉宾当面沟通，商量访谈内容，确定访谈提纲，告知要把握的宣传口径。实况转播节目转播前要与主办方沟通，了解转播实况的内容、程序、时长等，正式转播之前现场与机房要试线，做好转播前的准备工作。直播节目要使用延时器。

北京电台建立专业化系列台以后，遇有重大新闻事件和重要会议，节目的采制会打破专业广播的界限，全台专门成立由台领导牵头的报道队伍，制订采访计划，策划报道选题。如对2008年第29届奥林匹克运动会（北京奥运会）的报道，全台组成一个151人的报道团队，设立统一的节目采编平台。报道班子采编播人员按照报道计划去采访，将采制的节目统一发到采编平台上，供各专业广播调用。2008年奥林匹克运动会期间，8个专业广播每天播出奥运节目达120小时以上，占全台总播出时长的71%。其中，转播开、闭幕式实况，直播赛事300场，播发赛事报道12399条、非赛事报道6954条。又如中华人民共和国国庆60周年的宣传报道，北京电台以同样的节目采制方式，圆满完成新中国成立60周年的报道任务。

一年一度的全国及北京市人代会和政协会等重要会议的采制，北京电台每年都要成立专门报道班子，制订报道计划。采编播人员按照采访计划采制节目，还要参加由会议报道组负责人召集的会议，集体讨论报道选题。会上采编的稿子，由电台带队领导在会议驻地现场审定，重要稿件还要送交大会负责新闻报道的领导审定。经过审定的稿件，文字稿件直接送到要播出的专业广播，录音报道要到制作机房制作完成后送到相关专业广播。20世纪90年代后期，北京电台建立节目采编平台系统后，驻会记者在驻地通过互联网可直接把节目发到台内的采编平台上，供播出或各专业广播调用。

三、节目审定

节目审定是节目播出前宣传管理的最后一个环节，也是最关键的环节。

1993年8月1日起执行的北京电台《关于审定稿件的规定》明确指出：电台“执行部主任、系列台台长、总编辑三级审稿制度”。“录播节目、直播节目在播出前，一律按规定的权限履行审稿制度：即记者、编辑采编的稿件（节目），首先由部主任审阅（审听），然后由系列台主管台长（或带班台长）审定签发。直播节目如无稿件，必须写出详细主持提纲送审。重要稿件（包括评论、重大题材报道、敏感问题报道、重要的批评报道）和宣传口径把握不准的稿件须送主管总编辑审定”。“对因审稿不认真造成播出事故者要追究审稿人责任”。2002年1月颁布的经过修订的《关于审定稿件的规定》增加一条：“凡在本台各频率播出的节目都要有稿签，电脑里审稿，要有签发人。各专业广播的各个节目都要健全和完善播出节目登记制度。”

为了避免播出的节目不出或少出差错，特别是不出重大差错，1998年8月10日，北京电台颁布《关于加强宣传管理避免播出差错的奖惩办法（试行）》（以下简称《办法》）。这是北京电台在宣传管理方面制定的各项规章制度中第一个把奖惩具体化的文件，是强化宣传管理的重要标志。该《办法》把差错进行分类与定性：

一般差错：由于责任者工作马虎，或技术环节上出现问题，在社会上造成的影响不大的差错。一般差错分为4类。如：录播节目因填错日期、填错播出时间等造成播出隐患的，就是其中一类。一般差错责任人每人每次处罚金50～100元。

严重差错：由于责任者工作中的疏忽或过失，直接造成的重要播出差错，且在社会上造成不良和负面影响较大的差错。严重差错分为4类。如：违背职业道德和宣传纪律，未经审查私插、乱播节目并造成恶劣影响的，就是其中一类。严重差错责任人（包括审稿人或有关领导），每人每次处罚金200～500元，主要责任人还要做书面检查，全台通报批评。

重大差错：因责任者在工作中的严重失职或违反宣传纪律而造成的违背中央宣传精神、宣传口径的播出差错，在社会上造成重大影响。重大差错分为5类。如：政治观点严重错误、播出假新闻等。重大差错责任人（包括审稿人或有关领导），每人每次处罚金1000～2000元，并视情节轻重、责任大小，分别给予通报批评、警告、行政记过、降职使用（包括专业技术职务）、撤职（或解除合同）等处理。

2000年5月30日，根据《中央宣传部、新闻出版署关于建立违纪违规报刊警告制度的意见》，北京电台对该《办法》进行修订，去掉文件名中“试行”二字。这次修订，在重大差错的界定中增加了泄露国家秘密，宣扬凶杀、暴力、色情、迷信和伪科学，传播谣言等重大差错内容。根据北京市委宣传部、市新闻出版局的《北京市关于对新闻单位违纪违规处理的意见》，该《办法》于2001年12月31日再次修订，更名为《关于加强宣传管理避免播出差错的处罚办法》，去掉了堵住差错的奖励，增加了“责任界定”内容，属于哪种差错，是谁的责任，有了明确的依据；同时加大了处罚力度。对一般差错、严重差错、重大差错的责任人处罚，分别由原来的50元、200元、1000元提高到不低于100元、500元、2000元。2004年，该《办法》更名为《关于对播出差错的界定及处罚办法》。这一文件经过几次完善、修订，对控制播出差错效果明显。据《节目质量考评报告》，2002—2010年，一般播出差错逐年减少，杜绝了严重和重大播出差错。

2002年1月颁布的北京电台《关于热线直播节目管理的规定》，特别提出：“热线直播节目话题确定后，主持人事先要深入采访，与所邀嘉宾面对面商讨在直播中要讲的内容，未经商讨，嘉宾不得进直播室直播。”

专业化系列台建立以后，日常播出节目如有变动，要有书面报告说明原因，专业广播台长及主管的台领导签字后报总编室，总编室提交到台编务会同意后，方能生效。由于种种原因，各专业广播部分栏目的节目选题，特别是直播节目，临播出前常出现更改的现象，台里很难把握更改后的节目内容。针对这种情况，2007 年 7 月，北京电台颁布《关于上报节目选题的规定》。此规定要求，经过编务会确认的各专业广播上报的专题栏目，要提前一周把选题报送到总编室，所报选题要有专业广播台长或副台长签字。总编室将上报的选题送主管副总编审定。节目选题如有变化，须在播出前两天向总编室报告变更情况，得到主管副总编同意后才能播出。如果播出节目不是上报选题的内容，一经发现，将给予责任人经济处罚。这一措施的实施，遏制了随意更换节目选题的现象。

各专业广播播出的节目千差万别，审稿工作比较复杂。2008 年年初，北京电台开始执行《关于播出节目的审稿细则（试行）》。该细则把节目分成新闻、新闻专题、资讯类节目；各类访谈、服务及其他节目；小说、评书连播类节目等三大类。每一类节目都做出详细的节目审稿、审听规定。如因特殊原因节目内容需要调整，至少要提前两小时上报，经过节目审稿人签发后方可变更。对于外出现场直播或转播节目，“需提前一周填写《北京人民广播电台节目变更记录》，经主管台领导签字并报总编辑或台长批准后，由总编室、技术中心负责下发直播通知”。

各项规定的制定、实施，使北京电台所有播出节目的审定都有章可循、有据可查。

四、节目监听

节目监听是北京电台节目管理的措施之一，是对已播出节目情况进行监听，主要包括是否符合办台方针和节目方针、是否符合宣传口径、是否有技术差错和播音事故等。

20 世纪 90 年代以后，特别是北京电台专业化系列台建立以后，播出节目时长增加、直播节目增加、直播节目开通热线电话等原因，使得节目播出前的审稿、审听并不能完全避免播出差错。而对于已播出节目的内容及技术差错等情况，电台缺乏内部监听机制（只有外聘的业余监听员），不能全面掌握节目播出质量情况。经台编务会研究决定，自 1995 年 8 月 1 日起，总编室的节目科在完成原有工作任务的同时，承担起对各专业广播部分重点节目的播后监听任务，主要是热线节目、综艺节目和新闻及新闻性专题节目。节目科每周写一份监听小结上报总编室，总编室每月写一份监听分析报告呈报台领导。1999 年前后，节目科部分老同志先后退休，节目监听工作短暂中断。

1999 年 3 月，国家广播电影电视总局下发《关于开展广播电视节目监听监看工作的意见》。1999 年年底，总编室听联科在全台范围内招聘 6 名有采编播经验的老同志，自 2000 年 1 月中旬开始，专职对各专业广播的播出节目进行监听。制定的节目监听原则是精讲成绩，细挑毛病，善提意见，重点分析。每个监听员每天监听节目 3 个小时以上，并填写《监听节目记录表》，发现重大问题及时向总编室报告。总编室每周出一期《监听报告》，不定期撰写监听分析报告或建议。《监听报告》反映出的问题主要有：播出节目违背宣传精神，节目偏离节目方针，主持人在节目中调侃过分，节目中有广告嫌疑等。每期《监听报告》中提出的问题，总编辑都要在全台编前会上进行通报，并加以点评，提出改进要求。各专业广播要根据《监听报告》刊登的内容及台领导的要求，对本部门的问题进行处理，对重要差错的处理情况及改进意见须写出“监听回复”交总编室备案。专职监听员犹如电台内部的“警察哨兵”，虽然是对播出后的节目进行监听，但对问题的反馈和对改进情况的检查，直接促进了节目质量的提高，导向问题和广播业务、技术差错逐渐减少。

2002年年初，随着北京电台对全台节目进行全面质量考评以及在推行聘用合同制工作中进行人员分流，总编室撤销专职监听人员队伍，返聘电台退休人员进行节目监听。2004年，《监听报告》每两周出一期，如没有可写内容，可酌情延长出版周期。

近20年来，北京电台节目监听人员换了一茬又一茬，但节目监听工作作为节目管理的环节之一，到2010年仍在继续。

五、节目考评

节目考评是对已播出节目质量的考评。考评不是评优，是对日常播出的节目是否达到电台规定的播出标准所进行的具体的、全面的考核。

北京电台建立专业化系列台以后，全台播音时长和节目数量逐年增加。到2001年每天播出的节目近370个。节目质量如何，过去是靠每年一两次的社会调查、部分听众的反映以及台内对重点节目的监听了解一些具体情况。节目播出后出现各种差错，甚至是重大差错等情况，电台不能及时、全面地掌握。听众打来电话，甚至上级领导找上门来“兴师问罪”时，电台领导才最后知晓，使工作十分被动。

2001年，北京电台决定向山西人民广播电台学习，对全台所有播出节目进行质量考评。11月15日，颁布《关于开展节目质量考评的实施办法（试行）》。该文件规定，考评节目质量结果分为三档：达标节目、基本达标节目和不达标节目。每个节目满分为100分。得80（含80）分以上的节目为达标节目；得60（含60）分以上至79分的节目为基本达标节目；得分低于60分的为不达标节目。

为了统一考评标准，北京电台同时下发《关于确定节目质量要素的意见（试行）》，提出制定“通用节目质量要素”和“分类节目质量要素”的具体要求。北京电台节目质量考评委员会制定全台所有节目都必须遵循的通用节目质量要素，各专业广播每年调整节目时要依据分类节目质量要素的要求制定本专业广播所有节目的分类节目质量要素。自此，每年年底和年初，经编务会批准的各专业广播办台方针、节目质量要素、节目时间表等汇总成《北京人民广播电台节目方针和质量要素汇编》，下发全台相关部门。

通用质量要素是对节目在政治上、思想上、导向上以及宣传口径和宣传纪律方面的要求，分类质量要素是对不同类别节目技术方面的要求。如新闻类节目《北京新闻》2002 年的质量要素，除电台规定的“通用节目质量要素”外，《北京新闻》的质量要素主要有：20 分钟的新闻所发条数不低于 13 条，遇重要会议等不低于 9 条；自采稿件占全部稿件的三分之一以上；每周有 5 条带音响的报道；24 小时以内新闻占全部新闻的五分之一以上。

北京电台节目质量考评委员会由总编辑、副总编辑（2006 年增加总编室主任）组成。下设考评委员会办公室，总编室主任任办公室主任。总编室 2001 年年底成立由 12 名具有中级以上职称编辑、记者组成的节目质量考评科，具体负责对节目质量的考评工作。

根据 2002 年 1 月颁布执行的《关于节目质量考评的扣分细则（试行）》，考评打分采取扣分的办法。例如，节目发生严重舆论导向问题，本月考评为 0 分，属不达标节目；节目未能准确把握宣传口径而造成差错，至少扣 21 分；主持人未经资格认定而上岗，至少扣 41 分。

考评科每月对每一节目（栏目）随机抽出 3 次进行审听、打分，取 3 次考评分数之和的平均值作为每个节目当月质量结果。根据考评质量结果，考评科每月分别写出每个专业广播的节目质量考评报告，制作各专业广播节目质量考评排序表，提供节目质量考评明细表等，一并报考评委员会审核同意后印发各专业广播。节目质量考评结果与各专业广播领导的效益工资挂钩。各专业广播再根据各台自身情况，制定相关的奖惩措施。年度节目质量考评结果还作为北京电台评选名牌栏目的重要依据。

北京电台的节目考评工作自 2002 年 1 月 1 日实行。对于每月一期的《节目质量考评报告》指出的若干问题，各级领导高度重视。2002 年 6 月，北京电台出台《关于对〈节目质量考评报告〉中指出的问题给予回复的规定》，要求有关专业广播迅速核实事实，查明原因，报告处理结果和整改措施。

对播出节目进行质量考评，问题得到及时发现、及时纠正，差错越来越少。根据总编室的统计：开展节目质量考评头 7 个月，在考评的节目中，各台达标节目逐月增加，特别是得满分（100 分）的节目，1 月份只有 36 个，7 月份达到 105 个。2002 年考评第一年，全年共考评节目 1976 个，达标节目 1765 个，全年节目达标率为 89.3%。2006 年，全年共考评节目 2129 个，达标节目 2096 个，

2010 年，北京电台总编室节目质量考评科部分人员

全年节目达标率为98.4%。2010年，全年节目达标率为99.79%，基本达标率为0.16%，节目未达标率由2002年的3.44%降至0.05%。

随着广播节目形式的更新变化、北京市委宣传部有关规定的下发，北京电台的节目质量考评文件也相应进行修订。作为节目评估体系的环节之一，节目质量考评为提高北京电台节目质量一直提供着重要依据。

第二节　听众联系

听众联系工作是听取听众意见、建议，了解听众需求的重要渠道，北京电台历来重视听众联系工作。随着专业化系列台的建立，播出时间不断增加，媒体间的竞争逐渐加剧，电台十分需要反映节目质量、听众需求和市场变化的信息。

一、听众联系的机构

听众来信一直由北京电台总编室和各专业广播、各节目（栏目）部负责。1994年，《听众反映专辑》每月一期。1996年，总编室要求各专业广播各节目部认真处理听众来信，做好拆阅、登记、回复、存档和统计，由各专业广播“听联员”填写报表，每月上报总编室；典型信件送交总编室，选编、刊登在《听众反映专辑》和《宣传业务》上。

1999年1月，总编室听众联系科（简称“听联科”）成立，主要任务是负责听众来信、来电的收转、登记和回复，还通过调查问卷、座谈会等方式收集听众意见和反馈，组织听众听评节目，编辑反映听众意见的刊物，负责业余监听员队伍的管理等。听联科成立后，加强对业余节目监听和听众评议节目等活动的指导，变过去的随意听评为有计划的分工听评和专题听评，评选优秀监听员，提高了听众来稿的数量和质量。听众的意见和建议成为北京电台改进节目甚至是调整节目设置的依据之一。1999年，《听众反映专辑》改为半月刊，每期刊登30～50条听众意见摘编。

2003年，北京电台进行GB/T 19001—2000质量管理体系认证工作。按照“以顾客为关注焦点”的要求，北京电台听众服务工作成为节目生产过程中重要的一环。2004年年初，总编室撤销听联科，在其基础上成立听众服务中心，工作人员由6人增至8人。当年即开通3个渠道加强与听众的沟通：5月8日，试开通“听众服务热线——65158131”，解答听众问题，收集听众意见；6月1日，在北京广播网建立“听友之家”网页，开设听友论坛、短信精选、来信选登、听众意见反馈等互动栏目；10月8日，在北京电台内网开辟《听众反映速递》专栏，每天刊发来自电话、信件、电子邮箱、“听友之家”网页、手机短信等渠道的听众反映若干条，以便电台对听众意见做出快速反应、及时改进。2004 年，北京电台收集到的听众意见、建议及咨询共 255599 件，是 2003 年的 51 倍；对听众意见、建议及咨询的回复共 3930 件，同比增加近 90%。越来越多的听众参与听评北京电台节目，业余监听员们逐渐融入热心听众队伍中。

2003 年 10 月 26 日，北京电台质量认证现场审核首次会议召开。11 月 8 日，北京电台获得 ISO9001 质量管理体系认证证书，成为全国首家整体通过这一认证的省级广播电台

2005 年 3 月 21 日，听众服务中心开通北京电台 24 小时听众服务热线——65661566，在全国省级电台中率先实施 24 小时不间断的听众服务。这是一条电话中继线，可供多人同时打进电话，主要有八项功能：自动语音查询和留言、转移呼叫和三方通话、信息传递、听众档案管理、知识库、自动录音、统计分析和专项调查功能。热线电话开通第一年，就接听、回复听众电话 3 万多次。

2005 年 3 月 20 日，北京电台召开听众服务热线开通新闻发布会

到 2010 年，《听众反映专辑》已经出版 486 期（含《听评月专辑》）。这些期刊的印发，对各专业广播了解听众对节目的意见、建议和呼声以及改进工作都发挥了重要作用。

二、服务听众的节目

电台总编室继续办好为听众服务的公众性节目《广播之友》（1993 年 3 月在北京新闻广播开播）。节目以“听众参与广播的园地，电台联系听众的纽带，听众和广播人沟通心灵的桥梁”为宗旨，以反映听众对广播的意见和宣传北京电台为主要内容，并与总编室的宣传业务管理、听众联系等工作有机结合，互相促进。1994 年，《广播之友》下设《听众论坛》《话筒前后》《我与广播》《收听指南》等栏目，每周六、周日在新闻广播播出；每次 50 分钟，比 1993 年延长 20 分钟。介绍电台采编播技术职能部室幕后工作的小栏目《话筒前后》被评为 1994 年度北京广播奖优秀栏目。1996 年，《广播之友》缩短为每次 30 分钟，仍是每周六、周日在新闻广播播出。

《广播之友》节目集服务性、参与性、知识性、娱乐性于一体，内容丰富，形式多样，受到听众的喜爱和业内好评。《广播之友——圆梦之后》（作者：朱晓明）获得1997年度北京广播奖三等奖。

1997—1998年，《广播之友》除了在北京新闻广播每周六、周日播出外，还在北京交通广播每周播出1次。1999年1月，《广播之友》在新闻广播、经济广播、交通广播每周日各播出1次，同年4月，《广播之友》在新开播的北京生活广播每周六播出1次。2000年，《广播之友》在新闻广播、经济广播、教育广播、交通广播、生活广播每周各播出1次。

2001—2010年，《广播之友》节目在北京电台各个专业广播每周都安排1次播出（2004年9月至2005年9月北京外语广播开播初期，未播出《广播之友》节目），下设栏目主要有《话筒前后》《收听指南》《回音壁》《听众论坛》等，每次节目半小时。《广播之友》在2010年度北京市优秀广播电视节目评选中被评为“广播优秀栏目”。

三、“听评月”活动和“优秀听评员”评选活动

北京电台专业化系列台建设过程中面向社会首次举办的节目听评活动是1993年11月至1994年2月开展的“我谈电台节目主持人”有奖征文活动。在1994年4月9日的“广播之友联谊会”上，北京电台向征文活动的获奖听众颁奖。

从1995年开始，每年12月的“主持人节目展播”期间，北京电台都会组织听众听评、写评议稿。次年，在主持人节目展播颁奖会上，颁发主持人节目奖和听众评议奖。到2010年年底，“主持人节目展播”活动已举办16届。

自1996年起，北京电台每年举办一次听众评议节目的活动——“听评月”。在一定时间内集中向全社会收集听众对北京电台节目设置、节目导向、节目策划、节目播音主持以及节目整体质量等各方面的意见、建议和要求。总编室将听众来稿选编成《听评月专辑》（或《听评月特刊》《听评月专刊》）若干期，发至全台相关人员。“听评月”之后，北京电台组织评委从稿件中评选出60篇优秀来稿，分别获得一、二、三等奖。到2010年，北京电台“听评月”活动已举办15届，《听评月专辑》（或《听评月特刊》《听评月专刊》）共有258期。

1998年2月27日，北京电台举办’97听评月、主持人节目展播颁奖会

北京电台从2005年开始，在听众中开展

“优秀听评员”评选活动。每年年底评选出当年“优秀听评员”10 名左右。在每年的听众表彰会上，“听评月”稿件获奖听众、“优秀听评员”和主持人节目展播听众评议奖得主都会获得北京电台颁发的证书和奖金。

第三节 听众调查

听众调查是宣传管理的重要组成部分，是北京电台多年来的一贯做法。20 世纪 90 年代以后，北京电台每年聘请有关权威部门进行一次全面的听众调查，有的年份要做两次甚至每季度进行一次。除全台性的全面调查外，有些专业广播还根据各自的需要自行开展社会调查。听众调查内容包括：北京电台总体收听情况、各专业广播及栏目收听情况、对主持人的评价、听众收听习惯、收听时段等。2003 年以前（含 2003 年）的调查还包括北京地区部分主要广播、电视、报纸的收听收视率等方面的内容。每次调查的内容虽有所不同，但调查的目的都只有一个：了解听众和潜在听众收听广播的情况，找出薄弱点，为各专业广播定位、节目设置、栏目调整、广告市场拓展等提供依据。

1994—1996 年的听众调查内容由北京电台拟订，委托北京格美传播研究中心和北京格美广告公司实施。调查的范围是北京 4 个城区、4 个近郊区，以及通县、延庆 2 个远郊县。调查内容为：电台总体收听情况，各专业广播及栏目收听情况，对主持人的评价、播出方式评价和收听效果评价等。调查采取入户问卷和召开座谈会相结合，以入户问卷调查为主。每年发出问卷 2400～2600 份。这 3 年的收听率分别为 66.05%、64.01% 和 55.94%。

1997—1999 年的听众调查，委托北京市统计信息咨询中心完成。调查的范围是 8 个城区和 2 个远郊区，调查的主要内容有：总体收听情况，7 个专业广播的收听情况，对主持人的认知及喜爱程度等。调查样本均为 1500 户，采取多级分层抽样调查。3 年里，广播的接触率分别为 87%、82.5% 和 87%。

2000 年，北京电台成立社会调查科。2000 年第一季度、第三季度和 2001 年第一季度由社会调查科在城八区和通州区共 9 个区做听众收听情况调查，调查的主要内容是：对北京地区 22 家主要媒体的接触情况，7 个专业广播听众的收听习惯，包括收听时段、收听栏目（节目），所喜爱的主持人等。2000 年的两次调查样本分别为 1000 人，2001 年的调查样本为 1500 人。3 次调查结果显示，北京电台在北京地区 22 家主要媒体的接触率分别为 67%、56.2% 和 58.3%。2001 年第二季度，委托北京美兰德信息公司就北京电台的听众规模、听众特征、收听效果、对广告看法等做听众调查。这次调查对收听率前 50 名的栏目给予排序，全市听众规模达到 395.8

万人，最大听众人数667万人。

2002年，北京电台委托北京广播学院广告系IMI市场信息研究所做听众调查，在8个城区、4个远郊区县采取IMI随机抽样入户方法，入户调查问卷4607份，就北京电台听众定位与整合管理的综合调查。2003年，委托北京大学新闻与传播学院市场与媒介研究中心和北京大学现代广告研究所进行听众调查，发放样本1021份。调查的目的是，了解听众和潜在听众的情况，为各专业广播定位、改版、栏目调整提供依据，了解广告和广告代理公司对广播广告的看法和要求。

从2004年开始，北京电台的听众调查工作委托给中国广视索福瑞媒介研究有限责任公司。调查的主要内容是：北京地区广播市场概况，北京电台各专业广播的收听情况，北京广播市场三大台（中央电台、国际电台和北京电台）竞争情况，北京电台收听人数和时长等。北京电台研究室自2004年4月开始使用该公司的节目收听调查数据，编制每周、每月、每季度、半年和全年的广播节目的收听情况及分析。根据该公司调查数据，2004—2010年北京电台的广播收听在北京地区一直保持着绝对的市场优势。以2009年和2010年为例：2009年，北京电台市场份额为66.2%，中央台为27.1%，国际台为4.3%，其他为3.4%。2010年，北京电台市场份额为66.374%，中央台为27.484%，国际台为4.319%，其他为1.544%。

2004—2010年，每天平均收听北京电台广播的人数在370万～418万人，时长在138.9～146.2分钟。随着互联网的迅速发展，受众与媒体之间的关系也随之发生了变化，广播受众也不例外。2004—2010年，听众每天收听北京电台广播的时长虽然一直在144分钟左右，但收听人数有变化，2005年是最高点，平均每天有444.8万人，2009年降到392.4万人。

多年来，听众调查已经成为北京电台调整节目、改进工作的重要依据之一，也成为各级领导和采编播人员洞察受众流动和媒体发展变化的重要窗口。

附：2006年度北京人民广播电台收听市场状况

一、北京地区广播市场概况

1. 基本收听数据

2006年北京地区收听率达到7.042%，比2005年增长了近一半。2006年北京地区平均每天约有418万人收听广播，比2005年有略微的下降，但每天平均收听广播的分钟数达到141分钟，比2005年增长了近45分钟。2006年整体收听率的增加主要来源于听众收听市场的增加。

表 4-1 2006 年北京广播市场基本收听数据一览表

收听指标	2006 年全年	2005 年全年	差值	涨跌幅
收听率（%）	7.042	4.764	2.278	47.8%
人均收听分钟数（听众）	141.1	96.5	44.6	46.2%
忠实度	7.4	5.1	2.3	45.1%
平均到达率（千人）	4183.69	4448.64	-264.95	-6.0%

收听率（%）：收听率是指针对某特定时段（或节目），平均每分钟的收听人数占推及人口总体的百分比。收听率反映的是在特定时段收听某一频率或某一节目的人数在总体推及人口中的百分比。

市场份额（%）：即市场占有率，是指特定时段内收听某一频率或某一节目的人数占同一时段所有收听电台人数的百分比，也即是特定时段内某一频率的收听率占所有频率总收听率的百分比。

到达率（%）：到达率是指在特定时段内的符合到达条件的接触总人数占总体推及人口的百分比。

到达率（千人）：到达率是指在特定时段内的符合到达条件的接触总人数，一般以千人来表示。

平均到达率（%）：平均到达率是指在特定时段内平均每天的符合到达条件的接触总人数占总体推及人口的比例。

平均到达率（千人）：平均到达率是指在特定时段内平均每天的符合到达条件的接触总人数，以千人表示。

听众构成（%）：听众构成是指对于特定频率（或节目），目标听众平均每分钟的收听人数（千人）占参照听众平均每分钟收听人数（千人）的百分比。参照听众一般为 10 岁以上所有人。

忠实度：忠实度是指特定频率（时段 / 节目）的收听率与到达率的百分比值。

平均忠实度：平均忠实度是指特定频率（时段 / 节目）收听率与平均每天的到达率的百分比值。

人均收听分钟数（听众）：人均收听分钟数（听众）是听众的日平均收听时间（分钟）与总体收听人口（满足到达条件的人口）的比值，可针对特定频率或时段进行计算。该指标反映的是平均每天每个实际听众的人均收听分钟数。

2. 月度市场变化

如图 4-1 显示，2006 年 3 月为全年收听率的最高峰，4—7 月收听率均保持在较高水平，

8月以后呈现下降趋势。

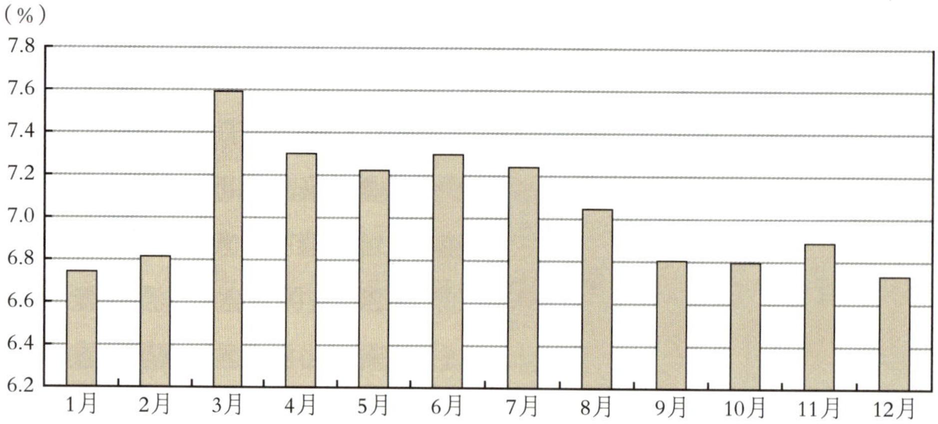

图4-1　2006年北京地区收听率月度变化

3.基本收听规律

如图4-2显示，2006年北京广播市场听众的收听仍然呈现早晚高峰的规律。在家收听仍然是最主要的收听地点，车上收听的规律和整体收听规律基本一致。

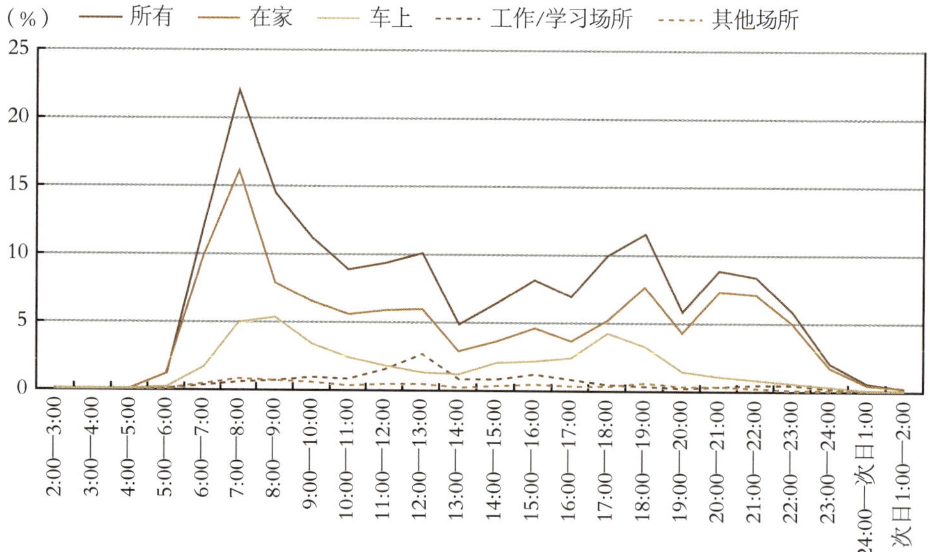

图4-2　2006年北京地区不同收听场合全天收听率曲线

4.听众特征

2006年，北京广播市场上男性听众明显多于女性听众。

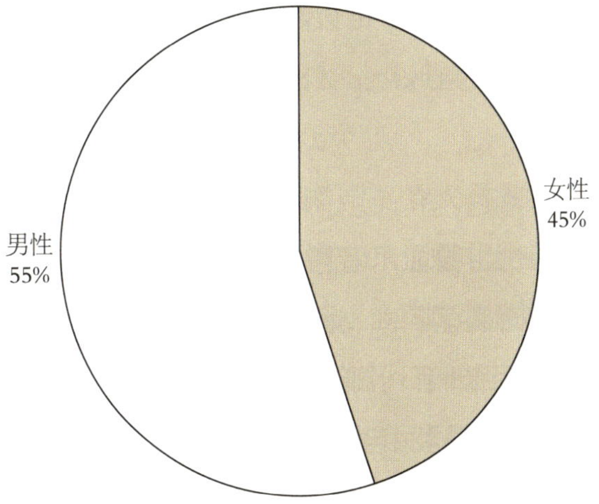

图 4-3　2006 年听众性别构成

2006 年，从总体来看，40 岁以上的中老年仍然比例较高。但是 20～30 岁的青年听众比例已经跃升至所有年龄段中的第二位。

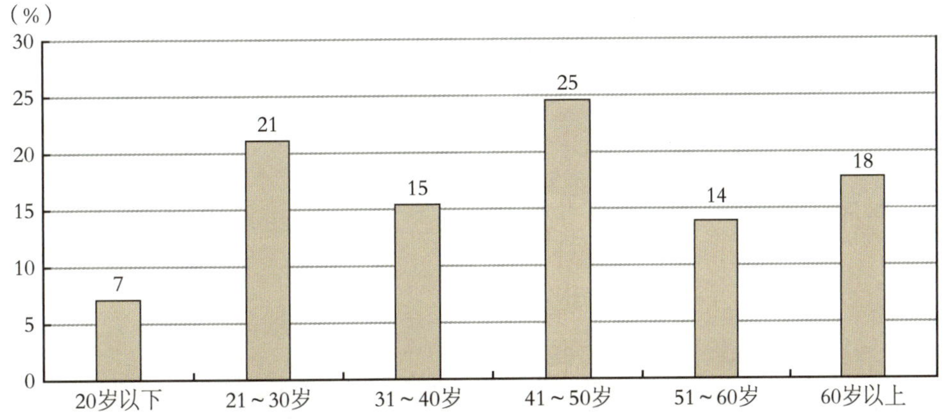

图 4-4　北京地区广播听众年龄特点

如图 4-5 显示，听众中受过初中、高中教育的人居多，这里的“高中”包括高中、中专、技校等教育。

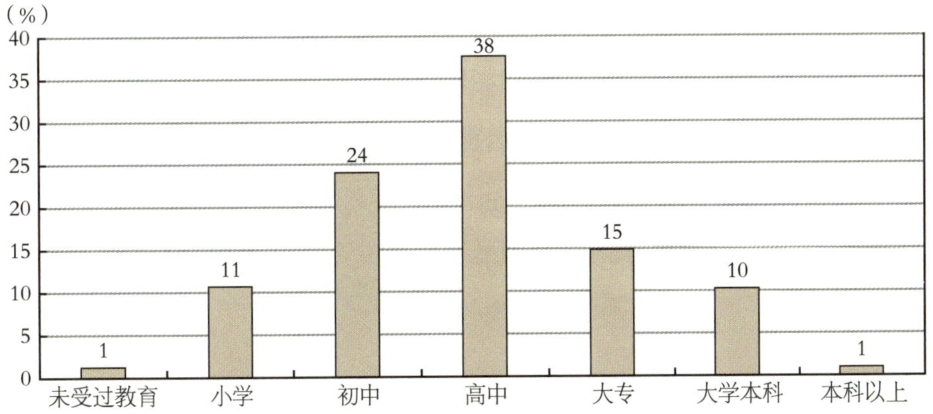

图 4-5　北京地区广播听众受教育程度分布

从听众的职业来看，除了年纪较大的退休人员之外，工人、白领等有规律的上班族成为广播的又一大听众群体。

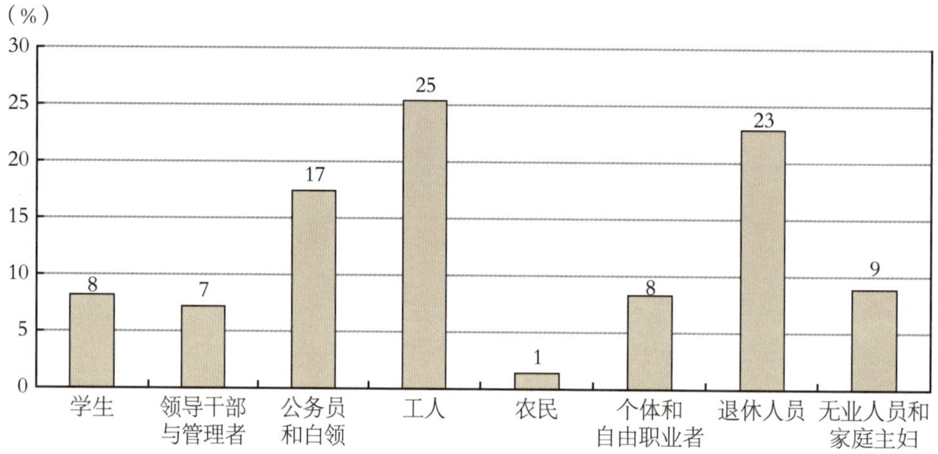

图 4-6　北京地区广播听众职业分布

5. 广播市场竞争格局

北京广播市场中，北京电台和中央人民广播电台是市场上主要的竞争台。北京台 2006 年市场份额达到 68.8%，其他各项指标都列居榜首。中央台市场份额为 26.2%。国际台为 2.9%。剩下的份额则被周边的河北、廊坊等电台瓜分。

表 4-2　北京广播市场三大台 2006 年基本收听情况表

频道	收听率（%）	市场份额（%）	平均到达率（千人）	人均收听分钟数（听众）	平均忠实度
北京电台（有线和无线）	4.843	68.769	3272.36	124.0	8.63
中央人民广播电台	1.847	26.234	1355.03	114.3	7.94
中国国际广播电台	0.207	2.933	166.04	104.5	7.24
其他	0.142	2.014	131.21	90.2	6.27

从市场份额的变化来看，交通广播在 2006 年显现较强增长的趋势，市场份额增长了 4.6 个百分点，和排名第二的文艺广播进一步拉开了差距，市场地位更加突出。中国之声和新闻广播的份额在 2006 年更加接近，形成激烈竞争的态势。2005 年排名第四的音乐广播份额下滑一位。从整个市场竞争来看，呈现强者越强的竞争格局。

表 4-3　2006 年和 2005 年北京主要频率市场份额对比表

2006 年份额排名	2005 年份额排名	市场份额（%）/ 全天			差值
		频率	2006 年全年	2005 年全年	
1	1	北京人民广播电台交通广播 FM103.9	26.289	21.701	4.588
2	2	北京人民广播电台文艺广播 FM87.6	14.845	14.010	0.835
3	3	中央人民广播电台第一套中国之声	10.962	11.654	−0.692
4	5	北京人民广播电台新闻广播 FM100.6/AM828	10.601	10.071	0.530
5	4	北京人民广播电台音乐广播 FM97.4	8.722	11.168	−2.446
6	6	中央人民广播电台第三套音乐之声	5.638	7.018	−1.380
7	9	中央人民广播电台第九套文艺之声	4.107	3.367	0.740
8	11	中央人民广播电台第二套经济之声	3.865	2.520	1.345
9	7	北京人民广播电台首都生活广播 AM603	3.150	4.815	−1.665
10	8	北京人民广播电台体育广播 FM102.5/AM927	2.979	3.811	−0.832
11	10	中央人民广播电台第四套都市之声	1.663	2.907	−1.244
12	12	北京广播电台城市管理广播 FM107.3/AM1026	1.571	1.851	−0.280
13	13	中国国际广播电台 FM91.5	1.529	1.476	0.053
14	14	中国国际广播电台 FM88.7	0.788	0.938	−0.150
15	16	中国国际广播电台环球资讯广播 FM90.5	0.490	0.084	0.406
16	15	北京人民广播电台外语广播 AM774	0.402	0.523	−0.121
17	17	中国国际广播电台奥运广播 AM900	0.127	0.000	0.127

二、2006 年北京电台各专业广播的情况

1. 交通广播

与 2005 年相比，交通广播 2006 年各项收听指标都有明显的上升，其中收听率有大幅上升，人均收听分钟数也有近 40 分钟的增长，忠实度大幅提升。交通广播收听率增长的速度和幅度都比其他广播快，说明其市场竞争能力比其他广播更强，表现在数据上就是市场份额的大幅提升。作为北京广播市场的领跑者，能在已经占据两成市场的情况下如此大踏步地迈进实属不易。

表 4-4　　**交通广播 2006 年基本数据与 2005 年情况比较表**

收听指标	2006 年全年	2005 年全年	差值	涨跌幅
收听率（%）	1.851	1.034	0.82	79.0%
市场份额（%）	26.289	21.701	4.59	21.1%
平均到达率（千人）	1431.92	1323.43	108.49	8.2%
人均收听分钟数（听众）	108.3	70.4	37.90	53.8%
平均忠实度	7.54	4.89	2.65	54.2%

交通广播不同于其他广播，开年份额就比 2005 年平均水平高出 3 个百分点。上半年市场份额比较平稳，8 月以后呈现出逐步走高的趋势，11 月达到近 30%。

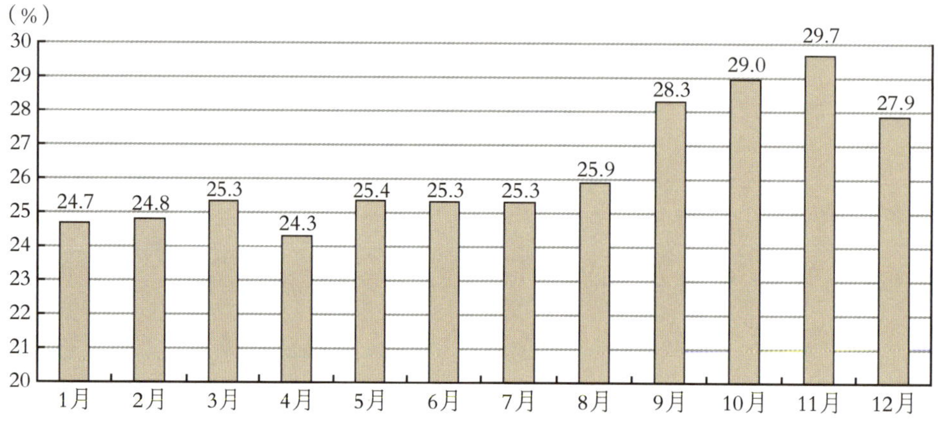

图 4-7　2006 年交通广播市场份额走势

交通广播的全天收听率均在一个较高的水平上，八成以上时段都横比占据市场第一的位置。从走势上看，有两个明显的高峰时段，分别为早高峰 7:00—9:00 时和晚高峰 17:00—19:00 时。日间其他时段收听率比较平稳，没有明显的大起大落。

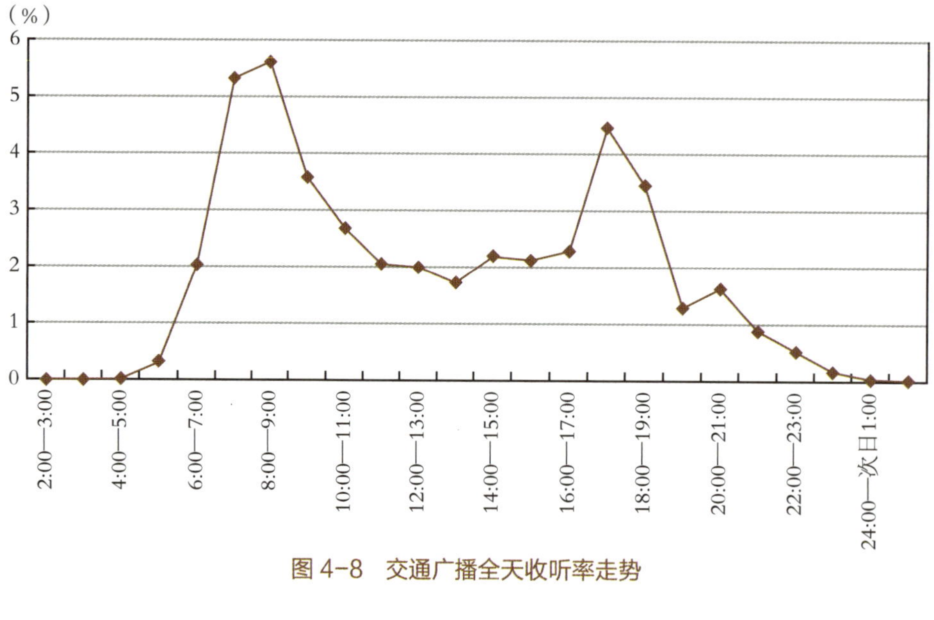

图 4-8　交通广播全天收听率走势

图 4-9 显示了交通广播 2006 年的听众构成特点。从性别上来看，男性听众占大多数，近七成。从年龄上看，21～50 岁的中青年是主力听众群体，其中又以 41～50 岁的中年听众为比例最高。职业分布上，工人最多，其次为公务员和白领，以及领导干部和管理者。

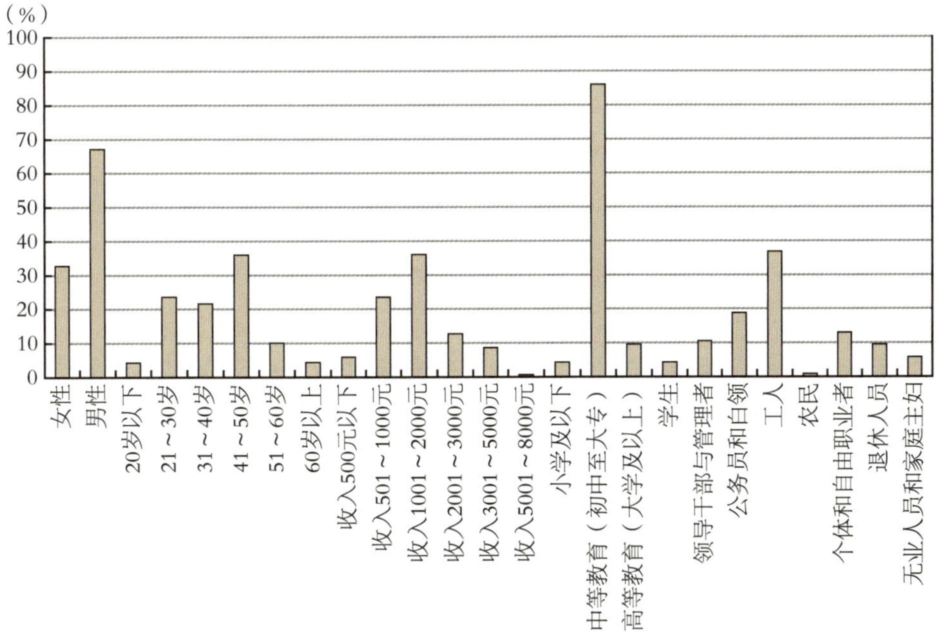

图 4-9　2006 年交通广播听众构成

2. 文艺广播

与 2005 年相比，文艺广播 2006 年的各项收听指标都有所上升，收听率的上涨幅度尤其大，达到了 50% 以上。市场份额则增长有限。文艺广播 2006 年听众规模和收听时间都有比较明显的增加，从而促成收听率的大幅上涨。总体来说，文艺广播的竞争力有所增强。

表 4-5　文艺广播 2006 年基本数据与 2005 年情况比较表

收听指标	2006 年全年	2005 年全年	差值	涨跌幅
收听率（%）	1.045	0.667	0.38	56.7%
市场份额（%）	14.845	14.010	0.84	6.0%
平均到达率（千人）	1027.25	920.59	106.66	11.6%
人均收听分钟数（听众）	85.3	65.3	20.00	30.6%
平均忠实度	5.93	4.54	1.39	30.6%

文艺广播 2006 年市场份额全年走势相对平稳，基本上在 14%～16% 浮动。3 月为全年最低点，为 13.6%。6 月则为全年最高，接近 16%。

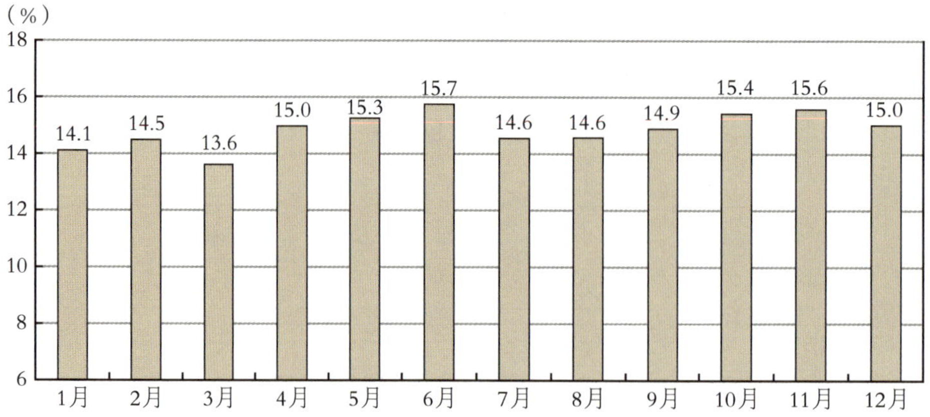

图 4-10　2006 年文艺广播市场份额走势

文艺广播和文艺之声在内容定位上是直接的竞争对手，从两个频率的收听率对比图（图 4-11）上来看，文艺广播有明显的收听优势，全天各个时段的收听率都高于文艺之声。特别是在早高峰时段，收听率远高于文艺之声。文艺广播全天收听有早间、中午、下午、晚上几个高峰，文艺之声的收听率则比较平稳，除 18:00—19:00 外没有明显的收听高峰。

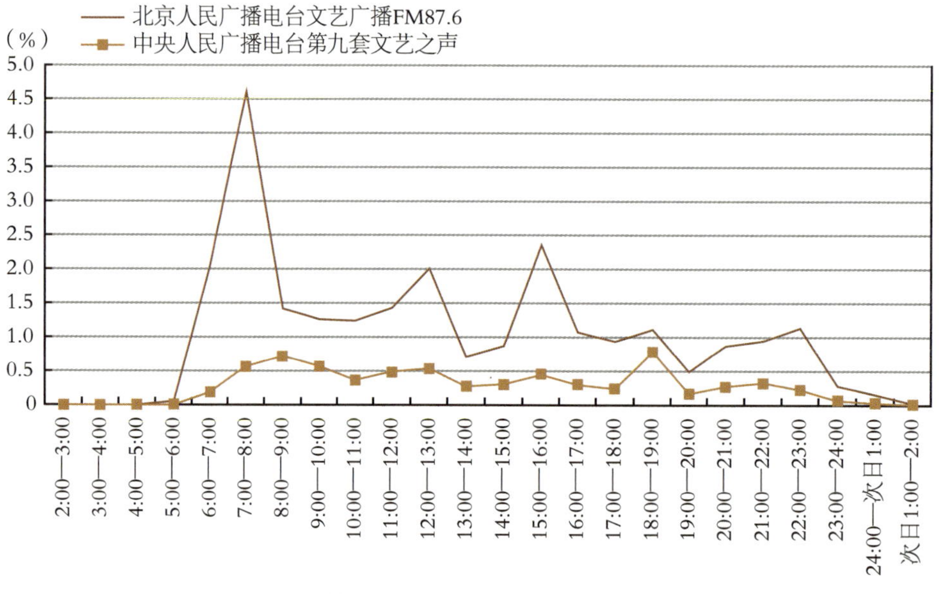

图 4-11　文艺广播、文艺之声 2006 年收听率比较

图 4-12 显示了文艺广播 2006 年的听众构成特点。从性别上看男女比例相当，男性略高。年龄上 41～60 岁的听众为主力听众，比较突出的是，2006 年文艺广播还吸引到了众多年龄在 21～30 岁的听众群。在职业构成上和总体比较一致，仍然以退休人员、公务员和白领以及工人为收听主体。

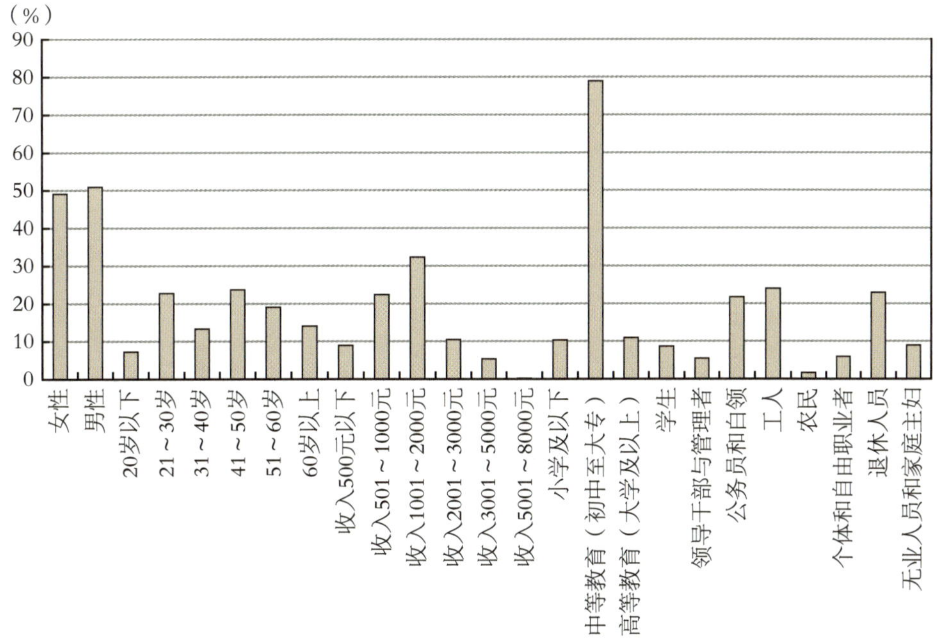

图 4-12　2006 年文艺广播听众构成

3. 新闻广播

与 2005 年相比，新闻广播 2006 年除平均到达率有略微下降之外，其他指标都呈现出较好的上升趋势。尤其是人均收听分钟数方面，上升了近半个小时，忠实度也相应明显增加。这说明新闻广播有更多的好节目留住了听众，延续了收听时间。

表 4-6　新闻广播 2006 年基本数据与 2005 年情况比较表

收听指标	2006 年全年	2005 年全年	差值	涨跌幅
收听率（%）	0.747	0.480	0.27	55.6%
市场份额（%）	10.601	10.071	0.53	5.3%
平均到达率（千人）	789.62	824.02	−34.40	−4.2%
人均收听分钟数（听众）	79.1	52.4	26.70	51.0%
平均忠实度	5.51	3.64	1.87	51.4%

新闻广播 2006 年 4—8 月的市场份额较高，均在 11% 以上。8 月达到全年最高值，为 12.8%。9 月回落至 10.7%，此后的三个月呈下降趋势。

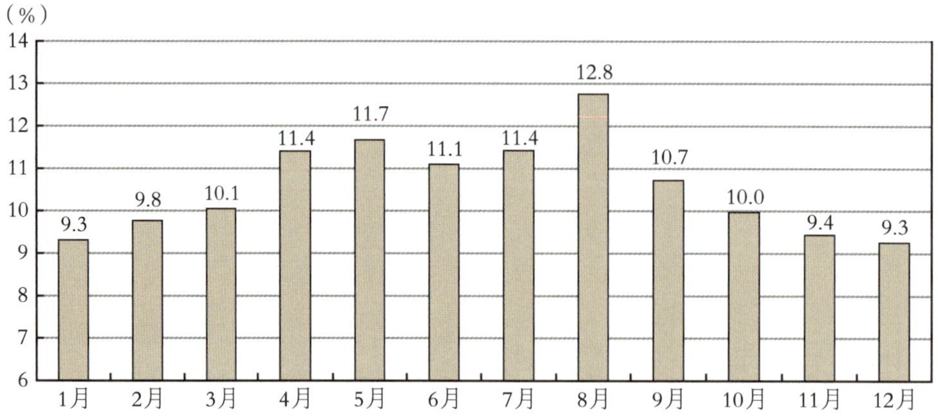

图 4-13　2006 年新闻广播市场份额走势

新闻广播和中国之声从内容定位上来讲是直接的竞争对手。从图 4-14 可以看到，新闻广播在早高峰时段收听率远高于中国之声，有明显的竞争优势，但在其他时段则略逊于中国之声。

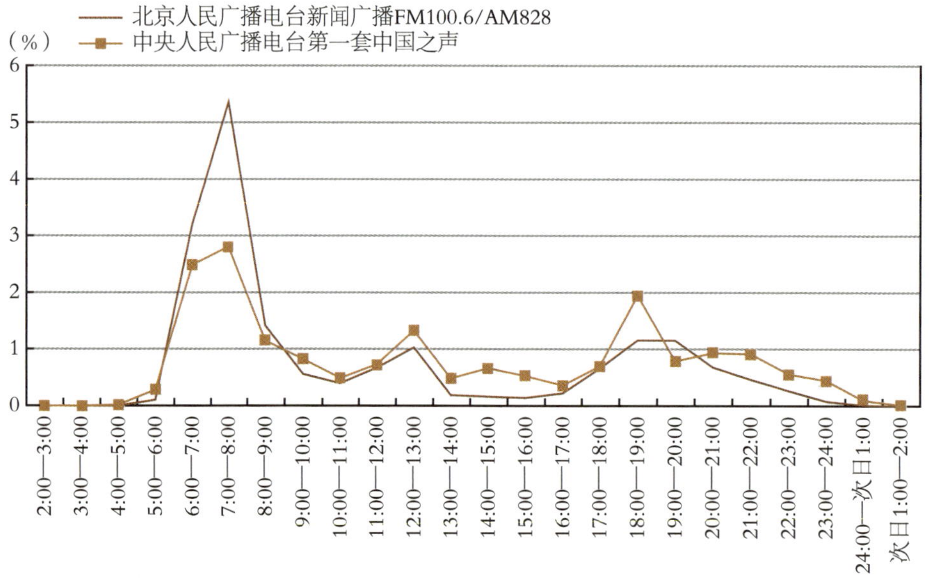

图 4-14　新闻广播、中国之声 2006 年收听率比较

图 4-15 显示了新闻广播 2006 年的听众构成特点。从性别上来看，男女比例相当，女性略多于男性。从年龄上看，40 岁以上的中老年听众是主力听众，其中 60 岁以上的退休听众比例最大。此外，公务员和白领以及工人等规律的上班族也是较大的收听群体。

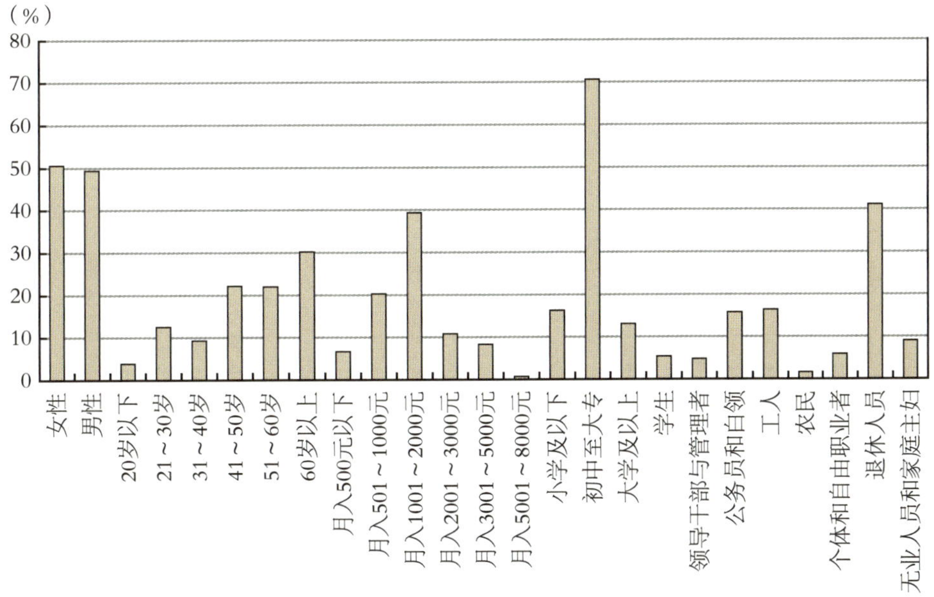

图 4-15　2006 年新闻广播听众构成

4. 音乐广播

与 2005 年相比，音乐广播 2006 年的收听率有一定的上升，平均到达率有所下降，听众的平均收听分钟数有所上升，说明音乐广播的听众规模有所下降，但听众收听时间拉长了，收听率的上升主要来自听众收听时间的拉长。另外市场份额的下降，说明音乐广播的市场竞争力有所下降。

表 4-7　音乐广播 2006 年基本数据与 2005 年情况比较表

收听指标	2006 年全年	2005 年全年	差值	涨跌幅
收听率（%）	0.614	0.532	0.08	15.4%
市场份额（%）	8.722	11.168	−2.45	−21.9%
平均到达率（千人）	618.22	781.95	−163.73	−20.9%
人均收听分钟数（听众）	83.4	61.3	22.10	36.1%
平均忠实度	5.80	4.26	1.54	36.2%

音乐广播 2006 年市场份额 1 月最高，达到 10.6%，4—7 月维持在比较高的水平上，8 月开始持续走低，11 月为全年最低。

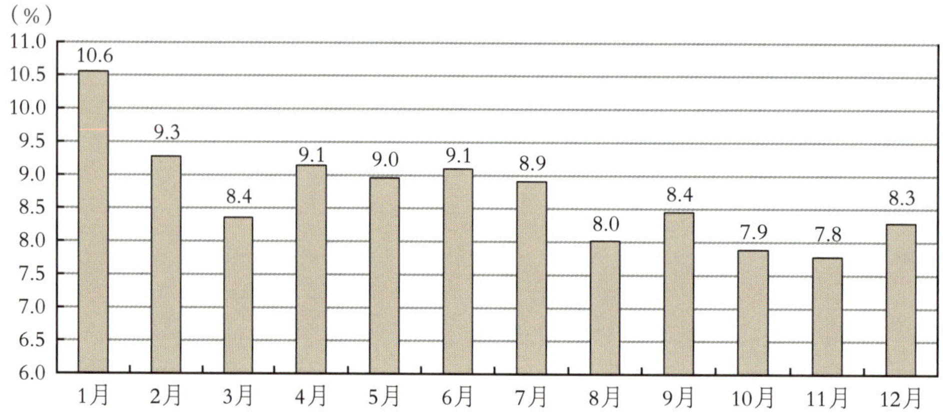

图 4-16　2006 年音乐广播市场份额走势

音乐广播和音乐之声在内容定位上是最直接的竞争对手。从图 4-17 可以看到，全天大部分时间音乐广播的收听率要高于音乐之声，只有 20:00—22:00，音乐之声的收听率超过了音乐广播。音乐广播相比较音乐之声具有一定的竞争优势。

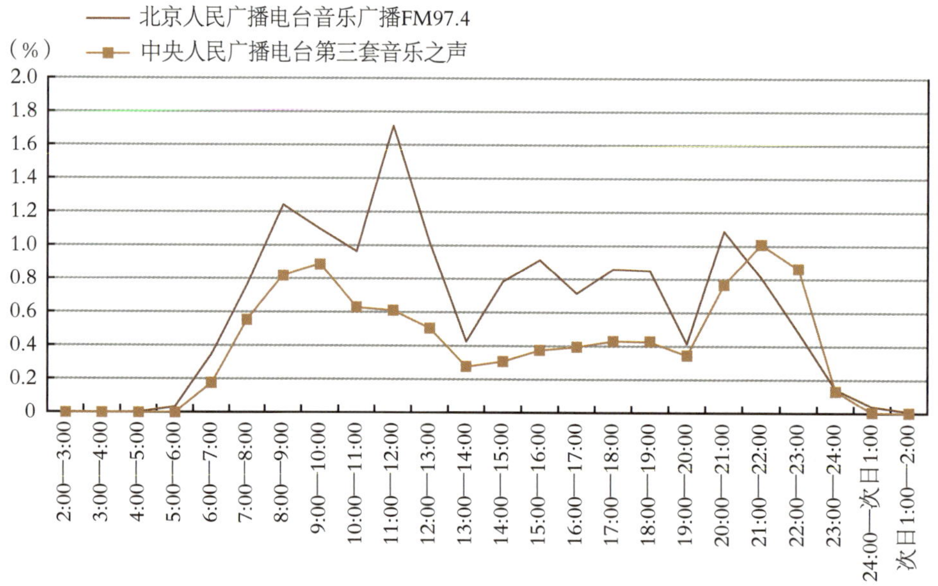

图 4-17　音乐广播、音乐之声 2006 年收听率比较

图 4-18 显示了音乐广播 2006 年的听众构成特点。从性别上看，男女比例相当，女性略高。从年龄上看 21～50 岁是其主力听众群，其中又以 21～30 岁的比例为最大，可见音乐广播听众群比较年轻。从听众职业构成来看，音乐广播的突出特点是：学生听众多，退休听众少，工人、白领和公务员等有规律上班族的比例也明显高于平均水平。

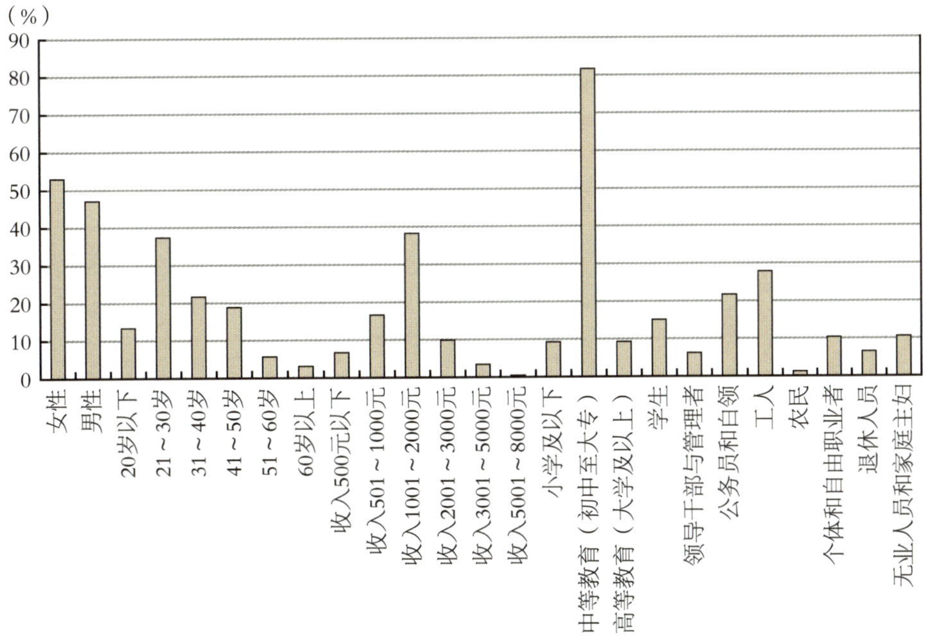

图 4-18　2006 年音乐广播听众构成

5. 首都生活广播

与 2005 年相比，首都生活广播收听率略有下降。市场份额下降幅度较大，达到了 34.6%。从其他指标看，收听率的略微下降是到达率下降但人均收听分钟数有所上升的综合结果，听众虽然收听时间延长，但是听众流失比例更大。而市场份额的下降反映出这种流失所昭示的市场竞争力的下降。

表 4-8　首都生活广播 2006 年基本数据与 2005 年情况比较表

收听指标	2006 年全年	2005 年全年	差值	涨跌幅
收听率（%）	0.222	0.229	−0.01	−3.1%
市场份额（%）	3.150	4.815	−1.67	−34.6%
平均到达率（千人）	227.40	283.67	−56.27	−19.8%
人均收听分钟数（听众）	82.0	72.8	9.20	12.6%
平均忠实度	5.70	5.06	0.64	12.6%

首都生活广播 2006 年 1—4 月市场份额保持在接近 4%，5 月以后开始走低，6 月后就一直徘徊在 3% 以下。11 月为最低值，市场份额为 2.5%。

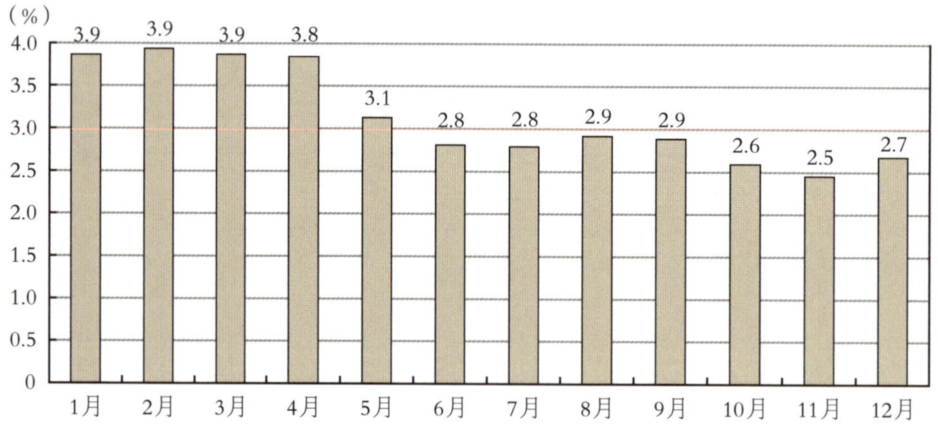

图 4-19　2006 年首都生活广播市场份额走势

首都生活广播一天的收听最高峰时段为 21:00—22:00，其他时段的收听率总体比较低，在早、中、晚三个常规的收听高峰时段有一些峰值，但总体收听率不高。

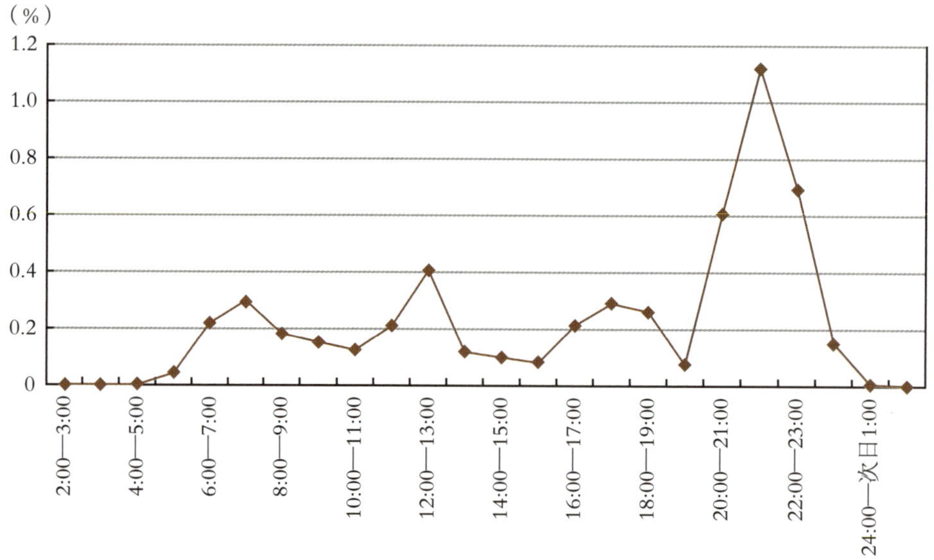

图 4-20　首都生活广播全天收听率走势

图 4-21 显示了首都生活广播 2006 年的听众构成特点。从性别上看，女性比例明显高于男性，接近 60%。主力收听人群为 41 岁以上的中老年人群。除了退休人员、公务员、白领和工人外，无业人员和家庭主妇也是其主要收听群体。

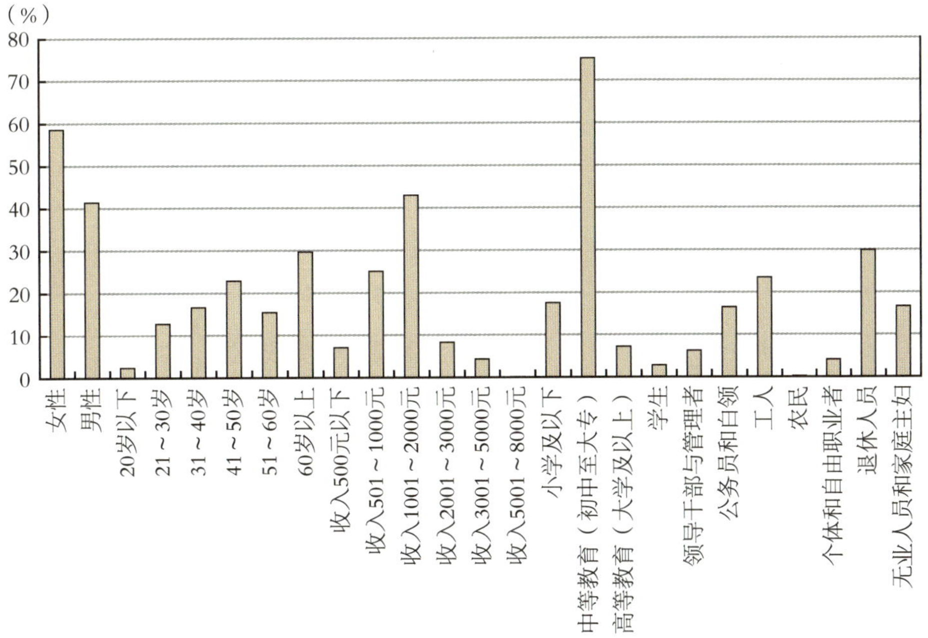

图 4-21　2006 年首都生活广播听众构成

6. 体育广播

与 2005 年相比，体育广播 2006 年的收听率有一定的上升，平均到达率有所下降，听众的平均收听分钟数有将近半个小时的增加，说明体育广播的听众规模有所下降，但听众收听时间拉长了，收听率的上升主要来自听众收听时间的拉长。另外市场份额的下降，说明体育广播的市场竞争力有所下降。

表 4-9　体育广播 2006 年基本数据与 2005 年情况比较表

收听指标	2006 年全年	2005 年全年	差值	涨跌幅
收听率（%）	0.210	0.182	0.03	15.4%
市场份额（%）	2.979	3.811	−0.83	−21.8%
平均到达率（千人）	218.27	279.91	−61.64	−22.0%
人均收听分钟数（听众）	80.6	58.4	22.20	38.0%
平均忠实度	5.61	4.06	1.55	38.2%

体育广播 2006 年 1—7 月的市场份额比较高，6 月达到最高值，此后开始逐渐下降，11 月为最低。

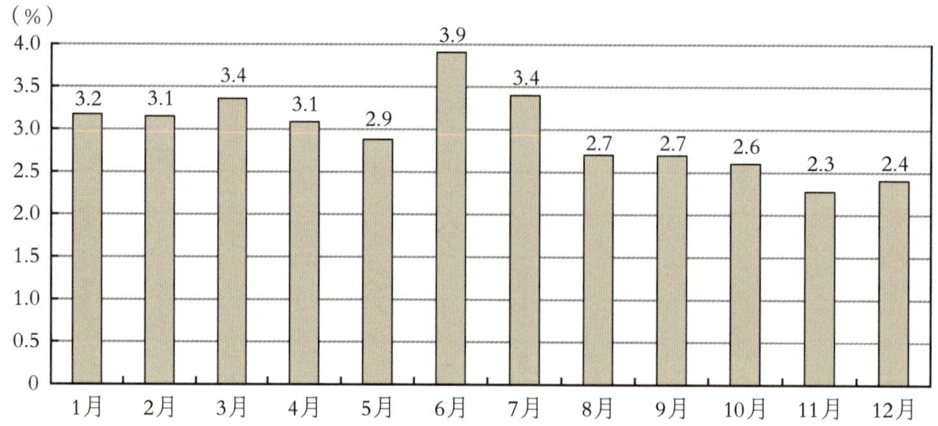

图 4-22　2006 年体育广播市场份额走势

体育广播全天收听率有 3 个高峰，分别为 7:00—8:00、18:00—19:00、21:00—22:00。

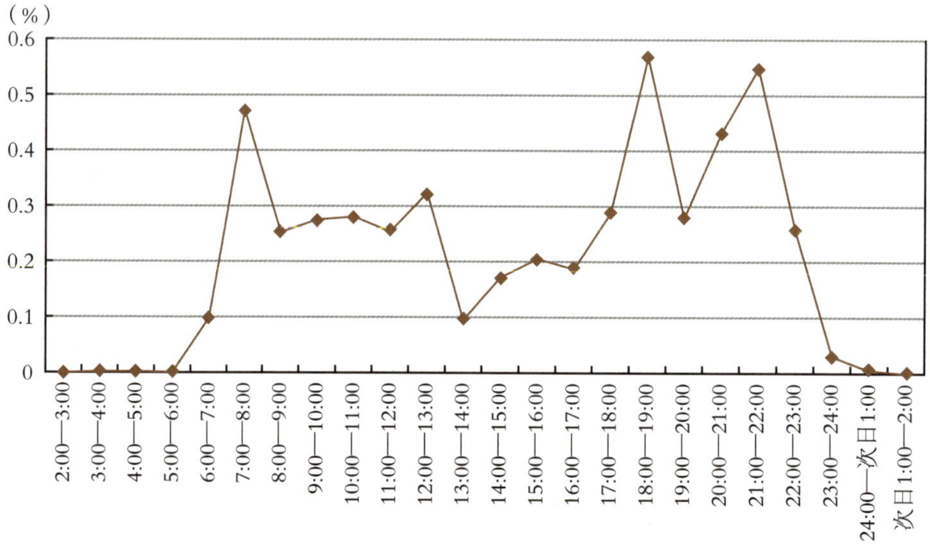

图 4-23　体育广播全天收听率走势

图 4-24 显示了体育广播 2006 年听众构成特点。从性别上看，男性占七成以上。从年龄上看，比较分散，各个年龄段都有，51～60 岁为听众比例最大的群体。从职业上看，工人所占比例最大，其次是公务员和白领。

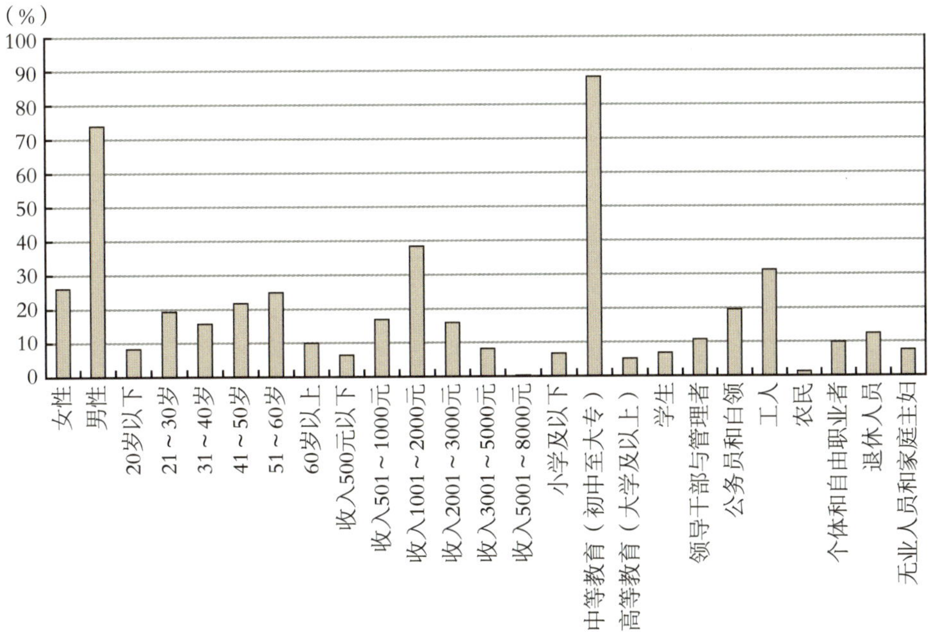

图 4-24　2006 年体育广播听众构成

7. 城市管理广播

与 2005 年相比，城市管理广播 2006 年收听率有一定上升，平均到达率有略微下降，听众平均收听分钟数有所上升。说明城市管理广播的听众规模有略微下降，但听众收听时间拉长了。收听率的上升主要来自听众收听时间的拉长。与此同时市场份额有一定下降，说明虽然从收听率的上涨上可以反映自身的成长，但是市场竞争力还没有超越竞争对手。

表 4-10　城市管理广播 2006 年基本数据与 2005 年情况比较表

收听指标	2006 年全年	2005 年全年	差值	涨跌幅
收听率（%）	0.111	0.088	0.023	26.1%
市场份额（%）	1.571	1.851	−0.280	−15.1%
平均到达率（千人）	131.54	137.06	−5.520	−4.0%
人均收听分钟数（听众）	70.4	57.9	12.500	21.6%
平均忠实度	4.91	4.02	0.890	22.1%

城市管理广播 2006 年 5—8 月市场份额较高，6 月为全年最高值，达到 2%。9 月回落，12 月略有回升态势。

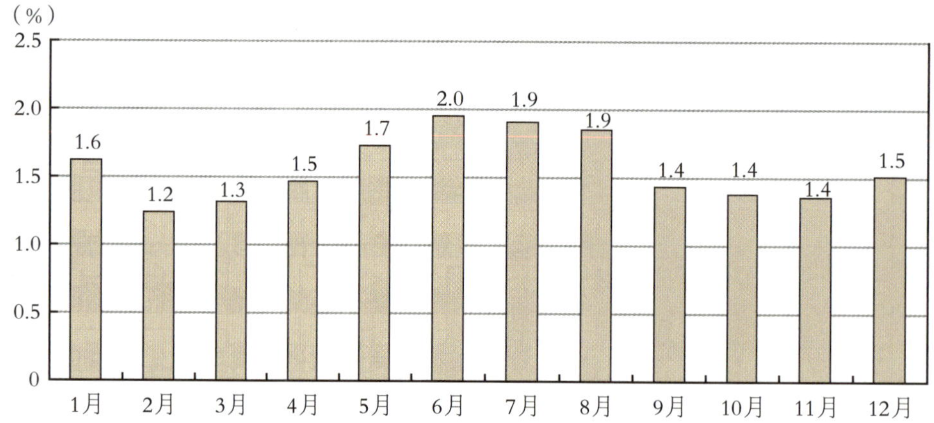

图 4-25　2006 年城市管理广播市场份额走势

从图 4-26 可以看到，城市管理广播全天有两个收听高峰，分别是 7:00—9:00、17:00—18:00。上午时段整体收听率要高于下午，晚间逐步走低。

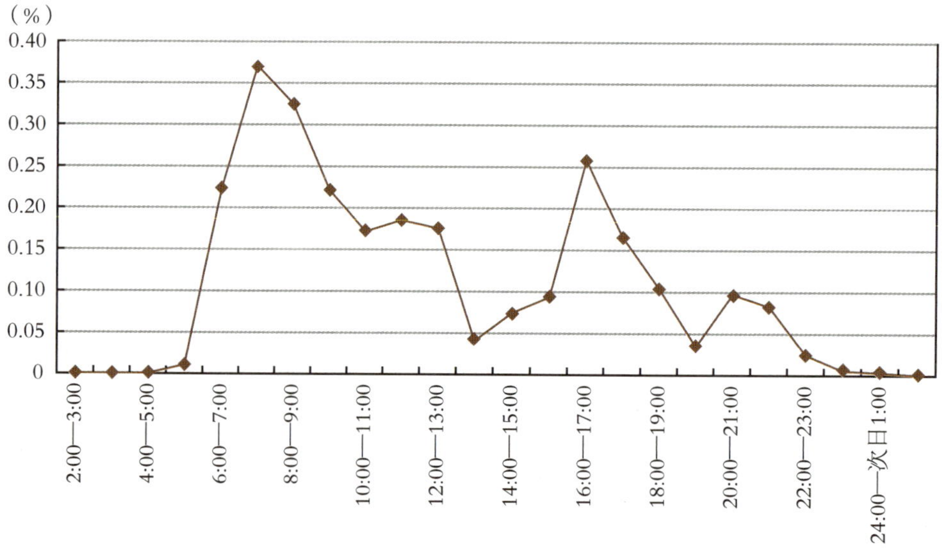

图 4-26　城市管理广播全天收听率走势

图 4-27 显示了城市管理广播 2006 年的听众构成特点。从性别上看，女性比例明显高于男性。从年龄上看 40 岁以上的中老年听众是主力听众，其中 41～50 岁以及 60 岁以上听众的比例最大。除退休人员比例较大以外，公务员和白领以及工人也是较大的收听群体。

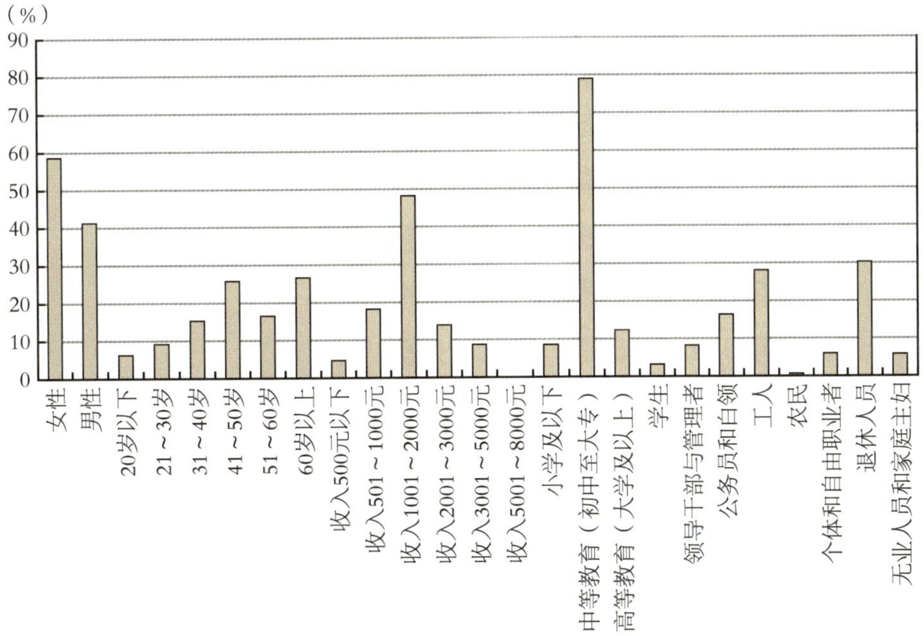

图 4-27　2006 年城市管理广播听众构成

8. 外语广播

与 2005 年相比，外语广播 2006 年的收听率有一定的上升，平均到达率略有下降，听众的平均收听分钟数有所上升，说明外语广播的听众规模有所下降，但听众收听时间拉长了，收听率的上升主要来自听众收听时间的拉长。另外市场份额的下降，说明外语广播的市场竞争力有所下降。

表 4-11　　外语广播 2006 年基本数据与 2005 年情况比较表

收听指标	2006 年全年	2005 年全年	差值	涨跌幅
收听率（%）	0.028	0.025	0.00	12.0%
市场份额（%）	0.402	0.523	−0.12	−23.1%
平均到达率（000）	39.87	42.93	−3.06	−7.1%
人均收听分钟数（听众）	59.9	52.3	7.60	14.5%
平均忠实度	4.16	3.63	0.53	14.6%

外语广播 2006 年 1—3 月市场份额相对较高，之后则有所下降，并稳定在一个水平上没有再上升的趋势。其中 6 月、10 月、12 月为最低。

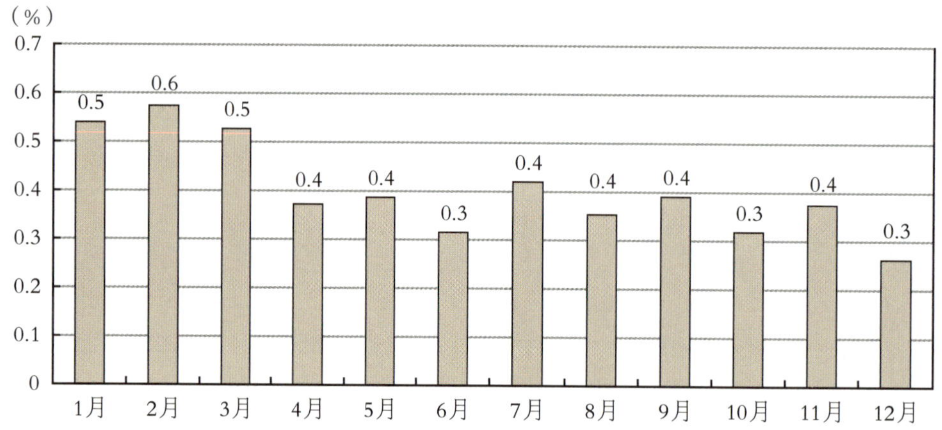

图 4-28　2006 年外语广播市场份额走势

外语广播全天收听率在 19:00—22:00 达到峰值，上午时段的收听率也是一天中比较高的时段，其他时段则较低。

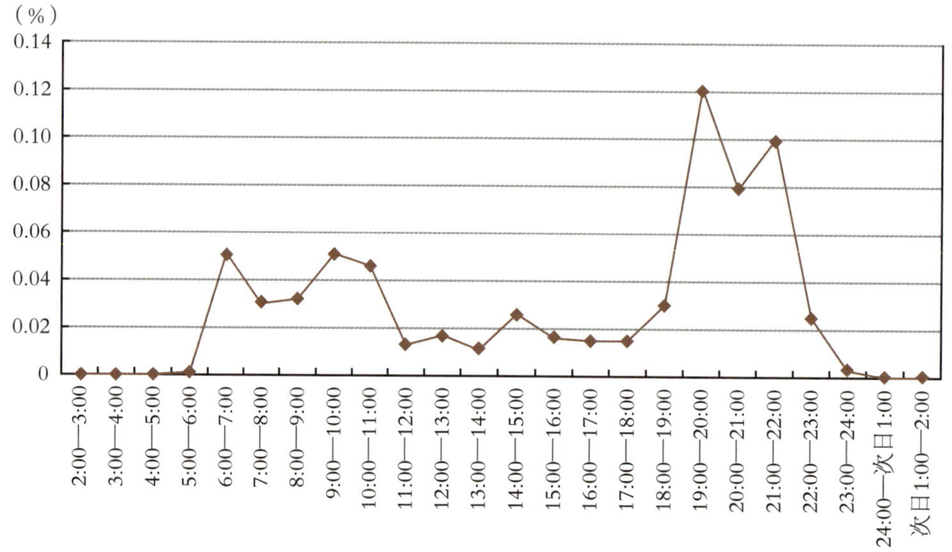

图 4-29　外语广播全天收听率走势

图 4-30 显示了外语广播2006 年的听众构成特点。从性别上看，男女比例相当，男性略高。从年龄上看，20～30 岁是其主力听众群，30 岁以上听众规模很小，外语广播听众群基本上是年轻听众。其听众构成中，学生比例占到了绝大多数。

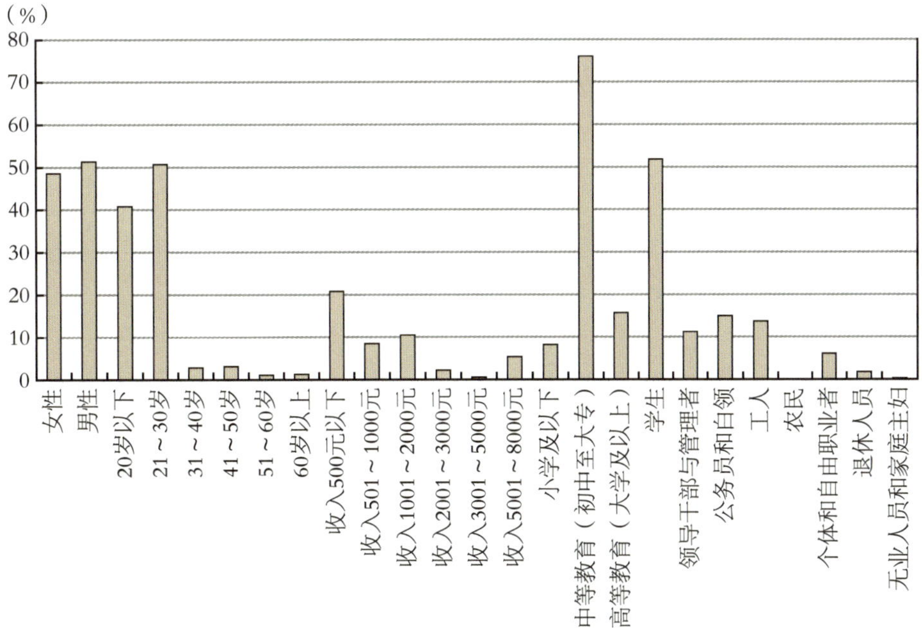

图 4-30　2006 年外语广播听众构成

第四节　节目评奖

节目评奖是北京电台激励机制的重要组成部分之一，也是全台宣传管理的一项重要工作。北京电台宣传业务类评奖的组织、表彰、奖励工作由总编室负责。从 2008 年起，播音主持管理部负责中国播音主持“金话筒”奖评选的台内选拔、报送，以及每年“北京广播播音主持新秀奖”的评选。

北京电台节目评奖的特点是：适时组织有本台特色的节目评奖活动，评奖项目根据宣传工作实际需要而设立。其目的是鼓励先进，树立样板，多出精品，提高节目质量。

1994—1998 年，北京电台每年年中对半年来的编播业务进行“隆福杯”评选，每年设立奖项有所不同。

1999 年开始，“隆福杯”评选改为“十佳”评选活动，设新闻、短新闻、专题等 10 个项目，每个项目设 1 个最佳奖、2 个提名奖，参评的节目都是当年上半年播出的节目。北京电台根据宣传工作的需要，每年评奖的 10 个项目都有变化。如：为了鼓励节目创新，从 2002 年开始设立“创新奖”，《娱乐竞拍》节目获得当年的创新奖。为了与全国节目评奖接轨，2004 年“十佳”评选改为“最佳”评选。评奖项目大大增加，按类别划分为新闻节目、社教节目、文艺节目和播音主持节目。每一类里又分为若干项目，新闻节目有短消息、评论、新闻专题、新闻现场直播等 10 项；社教节目有对象节目、知识节目等 4 项；文艺节目有文艺节目、音乐节目和娱乐节目；播音主持节目有主持作品和播音作品。“最佳”评选每项评选出 1 个最佳奖，3 个优秀奖。评选坚持宁缺毋滥。针对台里进了不少新人，“最佳”评选从 2009 年开始增设“新人奖”。

具有北京电台特色的节目评奖还有：“主持人节目展播”、“名牌栏目”评选、“听众喜爱的主持人”评选和“听众喜爱的名牌栏目”评选等。这些评选活动是北京电台品牌建设的重要举措之一，提升了北京电台的影响力。

一、“主持人节目展播”

专业化系列台成立以后，各专业广播主持人节目增多，1995 年全台的主持人有 160 多人。为促进主持人节目的经验交流，提高主持人节目的策划、采编和制作水平，从 1995 年开始，每年 12 月举办为期一个月的“主持人节目展播”活动。各专业广播经过初评，推荐优秀的主持人节目参加展播。展播期间，北京电台组织听众听评，征集评议稿件。第二年年初，由台领导和专家组成的评委会进行评选，参考听众意见，评出最佳节目和优秀节目若干。至 2010 年，这项活动已举办 16 年。

二、“名牌栏目”评选

名牌栏目是新闻媒体的标志和象征。创办名牌栏目是推动全台节目质量提高、扩大电台社会影响、吸引听众的有效途径。从 2002 年开始，北京电台每年进行一次“名牌栏目”评选活动。栏目由各专业广播、各部门初评推荐，再由台内外专家组成的评委会进行评选产生名牌栏目 10 个、优秀栏目 20 个；连续 3 年被评为名牌栏目，可保持荣誉称号 3 年。至 2010 年，“名牌栏目”评选共举办 9 届。

三、“听众喜爱的主持人”评选和“听众喜爱的名牌栏目”评选

北京电台从 2003 年开始开展“听众喜爱的主持人”评选活动，每两年评选一次。这是北京电台为培养名主持人采取的一项重要举措。从 2004 年开始，又开展了“听众喜爱的名牌栏目”评选活动，每两年评选一次。“听众喜爱的主持人”评选活动和“听众喜爱的名牌栏目”评选活动交替进行。

“听众喜爱的主持人”评选和“听众喜爱的名牌栏目”评选这两项评选活动期间，北京电台在有关新闻媒体和网站上介绍候选主持人和候选栏目，评选活动还通过举办地面推介活动，网上、短信、信件、电话等投票方式，发动广大群众参与评选。每次评选活动都有十几万名听众参与投票，最多时有 20 多万名听众参与投票。

2003 年 12 月 20 日，北京电台“听众喜爱的主持人”评选活动颁奖联谊会在长安大戏院召开

“听众喜爱的主持人”评选活动从 2003 年到 2009 年共开展了 4 届评选。“听众喜爱的名牌栏目”评选从 2004 年到 2010 年共开展了 4 届评选。有学者把专家评选的“名牌栏目”和“听众喜爱的名牌栏目”形象地比喻为北京电台的“金鸡奖”和“百花奖”。

除此之外，北京电台每年进行年度优秀节目评选，所设评选项目与上级评选接轨，既是对电台全年节目创优的盘点，也为参评北京广播奖、北京新闻奖、中国广播影视大奖、中国新闻奖等政府奖的评选奠定良好基础。

2010 年 7 月 10 日，北京电台举行第四届“听众喜爱的名牌栏目”颁奖典礼

在北京电台的各种节目评奖活动中，评委不仅有电台领导，还有业内专家。这些专家从事广播多年，具有高级职称，常听北京电台的节目。聘请他们参加评奖，提高了奖项的权威性。每次节目评奖以后，总编室都要把评选会上专家评委对节目的意见整理成文字，或直接向专家约稿，刊登在北京电台内部刊物《宣传业务》上，供全台采编播人员学习。

对于各级各类节目评奖的获奖者，北京电台不仅进行表彰，而且还给予奖励。随着形势的发展和北京电台经济实力的增强，奖励力度大幅提高。

1995 年 9 月 19 日，北京电台颁布《关于在全国获奖作品的奖励办法》，这是对 1992 年《关于在全国获奖稿件（节目）的奖励办法》的修订，较之 1992 年的奖励金额有大幅度提高。其中，获中国新闻奖一等奖的奖励由 800 元提高到 15000 元；获中国新闻奖二等奖、中国广播奖一等奖的奖励由 500 元提高到 8000 元；获中国广播奖二等奖、全国优秀论文二等奖的奖励由 300 元提高到 5000 元。

2004 年，北京电台再次提高获奖节目的奖金。获中国新闻奖一等奖的奖励由 15000 元提高到 30000 元；获中国新闻奖二等奖、中国广播奖一等奖的奖励由 8000 元提高到 15000 元。

2006 年，北京电台将《关于在社会评比中获奖人员台内奖励管理办法》（京广播台字〔2004〕35 号）修订更名为《关于对社会评奖中业务获奖人员的表彰奖励办法》（京广播台字〔2006〕41 号）。这次修订扩大了奖励的范围：国家级、省部级、区县局级三个层次；明确了奖励的类别：宣传业务、技术和广告宣传；提高了奖励的幅度：获中国新闻奖一等奖奖励由30000元提高到80000元，获中国新闻奖二等奖奖励由15000元提高到50000元；获中国广播影视大奖（原中国广播奖一等奖）奖励由15000元提高到60000元；获中宣部“五个一工程”奖奖励由15000元提高到30000元。

激励机制的建立，有力地促进了北京电台节目质量的提高。

附：北京电台1994—2010年度部分获奖作品

中国新闻奖、中国国际新闻奖、中国广播奖收录一、二、三等奖作品，北京新闻奖和北京广播奖收录一等奖作品。

表4-12　北京电台获亚广联（ABU）奖作品一览表

获奖时间	标题	主创人员	参评项目	奖项
2007年	倾听自然	孙怡（北京文艺广播）、李晓冰、蔡光（中央人民广播电台）	少儿节目	青少节目奖

表4-13　北京电台获得1994—2009年度中宣部精神文明建设“五个一工程”奖作品一览表

年度	标题	参评项目	编导、推荐
第六届（1996）	爱的奇迹	广播剧	朱安琪
	青藏高原	歌曲	张勤、张文祚
第七届（1997—1998）	千古流芳	广播剧	李健
	电话里的妈妈	单本剧	杨雪、行炎等
	你是这样的人	歌曲	音乐广播
	我属于你，中国	歌曲	音乐广播
	从头再来	歌曲	音乐广播
第八届（2000—2001）	向天歌	广播剧	李健
	妈妈你说话	广播剧	李健、杨雪
	军旗下的我们	歌曲	音乐广播
	五星红旗	歌曲	音乐广播
第九届（2001—2002）	世纪春雨	歌曲	刘慧、王卓
	神农袁隆平	广播剧	李健等

续表 4-13

年度	标题	参评项目	编导、推荐
第十届（2003—2006）	深情	广播剧	文艺广播
	代表中国	广播剧	文艺广播
	望月	歌曲	音乐广播
	吉祥三宝	歌曲	音乐广播
第十一届（2007—2009）	京城第一家	广播剧	文艺广播
	我和你	歌曲	音乐广播
	北京欢迎你	歌曲	音乐广播

表 4-14　北京电台获得 1994—2010 年度中国新闻奖作品一览表

年度	标题	主创人员	参评项目	奖次
1994	依依惜别了，王府井书店	边建、秦学刚	消息	二
1995	挚诚与厚望托起希望之星	陈瑜	专题	三
	“优二兴三”岂能丢二弃三	赵介岐	评论	三
1996	从神笔马良的国籍说起	张立新	专题	二
	人民海军破例为一名军外学者举行海葬	陈万清	消息	三
1997	香港热土祭洒社稷坛	文立军	消息	一
1998	山顶上有个“巴掌”小学	刘利	专题	三
1999	前辈泣血唤七子　今朝欢歌迎澳门	文立军	专题	二
	一块特殊的墓地	何俊岭	消息	三
2000	老照片收藏始末	孟庆煜	专题	一
	中华圣火在这里燃起	陈建勋、李彦平、王建平、孟庆煜、张磊、张元涛	消息	二
	1 月 1 日《北京新闻》	刘爱勤、童淑苓、王欣、洪新	编排	二
2001	7 月 14 日《北京新闻》	陈晓海、景兵、刘锦升、童淑苓	编排	一
	关注食品安全	朱凌翔、章萍	系列	一
	比金子贵几倍的碳纳米管在我国率先实现批量生产	曹力	短消息	三
2002	白衣天使让海若重现生命光芒	白玉	消息	三
	守望可可西里	李哲勇	系列	三
2003	与“神舟五号”相伴的日子	徐凯	专题	三
2004	21 万流动儿童就读北京公办校	张延红	消息	三
	多媒体时代广场的复苏	徐凯	新闻论文	三
2005	追寻历史的踪迹——一个侵华日军战地日记背后的故事	戴蔚然	专题	三

续表 4-14

年度	标题	主创人员	参评项目	奖次
2006	1月3日《交通新闻》（午间版）	邢立新	编排	一
	信息公开透明　确保安全北京	陈京英、张苹	评论	二
	南辛堡村土地确权调查	连新元	专题	三
	新闻元素在广播文艺节目创作中的运用	赵爽	论文	三
2007	12月28日《新闻大视野》	宋梓祯	编排	二
	爱的奇迹——救助“的士”女儿王秋月	李洋、王世玲	专题	三
	五环同心盼奥运　圣火光芒耀全球	陆莹、陈晓海、张友信、陈雪瑾、陈晖、李革、杨晓轩、姚钢、沈彤、王铖、李嵬、焦钰晖、梁晋、杨洪、王异戈、王红薇、张锋、陈彦旭	现场直播	三
2008	8月9日《北京新闻》	宋梓祯、李彬、王彦	编排	一
	国际奥委会医学委员会主席说，在北京没必要戴口罩	曹力	消息	二
	坚持拍摄鸟巢六年的老人	石秀冬、成燕玲	访谈	二
2009	探访大学生就业之路	北京新闻广播	系列	一
	《城市零距离》	新闻专栏	北京城市服务管理广播	一
	10月2日《北京新闻》	谢先进、李彬	编排	二
	北汽收购萨博全部知识产权，开中国汽车企业海外收购先河	戚天	消息	三
2010	稀土为何卖了“白菜价”	李哲勇	访谈	二

表 4-15　**北京电台获得 1995—2002 年度中国国际新闻奖作品一览表**

年度	标题	主创人员	参评项目	奖次
1995	波黑和平协议在巴黎正式签署	冉丽	消息	三
1996	李鹏总理学习过的地方——访莫斯科动力学院	冉丽	录音报道	三
1997	期望与希望	冉丽	录音专题	三
1998	东史郎终审败诉，日军侵华历史不容抹杀	陈晖	新闻专题	二
2000	俄罗斯“和平号”空间站即将坠毁	罗湘萍	新闻专题	三
2001	悄悄地暧昧着——评日本首相参拜靖国神社	张立新	评论	三
2002	中国人民解放军首次参与跨境军事演习	张红力	广播新闻	二

说明：2004 年，中国国际新闻奖纳入中国新闻奖

表 4-16　　北京电台获得 1994—2003 年度中国广播奖（新闻、社教）作品一览表

年度	标题	主创人员	参评项目	奖次
1994	依依惜别了，王府井书店	边建、秦学刚	消息	一
	从红旗轿车的兴衰看民族工业的发展	赵瑞华	经济节目	一
	母子开心大世界游乐活动有欺骗行为	叶小静、陈晓海	消息	二
	他有这样一份收藏	康雪	专题	二
	来自世界自然科学博览会的启示	李建华、陶津	科技节目	二
	处境艰难的古旧书业	满运筹	连续报道	三
	经济大观	赵多佳、张娜依、肖立雄、马家蓉、徐学军	版块节目	三
1995	北京第一机床厂荣获美国“工业领先奖”	童淑苓	消息	一
	挚诚与厚望托起希望之星	陈瑜	专题	一
	张百发首次承认北京基建规模过大	陈建勋	短消息	二
	“优二兴三”岂能丢二弃三	赵介岐	评论	二
	广播实录	李捷、陈京英、陈瑜	新闻编排	二
	胡同古韵与京味文化	孔剑清	综合版块	二
	假如给我三天光明	孙怡	少儿节目	二
	第一个通过论文答辩的服刑犯人	文立军	消息	三
	让仓储商场走出“平价”的误区	蔡明可	经济节目	三
1996	从神笔马良的国籍说起	张立新	专题	一
	人民海军破例为一名军外学者举行海葬	陈万清	消息	二
	新闻 1996	张立新、朱燕之、李捷	综合版块	二
	面向 21 世纪的白色农业	王欣、刘锦升	对农节目	二
	京城约三成以上下岗女工择业观念发生变化	王鸿南	短消息	三
	举手之劳的启示	陈晓海	评论	三
	养殖又一新途径	陶津、李建华	科技节目	三
1997	香港热土祭洒社稷坛	文立军	短消息	一
	访张家声	孙萱北	版块节目	一
	圆梦在今朝	李捷、康雪、陈建勋、刘利、张元涛	专题	一
	学校举办展销会，汽车撞死小学生	林俐	长消息	二
	“双鹿”拒绝买“提名”	宋红	经济节目	二
	揭开克隆多莉的神秘面纱	蔡明可、秦晓天	科技节目	二

续表 4-16

年度	标题	主创人员	参评项目	奖次
1997	爱的乐章——记为救学生而牺牲的杜丽丽老师	孙怡	青少节目	二
	高科技为北京农业解难题	张林	对农节目	二
	北京高新技术产品在广交会上出口成交名列第一	赵继刚	短消息	三
	著名商标企业的成功之路	秦晓天、边建、蔡明可、刘晖	系列报道	三
	《北京新闻》（1997 年 7 月 1 日）《首都人民喜迎香港回归》	陈晓海、叶小静、李捷、康雪、陈建勋、刘利、张元涛、陈瑜、宋红、王鸿南、王宝玲、文立军、赵介岐	新闻编排	三
	保险业该为自身上一道“保险”	赵多佳、李革	经济节目	三
1998	投下公民的一票	李彦平、宋文斌、刘利、林俐、张磊	短消息	一
	从“泰坦尼克号”说起	王世玲、赵颖	评论	一
	被带进超市保安部的少男少女	林俐	对象性节目	二
	洪水无情人有情	张娜依、李革、许向东、范晓茜	综合性节目	二
	城际列车 10 月 1 日开通	马文馨	短消息	三
	北京西客站建设工程查出首起贿赂案	林俐	消息	三
	父母下岗之后	林俐	专题	三
	呼唤蓝天白云	张丽、赵颖	系列报道	三
	从首钢的昨天、今天、明天看国企改革——访首钢总公司总经理罗冰生	赵多佳、肖立雄	公众性节目	三
	海王村里玩艺多	满运筹	公众性节目	三
	俺爹俺娘	邢桂苹、刘洪庆	对象性节目	三
1999	特殊的观众	林俐	短消息	二
	王振海醉酒驾车追踪报道	张丽、赵颖	连续报道	二
	中美就中国加入世贸组织达成协议	邱桂垣、李建华、李艺龙	新闻编排	二
	张淑琴和她的回归儿童村	吴志刚、徐学军	公众性节目	二
	澳门回归稟考翁	文立军	消息	三
	前辈泣血唤七子　今朝欢歌迎澳门	文立军	专题	三
	开开心心讲故事　轻轻松松写作文	刘薇	对象性节目	三
	访经济学家萧灼基	黄永红	理论节目	三

续表 4-16

年度	标题	主创人员	参评项目	奖次
2000	中华圣火在这里燃起	陈建勋、李彦平、张元涛、王建平、张磊、孟庆煜	长消息	一
	寻找迷失的家——来自儿童福利院的故事	范援生、张友信、邢桂苹、李旭尖	连续报道	一
	2000 年 1 月 1 日《北京新闻》	刘爱勤、童淑苓、王欣、洪新	节目编排	一
	北京市政府鼓励私营企业进军高新技术产业	张煜	短消息	二
	老照片收藏始末	孟庆煜	专题	二
	听到的世界也很美丽	吴勇	对象性节目	二
	用现代经营理念重新整合老字号的品牌价值	邱桂垣	评论	三
	2000 年北京国际汽车展	马文馨、延安	现场直播	三
	世纪之交话教改	薄浩	理论节目	三
2001	2001 年 7 月 14 日北京新闻	陈晓海、景兵、刘锦升、童淑苓	新闻编排	一
	申奥成功，北京沸腾	曹力、王建平、白玉、赵瑞华、陈京英、朱凌翔、姚钢、李彦平、文立军、陈建勋	长消息	一
	比金子贵几倍的碳纳米管在我国率先实现批量生产	曹力	短消息	二
	一片丹心向阳开——访歌剧《江姐》主题歌主创作曲家姜春阳	杜敏	公众性节目	二
	让《没有共产党就没有新中国》世代传唱	郭晋旭、张娜依	专题	三
	新北京　新奥运——走进 2008	刘爱勤、李捷、姚钢、张友信、陈建勋、张红力、王健、沈彤、许向东	新闻性现场直播	三
	与青少年朋友谈青春期的两性交往	孙岩	对象性节目	三
	大桃之乡说入世	宋爽	对农节目	三
2002	白衣天使让海若重现生命光芒	白玉	长消息	一
	雅莉的希望	姚博	对象性节目	一
	国内银行首次推出个人委托贷款业务	李艺龙	短消息	二
	守望可可西里	李哲勇	连续（系列）报道	二
	为着新世纪的光荣梦想（与中央人民广播电台合作）	纪烈鸿、李玉昆、方明	理论节目	二
	从存款收费看银行经营理念的差异	蔡明可	专题	三
	《北京新闻》（2002 年 11 月 3 日）	景兵、赵继刚	节目编排	三
	新城铁、新北京、新生活	交通广播新闻部	现场直播	三

续表 4-16

年度	标题	主创人员	参评项目	奖次
2003	北京 2008 奥运会会徽发布仪式现场直播	后晓军、张友信、姚钢、梁晋、杨志梅、黄珊、高阳程、付丽、安杨、李凯、张程、王伟、杜丰	新闻现场直播	一
	北大毕业等于零	白钢	对象性节目	一
	创造奇迹的七天七夜	陆健	新闻专题	二
	伊拉克战争爆发 关注财经市场变化	经济广播财经部	连续报道	二
	关于门锁的前前后后	高波、吴小远、陶津、郭攀	公众性节目	二
	珍重生命　我们与天使同行——护士节特别节目	邢桂苹、白钢、魏尔康	特别节目	二
	北京市投资增长摆脱对政府依赖	李艺龙	短消息	三
	北京市建委今天集中兑付 12.6 亿元民工工资	陆健	消息	三
	性别的故事	孙岩	知识性节目	三

表 4-17　北京电台获得 1994—2003 年度中国广播文艺奖作品一览表

年度	标题	主创人员	参评项目	奖次
1994	空中曲苑（第 53 期）	张红	曲艺版块	一
	老哥俩（数来宝）	于万海、张红	曲艺新作	二
	旮旯胡同（话剧）	罗晓琴	影视剧录音剪辑	三
1995	绿卡	赵春甫	小说连播	二
	合家欢乐　共享幸福	王萍	综艺节目	三
	华夏神韵	陈紫蒂	文学节目	三
	谈京剧“断桥”	沈孝昌	戏曲节目	三
1996	芳草碧连天——李叔同的故事	白玉清	音乐节目	二
	烟壶（北京曲剧故事）	孙巍	戏曲节目	二
	寅初五鼓天将亮	张红	曲艺节目	二
	新改行（相声）	于万海、张红	曲艺新作	三
1997	留得华韵播寰宇	伍洲彤、刘慧、朱学兵	音乐节目	一
	长篇小说《抉择》	张家声、郝卫群、王丹、蒋树珍	小说连播	一
	方军和纪实文学《我认识的鬼子兵》	郝卫群、佟凤青、蒋树珍	文学节目	二
	四大名旦唱“会审”	沈孝昌、佟凤青、贺西平	戏曲节目	三

续表 4-17

年度	标题	主创人员	参评项目	奖次
1998	特殊的仪式	于万海、张红	曲艺节目	一
	初秋日记	张勤	音乐专题	二
	北京的儿歌	高红	文学节目	二
	风风雨雨话“同仁”	孙巍	戏曲类	三
1999	评书《女神》	张红、于万海	小说连播	一
	人命关天	于万海、张红	曲艺节目	一
	百年老舍	于万海、孙巍、高红等	综艺节目	二
	六十年的心声	李倩	音乐节目	三
	生死之间话萧乾	吕鲁波、郝卫群	文学节目	三
	歌曲《中国，我们共同的家》	张文祚等	广播新歌采录	三
2000	世纪之约	冯健、梁晋	音乐节目	一
	北京是你的好朋友	张文祚、朱学兵	广播新歌采录	二
	古韵新声	孙巍、贺西平	戏曲节目	二
	当兵的人	张红	曲艺节目	三
2001	侗乡随想	伍洲彤、苏阳、朱学兵	音乐节目	一
	宰相刘罗锅	沈孝昌、崔伟、贺西平	戏曲节目	二
	好爹好娘	郝卫群、蒋树珍	小说连播	二
	一曲“买猴儿”传盛名	于万海、张红、季燕	曲艺节目	二
	世纪春雨	张文祚	广播新歌采录	三
2002	生命，因音乐而精彩	刘菁	音乐节目	创新奖
	布衣笑使侯宝林	于万海、张红	曲艺节目	二
	从忧患中走来的《首席执行官》	徐北威	综艺节目	二
	明月千古照人寰	沈弘、吕鲁波	文学节目	三
2003	巡天遥看一千河	赵爽、冯健、梁晋、朱学兵	音乐节目	一
	旧中见新　新而有根	温海江	戏曲节目	二
	鼠疫	郝卫群	小说连播	三

表 4-18　北京电台获得 1994—2003 年度中国广播剧奖作品一览表

年度	标题	主创人员	参评项目	奖次
1995	神奇的美容镜	朱安琪	录制	二
	神秘的事件	朱安琪	连续剧	三
	爱的奇迹	刘保毅、朱安琪	单本剧	三
	红头绳	朱安琪	短剧	三
1996	情暖车厢	李健	单本剧	二
	沙漠探险队	李健	短剧	三
	艰难岁月	李健	儿童剧	三
1997	为了母亲	尚敬、杨雪、行炎、贾麟、张艺博、王爱义、刘德新、杨冬燕、肖峰	短剧	二
	红河东去	王梓夫、刘祥、行炎、贺西平、贾林、张艺博	连续剧	三
	电话里的妈妈	廉越、杨雪、行炎、姚恒璐、张艺博、王爱义、刘德新	单本剧	三
1998	瞬间	李健、杨雪等	单本剧	二
1999	千古流芳	李健、刘保义等	连续剧	二
	三弦情缘	李健、殷京生等	单本剧	三
2000	网络情缘	李健	单本剧	三
	多此一举	王为	短剧	三
2001	妈妈你说话	杨雪、李健	儿童剧	一
2002	功臣鞋匠	李健等	单本剧	二
	神农袁隆平	李健等	连续剧	三
2003	如日如月如歌	单本剧	单本剧	二
	心中的圣火	连续剧	连续剧	二

表 4-19　北京电台获得 1996—2003 年度中国播音与主持作品奖一览表

年度	标题	播音与主持	参评项目	奖次
第一届（1996—1997）	北京新闻（1997 年 6 月 15 日）	王健、牟燕文	广播播音	一
	李素丽与听众共话人生	孔剑清	广播主持	二
第二届（1997）	流金岁月	梁洪蕾	广播主持	一
	芳草碧连天——李叔同的故事	苏怡	广播播音	二
	北京新闻（1997 年 12 月 25 日）	冉丽、张红力	广播播音	三
	谁来监督厂长、经理？	秦学刚	广播主持	三

续表 4-19

年度	标题	播音与主持	参评项目	奖次
第三届（1998）	周恩来的故事	佟凤青	广播播音	二
第四届（1999）	萨尔斯堡并不遥远	刘菁	广播主持	二
	象脚花瓶	董晓辉	广播播音	三
第五届（2000）	到花灯艺人黄松青老人家串门	刘国庆	广播主持	二
	声声呼唤，大墙内的儿子们泪水涟涟	季燕、李志南	广播播音	三
第六届（2001）	走近摄影家邓伟	刘思伽	广播主持	一
	红色之旅	新闻广播与江西台合作	广播主持	二
	绿色、科技、人文——北京闪现奥运之光	王健、张红力	广播播音	三
第七届（2002）	从慧聪的发展看知识经济时代的用人特色	蔡明可	主持作品	一
	让激情再次燃烧	季燕	播音作品	三
第八届（2003）	（2003 年 3 月 7 日）《北京新闻》	王健、张红力	播音作品	三

表 4-20　北京电台获得 2004—2010 年度中国广播影视大奖节目一览表

年度	标题	主创人员	参评项目
2004	联想收购 IBM 个人电脑业务，将成为全球第三大电脑厂商	蔡明可	优秀长消息
	雅典奥运火炬　北京激情传递	体育广播	优秀现场直播
2004	婚车的变迁	陈雪瑾、王京莉、滕萤石、李艺龙、朱秦、牛力	优秀对外广播新闻
	思想起	赵爽、冯健	优秀音乐节目
	吉祥三宝	布仁巴雅尔等	优秀原创歌曲节目
2005—2006	信息公开透明　确保安全北京	陈京英、张苹	优秀评论
	曹女士事件引发的思考	杨洋	优秀广播专题
	音乐的宣言	赵爽、冯健、梁晋、朱学兵	优秀音乐节目
	月亮之上	刘慧	优秀原创歌曲节目
2007—2008	一周内两次微调奥运限行方案，百姓乐道	赵楠	优秀消息
	民意畅达呼唤制度保障——从北京地铁 5 号线加站说起	谢先进、戚天	优秀评论
	开幕这一天	刘兴宇	优秀对外广播
	梦想的旋律	吕雪瑞、冯健、梁晋、朱学兵	优秀音乐节目

续表 4-20

年度	标题	主创人员	参评项目
2007—2008	长篇评书《贺龙传奇》	徐北威、张宏	优秀小说连播节目
	京城第一家	邵军、沈弘、胡培奋、赵以正	优秀广播剧
	我和你	北京音乐广播	优秀原创歌曲
2009—2010	《资讯早八点》	陈彦旭、许丽贤、郭士荧、李独伊、李锐、谢玉凤、杨萌、张冰冰	优秀栏目
	北京最帅交警孟昆玉	程艳、顾一菲	优秀专题
	英雄儿女	赵爽、梁晋、罗霄笑	优秀音乐节目
	画虫儿	张璐、梁晋	优秀长篇连播节目
	传奇拧老太	邵军、沈弘	优秀广播剧

表 4-21　北京电台获得 1994—2010 年度北京新闻奖一等奖作品一览表

年度	标题	主创人员	参评项目
1994	刹一刹小政府和大政府“打游击”	赵介岐	评论
	依依惜别了，王府井书店	边建、秦学刚	消息
	关于搞活国有大中型企业访谈实录及言论	王欣	专题
1995	张百发首次承认北京基建规模过大	陈建勋	消息
	挚诚与厚望托起希望之星	陈瑜	专题
	“优二兴三”岂能丢二弃三	赵介岐	评论
1996	第一份提案	王福全、肖立雄	专题
	京城约三成以上下岗女工择业观念发生变化	王鸿南	短消息
	从神笔马良的国籍说起	张立新	专题
1997	香港热土祭洒社稷坛	文立军	短消息
	圆梦在今朝	李捷、康雪、陈建勋、刘利、张元涛	专题
	小平放心　小平走好	王福全、陈晓海、陈瑜、宋红、郑建明、刘德据、蔡明可、边建	专题
1998	投下自己神圣的一票	李彦平、宋文斌、刘利、林俐、张磊	短消息
	山顶上有个“巴掌”小学	刘利	专题
	呼唤蓝天白云	赵颖、张丽	系列报道
1999	前辈泣血唤七子　今朝欢歌迎澳门	文立军	专题
	一块特殊的墓地	何俊岭	消息
	历史在这里交汇	李捷、苏京平、胡平、陈瑜、林俐、张元涛、张立新、许秀玲、文立军	专题

续表 4-21

年度	标题	主创人员	参评项目
2000	中华圣火在这里燃起	陈建勋、李彦平、王建平、张元涛、张磊、孟庆煜	消息
	老照片回归始末	孟庆煜	专题
	《北京新闻》元旦特别节目	刘爱勤、童淑苓、洪新、王欣	新闻编排
2001	比金子贵几倍的碳纳米管在我国率先实现批量生产	曹力	短消息
	让《没有共产党就没有新中国》世代传唱	郭晋旭、张娜依	专题
	2001 年 7 月 14 日北京新闻	陈晓海、景兵、刘锦升、童淑苓	新闻编排
2002	白衣天使让海若重现生命光芒	白玉	消息
	从存款收费看经营理念的差异	蔡明可	专题
	守望可可西里	李哲勇	连续报道
2003	北京奥运会会徽揭幕仪式	后晓军、张友信、姚钢、梁晋、杨志梅、黄小燕、高阳程、付丽、安杨、李凯、张程、王伟、杜丰	现场直播
	伊拉克战争爆发　关注财经市场变化	经济广播财经新闻部	连续报道
	与“神舟五号”相伴的日子	徐凯	专题
2004	21 万流动儿童就读北京公办校	张延红	短消息
	雅典奥运会火炬　北京激情传递——10 小时超大型现场直播	体育广播	现场直播
	沿着小平足迹　踏上小康之路——纪念邓小平诞辰 100 周年大型系列理论节目	纪烈鸿、孙萱北	知识性节目
2005	北京开出今年春运前第一趟民工专列	王敏	消息
	同一个世界　同一个梦想——北京奥运会主题口号今晚发布	焦钰晖	专题
	纪念郑和下西洋 600 周年——访明史专家毛佩琦	李弋戈	专题
2006	送给连战先生的特殊礼物	胡银芳	消息
	信息公开透明　确保安全北京	陈京英、张苹	述评
	《我为你感动——我身边的共产党员》评选系列报道活动	张蓉、苏京平、刘彤、白玉、许丽贤、何广静	策划
2007	五环同心盼奥运　圣火光芒耀全球	陆莹、陈晓海、张友信、陈雪瑾、陈晖、李革、杨晓轩、姚钢、沈彤、王铖、李嵬、焦钰晖、梁晋、杨洪、王异戈、王红薇、张锋、陈彦旭	现场直播
	“嫦娥”升空实现中国人千年梦想	曹力	消息
	2007 北京故事	新闻广播	系列报道

续表 4-21

年度	标题	主创人员	参评项目
2008	国际奥委会医学委员会主席说，在北京没必要戴口罩	曹力	消息
	让和谐之光照耀世界	杨洋、邢立新	评论
	同胞走好——成都人民悼念地震遇难同胞	石秀冬	消息
	阳光政府背后的公民力量	连新元	专题
	开幕这一天	刘兴宇	专题
	创业教育工程体系的构建是国家经济发展的迫切需要	白钢	专题
2009	探访大学生就业之路	新闻广播	广播系列
	《资讯早八点》	新闻广播	栏目
	北汽收购萨博全部知识产权，开中国汽车企业海外收购先河	戚天	广播消息
	北京最帅交警孟昆玉	程艳、顾一非	专题
2010	莫让垄断形成腐败黑洞	王敏	评论
	外省市声势浩大北京组团招聘，留京不再是毕业生的绝对选择	章萍	长消息
	追星逐月——对话航天大师孙家栋	牛力、王世玲	访谈

表 4-22　北京电台获得 1994—2010 年度北京广播奖一等奖作品一览表

年度	标题	主创人员	参评项目
1994	刹一刹小政府和大政府“打游击”	赵介岐	评论
	他有这样一份收藏	康雪	专题
	依依惜别了，王府井书店	边建、秦学刚	消息
	关于搞活国有大中型企业访谈实录及言论	王欣	专题
	丽源丽得康解体得失谈	肖立雄、赵多佳	评论
	从红旗轿车的兴衰看民族工业的发展	赵瑞华	录音报道
	园丁之路——访陶行知的学生李淑芬	韩爱民	录音访谈
	一次特殊的直播——访沈力	孟立	人物访谈
	难忘的歌——轮椅上飞出世界的歌	季燕	专题节目
1995	张百发首次承认北京基建规模过大	陈建勋	消息
	第一个通过论文答辩的服刑犯人	文立军	消息
	挚诚与厚爱托起希望之星	陈瑜	专题

续表 4–22

年度	标题	主创人员	参评项目
1995	“优二兴三”岂能丢二弃三	赵介岐	评论
	上帝的礼遇	李捷	经济专题
	假如给我三天光明	孙怡	少儿节目
	从胡同古韵看京味文化	孔剑清	综合版块
	夏日的回忆	王萍、言伍、朱学兵	音乐专题
	北京人的公仆李润五	朱安琪	广播剧
1996	第一份提案	王福全、肖立雄	专题
	京城约三成以上下岗女工择业观念发生变化	王鸿南	短消息
	从神笔马良的国籍说起	张立新	专题
	奉献真诚的爱	赵颖、张丽	专题
	李素丽与听众共话人生	孔剑清	综合版块
	省下一天零用钱　献给延安建校园	孙怡	少儿节目
	面对乞丐引发的思考	王宝玲、马文馨、岩石	专题
	每周一歌——神山不说话	张勤	音乐专题
	爱的奇迹	朱安琪	广播剧
1997	香港热土祭洒社稷坛	文立军	短消息
	圆梦在今朝	李捷、康雪、陈建勋、刘利、张元涛	专题
	小平放心　小平走好	王福全、陈晓海、陈瑜、宋红、郑建明、刘德据、蔡明可、边建	专题
	我国首例反倾销案件的启示	张煜	专题
	市场向强者微笑	赵多佳、肖立雄	综合版块
	访张家声	孙萱北	综合版块
	周之良教授谈“三观”	薄浩	综合版块
	抉择	郝卫群	小说连播
	每日名曲荟萃	白玉清	音乐专题
1998	山顶上有个“巴掌”小学	刘利	专题
	投下自己神圣的一票	李彦平、宋文斌、刘利、林俐、张磊	短消息
	父母下岗之后	林俐	专题

续表 4-22

年度	标题	主创人员	参评项目
1998	呼唤蓝天白云	赵颖、张丽	系列报道
	从首钢的昨天、今天、明天看国企改革——访首钢总经理罗冰生	赵多佳、肖立雄	经济节目
	为了一个没有麻风的世界	苏京平	主持作品
	被带进超市保安部的少男少女	林俐	法制节目
	初秋日记——为抗洪英雄我的同龄人而作	张勤	音乐节目
	配乐评书：《特殊的仪式》	于万海、张红	文艺新作采录
1999	前辈泣血唤七子　今朝欢歌迎澳门	文立军	专题
	一块特殊的墓地	何俊岭	消息
	历史在这里交汇	李捷、苏京平、胡平、陈瑜、林俐、张元涛、张立新、许秀玲、文立军	专题
	澳门回归禀考翁	文立军	消息
	开开心心讲故事，轻轻松松写作文——张光英老师点评小学生作文	刘薇	对象性节目
	心中的玫瑰	吴勇	对象性节目
	张淑琴和她的回归儿童村	吴志刚、徐学军	公众性节目
	六十年的心声——《黄河大合唱》的诞生与传播	李倩	音乐节目
	女神	张红	长篇评书
2000	北京入选 2008 年奥运会候选城市	赵瑞华	消息
	中华圣火在这里燃起	陈建勋、李彦平、王建平、张元涛、张磊、孟庆煜	消息
	老照片回归始末	孟庆煜	新闻专题
	《北京新闻》元旦特别节目	刘爱勤、童淑苓、洪新、王欣	新闻编排
	夏老师和她的作业本	刘利	新闻专题
	听到的世界很美丽	吴勇	社教
	2000 年中国经济面临的机遇和挑战	孙萱北	社教
	公交线路图究竟错在哪里	陶津、吴小远、黄微	社教
	京城擦车童	傅珊珊	社教
	北京是你的好朋友	张文祚、朱学兵	广播新歌采录
	《梦系红楼》——记著名作曲家王立平	王玉英	音乐专题
	东周列国	李健、刘德新、张艺博、贾林等	广播连续剧
	人最宝贵的是生命	杨桦	音乐专题

续表 4-22

年度	标题	主创人员	参评项目
2001	比金子贵几倍的碳纳米管在我国率先实现批量生产	曹力	短消息
	让《没有共产党就没有新中国》世代传唱	郭晋旭、张娜依	专题
	“新北京新奥运”特别节目	陈晓海、景兵、刘锦升、童淑苓	新闻编排
	关注食品安全	朱凌翔、章萍	系列报道
	笑声引发的忧思	孟庆煜	专题
	社会需要诚信　时代呼唤诚信——访首都诚信日倡议者全国政协委员周晋峰	李玉昆	理论节目
	我们如何面对“入世”后的人才大战	赵凤	公众性节目
	走近摄影家邓伟	刘思伽	公众性节目
	一片丹心向阳开——访歌剧《江姐》主题歌主创作曲家姜春阳	杜敏	公众性节目
	侗乡随想	伍洲彤、肖乐	专题音乐节目
	我们心中永远的歌	姚博	专题音乐节目
	让世界充满爱	杨桦	专题音乐节目
	真情送红梅	李蘅	音乐专题
2002	国内首次推出个人委托贷款	李艺龙	短消息
	白衣天使让海若重现生命光芒	白玉	消息
	从存款收费看经营理念的差异	蔡明可	专题
	守望可可西里	李哲勇	连续报道
	11 月 3 日《北京新闻》	景兵、赵继刚	新闻编排
	为着新世纪的光荣梦想——解读十六大报告专题节目	纪烈鸿、李玉昆、方明	大型系列节目
	中国加入世贸组织一周年特别节目	蔡明可、张晶宇、李艺龙、李志南	特别节目
	变迁——20 个中国家庭的 12 年	新闻广播集体	多集系列节目
	从慧聪的发展看知识经济时代的用人特色	蔡明可	公众性节目
	生命，因音乐而精彩	刘菁	音乐专题
	埙之韵	于允	音乐专题
	访歌唱家廖昌永	朱云	音乐专题
	山外青山楼外楼——《宰相刘罗锅》作曲朱绍玉访谈	杨雅璐	戏曲节目

续表 4-22

年度	标题	主创人员	参评项目
2003	北京奥运会会徽揭幕	后晓军、张友信、姚钢、梁晋、杨志梅、黄小燕、高阳程、付丽、安杨、李凯、张程、王伟、杜丰	现场直播
	伊拉克战争爆发　关注财经市场变化	经济广播财经新闻部	连续报道
	与“神舟五号”相伴的日子	徐凯	专题
	北大毕业等于零?！	白钢	对象性节目
	关于门锁的前前后后	高波、吴小远、陶津、郭攀	公众性节目
	珍重生命，我们与天使同行——护士节特别节目	邢桂苹、白钢、魏尔康	特别节目
	交响音画——巡天遥看一千河	赵爽、梁晋、朱学兵	音乐节目
	心中的圣火	李健、张艺博、易明、贺西平	广播连续剧
	女司机和她的医生狗	刘思伽、潘九阳	主持作品
2004	21 万流动儿童就读北京公办校	张延红	短消息
	高平均数背后的隐忧	林俐、陈万清	录音述评
	雅典奥运会火炬　北京激情传递——10 小时超大型现场直播	体育广播	现场直播
	人文奥运理念下的奥运文化与经营	张晶宇	公众性
	沿着小平足迹　踏上小康之路——纪念邓小平诞辰 100 周年大型系列理论节目（第二集）	纪烈鸿、孙萱北、蒋芫苇	知识性
	大型纪实广播《历史的画卷　流动的音符》——纪念北京人民广播电台成立 55 周年	赵多佳、张友信、张勤、刘国庆、封均平、周燕玲、苏京平、刘莹	特别节目
	思想起	赵爽、冯健	音乐节目
	狼图腾	郝卫群	小说连播
	陈燕耳边的世界	白钢	主持作品
2005	北京开出今年春运前第一趟民工专列	王敏	消息
	尊重长城	张煜	述评
	同一个世界　同一个梦想——北京奥运会主题口号今晚发布	焦钰晖	专题
	纪念郑和下西洋 600 周年——访明史专家毛佩琦	李弋戈	专题
	奥运 1000 天，吉祥伴你行——北京奥运会倒计时 1000 天暨吉祥物揭晓仪式特别直播节目	安杨、张程、焦钰晖、梁晋、杨燕、付丽、黄小燕、张晓亮、林苑、张婧琳、沈彤、白玉、孟群、王红薇、李哲勇、李凯、刘莎	现场直播
	经济适用房一“号”难求	李唯唯、张红兵、桑丹	专题

续表 4-22

年度	标题	主创人员	参评项目
2005	音乐的宣言	赵爽、冯健、梁晋、朱学兵	音乐节目
	高山仰止焦菊隐——纪念话剧导演大师焦菊隐百年诞辰	吕鲁波	文学节目
	直播家庭谈判，构筑代际和谐——记一次别开生面的家庭亲子谈判	苏京平	主持作品
	听，北京的声音，2008 秒	苏京平、刘彤、张蓉	境外播出
	《狼牙》	张校茵	节目技术质量
	里姆斯基·科萨科夫《天方夜谭》第一段“大海和辛巴达的船”	陈小斌	节目技术质量
	京剧《智取威虎山》选段——《誓把反动派一扫光》	于立良	节目技术质量
2006	送给连战先生的特殊礼物	胡银芳	消息
	信息公开透明　确保安全北京	陈京英、张苹	新闻评述
	《我为你感动——我身边的共产党员》评选系列报道活动	张蓉、苏京平、刘彤、白玉、许丽贤、何广静	组织策划
	我们和总理交朋友	郭士荧、陈万清	对象性
	一次心理危机干预	马维	公众性
	一场必须打赢的战争——北京打响美国白蛾阻击战	蔡明可、刘冰	知识性
	深情	文艺广播	广播剧
	关于阿卡贝拉	谷悦	音乐节目
	雪天行车公益广告	王佳一、顾峰	播音主持
	我骄傲，我来自非洲	戴蔚然	境外播出
2007	五环同心盼奥运　圣火光芒耀全球	陆莹、陈晓海、张友信、陈雪瑾、陈晖、李革、杨晓轩、姚钢、沈彤、王铖、李嵬、焦钰晖、梁晋、杨洪、王异戈、王红薇、张锋、陈彦旭	现场直播
	“嫦娥”升空实现中国人千年梦想	曹力	消息
	2007 北京故事	新闻广播	系列报道
	亲情	郭士荧	专题报道
	约定	陈彦旭	专题报道
	解读《中华人民共和国反垄断法》	张锋、刘冰	专题报道
	掌声中的葬礼	朱云、杨菲菲	音乐节目
	在震撼中复活——冯小刚战争影片《集结号》	王玉英、王东	综艺节目

续表 4-22

年度	标题	主创人员	参评项目
2007	曹军的阳光生活	陈彦旭	播音
	残杀光明——访法国盲人作家于格	陈娟娟	境外播出
	管弦乐《女舞神之骑》	陈小斌	节目技术质量
	通俗歌曲《掀起你的盖头来》	曹漫	节目技术质量
	广播剧《深情》	贺西平	节目技术质量
2008	国际奥委会医学委员会主席说，在北京没必要戴口罩	曹力	消息
	让和谐之光照耀世界	杨洋、邢立新	评论
	《整点快报》5 月 12 日	石正贵	新闻编排
	《苦海之岸》——纪念引渡法颁布实施 8 周年节目	姚博	公众性节目
	百姓生活故事·妇女节礼物	郭士荧	对象性节目
	坚持拍摄鸟巢六年的老人	石秀冬、成燕玲	对象性节目
	开幕这一天	刘兴宇	境外播出
	《资讯早八点》之《新闻资讯》	张红力、陈彦旭	播音主持
	京城第一家	胡培奋、邵军、赵以正、沈弘	广播剧
	肖斯塔科维奇作品——管弦乐《节日序曲》	陈小斌	节目技术质量
	歌曲《呼唤你的名字》	曹漫	节目技术质量
	专题节目《永远的缪斯》	罗霄笑	节目技术质量
	专题文艺《电影——〈阿育王〉》	王丽莉、孟孟	节目技术质量
2009	历时 8 年北京“煤改电”工程圆满完成	章萍	短消息
	探索大学生就业之路	新闻广播	系列报道
	北京最帅交警孟昆玉	程艳、顾一菲	专题
	杨廷椿院长和他的社区法律咨询小组	马维	对象性节目
	历史上的大流感	宋扬、刘冰	知识性节目
	见证辉煌——北京电台庆祝新中国成立 60 周年“十一”特别直播节目	北京电台集体	特别节目
	白求恩——一种精神的传承！纪念白求恩逝世 70 周年特别节目	戴蔚然	境外播出
	我和农民一起创造奇迹	苏京平	播音主持
	《清明上河图》传奇	王柔、李健	广播剧
	送别	冯健、张欣、刘慧、梁晋、朱学兵	音乐节目

续表 4-22

年度	标题	主创人员	参评项目
2009	环绕声片花《龙刀》	曹漫、张校茵	节目技术质量
	广播剧《傅作义与北京城》	贺西平	节目技术质量
	片花《午夜拍案惊奇》	张校茵	节目技术质量
	交响乐《威风堂堂进行曲》	陈小斌	节目技术质量
2010	外省市声势浩大北京组团招聘，留京不再是毕业生绝对选择	章萍	消息
	莫让垄断形成腐败“黑洞”	王敏	评论
	追星逐月——对话航天大师孙家栋	牛力、王世玲	新闻访谈
	有你真好	于晓丹	对象性节目
	大地妈妈易解放	刘慧、澹台瑞芳	公众性节目
	畅行新北京	北京电台集体	特别节目
	中加走过四十年	纪烈鸿、刘兴宇、李杨、洪新、赵黎、安迪	境外播出
	求求你，表扬我	孙畅	主持作品
	英雄儿女	赵爽、梁晋、罗霄笑	音乐节目
	传奇拧老太	张明媛、王波、邵军	广播剧
	北国之春	曹漫	节目技术质量
	环绕声片花《早安北京》	曹漫、贺西平	节目技术质量
	关爱家人	傅博	节目技术质量

第三章
技术管理

1994—2010年是北京电台事业发展相对较快的一段时期。在专业化办台方针的指导下，以主持人为主的节目直播形式和以网络为平台围绕音频工作站为核心的数字化节目制播流程，给技术管理工作的模式和思路提出了新的要求。

技术管理部门不断完善规章制度，协调各部门关系，监督重大技术改造，落实广电行业的政策法规。针对专业化系列台的建立、主持人独立操作的特点，北京电台制定相关规定，规范播出一线人员的操作，要求主持人参加技术考核，持证上岗。

2003年，北京电台开始实行的ISO 9001质量管理体系认证工作，促进了技术维护工作的规范化、制度化。从设备采购验收到机房安装调试，从值班日志登记到设备检修记录，从计量仪表检定到测量系统指标，都有多项管理规定、应急预案和作业指导书。

2007年，根据国家广播电影电视总局《关于换发〈广播电视播出机构许可证〉和颁发〈广播电视频道许可证〉的通知》要求，北京市广播电视局进行播出机构、频道换证工作，北京电台经审查全部合格，换领到机构许可证，并第一次领取频道许可证。

2010年，北京电台技术部门保障9套开路广播节目的播出，还保障15套有线调频广播、16套数字广播和DAB广播中的4套多媒体视频广播、17套数字音频广播的播出以及其他数据业务。804发射台从2000年开始，连年停播率为0秒/百小时，创造省级广播电台发射历史纪录。

第一节 技术部门职责

1994 年，北京电台技术部门包括总工程师办公室、播出部、录音制作部和 804 发射台。其中，总工程师办公室负责全台安全播出及技术管理，并负责电力、电缆、有线电视、空调、技术安全监控和天馈线等管理；收集、整理有关技术档案和有关资料；负责全台设备、固定资产及常用消耗器材的购置和使用，下设技术管理科、计算机科、器材科、动力科。播出部负责播出设备的维修和节目的传输、发送工作，为节目播出提供技术保障，负责对各专业广播音频信号的监测，下设传音科、播出维修科和传输科。录音制作部负责全台广播节目的录制工作及录制设备的维护工作，下设录音科和录音维修科。804 发射台负责全台中波节目的发射工作，保证发射机及附属设备的安全运行，负责天线、馈缆的日常维护，下设发射科、行政科。

随着北京电台事业发展，为适应宣传工作的需要，技术部门进行了多次调整。进入 21 世纪后，广播面临着新媒体的挑战，不断变化的直播形式给安全播出和技术维护工作提出新的课题。网络化的音频制播系统已经打破部门界限，普及桌面的音频工作站降低了节目制作门槛，数字化的传输手段延伸了直播节目的范围。

1999 年，在计算机科基础上成立计算机中心。其职责为：制定北京电台计算机应用的规划和规章；负责计算机网络建设、管理、开发、维护及运行；负责电台国际互联网站点的建设、维护和开发利用；负责全台计算机设备的管理及维护工作；负责开发适合电台业务的应用软件；负责全台计算机培训工作。

2000 年，在原播出部、录音制作部和计算机中心的基础上，成立技术中心。其职责为：负责落实电台技术发展规划；维护和管理全台技术设备（804 发射台除外）；保证各类广播节目的录制及播出；负责建设全台的计算机网络；负责录制、播出、传输和调频发射等技术服务。技术中心下设录音维修科、传音科、播出维修科、网络系统科、传输科。2002 年，总工办与技术中心合署办公，增设技术管理科。2005 年，技术中心传音科更名为播出控制科。2006 年，技术中心录音维修科更名为录制管理科，传输科更名为转播传输科。2009 年，技术中心增设调频发射科。

第二节 管理制度体系

1994—2010 年，根据主持人和嘉宾更多地参与到播出一线的特点和广播节目制作、播出、传输、发射数字化、网络化的普及，北京电台不断制定、修改各项技术管理规定。

在制度建设方面先后制定的技术文件包括《关于新购技术设备的管理规定》（1994年）、《关于节目主持人管理的补充规定》（1994年）、《播出机房管理规定》（1995年）、《安全播音管理规定（试行）》（1995年）、《关于录音区安全管理规定》（1996年）、《北京人民广播电台技术进步奖励办法（试行）》（1997年）、《关于设备购置费与技术运营费的管理办法（试行）》（1999年）、《关于计算机网络的管理规定（试行）》（2000年）、《关于录音区机房及设备管理使用的规定（试行）》（2000年）、《北京人民广播电台内联网使用管理规定》（2001）、《北京人民广播电台技术区使用管理规定（试行）》（2004年）、《北京人民广播电台广播级视频机房使用管理规定（试行）》（2005年）、《关于北京人民广播电台节目技术质量管理规定（试行）》（2005年）等。

在操作规范方面先后制定的制度有《关于试线的规定》（1996年）、《关于采访录音机的使用和管理规定（试行）》（1998年）、《关于敏感时期热线直播类节目的管理办法（试行）》（1999年）、《关于加强对热线直播节目管理的意见》（1999年）、《音频工作站使用规定》（2000年）、《播出磁盘阵列柜管理规定（试行）》（2001年）、《播出机房自动补乐设备使用管理规定》（2001年）、《〈北京新闻〉录制播出应急方案》（2001年）、《关于购置技术设备的规定（试行）》（2002年）、《关于MD采访录音机的使用和管理规定》（2002年）、《安全用电管理规定》（2003年）、《综合业务网与音频制播网互连（ICM）系统使用管理规定》（2006年）、《关于播音前试线和播音结束联络的规定》（2006年）、《广告系统技术管理的规定》（2006年）等。

在培训考核方面先后制定的制度有《关于主持人值机上岗技术考核管理规定（试行）》（1997年）、《北京人民广播电台专业技术人员继续教育管理规定（试行）》（1999年）、《关于主持人、值班员上岗培训管理规定》（2006年）等。

上述规章制度自颁布后都会适时修订，下发相关部门执行。除了这些台级文件，技术部门及岗位也制定有一系列具体制度和操作规程。进入21世纪，北京电台技术方面完备的管理制度和操作规范体系确保了安全播出和各项工作水平的提高。

第三节　安全播出体系

1994年，北京电台主控机房技术升级，引进数字设备用于播出和信号切换，对播出节目进行监录、监视。

1995年，按照《安全播出管理规定（试行）》要求，北京电台各系列广播指定一名兼职或专职的安全播音管理员，与技术管理部门共同保障播出安全。

北京电台每年都对无线发射场强进行收测。1995 年 4 月，对 4 套中波广播（603 千赫、828 千赫、927 千赫和 1026 千赫）和 2 套调频广播（87.6 兆赫、97.4 兆赫）进行场强测试。这次测试以 804 发射台为中心，沿 8 个方向进行，设测试点 100 多个，行程 1600 千米。这次测试是调频广播在中央广播电视塔发射后的第一次测试，也是 603 千赫、927 千赫使用 10 千瓦发射机发射的最后一次测试，为当年 7 月更换两部 25 千瓦进口中波发射机提供了技术参考数据。

1997 年 12 月，北京电台为播出用电安装两部美国 EXIDE 公司生产的 40 千伏安 UPS（Uninterruptible Power System，不间断电源），可在断电后维持 1 小时供电。2001 年 5 月，完成 UPS 并机改造，无故障工作时间由原来单机 36 万小时提高到 149 万小时。

1998 年，北京电台音频制播系统（音频工作站）建立后，系统可以实现自动补乐和开始曲的自动播出。

1999 年，北京电台主控监录系统投入使用。该系统是将全台的播出节目数字化为语音文件存储于主控服务器中，在全台综合网上的任何一台计算机，都可以对一周内的播出节目进行检索、审查和监听。该系统的运行也为主持人之间相互学习提供了一条有效途径。1999 年 10 月，北京电台落实国家广播电影电视总局《关于加强群众参与广播电视直播节目管理的意见》，制定《关于加强对热线直播节目管理的意见》，内附《导播工作程序》。该文件要求导播必须严格按导播程序操作，热线直播节目要使用延时器、反打电话等方式确保热线电话安全播出。这是北京电台第一次对导播人员、导播工作程序做出明确规定。

2001 年，为加强对北京电台中波、调频、网络广播的技术监审，技术中心建立节目录制质量监审制度。

2001 年 6 月，北京电台制定《〈北京新闻〉录制播出应急方案》，对于应急方案人员、相关机房、应对异常情况的操作流程等做出具体规范。

2002 年 11 月，广播中心安装一台 110 千伏安柴油发电机组，2003 年 12 月，804 发射台安装一台 350 千伏安柴油发电机组，使播出和发射系统都具备第三路电源。

2005 年，总工程师办公室设置专职审听岗位，搭建节目审听系统，制定《关于北京人民广播电台节目技术质量管理规定（试行）》，按照电平、噪声、失真、相位、节目电平一致性、节目切换点质量、声道平衡等技术质量要素，对播出的录播节目、直播节目、非本台制作的广告、片花采取随机抽取的方式进行评审，每月写出各专业广播节目技术质量考评报告并定期公布各专业广播排名，以便相关人员整改。

2005 年，技术中心在已有的主控机房、播出维修和 804 发射台三个 24 小时技术保障值班岗位的基础上，增加网络维护和皂君庙发射台两个 24 小时技术保障值班岗。同时，建立统一的安全播出与技术服务热线电话，24 小时服务于全台节目制作、播出的每个环节。

2005 年 5 月，北京电台发布执行《关于做好节目异常播出防护的规定》，对各专业广播在异常情况下安全播出的应急预案、操作程序以及事故处罚提出具体要求，以避免空播，尽可能保持节目常态，最大限度地降低负面影响。同年 7 月制定的《北京人民广播电台防汛应急预案》，其中包括防汛的技术防范和抢险要求，以保证汛期电台的播出安全。2007 年，《防汛应急预案》并入《北京人民广播电台处置突发事件应急预案》。

2006 年，北京电台完成音频资料和播出库的异地灾备系统建设，实现广播中心与 804 发射台之间存储数据的自动全备份。

2008 年，北京电台对所有专业广播机房的延时系统进行全面升级，新增 60 秒延时器，并改造停播告警和补乐系统。

2010 年 1 月，为加强全台录制设备管理、全面掌握设备运行状况，为设备的维修、更新、购置提供科学依据，技术中心对专业广播所有的桌面节目制作系统、小机房、录音区专业机房的设备进行普查，建立设备档案。

第四节　技术队伍建设

1994 年年底，北京电台共有技术人员 115 人。其中，大学学历 15 人，大专学历 39 人，高中及以下学历 61 人；高级职称 8 人，中级职称 21 人，初级职称 58 人。此后，陆续接收大学毕业生、研究生、复转军人和台内其他部门的专业人员，补充到不同的专业岗位，充实技术力量，技术队伍年龄层次合理，专业知识更广泛。

为调动技术人员进行技术革新的积极性和创造性，北京电台 1997 年试行《北京人民广播电台技术进步奖励办法》。1999 年，技术性评比奖励纳入《关于在社会评比中获奖人员的台内奖励管理办法》。

2004 年 1 月，北京电台副总工程师章通（左一）在新主控机房对技术人员进行培训

技术部门除了鼓励在职人员参加继续教育，提高业务技能和学历，还选送技术骨干参加国内外的业务培训。如 2002 年 9 月，高素萍赴荷兰参加为期 3 个月的“培训师培训”课程；2003 年 2 月，张旭赴澳大利亚墨尔本中文电台（3CW），进行为期 3 个月的访问学习；2003 年 12 月，谷会敏赴日本参

加由科技部主办、日本国际协力事业团协办的“视听广播工程”培训等。

2003年，新广播中心系统安装工程实行项目负责人制。该制度明确项目负责人的工作范围、内容和职责，项目负责人均由一线技术人员担当。最终，在确保全台7套节目正常播出的情况下，平稳过渡到新系统播出。同时，达到了锻炼队伍、完善管理、增强维护能力的目的。

2010年年底，技术部门共有技术人员89人。其中，研究生学历14人，大学学历50人，大专学历11人，高中及以下学历14人；高级职称10人，中级职称40人，初级职称26人。技术人员大专以上学历人员的比例由1994年的46.9%提高到82%，中级以上职称人员的比例由1994年的25%提高到56%。

表4-23　北京电台获1997年度国家广电总局广播节目技术质量奖一览表

奖项	奖次	节目名称	参评项目	获奖者
录制技术质量奖	三	你好吗？亲亲的爱人	音乐类	韩平
	三	爱的奇迹	广播剧类	刘德新、贺西平
	三	北京的祝福	语言类	蒋树珍

表4-24　北京电台获1998年度国家广电总局广播节目技术质量奖一览表

奖项	奖次	节目名称	参评项目	获奖者
录制技术质量奖	一	音乐专题《留得华韵播寰宇》	语言类	朱学兵
	二	广播剧《千古流芳》	广播剧类	刘德新、贺西平
	三	歌曲《我累了》	音乐类	朱学兵

表4-25　北京电台获1999年度国家广电总局广播节目技术质量奖一览表

奖项	奖次	节目名称	参评项目	获奖者
录制技术质量奖	二	月下品茗	音乐类	王丽莉
	二	广播剧《电话里的妈妈》	广播剧类	刘德新、王爱义

表4-26　北京电台获2000年度国家广电总局广播节目技术质量奖一览表

奖项	奖次	节目名称	参评项目	获奖者
录制技术质量奖	二	查拉图斯特拉如是说	音乐类	陈小斌、刘菁
	二	天地良心	广播剧类	刘德新、张蓉
	三	京剧《大登殿》	戏曲类	郑雄鹰、于立良
	三	草原英雄小姐妹	音乐类	曹漫

续表 4-26

奖项	奖次	节目名称	参评项目	获奖者
录制技术质量奖	三	春秋	音乐类	邵军、陈小斌、刘菁
	三	瞬间	广播剧类	刘德新、王爱义
	三	春节特别节目——与 BBC 联欢	语言类	张利华

表 4-27　北京电台获 2001 年度国家广电总局广播节目技术质量奖一览表

奖项	奖次	节目名称	参评项目	获奖者
录制技术质量奖	一	母亲河	语言类	罗霄笑
	二	升旗	广播剧类	贺西平、刘德新、孙伟
	三	苗岭的早晨	音乐类	郑雄鹰、于立良

表 4-28　北京电台获 2002 年度国家广电总局广播节目技术质量奖一览表

奖项	奖次	节目名称	参评项目	获奖者
录制技术质量奖	二	放 120 个心	音乐类	曹漫
	二	世纪之约——从毛泽东到莫扎特	语言类	朱学兵
	三	最后一头战象	广播剧类	贺西平

表 4-29　北京电台获 2003 年度国家广电总局广播节目技术质量奖一览表

奖项	奖次	节目名称	参评项目	获奖者
播出技术质量奖	三	北京电台第一套节目		刘志勇、黄坚坚、谷会敏、张旭、高素萍、樊燕宏、范越峰、王堃、王平、赵庆锋
录制技术质量奖	一	我爱北京——北京胡同	语言类	王丽莉、卢军
	一	侗乡随想	语言类	朱学兵
	一	不愿走出记忆的泥人	语言类	张蓉
	二	功臣鞋匠	广播剧类	张校茵、贺西平
	三	如月如日如歌	广播剧类	贺西平
	三	我的小心肝	音乐类	于立良、郑雄鹰
	三	胡桃夹子	音乐类	陈小斌
	三	我不想说再见	音乐类	韩平
	三	《窦娥冤》选段	戏曲类	孙伟

表 4-30 北京电台获 2004 年度国家广电总局广播节目技术质量奖一览表

奖项	奖次	节目名称	参评项目	获奖者
播出技术质量奖	一	北京电台第一套节目		刘志勇、谷会敏、樊燕宏、范越峰、王堃、邵然、王平、刘润娥、陈淑兰、马继安
录制技术质量奖	一	春天的英雄	语言类	王丽莉、卢军
	一	巡天遥看一千河	语言类	朱学兵
	一	歌曲《花儿》	音乐类	曹漫
	二	心中的圣火	广播剧类	贺西平、张校茵
	二	交响乐京剧《杨门女将》选段“寿堂”	戏曲类	于立良、郑雄鹰

表 4-31 北京电台获 2005 年度国家广电总局广播节目技术质量奖一览表

奖项	奖次	节目名称	参评项目	获奖者
播出技术质量奖	一	北京电台第一套节目		谷会敏、高素萍、邵然、刘志勇、黄坚坚、张旭、于慧娟、冯丽、张利华、贾鹏
录制技术质量奖	一	柏辽兹《幻想交响曲》第四乐章	音乐类	陈小斌
	二	通俗歌曲《为歌而狂》	音乐类	曹漫
	二	专题节目《巴别尔和他的骑兵军》	语言类	张校茵
	二	儿童广播剧《小马驹》	广播剧类	贺西平
	二	专题节目《思想起》	语言类	朱学兵

表 4-32 北京电台获 2005 年度国家广电总局科技创新奖一览表

名称	奖项	奖次	获奖者
广播中心一体化改造工程	工程技术奖	二	常青、章通、高素萍、谷会敏、黄坚坚
双锥塔中波小天线	高新技术研究与开发奖	三	王季平、陈云、陈钊、邓亚程
现代科技必将给广播媒体带来广阔的发展空间	科技论文奖	三	郭励
音乐广播卫星传送平台的建立	科技论文奖	三	谷会敏、张旭

表 4-33 北京电台获 2006 年度国家广电总局广播节目技术质量奖一览表

奖项	奖次	节目名称	参评项目	获奖者
播出技术质量奖	一	北京电台第一套节目		刘志勇、高素萍、张利华、王艳华、李浩、杨丽华、张云仙、王翠、邵然、卢军

续表 4-33

奖项	奖次	节目名称	参评项目	获奖者
录制技术质量奖	一	广播剧《将军和冰儿》	广播剧类	贺西平、张校茵
	一	广播小说《狼牙》	语言类	张校茵
	一	音乐作品《里姆斯基·科萨科夫〈天方夜谭〉第一段》	音乐类	陈小斌
	二	通俗歌曲《香粉》	音乐类	曹漫
	二	专题音乐《音乐的宣言》	语言类	朱学兵
	三	戏曲《智取威虎山》选段	戏曲类	于立良

表 4-34　北京电台获 2006 年度国家广电总局科技创新奖一览表

名称	奖项	奖次	获奖者
调频同步广播技术的最新发展及应用	科技论文奖	二	王季平

表 4-35　北京电台获 2007 年度国家广电总局广播节目技术质量奖一览表

奖项	奖次	节目名称	参评项目	获奖者
播出技术质量奖	一	北京电台第一套节目		刘志勇、高素萍、王堃、王艳华、胡国伟、薛赫然、程春、李东、李忠实、赵红
录制技术质量奖	一	德沃夏克《斯拉夫舞曲——第一号》	音乐类	陈小斌
	二	音乐欣赏专题《电影——希拉里和杰基》	语言类	罗霄笑
	二	通俗歌曲《阿娇》	音乐类	曹漫
	三	最后的童话	广播剧类	贺西平、张校茵
	三	专题节目《爷爷的故事》	语言类	董珂

表 4-36　北京电台获 2007 年度国家广电总局科技创新奖一览表

名称	奖项	奖次	获奖者
一场必须打赢的战争	科普作品奖	一	蔡明可、刘冰
调频同步广播技术的最新发展及应用	科技论文奖	二	王季平
舒尔特方格——关注孩子的注意力	科普作品奖	三	孙怡
听丁肇中博士讲科学	科普作品奖	三	刘国庆

表 4-37　北京电台获 2008 年度国家广电总局广播节目技术质量奖一览表

奖项	奖次	节目名称	参评项目	获奖者
播出技术质量奖	一	北京电台第一套节目		刘志勇、高素萍、樊燕宏、王平、王翠、铁永和、马白桦、胡国伟、陈兵、卢军
录制技术质量奖	一	歌曲《掀起你的盖头来》	音乐类	曹漫
	一	广播剧《深情》	广播剧类	贺西平
	二	瓦格纳作品——管弦乐《女舞神之骑》	音乐类	陈小斌
	三	专题《绝望的抗战——野草的启示》	语言类	张校茵
综合奖	北京电台			

表 4-38　北京电台获 2008 年度国家广电总局科技创新奖一览表

名称	奖项	奖次	作者
嫦娥工程系列访谈之三	科普作品奖	二	牛力、曹力、沈骥如、徐立凡、李雅君
关注血脂，守护健康	科普作品奖	三	安杨、杨燕

表 4-39　北京电台获 2009 年度国家广电总局广播节目技术质量奖一览表

奖项	奖次	节目名称	参评项目	获奖者
播出技术质量奖	一	北京电台第一套节目		章通、刘志勇、高素萍、樊燕宏、王平、王翠、胡国伟、刘冬、陆暄、程春、李怀畅、赵庆锋、朱亿全、孙继刚、赵红
录制技术质量奖	一	《828 军情瞭望》节目片花	广告片花类	朱学兵
	一	永远的缪斯	语言类	罗霄笑
	一	肖斯塔科维奇作品——《节日序曲》	音乐类	陈小斌
	一	电影《阿育王》	语言类	王丽莉、孟孟
	二	呼唤你的名字	音乐类	曹漫
	二	地球关灯一小时	广告片花类	马笑宇
	二	清明上河图传奇	广播剧类	王爱义、王丹
	三	京韵大鼓《宋江坐楼》	戏曲类	于立良
	三	红河谷	广播剧类	贺西平
综合奖	王季平、郭励、阮勤、刘爽、张旭、王艳华、于慧娟、马白桦、黄坚坚、陈云			

表 4-40　北京电台获 2009 年度国家广电总局科技创新奖一览表

名称	奖项	奖次	获奖者
土豆年里话土豆	科普奖（广播类）	二	沈孝昌
人类的百米极限	科普奖（广播类）	二	杨晓轩
为了祖国和人民——中国航天员的故事	科普奖（广播类）	二	张立新、张红兵
数字多媒体广播技术在Ⅲ波段应用研究	高新技术研究与开发奖	三	王季平、章通、张国强、秦学刚、谢锦辉、李鉴增

表 4-41　北京电台获 2010 年度国家广电总局广播节目技术质量奖一览表

奖项	奖次	节目名称	参评项目	获奖者
播出技术质量奖	一	北京电台第一套节目		刘志勇、高素萍、王堃、邵然、王平、陈淑兰、刘春灵、谷会敏、芮振忠、吴琛、杨伏祥、段宏伟、薄浩、罗志强、赵红
录制技术质量奖	一	广播小说《画虫儿》	语言类	傅博
	一	专题音乐《飞逝的花瓣》	语言类	董珂、罗霄笑
	一	交响乐《威风堂堂进行曲》	音乐类	陈小斌
	一	片花《午夜拍案惊奇》	片头广告类	张校茵
	一	广播剧《傅作义与北京城》	广播剧类	贺西平
	二	广播剧《小马过河》	广播剧类	王丽莉、孟孟
	二	片花《欢乐英雄》	片头广告类	罗霄笑
	三	环绕声片花《龙刀》	环绕声类	曹漫、张校茵
	三	环绕声广告《环球之旅》	环绕声类	曹漫、孟孟
	三	歌曲《爱之海》	音乐类	曹漫
综合奖	王季平、郭励、阮勤、刘爽、张旭、王艳华、于慧娟、马白桦、黄坚坚、程春			

表 4-42　北京电台获 2010 年度国家广电总局科技创新奖一览表

名称	奖项	奖次	获奖者
易通 1039 新媒体机及业务运行系统	高新技术研究与开发奖	一	汪良、王季平、李秀磊、秦晓天、李晓晖、罗霄兵、张旭、陈晓鸥、杨德顺、王洪波、王志伟、陈良
利用数字音频广播技术开展推送式广播服务的相关技术研究	科技成果应用与技术革新奖	一	汪良、王季平、郭励、张旭、秦学刚、南海、赵迅多、刘苗、赵晓维、王江松、胡明、赵以晗
解码 2012	科普（广播类）	一	刘莎
心理医生谈抑郁症	科普（广播类）	一	马维
关注老年痴呆	科普（广播类）	二	李弋戈、赵凤
基于实测的 DAB 覆盖仿真分析	论文奖	三	邵然

技术工作先进个人

1997 年度全国广播播控中心系统技术能手：马玉章

2000 年度全国广播电视技术能手三等奖：邓亚程

2001 年度全国广播电视（广播电视中心）技术能手一等奖：谷会敏

2004 年度全国广播电视（发射系统）技术能手二等奖：王平

2005 年度全国广播电视技术能手一等奖：邵然

2006 年度全国广播电视（中心系统）技术能手一等奖：邵然

全国优秀新闻技术工作者：2007 年度　马白桦

2007 年中国广播电视协会广播电视科技（无线）杰出贡献奖：黄坚坚

2009 年中国广播电视协会广播电视科技杰出贡献奖：王季平

国家广播电影电视总局十七大安全播出先进个人一等功：2008 年　刘志勇

北京市广播电视奥运安全播出先进个人一等奖：2008 年　刘志勇　马白桦

北京市“迎国庆、保平安、百日安全播出竞赛”先进个人一等奖：2010 年　高素萍　谷会敏

技术工作先进集体

全国广播电视技术维护工作先进台站：2002 年度　804 发射台
2003 年度　技术中心
2005 年度　804 发射台
2008 年度　总工程师办公室

2009 年度国家广电总局技术维护先进集体三等奖：技术中心调频发射科

北京市广播电视局技术维护先进集体：2006 年度　804 发射台
2007 年度　技术中心

北京市广播电视奥运安全播出先进集体：2008 年　技术中心转播传输科　804 发射台发射科

第四章 经济管理

1994—2010 年，北京电台实行财政差额预算管理。1994 年，财政补助收入 670 万元，经营创收 2937 万元，电台总资产 4195 万元。

1994 年，北京电台把 1993 年试行有效的经济管理办法进行补充、修订，制定《关于经济管理的试行办法》。全台 16 个部门划分为三个系列，即宣传系列、技术系列和行政管理系列，分别按照“自收自支”“差额管理”“预算管理”的方式单独核算，将事业单位的经济管理向企业化方向靠拢。对专业广播实施“三定一奖”：定创收指标、定上交指标、定工资津贴指标，未完成指标的核减工资总额；超额完成任务的专业广播与电台 7∶3 分成。全台从收支相抵的余额中提取 5% 作奖励基金，提取 20% 返给各专业广播和部门用作福利基金。此后每年，北京电台都会针对改革过程中出现的新问题，完善经济管理办法，在“国家、集体、个人”利益兼顾的原则下，实现全台宏观调控。

1996 年，北京电台各部门统一实行按月核算，各专业广播当月的经营利润部分上缴后的余额按 5∶3∶2 比例分配，“5”用于扩大再生产，“3”作为奖励基金，“2”作为福利基金。

1997 年，北京电台除了执行《1997 年经济管理办法》，还从下半年开始按照《关于收入与分配挂钩的试行办法》完善分配办法，把利润余额直接进行 5∶3∶2 分配的方法改为与当期效益挂钩。《试行办法》根据多年统计资料计算出各个专业广播当年的经营创收任务量，并根据完成任务的难易程度规定出不同的调节系数。到账的经营收入按照上缴电台的预提款和净收入进行两次分配：预提款由电台按照税金、教育基金、固定资产使用费（修购基金）、频率资源使用费、上交主管局、上缴电台物业管理费、购房基金的用途分配使用，3 个立体声广播的预提款占各自经营收入的 43.5%，4 个中波广播的预提款占各自经营收入的 39.5%；各专业广播只能使用上缴预提款后的净收入，在按电台对工资、福利、公杂费、业务费、医疗费的具体规定进行分配后，各专业广播还有净收入 30% 以上的全年余额。这些结余的 30% 作为专业广播下年度的效益工资，70% 收归电台所有，以弥补购房基金的不足。台领导和行政、技术等部门的工资，以上一年度各专业广播的实际人均收入数为基准。

1998 年，北京电台行政、技术部门个人收入与全台当期经济效益挂钩：每个季度全台创收总额比上年同期增长 10% 以上时，行政、技术部门人均月工资可增长至规定数额，反之，则按经济效益下滑的比例相应减少。

1998 年，北京电台贯彻《中国新闻工作者职业道德准则》和《关于禁止有偿新闻的若干规定》，把新闻采编队伍和经营队伍分开，在全面提高节目质量的同时，保证经济创收不断提高。

1999 年，全台经济管理实行集中核算、分别记账、结余奖励、整体调控的管理办法。全台的个人收入均以创收总额为基础，按动态方式管理，每月上下浮动，每年增长幅度不超过已定的控制比例。按照北京市财政局的规定，1999 年，北京电台严格执行收、支两条线的决定，所有收入、各项支出均纳入预算管理，各专业广播、各部门设核算员岗位负责办理收支业务。全台经营毛收入的 19.5% 上交国家，电台和技术统一安排的部分占毛收入的 25.1%。每年各项收入与支出相抵后的余额为年结余，全台年结余占收入的 10%～18%。结余的 40% 转入专用基金，用于职工福利和集体福利的支出，剩余部分作为“事业基金”，用于弥补以后年度的收支差额（即弥补亏损）。为规范固定资产的购置与更新、规范技术运营费的提取与使用，1999 年 6 月，北京电台试行《关于设备购置费与技术运营费的管理办法》。

北京电台《2000 年经济管理办法》对各专业广播台长的效益工资做出明文规定：台长按月结余的 2% 发放结余奖励，业务副台长按台长结余奖励的 70% 发放奖励工资，经营副台长在本专业广播创收超过电台规定的“平衡点”后按进账数的 3‰发放效益工资。在亏损月、创收未超过平衡点时，经营副台长的效益工资按全台平均工资标准扣除档案工资后的差额发放。结余奖励后剩余的部分收归电台进行整体调控，如当月亏损，用以后各月结余进行弥补。“结余奖励，整体调控”的政策，充分体现尽职尽责、按效益分配的原则。

2002 年 1 月，《北京电台固定资产管理办法》试行，按照“统一领导，分工管理，层层负责，合理调配，管用结合，物尽其用”的原则，制定购置验收、保管维修、调剂报废、定期清查等项管理规定，防止国有资产流失，促进其保值增值。

2005 年 3 月，《北京人民广播电台国有资产监督管理暂行办法》发布实施，对电台及电台所属已取得法人资格的单位进行国有资产管理，包括国有资产相关经济事项审批管理、国有资产评估项目备案管理、企业国有资产产权登记管理。

至2010年，北京电台通过加强经济管理，增收节支，注重经营实效，保障了宣传改革的顺利实施，全台综合实力逐年增强。2010年，北京电台财政补助收入4417万元，经营创收71684万元，电台总资产183372万元。

第一节 财务管理

“计划、管理、服务、监督、参谋”是北京电台计划财务部自成立之日起就明确的自身职能。日常业务主要负责全台会计核算，包括凭证及报表的制作和审核、工资核算以及税务、资产等的核算管理。为适应北京电台事业的发展，计财部的财务工作量大幅增加，管理水平不断提高。

1994年，北京电台财务明细账由原来的只记到处级单位发展为分记到科组，使会计核算工作进一步细化，促进全台经营创收工作的开展。7月22日，北京电台通过“市财政局验收计算机替代手工记账”的检查，实现会计核算和财务管理“电算化”，解决了手工记账的复杂、烦琐和不精确的问题，达到核算、管理两者的统一。这在北京市广播电视局系统是第一家。北京电台“统一管理，分散经营，分别核算”的财务管理模式形成。

1995年1月1日起，北京电台建立内部审计制度，实施《审计工作规定（试行）》，北京电台财务收支都要接受内部审计，是一项重要的管理监督制度。

2002年，为控制经费开支，北京电台制定《关于购置技术设备的规定（试行）》，规范技术设备审批和购置程序。电台成立由总工程师、副总工程师、总工办兼技术中心主任和总工办、计财部、审计等有关人员组成的审核小组统一负责全台各部门技术设备的购置审核。

2003年，根据财政部内控规范相关规定、国家各项经济政策、《中华人民共和国会计法》、《中华人民共和国预算法》、《中华人民共和国政府采购法》等各项法律法规，结合电台整体工作方针，北京电台发布执行《内部会计控制及财务管理规定汇编》，进一步加强、规范电台内部会计监督，以达到合理利用资源，不断挖掘潜力，努力降低成本，提高经济效益的目的。每年，该规定进行修订后发布执行。2003年，北京电台会计核算电算化进一步完善，完成电台与广播公司财务会计电算化的联网、完成广播中心工程会计核算电算化并实现与电台财务联网，还开发出财务软件的自动对账功能，提高工作效率。

2004年，北京电台为提高资金使用效益，制定《关于行政办公用品采购的管理规定（试行）》，行政办公用品执行统一集中采购管理为主的原则。电台成立集体采购监督委员会，其成员为：主管行政工作的台领导、办公室主任、计财部主任、审计员、工会主席。

2004年,《审计工作规定(试行)》废止，开始施行《北京人民广播电台内部审计工作暂行规定》《北京人民广播电台基本建设审计实施细则(试行)》和《北京人民广播电台建设工程招投标管理办法》。2005年，制定《北京人民广播电台领导干部任期经济责任审计实施细则(试行)》。

2005年1月，北京电台在11个职能、技术部门全面实施岗位管理，员工的岗位工资不再与行政级别等身份因素挂钩，而是与所在岗位及岗位等级挂钩。全部岗位分为8个岗等，每个岗等划分为5个岗级，每一岗级对应相应的岗位工资标准。绩效工资分为季度绩效工资、半年绩效工资和年终绩效工资。计财部全面配合了这次前所未有的人事管理和薪酬体系改革以及《北京人民广播电台台长基金管理使用办法(试行)》的首次实施。

根据《北京人民广播电台台长基金管理使用办法(试行)》,2006年,《北京人民广播电台部门基金管理使用办法》和《部门基金管理使用细则》制定并实施。台长基金和部门基金都是为鼓励电台员工为电台事业发展做出突出贡献而设立，计财部负责基金的管理、归集、支出。

2006年，北京电台进行节目制作运行机制改革，为即将成立的节目制作中心制定《节目制作中心经费及人员薪酬福利管理暂行办法》《节目制作费发放及奖惩办法(试行)》。2006年下半年，北京电台完成北京市政府首次组织的行政事业单位资产清查工作，包括电台基本情况核查、账务清理、财产清查、损益认定等，为进一步完善北京电台国有资产管理打下基础。

2007年，北京电台实施《新员工薪酬管理试行办法》，修订《职能技术部门岗位绩效工资分配管理办法》，计财部进行相应调整，加强对各项收入和经费支出的核算管理。

2007年，北京电台制定《北京人民广播电台财务收支审计实施细则(试行)》，电台纪检监察审计办公室对全台和各专业广播实施月度财务收支审计。2007年，计财部将多年分别核算的行政技术部门账套和专业广播账套合并为一套账和一个银行账户，减少内部调账，提高工作效率和资金收益，内部账务完全“并轨”。

2008年，北京电台实现固定资产动态管理，完成电台所属21家企业的2007年度国有资产产权登记。

2008年10月，依据《北京市市级项目支出预算管理办法(试行)》《北京市事业单位项目绩效考评管理办法》以及北京市广播电视局的有关规定，制定实施《北京人民广播电台项目支出预算管理办法及实施细则》。

2010年，北京电台在用的财务管理规章制度有《北京电台固定资产管理办法》(2002)、《关于行政办公用品采购的管理规定(试行)》(2004)、《北京人民广播电台内部审计工作暂行规定》(2004年)、《北京人民广播电台基本建设审计实施细则(试行)》(2004年)、《北京人民广播电台建设工程招投标管理办法》(2004年)、《北京人民广播电台领导干部任期经济责任审计实施细则（试行）》（2005年）、《北京人民广播电台国有资产监督管理暂行办法》（2005年）、《北京人民广播电台台长基金管理使用办法（试行）》（2005年）、《北京人民广播电台部门基金管理使用办法》（2006年）、《部门基金管理使用细则》（2006年）、《关于各部门核算员的使用管理规定》（2006）、《关于办理住房公积金支取的有关规定》（2006年）、《北京人民广播电台财务收支审计实施细则（试行）》（2007年）、《北京电台合同管理规定》（2007年）、《北京人民广播电台会议费管理办法及实施细则》（2008年）、《关于新闻资料采购的管理规定》（2009年）、《北京人民广播电台经济管理办法》（2010年）、《北京人民广播电台内部会计控制制度及财务管理规定》（2010年）。

第二节　广告管理

1994年，北京电台实行“统一管理、分散经营、分别核算”的广告经营管理办法，广告承揽由各专业广播自行操作。广告部作为电台职能部门之一，全权负责广告管理，职责是贯彻《中华人民共和国广告法》，组织拟订广告发展规划和广告管理规定，负责全台广告从业人员的业务培训，审查、监听全台的广告节目，以及建立广告档案等。各专业广播广告业务人员负责承接本专业广播广告业务、对广告内容进行初审报批、安排广告制作和播出、建立广告播出档案。

1995年，北京电台强化广告部的管理职能，实施《广告管理规定（试行）》。加强广告播出管理，实施业余监听员监听广告的制度，定期向台领导提交监听报告；加强广告收费管理，建立填报广告收费明细表的制度，随时全面掌握广告经营情况。

1996年3月，北京电台修订后的《关于广告管理的规定》将指导各专业广播的广告经营，协调、解决各专业广播之间的经营矛盾纳入广告部职责，将合办节目完全纳入广告管理，还建立填写“播出通知单”制度，以杜绝违规广告的播出。针对合办节目与广告界限不清的问题，特制定《关于合办节目管理办法的补充规定》。广告部对各专业广播播出的广告审查、登记初步实现计算机化管理。全台有21人参加国家工商局的广告业务培训，有11人取得广告审查员证书。

1997年，北京电台自行研发广告合同审查、合同备案以及广告播出管理的计算机管理系统。1998年，实行广告计算机网络化管理，实施《北京人民广播电台广告系统计算机管理办法》，对广告合同管理和微机管理及奖罚措施做出明确规定。1998年全年共签订广告合同1925份，其中新闻广播448份、经济广播254份、交通广播547份、音乐广播453份、文艺广播165份、教育广播58份。

1999年，北京电台制定执行《关于严格控制以实物补偿广告的管理规定》《关于广告优惠幅度和实行最低限价的通知》《关于保健品节目的管理规定》，规范全台广告经营，保证电台广告收入持续增长。当年北京电台广告创收超过1.2亿元，在全国省级广播电台中名列第一。

2000年，北京电台将《关于广告管理的规定》和《北京人民广播电台广告系统计算机管理办法》合并为《广告管理规定（试行）》，并狠抓落实：组建专职广告监听员队伍，利用电台综合网节目监录系统，对7个专业广播播出的广告及合办节目，每周各抽查监听一天。当年发现违规广告30多条次，对其中较严重的违规行为进行了处罚。2000年，北京电台共签订广告合同3900多份，虽然合同量增加，但合同审查力度不减反增。广告部提高对广告审查员的要求，在审查内容的同时增加价格核算，在确保广告合规合法播出的同时保证创收的稳步增长。经过培训，2000年北京电台有17人取得广告审查员证书。2000年7—8月，北京电台落实《国家工商行政管理局关于开展集中整治虚假违法医疗、药品、保健食品广告的通知》精神，对健康类节目进行自查整治，广告部把此类节目应注意的问题摘编成册，发放给相关主持人，以预防违规广告的发生。

北京电台每年坚持不懈加强广告管理，修订、落实各项规定，坚持对广告从业人员的法律法规教育和业务培训，广告进账坚持"周清月结"制度。即使是受到"非典"影响的2003年，北京电台制定《广告管理实施细则（试行）》，纠正违规违纪现象，堵住广告收入"跑冒滴漏"的可能，全台广告创收依然创造历史新高，保持在全国省级广播电台连年第一的成绩。

2004年，北京电台实行全台广告分行业代理制，变各专业广播分别操作为北京广播公司广告经营部集中操作，形成对外竞争合力，减少内耗。电台广告部充分行使协调、服务、监督、审核、培训等职能，注重奖罚分明。除了为台领导、系列台、广告代理公司、大客户等提供数据咨询服务，还通过组织节目推介会、经营政策说明会、客户见面会、广告作品颁奖会等，提高北京电台在广告客户心目中的形象地位。对广告经营全过程的严密管理为经营新策略的实施保驾护航，当年全台广告创收大幅提高。

2005年，北京电台广告管理加强数据统计，使价格制定、客户服务、投放跟踪等工作建立在以市场为依据的基础之上，形成客观评估和科学决策体系。广告管理遵循"科学化、制度化、数据化、清晰化"的方针，不断提高管理和服务水平。

2008年，北京电台修订《北京人民广播电台广告管理实施细则》，发布《关于规范各专业广播形象宣传等广告播出的通知》《北京人民广播电台有奖收听等节目管理暂行办法》，进一步完善规章制度体系。加强对广告的审查和监管，建立"音频网三级审核系统流程"，提升对广告合同的管理。通过强化对广告内容和形式的审核，北京电台成为北京市工商局在录的广告违法率最低的媒体之一，连年无重大违法违规广告的播出。

2008年，广告部开始收集市场资讯和数据，印发《行业内参》《广告收听投放分析报告》，为北京电台制定经营策略提供依据，为广告客户精准投放提供参考方案，为系列台提供品牌咨询服务。

北京电台广告管理认真执行国家有关法律法规，有章可循，规范有序。严格执行广告经营管控程序和一系列预防、纠正措施，管理效益显著。2009年5月8日，国家广播电影电视总局在北京电台召开“全国广播电视广告经营管理现场经验交流会”，会议主题是“加强广播电视广告经营及播放管理，规范广告经营行为，引导电台和电视台拓展经营理念，实现持续健康发展”。北京电台做题为“实践创新 强化管理”的主题发言，并被国家广电总局授予“广播电视广告播放行业自律示范单位”称号。

2010年，北京电台被中国广告协会评为“2008—2009年度全国广告行业文明单位”。中国广告协会自1997年在全国广告行业开展“争创广告行业精神文明先进单位”活动，每两年进行一次。北京电台在7次评选中6次榜上有名。

表4-43 1994—2010年北京电台收入及资产一览表 单位：万元

年度	总收入	财政补助	经营创收	广告收入	总资产	净资产
1994	3666	670	2937	1413	4195	3647
1995	5033	796	4180	2505	6185	4136
1996	8794	720	7780	5195	8616	6130
1997	11897	302	11302	8948	9751	9467
1998	12907	460	12129	9492	13941	12626
1999	15234	338	14303	12112	18108	15632
2000	19255	710	18283	14712	25141	19972
2001	19634	705	18412	17052	29628	26019
2002	24973	1044	23266	21872	29299	21140
2003	30155	700	28968	26845	50554	29384
2004	39930	1200	38086	36855	67607	40081
2005	46766	1355	43045	42072	82788	49912
2006	54222	1148	51248	50194	112593	65260
2007	64467	1993	56055	55242	166175	112403
2008	75324	2875	62836	62099	165850	124330
2009	73799	2125	62908	62328	166258	127478
2010	85856	4417	71684	71225	183372	147448

说明：1. 总收入包括：财政补助收入、经营创收和其他收入（其他收入本表中未体现）；
2. 本表中经营创收为事业收入，包括：广告收入、合办收入、录制收入、服务收入等

第五章 队伍管理

队伍管理是全台管理工作的重要组成部分。从1994年开始，北京电台进入全面改革阶段，队伍管理的改革是随着全台全面改革的不断深入而深入的，到2010年的17年间，北京电台的员工队伍由467人增长到781人，队伍素质、员工工作的积极性、主动性不断提高，初步形成了一支政治意识强、人员素质高、业务能力好的广播队伍，为确保广播事业的健康发展和宣传任务的顺利完成发挥了重要作用。北京电台的队伍管理改革主要抓住了以下几项工作：拓展用工方式和进人渠道、强化员工培训、创新队伍管理制度、创建激励机制等。

第一节　拓展用工方式和进人渠道

1994年，北京电台随着专业化系列台的建立和全面改革的稳步推进，员工的数量和知识结构与宣传工作实际要求的矛盾日渐突出，而事业单位的性质决定员工的调入调出受到极大限制。在国家未出台相关新政策之前，北京电台在用人机制上积极探索，1994年沿用1993年开始的新员工试用制，凡拟调入电台的员工，档案关系要先转入北京市人才服务中心，试用一年，到期考核合格者调入。

1998年年初，北京电台全面推行聘用合同制和兼职人员协议制：新员工全部实行聘用合同制，档案关系放在北京市广播电视人才服务中心，电台与个人只存在聘用关系，合同每年一签；北京电台与在电台工作的兼职人员签订兼职协议书，兼职期限最长不能超过一年。1999年年初，北京电台已有合同制人员70人。

2004年年初，北京电台雇用的临时人员（即不在事业编制内的人员）和兼职人员达到100多人。为解决用工形式不规范、优秀人才留不住的问题，在事业编制不足的情况下，北京电台对临时人员和之后新进台人员试行人才派遣制度，于4月8日发布《北京人民广播电台“人才派遣”人员管理暂行办法（试行）》。所谓人才派遣就是由派遣单位和被派遣单位签订派遣合作协议，派遣单位和派遣员工签订劳动合同。这是人力资源管理的一种新型用人形式。人才派遣制度是北京电台聘用合同制改革的延伸，既可解决事业发展与人员编制不足的矛盾，有效避免劳动争议，还可以跨地区引进优秀人才，促进人员流动。

从2004年开始，电台用人出现了两种身份的人并存，即签订事业单位聘用合同的员工和派遣人员。对两种身份的人同样对待，纳入统一管理。2004年，北京电台使用的派遣人员有31人。2004—2010年，与电台合作的派遣机构是北京五湖四海人力资源有限公司。2009年12月31日颁布施行《北京人民广播电台派遣制员工转为事业编制员工管理规定（试行）》，目的是鼓励做出突出贡献和取得突出成绩的派遣人员。2010年，全台有19名派遣人员转成事业编制。2010年年底，北京电台共有派遣人员278名。

2005年，北京电台与北京大学、清华大学、中国人民大学和中国传媒大学4所高校建立合作伙伴关系。2008年，北京电台成为这4所高校新闻专业在校生的实习基地，以后每年电台招进的应届毕业生大都来自这4所高校。这些毕业生进入北京电台，要经过严格的综合知识考试、专业知识考试、面试、实习等程序，择优录取。2006—2009年招聘录用的93名大学毕业生中，硕士研究生以上学历达66%，所学专业和岗位匹配率达到100%。这一进人渠道的建立改变了过去选人院校分散、不确定性、专业往往不对口和进人质量难以保证的弊端，使每年录用的毕业生进入电台后在较短的时间内就适应了工作的需要，有相当一部分人工作一两年内便成为业务骨干。

播音员、主持人是广播宣传中的特殊人才，优秀的播音员和主持人更是广播电台的稀缺人才。为解决优秀播音员、主持人稀缺的问题，2008—2010年，北京电台举办两届主持人大赛，面向全国选拔优秀播音主持人才。两次大赛过后，有8名获奖选手被正式录用，5名获奖选手进入实习考察阶段。

第二节　强化员工培训

从广播宣传的基本任务和电台的实际出发，通过各种形式的培训，是提高干部员工理论水平、业务能力和技术能力的有效途径，是队伍管理的重要方面。

1996 年，根据广播电影电视部和北京市广播电视局有关文件精神，制订《北京人民广播电台“九五”干部职工培训规划》。1997 年 9 月，北京电台施行《关于在职人员学习与培训的管理规定》（以下简称《规定》）。《规定》提出以下几种培训方式：一是定向培养深造。选送一部分德才兼备的年轻干部到有关院校进修、深造。二是联合办学。选送一部分人员参加专升本或在职研究生班的学习。三是岗位、技能培训。以台或部门为单位适时组织有关人员参加岗位业务或技能培训。在采取上述措施的同时，提倡职工利用业余时间参加成人教育的学习和自学，来提高学历和业务水平。

1998 年，北京电台与北京广播学院合办一个有 34 名学员的新闻专业专科续本班。最终，学员全部毕业并获得学士学位。

1999 年 8 月，北京电台下发《关于在职人员学习与培训的补充管理规定》，强调利用业余时间参加提高学历的学习；在职人员参加业务培训要根据工作需要，由电台分期选送，台人事部组织实施。

为提高在职员工的英语水平，2000 年，北京电台与北京第二外国语学院合办一个有 31 人参加的两年制英语大专班，其中 21 人取得英语专业大学专科毕业证书。

2001 年，北京电台与北京大学新闻与传播学院合办传播学专业研究生班，共有 80 人参加学习，其中包括 31 名现职副处级以上干部。最终共有 72 人取得结业证书。

北京电台为加强对全体员工的培训，2003 年 1 月，在人事部内增设培训中心，负责电台员工培训工作。这之前，员工的短期培训、专项培训，采编播方面由总编室组织实施，技术方面由总工办（2000 年以后由技术中心）组织实施。2006 年，人事部将《关于在职人员学习与培训的管理规定》（1997 年）及《关于在职人员学习与培训的补充管理规定》（1999 年）修订为《员工培训管理办法（试行）》，直到 2010 年，队伍培训一直按照这个办法执行。培训有以下几种类型：

一是新员工培训。新进入电台的员工必须接受入职培训，包括人事部统一组织的集中培训和各部门安排的专业培训。新员工入职教育一般包括台领导讲话，进行电台优良传统教育，讲解宣传纪律和电台各项规章制度，优秀员工介绍工作经验和体会，参观电台等。除了入职培训外，2007 年还组织新员工到新疆和田地区广播电视台进行两个月的集中培训、锻炼。2009 年、2010 年，新入

2009 年 7 月 20—21 日，北京电台对新员工进行集中培训

台员工都是在延安广播电视台进行为期44天的培训锻炼。

二是管理技能培训。指提高管理人员的管理水平和领导能力的培训。1999—2003年，北京电台每年举办宣传管理干部培训班，全台副处以上或副科以上的宣传管理干部全部脱产轮训。2004年11月举办中青年干部培训班，2006年4月举办青年干部培训班暨经理人领导训练班，2009年和2010年为台领导和处级干部组织高级项目化运作培训班，等等。

三是专业技能培训。指提高员工所在岗位的专业技能培训。如每年举办的采编播培训班，会根据形势发展、上级要求和电台采编播人员及节目的具体情况，请广播方面的领导、专家、同行来授课；台领导通报一年来电台节目中出现的宣传差错，分析出现差错的原因，以警示大家在今后的工作中不再出现类似的问题。

从2005年开始，北京电台每年对在岗播音员、主持人进行考核认定，新进台人员也必须经过培训，考试合格并经播音主持管理委员会认定后方能上岗。自2006年6月起，北京电台规定所有节目主持人必须通过技术中心的技术培训，获得"节目主持人上岗证"后才能上岗主持节目。若播出设备发生变化，技术部门还会组织再培训。2010年度北京电台采编播人员培训班有440多名采编播人员、宣传管理人员参加，是此类培训人数最多的一次。

四是通用技能培训。为提高员工的外语、计算机、公文写作、商务礼仪等进行的培训。随着办公自动化的迅猛发展，1997年北京电台组织员工参加全国计算机一级B类的培训和考试，2003—2004年组织3期计算机软件培训班；为办好2008年奥运会，北京电台除了开办英语大专班，自2002年11月开始，每年还有计划地安排初级、中级、高级英语培训班。其他如公文写作、商务礼仪、摄影知识、化妆形体等培训则不定期举办。

五是外派出国培训。指组织员工出国进行与岗位相适应的培训或提高学历的培训。2002年10月、2003年2月，北京电台派出两批共10人赴澳大利亚进行为期3个月的访问学习；2003年有3批共12人赴英国进行为期10个月的学习；2006年，北京电台副处级以上干部分3批赴加拿大不列颠哥伦比亚大学（UBC）尚德商学院培训，所学内容有人力资源、知识产权、传媒管理等11门课程。从这年开始，到2010年，处级以上干部及部门助理每年分批到外国院校进行媒体管理培训。

电台人事部是全台员工培训的管理部门，负责全台性培训，各部门负责组织本部门的专业培训。人事部负责安排、管理全台的培训项目并参与督导各部门的内部培训，各部门设立培训负责人，负责本部门培训工作的策划、组织和管理。

每年11月，人事部组织培训需求调查，向各部门发放调查表，然后进行综合分析。12月，由人事部制订电台下一年度培训计划，报台务会审批后，将年度培训计划在电台内网公布并下发各部门，各部门在了解人员培训需求的情况下，结合本部门实际制订部门培训计划。不管是全台的培训，还是部门的培训，都要有培训记录，包括培训通知、签到表、反馈表、培训情况记录等。每次培训都要建立培训档案，属于全台培训的由人事部建立员工培训档案；各部门培训的要建立部门员工培训档案。每年年底，对年度培训计划、实施效果要进行评价和总结，总结交人事部备案。

第三节 创新队伍管理制度

北京电台全面改革的实践证明，改革越深入，越需要不断建立、健全有效的规章制度，确保改革沿着正确的方向前进。队伍管理改革也同样需要在实践中不断创新，不断建立、健全有效的规章制度。20 世纪 90 年代初，北京电台进入“以建立专业化系列台为龙头的全方位改革”阶段，初步形成一套员工队伍管理规章制度。随着改革的不断深入，到 2010 年已形成一套较为完备的队伍管理体系，包括对领导干部的管理、职工队伍的管理、退休人员的管理等。其中，实行干部聘任制、职工聘用制；实行干部员工竞聘上岗等，都是北京电台在队伍管理方面带有开创性的改革举措。

北京电台在全台范围实行干部聘任制、职工聘用制始于 1993 年 8 月。到 1993 年年底，聘任、聘用工作全部完成，从此，打破了干部、职工的“铁交椅”“铁饭碗”。1994 年，电台规划中的 7 个专业广播全部建立，为适应专业化系列台建立的需要，进一步搞好队伍管理工作，2 月 28 日，北京电台颁布《关于人事工作的管理规定（试行）》，决定除台领导外，对所有人员实行逐级聘任制。要求各部门“编制确定后，采取从上到下逐级聘任的办法，进行干部职工双向选聘”。双向确定之后，发聘书，签合同，聘期为 1～2 年，到期续聘或解聘。1993—1999 年年初，全台落聘员工 26 人。落聘员工经过政治、业务培训，大多数在台内外重新上岗。

随着干部聘任制、职工聘用制的实行，1995 年，《北京人民广播电台副处以下干部职工年度考核办法（试行）》发布实施。考核内容包括德、能、勤、绩四个方面，结果分为优秀、合格、不合格三个档次。考核结果是干部职工奖惩、工资晋升、续聘、低聘或解聘的重要依据。1995 年年底到 1996 年年初，结合年终考核，有两名正处级干部降职调换岗位，有两名正处级干部调离原部门；有 1 名副处级干部提升正处，有 3 名科级干部提升副处。这次干部续聘调整，干部有升有降，对全台震动很大。1996 年年初，北京电台处级干部的平均年龄从 1994 年初的 43.1 岁下降到 42.7 岁，40 岁以下的处级干部 14 人，占 31%；科级干部的平均年龄从 1994 年年初的 39.4 岁下降到 38.1 岁，35 岁以下的科级干部 34 人，占 31%。1997 年处级干部到期续聘时，有两名副处级干部降聘为科级干部，有一名副处级干部缓聘。

1998年10月，《北京人民广播电台副处以下干部职工年度考核办法（试行）》废止，同时实施《北京人民广播电台工作人员年度考核办法》。

2000年年初，北京电台施行《关于加快干部新老交替工作的有关规定》，强调干部能上能下，男58周岁以上、女53周岁以上的处级干部不再续聘现职；处级正职在同一个部门任职一般不得超过三届（6年），三届之后要到另外部门轮岗交流。为加强对正、副处级领导干部的监督管理，2000年，按照《中共北京人民广播电台委员会关于建立干部诫勉制度的意见》，北京电台对定期考核不合格率超过30%（不含）未到35%（含），或者在其他方面存在较轻问题的正、副处级干部实施诫勉。

为贯彻《北京市事业单位实行聘用合同制暂行办法》（1999年），2000年2月，《北京人民广播电台聘用合同制和临时人员使用管理规定》发布实施，3月印发《北京人民广播电台关于贯彻〈北京市事业单位实行聘用合同制暂行办法〉的实施细则（试行）》等6个暂行办法，除了聘用合同制的实施细则，还包括建立聘用委员会和聘用合同争议调解委员会、台内退岗休养人员管理、内部待岗人员管理、未被聘用人员管理等相关规定。凡在北京电台工作的人员（不含副处级以上现职领导干部）皆与电台签订了期限不等的聘用合同。从2001年1月1日起，聘用合同制成为北京电台的基本用人制度。在推行聘用合同制工作中，北京电台还采取多项人员分流措施，其中于2002年1—2月办理内部退岗休养和离岗休养手续的员工共计71人。

2001年2月，制定《北京人民广播电台处级干部应当具备的基本条件及考核工作的若干规定》，9月《北京人民广播电台处级干部竞聘上岗实施方案》出台，这标志着北京电台在全台范围内对处级干部实现由被动聘任向主动选拔聘任的转变。符合任职条件和资格的竞聘者，经过自愿报名、资格审查、演讲答辩、组织考察、民主测评、任前公示等程序后才能获得上岗机会。对新提拔的处级干部实行岗位试用制，试用期为半年到一年，期满后由北京电台党委决定是否聘任。从9月到12月初，全台除选举制产生的干部外，其他所有正、副处级干部一律采用竞争上岗的办法产生。全台正处级职位16个、副处级职位34个，分别有21人次、42人次参加竞聘。从2001年11月起，《北京人民广播电台科级干部管理与考核办法》实施，全台科级干部也由聘任制改为竞聘上岗。

2001年9月12—14日，北京电台组织专业台处级干部竞聘上岗演讲答辩会

上述干部、人事制度的实施，打破终身制，使北京电台形成干部能上能下、职工能进能出、竞争上岗、择优聘任的用人机制。

实施干部竞争上岗以后，经常出现一个职位几个人报名，最多时一个处级职位同时 7 位符合条件的竞争者参加演讲答辩。随着电台改革的不断深化，这些规章制度几经修改、完善。2004 年 8 月，发布《北京人民广播电台处级后备干部工作暂行规定》，以选拔、培养一支年轻的处级后备干部队伍。直到 2010 年，这一系列的干部、人事制度一直在执行。

根据《关于印发〈北京广播影视集团推行岗位管理工作的实施意见〉的通知》(京广电发〔2003〕102 号)的精神，2005 年 1 月 1 日开始，北京电台在职能部室、技术部门全面实施岗位管理，并制定《北京人民广播电台职能技术部门岗位管理规定(试行)》以及《北京人民广播电台职能技术部门岗位管理实施办法》《北京人民广播电台职能技术部门绩效考核管理办法(试行)》《北京人民广播电台职能技术部门人员岗位、绩效工资管理办法(试行)》。实行岗位管理的原则是“对岗不对人，对事不对人”。通过建立《岗位说明书》，明确各岗位的工作内容、职责权限、工作关系、任职要求等。员工的岗位工资不再与行政级别挂钩，而是与所在岗位及岗位等级挂钩，以岗定薪，岗变薪变。员工的绩效工资与绩效考核结果挂钩，随着考核等级上下浮动。员工的绩效每季度考核一次，考核结果分为 5 个等级。2005—2010 年，北京电台所有职能部室、技术部门一直实行岗位化管理、绩效工资制。

对退休人员的管理是北京电台队伍管理的一个组成部分。随着退休人员逐年增多，1996 年 1 月，北京电台制定《关于返聘离退休干部的规定》。1997 年，此规定有关内容纳入《关于干部退休和退休干部的管理规定(试行)》。新规定对退休干部的政治待遇和生活待遇，包括建立退休人员党支部、体检、节日补贴、健康疗养、返聘等都有明确规定。工人退休和退休工人的管理，参照该规定执行。2006 年，经过修订的《关于干部退休和退休干部的管理规定》更加完善。到 2010 年，全台有退休人员 167 人。

第四节　创建激励机制

北京电台的激励机制是伴随着专业化系列台的建立和全面改革的不断深入，在探索中逐渐完善和建立起来的。主要包括以下四方面的工作：不断完善各种奖惩制度；开创评“听众喜爱的主持人”制度；创设评“首席”制度；大幅提高在社会评奖中获奖人员的奖励数额。

一、不断完善各种奖惩制度

1994 年年底，计划中的 7 个专业广播全部建成，同年，北京电台制定《关于加强宣传管理，严格按专业台办台方针设置节目的规定》。《规定》强调：凡不经批准擅自开办节目的，一经发现立即责令停办，追究当事人的责任。凡播出的内容有悖于节目方针，视情节轻重，给予通报批评、经济处罚直至行政处分的处理，并责成总编室每季度全面检查一次。

1994年，北京电台《关于经济管理的试行办法》提出“三定一奖”办法：一定创收指标，二定上交指标，三定工资、津贴指标，奖励与“三定”指标挂钩。1995年出台的《广告管理规定（试行）》指出，广告“若未经审查就安排播出，一经发现罚款3000元”。《关于广告管理的规定》（1996年）将此项罚款由3000元提高到10000元。1996年制定的《安全播音管理规定（试行）》，对安全播出的要求作出具体详尽的规定，并对达标部门的个人奖励、对不达标单位的处罚的数额也作出了明确的规定。1997年制定的《关于优秀广告作品奖励办法》，首次将广告作品列入评奖范围。1998年制定的《关于加强宣传管理避免播出差错的奖惩办法（试行）》，根据在宣传中出现差错的实际情况，明确了差错的分类定性及奖惩数额。1999年制定的《关于在社会评比中获奖人员的台内奖励管理办法》，提出了对获得全国、省部级劳动模范；获得范长江新闻奖、韬奋新闻奖；获得全国优秀新闻工作者和全国百佳新闻工作者的具体奖励数额。2000年制定的《消防安全管理规定（试行）》，明确了对发现和消除安全隐患给予个人的奖励和有违反安全行为的人给予处罚的数额。2001年制定的《关于开展节目质量考评的实施办法（试行）》，对每月不达标节目超过百分比指标的各专业广播，要扣除业务副台长甚至台长不同数额的效益工资。2005年制定的《北京人民广播电台职能技术部门人员岗位、绩效工资管理办法（试行）》，把绩效工资分成5个等级；《北京人民广播电台台长基金管理使用办法（试行）》明确基金的奖励坚持精神鼓励和物质鼓励相结合的原则。2006年制定的《节目制作费发放及奖惩办法（试行）》，对各类节目制作费发放标准和奖惩作出明确规定。2007年制定的《关于新媒体视频节目的评奖试行办法》，首次把视频节目纳入评奖范围。2008年《关于设立〈北京广播播音主持新秀奖〉的通知》，规定了每年获奖的人数和奖金数额。

1994—2010年，根据北京电台发展变化，全台涉及奖惩的规章制度历经多次修订。特别是在2001年、2004年、2006年和2009年，各种管理文件进行全面修订。这些激励规章涵盖宣传、技术、经营创收、广告、机房管理、安全播出等各方面工作。17年间，所有受到奖励的个人和部门，奖金都及时兑现。违反规章制度受到相应的经济处罚单次少则几十元，多则几千元。这些奖惩的实施，有效保证了北京电台各项工作有序健康发展。

二、开创评“听众喜爱的主持人”制度

2003年6月16日，北京电台颁布《关于开展“听众喜爱的主持人”评选活动的办法》。

规定：从2003年起，每两年开展一次“听众喜爱的主持人”评选活动。根据听众投票结果评出“听众喜爱的主持人”30名，前10名为“听众喜爱的最佳主持人”，每人奖励5000元；随后20名为“听众喜爱的优秀主持人”，每人奖励2000元。

2007年年底，该办法进行修订时，把奖励标准改为“在公布后的次月起两年内颁发月奖励津贴，其中最佳主持人每人每月10000元，优秀主持人每人每月5000元”，自2008年1月1日起实行。

2009年第四届“听众喜爱的主持人”评选，共有110名主持人候选，是参评人数最多的一次。已蝉联三届“最佳主持人”称号且本届排名进入前10名的获奖者，不占用本届“最佳”的评选名额，因此最终“最佳主持人”获奖者达到15名。

到2010年，“听众喜爱的主持人”评选活动共举办4届，是北京电台培养名主持人、加强主持人队伍建设的一项重要举措。

三、创设评“首席”制度

北京电台是第一个将“首席制”引入的广播电视媒体。为加强采编播队伍建设，提高节目质量，培养、激励优秀人才，2004年9月15日，《北京人民广播电台首席记者、编辑、播音员、主持人评聘管理办法（试行）》发布实施。“首席”每年评选一次，次年年初聘任，聘期为两年，可申请连任。获得“首席”称号的人员是学科业务带头人，在任期内，他们要在台内带“学生”、要在省级以上刊物发表业务论文、要完成规定数量的作品和获奖任务。“首席”不仅是业务上的荣誉称号，还享有电台规定的荣誉待遇和每月可观的津贴。第一届首席评选时全台共有21人报名参评。2005年1月13日，在第一届首席聘任大会上，有2人获得首席编辑称号，1人获得首席播音员称号，1人获得首席主持人称号。本着宁缺毋滥的原则，第一届首席评选时，首席记者空缺。第二天，首都各主要媒体对北京电台实行采编播人员首席制进行报道。国家广播电影电视总局人教司还编发简报，向全国广电系统介绍北京电台选拔优秀人才的这一重大举措，称北京电台的首席评选条件最严格、程序最规范、权威性最强，为全国广播影视人才培养工作做出了表率。

从2008年开始，北京电台首席津贴由每人每月15000元提高到20000元。到2010年，共有12人次被评聘为“首席”。

四、大幅提高在社会评奖中获奖人员的奖励数额

为调动员工的积极性、创造性，鼓励爱岗敬业、钻研业务，促进电台各项工作可持续发展，1999年制定的《关于在社会评比中获奖人员的台内奖励管理办法》和2000年制定的《关

于对〈关于在社会评比中获奖人员的台内奖励管理办法〉的补充规定》于2004年修订，合为《关于在社会评比中获奖人员台内奖励管理办法》。这次修订，明确了奖励的范围包括行政系统性评比、技术性评比、新闻业务性评比和广告行业评比四个部分；有的奖励提高了幅度：如获得省部级劳动模范的奖励由15000元提高到20000元，获得中国新闻奖一等奖的奖励由15000元提高到30000元，获得范长江新闻奖、韬奋新闻奖的奖励由15000元提高到30000元，获得国家级工程技术奖一等奖的奖励由15000元提高到30000元，获得中国广告协会评比广告作品一等奖的奖励由6000元提高到10000元。

2006年北京电台制定的《关于对台内外评选获得表彰人员奖励管理办法》，适用于对在各级政府表彰、系统表彰、台内外的党内先进评选、有关社会（人民）团体和群众组织的评选中获表彰者的奖励，奖励幅度比2004年大幅提高：如获得全国劳动模范称号的奖励由30000元提高到200000元；获得省部级劳动模范称号的奖励由20000元提高到100000元。2006年，北京电台将《关于在社会评比中获奖人员台内奖励管理办法》（2004年）修订成《关于对社会评奖中业务获奖人员的表彰奖励办法》，扩大了台内奖励范围，不仅包括国家级和省市级的评比，还包括区县局级的业务评奖；各项级别的奖励也比2004年有大幅提高：如获得“长江韬奋奖”的奖励由30000元提高到150000元，获得“全国优秀新闻工作者”称号的奖励由15000元提高到50000元，获得中国新闻奖一等奖的奖励由30000元提高到80000元，获得五大国家级工程技术奖一等奖的奖励由30000元提高到200000元。

自2007年初起，每年北京电台向全台发布“在社会评比中获奖者表彰奖励的通报”，并隆重召开表彰奖励大会。

2010年度，北京电台在社会评比中获奖的奖项有120项，共发放奖金164万元。

第五节　队伍状况

北京电台的员工队伍，从1994年到2010年变化比较大，包括人员数量、员工来源、文化程度、职称等。全台在职员工从1994年的467人增加到2010年的781人。其间，累计有37人评上正高级职称，146人评上副高级职称。2010年年底，全台有副局级干部2名，副台级干部（正处）8名，部门正处级干部22名，副处级干部39名，科级干部136名。

表 4-44 1994—2010 年北京电台历任台长、总编辑一览表

姓名	性别	职务	任职时间
吕浩材	男	北京电台台长	1990.6—1998.3
刘　敏	男	北京电台台长	1998.5—2001.4
降巩民	男	北京广播影视集团管委会副主任兼北京电台台长	2001.4—2003.10
汪　良	男	北京广播影视集团管委会副主任兼北京电台台长 北京电台台长 北京广播电视台常务副台长兼北京电台台长	2003.10—2005.3 2005.3—2010.5 2010.5—
刘　敏	男	北京电台总编辑	1993.12—1998.5
降巩民	男	北京电台总编辑	1998.5—2001.4
汪　良	男	北京广播影视集团管委会委员兼北京电台总编辑	2001.4—2003.10
陆　莹	女	北京广播影视集团管委会委员兼北京电台总编辑 北京电台总编辑	2003.11—2005.3 2005.3—2010.5
席伟航	男	北京电台总编辑	2010.5—

表 4-45 1994—2010 年北京电台历任副台长、副总编辑、总工程师一览表

姓名	性别	职务	任职时间
马仕存	男	副总编辑	1990.12—2003.12
白福义	男	副总编辑	1992.5—2002.11
降巩民	男	副总编辑	1997.4—1998.5
张礼栓	男	副总编辑	1998.10—2003.12
刘爱勤	男	副总编辑	2002.11—2003.5
赵多佳	女	副总编辑	2002.11—2006.10
亢亚志	男	副总编辑	2003.12—
陈晓海	男	副总编辑	2003.12—
王　秋	女	副总编辑	2007.3—
张松华	男	副总编辑	2008.9—
李元珉	男	副台长	1992.7—2000.11
张　志	男	副台长	1996.10—2000.11
尤士成	男	副台长	1993.3—2004.4
汪　良	男	副台长	2000.11—2001.4
王　秋	女	副台长	2003.12—2007.3
常　青	男	副台长	2004.11—2010.11
陈晓红	女	副台长	2007.1—
李厚恺	男	总工程师	1992.5—2000.11
王季平	男	总工程师	2000.11—2010.11
常　青	男	总工程师	2010.11—

表 4-46 北京电台个别年份各类人员统计表 单位：人

人员	1994 年 1 月	2000 年 1 月	2010 年 1 月
编播人员	253	265	416
工程技术人员	111	82	86
管理人员	89	108	266
其他人员	14	14	13
总计	467	469	781

表 4-47 北京电台个别年份人员学历结构表 单位：人

学历	1994 年 1 月	2000 年 1 月	2010 年 1 月
研究生	2	15	160
本科生	174	222	510
大专生	178	153	76
中专及其他	113	79	35

表 4-48 1994—2010 年北京电台取得正高级职称人员一览表

时间	姓名	正高级职称
1996 年	白福义	高级记者
	马仕存	高级编辑
	汪　良	播音指导
1998 年	赵介岐	高级记者
1999 年	王福全	高级记者
	赵多佳	高级记者
	降巩民	高级编辑
2001 年	曹丽霞	高级记者
	王　秋	高级记者
	杜　敏	播音指导
2002 年	陈建勋	高级记者
	刘爱勤	高级编辑
	秦晓天	高级编辑
2003 年	李　捷	高级记者
	亢亚志	高级编辑
	冉　丽	播音指导

续表 4-48

时间	姓名	正高级职称
2004 年	张　勤	高级编辑
	纪烈鸿	高级编辑
	陆　莹	高级编辑
2005 年	陈晓海	高级记者
	冯　放	高级记者
	景　兵	高级编辑
	李　健	高级编辑
	王季平	高级工程师（教授级）
	邵　军	一级录音师
2006 年	赵　爽	高级编辑
	王　健	播音指导
2007 年	陶　津	高级记者
	范晓茜	高级编辑
	冯　健	高级编辑
2008 年	文立军	高级记者
2009 年	孙　怡	高级编辑
	许秀玲	高级编辑
	孙　巍	高级编辑
	黄文林	播音指导
2010 年	郝卫群	高级编辑
	陈小斌	一级录音师

1994—2010 年北京电台部分先进个人和先进集体名录

1. 先进个人

范长江新闻奖提名奖：1994 年　张礼栓

1998 年　李　捷

全国百佳新闻工作者：1995 年　李　捷

2002 年　张娜依

全国新闻界抗击非典宣传工作先进个人：2003 年　白　玉　张　丽　李　捷

全国优秀新闻工作者：2005年　张红力
2007年　李　洋
2009年　石秀冬
第七届长江韬奋奖：2006年　汪　良
全国“四五”法制宣传教育先进个人：2006年　张　苹
全国法制宣传教育先进个人：2006年　姚　博
“中华孝亲敬老楷模提名奖”和“第二届北京市敬老助老爱老先进个人”：2006年　成燕玲
梁希林业宣传突出贡献奖：2007年　肖朝阳
中国青少年社会教育“银杏奖”突出奉献奖：2007年　孙　怡
中共中央、国务院“北京奥运会残奥会先进个人”：2008年　王福全
全国广播电影电视系统先进工作者：2008年　蔡明可
全国教科文卫体系统先进女职工工作者：2008年　王　勤
全国五一劳动奖章：2009年　陈　晖
全国三八红旗手：2009年　王　秋
新中国60年有影响的60位广播电视人物：2009年　汪　良
全国“十佳百优”广播电视理论工作者“百优”理论工作者：2001年　王福全　李清华
2004年　王　秋　赵多佳
全国“十佳百优”广播电视理论人才“百优理论人才”：2007年　刘兴宇　蔡明可
2010年　傅珊珊　许秀玲
2010年上海世博会先进个人：景　兵
北京市优秀新闻工作者：
1993—1994年度　李　捷　王　萍　吕雪瑞　亢亚志
1995—1996年度　王世玲　季　燕　赵介岐
1997—1998年度　成燕玲　朱凌翔　康　雪
1999—2000年度　唐　琼　李彦平　张娜依　冉　丽　陶　津
2001—2002年度　蔡明可　白　玉　李秀磊　王　东
2003—2004年度　孙　岩　王　为　张红力　张延红
2005—2006年度　蔡明可　赵　爽　孙　怡　肖朝阳　李　洋
2007—2008年度　曹　力　梁　晋　牛　力
2009—2010年度　陈彦旭　傅珊珊　章　维　梁洪蕾　冯　健
北京市先进工作者：1995年　王筱然

2000 年　王世玲

2010 年　李　洋

北京市“十佳”广播电视节目主持人：1994 年　王　涛　梁　晋　刘　慧　吕雪瑞

北京市优秀团干部：1995 年　朱凌翔

北京市优秀青年岗位工作者：1995 年　李　康

北京市优秀青年知识分子：1995 年　陈晓海

2006 年　蔡明可

北京公民义务献血先进工作者：1996 年　王　丰

享受政府特殊津贴者：1996 年　王筱然

2005 年　赵多佳

北京市三八红旗奖章：1996 年　王　秋

2004 年　白　玉

2008 年　李　捷　李彦平

2010 年　李秀磊

首都劳动奖章：1999 年　章　通

2003 年　王　秋

2007 年　蔡明可

2008 年　陈　晖

北京市先进工作者：2000 年 4 月　王世玲

2010 年 4 月　李　洋

北京市同“法轮功”邪教组织斗争先进个人：2001 年　刘小仲

2002 年　刘小仲

北京市“三五”法制宣传教育先进个人：2001 年　范援生

北京市职工之友：2001 年　刘　敏

北京市优秀职工之友：2002 年　降巩民

2006 年　赵泽勤

首都防治非典型肺炎工作先进个人：2003 年　曹丽霞　白　玉　牛　力

北京市优秀思想政治工作者：2004 年　柴修杰

2008 年　梁　晋　石秀冬

2010 年　赵泽勤

首都精神文明建设奖：2006 年　王春旭

北京市“五四奖章”：2006年　王春旭
2009年　杨　洋
2010年　刘思伽

北京市人事系统先进工作者：2006年　郑金诗

北京中青年文艺工作者德艺双馨奖：2006年　张　红

北京市广播电视系统“四五”普法先进个人：2006年　吴　勇　崔李雷

北京市“四五”普法先进新闻工作者：2006年　徐学军　姚　博

“北京市创业青年首都贡献奖”金奖：2006年　姚　博
2007年　李唯唯

北京市科学技术普及工作先进个人：2006年　赵　凤
2010年　安　杨

首都十大公德人物：2007年　肖朝阳

首都“巾帼十杰”：2007年　王春旭

首都女职工创新之星：2007年　许秀玲

首都文明职工：2008年　梁晋　陈彦旭

奥运巾帼奉献奖：2008年　孙　巍　陈雪瑾　李秀磊

北京市委、市政府、北京奥组委“北京奥运会残奥会先进个人”：2008年　王季平　谷会敏　张　勤　程　艳　曹　力　陈　妹　林尊鼎

奥运立功标兵：2008年　郭晋旭　王　异　洪　新　吴亚非　吴　曦

北京奥运会残奥会新闻宣传突出贡献奖：2008年　曹　力　陈　妹　梁　晋　黄坚坚　杨晓轩　连新元　王玉玲

北京市宣传系统服务保障奥运先进个人：黄坚坚　郭　励　曹　昌　游良婕　焦　楠　赵文静　姚京丽　徐桂兰

北京奥运会残奥会工作先进个人：2008年　陈晓海

北京市广播电视系统奥运工作先进个人：边　建　阮　勤　景　兵　延　安　陆　健　白　玉　许　鹏　李建华　张友信　杨晓轩

首都“迎奥运、讲文明、树新风”活动先进个人：2008年　邵　军　边　江　李　革　张晶宇　刘培培　周　敏　刘智嘉　李玉昆　孙　怡

首都国庆60周年北京市新闻宣传工作先进个人：2009年　王　秋　陈晓海　李秀磊　张　勤　李晓晖　吴亚非　罗湘萍　郭晋旭　张晶宇　张友信　李　杨　韩建强　王　蕾　陈雅娟　刘志勇

首都国庆60周年联欢晚会优秀个人：2009年　张树荣

“迎国庆　讲文明　树新风”活动先进个人：2009年　陆　莹　常　青　程　艳

北京市未成年人保护工作先进个人：2009年　孙　怡

北京市知识型职工先进个人：2009年　孙　怡

北京市职工体育先进个人：2009年　郭发起

北京市广播影视奖节目创优先进个人：2009年　罗湘萍　章　萍　林　俐　李独伊　延　安　程　艳　马　维　康大鹏　左小群　苏京平　贺西平　张校茵　李洪兴　宋　扬　戴蔚然　李　健　曹　漫　陈小斌　冯　健

北京市宣传系统信息工作先进个人：2010年　平建学

北京市百姓爱心故事评选及宣讲活动爱心明星奖：2010年　石秀冬

首都绿化美化积极分子：2010年　肖朝阳

首都学习之星：2010年　杨　洋　成燕玲

2. 先进集体

全国先进基层党组织：1996年　北京电台党委

全国广播电影电视系统先进集体：1996年　北京音乐广播　北京交通广播

2000年　北京交通广播

2003年　北京交通广播

2008年　北京交通广播

广播电影电视系统“二五”普法先进集体：1996年　北京新闻广播社会部

全国优秀“青少年维权岗”：2002年、2003年、2004年　首都生活广播

全国新闻界抗击非典宣传工作先进集体：2003年　北京电台

全国文明单位：2005年　北京电台

2009年　北京电台

全国巾帼文明岗：2005年　北京交通广播“一路畅通”节目组

全国新闻工作先进集体：2007年　北京交通广播

中共中央、国务院“北京奥运会残奥会先进集体”：2008年　北京电台奥运报道中心

全国五一劳动奖状：2009年　北京电台

全国“工人先锋号”：2009年　北京体育广播

2010年上海世博会先进集体：新闻广播

首都文明单位：1994年　北京电台

1995年　北京电台

首都文明单位标兵：1996—2010 年连年获奖　北京电台
北京市先进基层党委：1995 年　中共北京人民广播电台委员会
北京市先进基层党组织：1996 年　北京人民广播电台党委
　　　　　　　　　　　2006 年　北京交通广播党支部
首都创建文明行业示范点：1999 年　北京交通广播
北京市“宣卫系统先进基层党组织”：2001 年　北京交通广播党支部
北京市思想政治工作优秀单位：2002 年　北京交通广播
　　　　　　　　　　　　　　2006 年　中共北京人民广播电台委员会
　　　　　　　　　　　　　　2008 年　北京交通广播
首都防治非典型肺炎工作先进集体：2003 年　北京电台
北京市宣传思想工作“创新奖”：2006 年　北京电台“24 小时听众服务热线”活动
北京市人事系统先进集体：2006 年　北京电台人事部
北京新闻奖组织策划奖：2006 年　边建、高飞、陶津、蔡明可、张晶宇、刘冰、李红兴、高波、郭攀、林洋制作的现场直播《市长市民面对面》
北京市未成年人保护工作先进集体：2007 年　北京电台
北京市总工会“迎奥运、讲文明、树新风”活动“优秀集体”：2007 年　北京电台工会
首都“迎奥运、讲文明、树新风”活动先进集体：2008 年　北京电台奥运报道部
奥运立功“工人先锋号”：2008 年　北京体育广播
奥运立功“首都劳动奖状”：2008 年　北京音乐广播
北京市“三八”红旗集体：2008 年　北京新闻广播新闻编辑部
北京市广播电视系统奥运工作先进集体：2008 年　节目制作中心　总工办　新闻广播　北京广播网　外语广播　交通广播
奥运服务先进集体：2008 年　办公室　总编室
抗震救灾新闻宣传先进集体：2008 年　北京交通广播　北京音乐广播
“迎国庆 讲文明 树新风”活动先进单位：2009 年　北京新闻广播　北京交通广播
北京市学习型先进班组：2009 年　北京电台研究中心
首都国庆 60 周年北京市新闻宣传工作先进集体：2009 年　北京电台
北京市模范集体：2010 年　北京交通广播
2010 年上海世博会先进集体：新闻广播
北京市宣传系统信息工作先进集体：2009 年　党委办公室

第六章
业务研究

加强业务研究，总结播出节目的成功与不足，是提高播出节目质量、不断创新与前进的动力。1994—2010年，北京电台把业务研究作为提高宣传水平的一项重要工作来抓，开展的工作包括创立业务研究平台、成立业务研究机构、有针对性地举办研讨会、借助评奖对广播节目点评、鼓励员工著书立说等。

第一节　创立业务研究平台

北京电台内部刊物《宣传业务》（1991年1月创办）是全台员工业务研究的平台，主要刊登宣传精神、业务论文、经验总结、宣传动态等，原则上每半个月出一期。1994—2010年，这个刊物的编印从未间断，刊登的内容不断丰富。其中，论文专栏是《宣传业务》的最重要栏目。17年间，在《宣传业务》上刊登的业务论文有820篇。

为鼓励全台员工钻研业务，在电台内营造浓厚的业务研究氛围，1996年12月，北京电台颁布《关于举办论文评选活动的办法（试行）》，首届评选于1997年1月进行。自此，北京电台每年举办一次论文评选活动。《办法》规定，每年发表在台内外刊物上的业务论文均可参加论文评选，电台对获奖作品颁发证书和奖金。这一举措调动了大家撰写文章的积极性，在《宣传业务》上刊登论文时常需要排队。2004年年底，北京电台开始评聘首席记者、首席编辑、首席播音员、首席主持人，首席人员成为北京电台钻研业务的带头人，让员工学有榜样、赶有目标。在《宣传业务》上发表论文是申报首席的必要条件之一，担任首席期间在省级以上刊物发表业务论文也是必须完成的任务之一。

2004年，北京电台修订《关于举办论文评选活动的办法》，奖金数额比2002年翻一番，一等奖励1500元。至2010年，北京电台论文评选共举办14届。

第二节　成立业务研究机构

北京电台是全国首家设立专门研究部门的省级电台。2001年，台党委决定成立一个研究小组，定位于前瞻性、宏观性的战略研究，对国内外广播业的发展经验进行全方位跟踪，为全台和专业广播的决策提供依据和参考。2002年2月10日，北京电台成立研究室。其主要任务是监测国内外广播事业发展，拟订并完成研究课题，编印《传媒动态》（周刊）等台内刊物，负责全台听众调查等。课题研究和节目研发是研究室的核心工作。课题研究是为电台发展提供前瞻性、预测性的建议和操作方案。课题的选择是根据国内外广播事业的发展趋势，结合北京电台近期、中期和长期的发展规划以及现存问题而定。截至2010年年底，研究室共完成年度课题73个，临时课题100多项。内容涉及互联网发展背景下广播与新媒体的融合发展、广播的全媒体运作机制、数字化广播和移动互联网发展为广播带来的机遇、广播的广告经营与产业经营、广播的运作与经营机制、广播的品牌经营与管理、广播制播分离模式研究、广播如何运用社交媒体等诸方面。

从2005年开始，研究室开展节目研发业务。到2010年的5年间研发出了一批新节目创意，在新媒体应用、音视频共做以及产业链开发等方面也进行了探索。节目研发包括自主研发创新节目和完善在播节目。2006年完成的28个新节目方案涉及新闻、谈话、体育、娱乐、广播剧等多个类型，其中有6个转化为播出节目。

2006年年初，为加强电台自身发展状况监测，推动科学决策，研究室以季度为时间单位，针对北京电台事业发展形势开展分析与评价工作。研究室与总编室、办公室、网络信息中心、北京广播公司、计财部、广告部和技术中心约定提供信息内容。根据这些部门提供的资料，研究室做出盘点归纳写出季度分析报告。报告在概括电台工作的新动态、新举措的同时，对工作中存在的问题、隐患给予分析，并提出建议和具体改进意见。

2007年上半年，音乐广播早间时段收听率出现下滑。研究室对音乐广播7—9点的节目经过调研分析，发现这一时段存在栏目多、信息少、缺乏互动等问题，提出增加咨询、话题互动等内容。节目经过完善后，收听率很快回升。

除了完善节目，研究室还对频率进行策划。2008年，根据研究室提出的故事频率策划案，首都生活广播调整为故事广播，2009年年初开播。2009年1月18日开播的爱家广播根据研究室的频率定位调研，最终确定以“重视家庭生活的人群”为目标受众。

2009年9月14日，北京电台研究室更名为广播发展研究中心。

到2010年年底，北京电台广播发展研究中心共编印行业情报——《传媒动态》419期、对全台事业产业发展所进行的《季度分析评价》20期，国内第一家广播受众实验室历时3年建设完成。受众实验室建成后，可以组织目标听众到实验室进行节目测试，从而对节目做出修改，使节目研发流程更完善。

第三节　有针对性地举办研讨会

北京电台的业务研究，还体现在某一时期、某一阶段有针对性地举办研讨会。通过研讨，对遇到的问题、重大宣传如何做等达成共识。如针对各专业广播播出稿件审定不严，甚至不审就签字播出的问题，1996年3月28日，北京电台专门召开贯彻落实《关于审定稿件的规定》研讨会。研讨会议明确了四个问题：一是要认真贯彻执行北京电台《关于审定稿件的规定》，严格执行三级审稿制度；二是完善审稿手续；三是进一步健全节目播出日志；四是节目稿件要妥善收存，以便查阅。

进入2004年，新闻媒体市场竞争激烈。2月2日，电台及时举办以“迎接时代挑战　促进广播发展”为主题的广播论坛。来自中国人民大学、北京广播学院的专家和学者就广播媒体未来发展趋势阐述了各自的看法。全台采编播200多人听了演讲，普遍反映对电台广播深化改革很有启发。9月17—25日，又举办“广播节目创优培训班”，全台采编播310人分三期参加培训。曹仁义等业内4位专家分别就新闻节目创优、社教节目创优和文艺类节目创优问题作分析讲解。

为做好“百年梦想在中国北京举办奥运会”的宣传报道，2007年12月24—25日，北京电台举办2008年奥运会报道研讨会。会议就奥运报道机构设置、火炬传递和赛事报道、网络宣传、奥运征歌、公益活动、奥运培训等方面进行研讨。这次业务研讨，为2008年北京奥运会报道做了充分准备，打下了很好的基础。

面对互联网的迅速发展及其对广播的冲击，2008年8月26—27日，北京电台召开业务研讨会“网台互做背景下的频率定位”。通过研讨，会议达成五点共识：一是明确了广播是主业；二是必须加强台网结合；三是制播分离发展平稳、健康；四是对节目的评价体系是得体的、合适的；五是频率的布局不断改进也是合理的。

2009年，为应对全球金融危机对我国的影响，做好“扩内需、保增长、促发展”宣传报道，探讨经济报道的新思路、新方法，4月22日，北京电台举办经济报道研讨会，邀请中央人民广播电台经济之声、中央电视台、经济日报等负责经济报道的专家到北京电台，就如何做好北京电台的经济报道工作做专题研讨。

除了举办广播宣传业务研讨会，北京电台还不定期进行财务、人事、技术、广告等业务研讨。2010年，北京电台与国家广播电影电视总局广播科学研究院联合主办“推送式广播——数字音频广播新业务国际研讨会”。

第四节　借助评奖对广播节目点评

北京电台每年都要举行多次各种类型的节目评奖活动，如年中的最佳节目评选、名牌栏目评选、重大宣传报道优秀节目评选、年度优秀节目评选等。一般情况下，全台性的节目评奖都要组成评委会。北京电台地处首都，首都有得天独厚的人才优势，评委会的成员不光有台领导、各专业广播的台长，还要邀请台外的广播专家参加。每次节目评奖，最后都要集中对节目讲评，通过参加节目评奖，让各专业广播的领导能倾听到自己部门节目质量状况和业务水平，同时也学习兄弟广播的优点，尤其是能直接听到电台领导和专家们对节目的评价意见。

每次节目评奖结果出来，各专业广播要向各自的部门通报评奖情况，总编室要把评奖结果及时在电台内网刊登，还要将专家、评委对节目的评价的意见整理成文字，刊登在《宣传业务》上。有时也向专家约稿，把他们参加节目评奖的意见、建议写成文章刊登在《宣传业务》上，节目获奖人员也在《宣传业务》上介绍经验、体会，供全台采编播人员学习。

2001年，北京电台在音频资料库中设立“获奖节目库”，全台采编播人员可随时通过音频工作站查找、调用自己想要的获奖节目进行学习。

第五节　鼓励员工著书立说

从2005年起北京电台设立台长基金，2006年起设立部门基金，用于奖励对电台有突出贡献的员工，包括用于出版集体或个人的专业著作。员工和部门不仅在台内外刊物上踊跃发表论文，正式出版的专著也逐年增加，形成浓厚的业务研究氛围。

表 4-49 1994—2010 年北京电台员工编著的部分出版物一览表

书名	编著者	出版单位	出版时间
战胜挑战——心理保健和调节艺术	董兴文	北京出版社	1994 年 8 月
诺贝尔奖金获得者的家教	董兴文	中华工商联合出版社	1995 年 5 月
中国古今大事纵览	电台资料室	改革出版社	1996 年 1 月
世界古今大事纵览	电台资料室	改革出版社	1996 年 1 月
中国风景名胜纵览	电台资料室	改革出版社	1996 年 9 月
世界风景名胜纵览	电台资料室	改革出版社	1996 年 9 月
多彩的时代	北京人民广播电台（828）千赫	北京师范大学出版社	1998 年 3 月
世界城市纵览	电台资料室	改革出版社	1998 年 4 月
中国城市纵览	电台资料室	改革出版社	1998 年 4 月
京城琐谈	降巩民等	北京图书馆出版社	1998 年
京畿丛书	余春生等	北京图书馆出版社	1998 年
童年追怀——小时候我们玩什么	刘国庆	中国电影出版社	1998 年 8 月
广播漫笔	张礼栓	北京出版社	1998 年 9 月
采写余笔	张礼栓	北京出版社	1999 年 4 月
敢问路在何方：大陆传媒和网络的预言	汪良、王秋	北京广播学院出版社	1999 年 9 月
回顾五十年 迈向新纪元——庆祝中华人民共和国成立 50 周年广播征文文集	中共北京市农村作委员会、北京人民广播电台	中国农业出版社	2000 年 3 月
论广播专业化——专业化办台的实践与思索	赵多佳、边建	中国广播电视出版社	2002 年 3 月
八千里路云和月：北京交通台广告经营实录	汪良	中国广播电视出版社	2002 年 9 月
《百姓 TAXI》杂志	北京运输管理局、北京交通台、百姓杂志编辑部	百姓杂志社	2002 年 11 月创刊
以生命的名义：中国水资源问题的思考	康雪	福建教育出版社	2002 年 11 月
工作指南：广播媒体质量管理体系的建立与审核	北京交通广播	开明出版社	2002 年 12 月
奥运交通暨智能交通信息化发展趋势与技术应用：首届国际城市交通广播论坛论文集	北京交通广播、北京交通工程学会	中共农业出版社	2002 年 12 月
漫画版欢乐正前方——欢乐新编	王为、小颖	北京出版社	2003 年 1 月

续表 4-49

书名	编著者	出版单位	出版时间
漫画版欢乐正前方——欢乐翻唱	王为、小颖	北京出版社	2003 年 1 月
漫画版欢乐正前方——欢乐重映	王为、小颖	北京出版社	2003 年 1 月
寻找广播榜样——北京音乐广播十年历程的理论关注	丁俊杰、邵军	北京广播学院出版社	2003 年 1 月
你听——FM974 的故事	北京音乐台	人民日报出版社	2003 年 1 月
做戏——戏剧人说	魏力新	文化艺术出版社	2003 年 1 月
中国交通广播 2003	潘力、王秋	北京广播学院出版社	2003 年 8 月
投入的说事　开心的聊天——我做广播主持人	刘思伽	中国广播电视出版社	2003 年 9 月
我们是 1039	王世玲	中国广播电视出版社	2003 年 11 月
交情	张丽、赵颖	中国画报出版社	2003 年 11 月
心路十年　相伴永远——交通台主持人歌曲专辑（CD）	北京交通广播	中国录音录像出版总社	2003 年 12 月
1039 行车手册	北京交通广播	地质出版社	2004 年 1 月
《974 音乐周刊》杂志	北京音乐广播	北京社会报社	2004 年 3 月创刊
北京人民广播电台建台 55 周年广播论坛文集	张梅、任逸超	中国广播电视出版社	2004 年 5 月
世界广播趋势	张礼栓	中国广播电视出版社	2005 年 1 月
唱片里的音乐与录音（附光盘）	陈小斌	人民邮电出版社	2005 年 1 月
1039 行车手册 2005	北京交通广播	地质出版社	2005 年 1 月
有一种痛叫成长——《今夜私语时》之青春版少男少女的情感与性	孙岩、吴若梅	中华工商联出版社	2005 年 2 月
北京人民广播电台年鉴 2002	北京人民广播电台	中国广播电视出版社	2005 年 4 月
《听，北京的声音，2008 秒》大型音响纪念光盘	苏京平、刘彤、张蓉	第 29 届奥林匹克运动会组织委员会	2005 年 7 月
北京人民广播电台年鉴（2003）	北京人民广播电台	中国广播电视出版社	2006 年 1 月
茶余饭后话北京	边建	中国档案出版社	2006 年 2 月
北京人民广播电台年鉴（2004）	北京人民广播电台	中国广播电视出版社	2006 年 9 月
重走长征路——北京交通广播 1039 红色之旅活动纪实	北京交通台	中国广播电视出版社	2006 年 10 月
1039 手册	北京交通广播	中国民航出版社	2007 年 1 月

续表 4-49

书名	编著者	出版单位	出版时间
当节目成为产品时候——北京电台资本运营解析	中国广播电视协会	中国广播电视出版社	2007 年 3 月
百姓心中好交警	北京市公安局公安交通管理局、北京交通台	中国广播电视出版社	2007 年 6 月
牵手十年	汪良、陆莹	外语教学与研究出版社	2007 年 6 月
问城：北京人民广播电台城市管理广播 2006 年城市管理问题调研报告合集	北京城市管理广播	同心出版社	2007 年 6 月
关于社区的对话：北京首届（2006 年度）魅力社区评选活动专家访谈实录	北京城市管理广播	同心出版社	2007 年 6 月
重温旧梦　DJ 大不同 CD	北京电台节目制作中心	瀛凯文化传媒北京有限公司	2007 年 7 月
变法与博弈——北京电台广告经营实录	汪良	新华出版社	2007 年 9 月
玲珑之雕：论受众细分	刘国庆	中国广播电视出版社	2007 年 9 月
北京人民广播电台年鉴（2005）	北京人民广播电台	中国广播电视出版社	2007 年 9 月
内容、受众、传播：广播专业化概论	赵多佳、许秀玲	中国国际广播出版社	2008 年 3 月
广播媒体网络的资源整合开发：北京人民广播电台网络发展研讨会论文汇编	王秋主编	中国广播电视出版社	2008 年 5 月
百姓理财 900 问	杨震	清华大学出版社	2008 年 6 月
广播节目运营实务	傅珊珊	新华出版社	2008 年 6 月
咱们这七年——发生在北京的奥运故事	北京新闻广播	中国青年出版社	2008 年 7 月
1039 行车地图——北京、天津、河北交通详图	秦晓天	人民交通出版社	2008 年 8 月
畅通评议	王佳一	人民交通出版社	2008 年 10 月
养生堂：医学专家谈养生	北京城市服务管理广播、中国老年保健协会	人民邮电出版社	2008 年 11 月
儿童广播：现状、研究、发展	孙怡	中国和平出版社	2008 年 11 月
话说天下：阿龙讲故事	张宇程	华艺出版社	2008 年 11 月
北京人民广播电台年鉴（2006）	北京人民广播电台	中国广播电视出版社	2008 年 12 月
遇事而论——新闻广播研究与实践	王福全	中国广播电视出版社	2008 年 12 月
岁月如歌——献给北京人民广播电台建台 60 周年	北京人民广播电台	中国广播电视出版社	2009 年 1 月

续表 4-49

书名	编著者	出版单位	出版时间
陆莹论文集	陆莹	中国广播电视出版社	2009 年 1 月
汽车江湖	梁洪蕾	中国广播电视出版社	2009 年 1 月
北京广播发展研究（2008）	汪良	中国广播电视出版社	2009 年 1 月
曾经	北京人民广播电台	中国广播电视出版社	2009 年 4 月
大音京华	北京人民广播电台	中国广播电视出版社	2009 年 4 月
话说天下　第二辑：阿龙说历史	张宇程	华艺出版社	2009 年 6 月
e 网情深	李晓晖、陈博	中国广播电视出版社	2009 年 8 月
敲开播音主持艺术之门	董晓辉	九州出版社	2009 年 8 月
三三见久	王为、武军、林贺	人民交通出版社	2009 年 11 月
北京人民广播电台年鉴（2007）	北京人民广播电台	中国广播电视出版社	2009 年 11 月
北京广播影视发展研究文集（2008—2009）	北京广播电影电视研究中心	北京出版集团公司 北京出版社	2009 年 12 月
大音京华　DVD	北京人民广播电台	北京电视艺术中心音像出版社	2009 年
曾经的声音　CD	北京人民广播电台	中国广播影视音像出版中心	2009 年
曾经的电波　CD	北京人民广播电台	中国广播影视音像出版中心	2009 年
一路畅通	李莉、杨洋	华艺出版社	2010 年 1 月
听大使讲故事	牛力	新华出版社	2010 年 1 月
茶余饭后话北京	边建、李革	中国档案出版社	2010 年 2 月
有所为：主持人与广播媒体竞争力	王为	中国传媒大学出版社	2010 年 3 月
经营广播	李秀磊	北京大学出版社	2010 年 4 月
有些时候总是让我们怀念	王东	北京大学出版社	2010 年 5 月
北京印记——讲述我和新北京的故事	《北京印记》编委会	中国书店	2010 年 8 月
路——漫谈好节目的克隆与创新之道	牛力	电子工业出版社	2010 年 9 月

第五篇

交流合作

北京电台的对外交往是伴随着国家改革开放不断深入发展而开展起来的。尤其是20世纪90年代初“以建立专业化系列台为龙头的全方位改革”开展以来，对外交往日趋频繁。此后的十多年里，国内省市级电台频频到北京电台考察，世界一些大的通讯社、广播、电视、报刊等新闻媒体也纷纷采访北京电台。与此同时，北京电台也不断派员出国考察、采访或培训，与国内省市级电台保持着广泛的联系与合作。

第一章
与各省市交流合作

一、友好往来

到1993年年底，北京电台计划中的7个专业广播已经有5个建成开播。1994年，北京电台除继续完成文艺广播、教育广播两个专业广播的创建之外，工作重心开始向加强对专业广播的管理及其他工作的管理转移。北京电台统一制订各专业广播的办台方针，并要求各专业广播必须严格按办台方针设置节目、按节目方针办节目。这项宣传管理工作被称为“规范专业台”。1994年，北京电台还决定把广告经营权下放给各专业广播，在全台范围内实行集中管理、分散经营、分别核算的广告经营管理政策。

上述两项做法是北京电台1994年改革中采取的两项重要举措，对促进各专业广播的健康发展和经营创收发挥了重要作用，也引起全国广播界的关注。1994年以后，每年都有外省市电台领导带队到北京电台考察，“规范专业台”“广告经营”成为外省市电台考察的重点。

1997年，北京电台的广告创收突破亿元大关，居全国省级广播电台之首。得知消息后，天津、广东、辽宁等省（市）广播电台打长途电话表示祝贺，并相约到北京取经；有些电台利用来北京开会、办事的机会特意到北京电台学习广告经营经验。

北京交通广播从2000年起连年在全国广播单频率广告创收上排名第一，获得业内广泛关注。2003年11月28日，“国家广电总局北京交通广播工作现场会”在北京电台召开。国家广电总局副局长胡占凡，北京市委常委、宣传部部长蔡赴朝等领导以及全国40多位来自各省、自治区、直辖市广播电台的代表出席了座谈会。此后各地来访学习考察者不断。

2001年10月，北京电台赴山西人民广播电台学习考察节目质量评估体系，并于当年建立考评制度，12月28日在总编室增设考评科。2002年起，北京电台对全台节目进行全面质量考评，节目质量逐年稳步提高。

2005年9月21日，海南省委宣传部“文化体制改革与文化事业产业发展”考察团一行12人，在海南省委宣传部常务副部长张松林率领下，到北京电台参观访问。

2006年3月14日，成都市副市长赵小维带领成都市广播电视台一行5人，专程到北京电台学习城市管理广播的经验。

2006年5月11日，吉林省副省长陈晓光率领由吉林省广播电视局局长、广播电台台长等8人组成的广电考察团到北京电台参观座谈。

2006年5月17日，内蒙古包头市广播电视局副局长张鹏、包头人民广播电台副台长郭庆林一行4人，到北京电台学习参观。

2006年11月16日，长春市广播电视局副局长一行5人到北京电台学习考察关于宣传管理和人事管理工作等方面的经验。

2007年2月1日，京报集团机关党委副书记兼团委书记王磊一行9名团干部到北京电台参观，并与北京电台团委进行业务交流和座谈。

2008年1月10日，辽宁人民广播电台副台长王红宇一行6人到北京电台了解节目制作中心改革情况以及交通广播、新闻广播、城市服务管理广播现状及节目研发情况。

2008年3月4日，广东电台一行10人到北京电台考察交流

2008年3月4日，广东人民广播电台台长白玲率领两位副台长、3位频率总监、3位职能部室主任和1位广告公司副总经理到北京电台考察，了解北京电台及各专业广播运行情况。

2009年12月3日，国家广电总局培训中心办公室主任王华带领全国广播频率总监培训班学员31人到北京电台现场教学。

2010年3月8日，湖南人民广播电台一行11人到北京电台了解新闻、交通、音乐广播，广告经营管理及产业、财务管理情况。

2010年3月18日，云南人民广播电台副总编吕云芳一行5人考察、了解北京电台产业化布局、新媒体发展、广告经营管理等情况。

2010年3月22日，江苏人民广播电台副台长潘晓刚一行11人参观北京电台的播出机房、录音机房，了解技术工作方面的情况。

2010 年 5 月 26 日，国家广播电影电视总局组织“全国广播影视系统省级台长培训班”一行 60 人，在总局培训中心副主任张朴宽带领下到北京电台，就电台的改革发展和经营管理开展现场教学活动。

2010 年 7 月 1 日，陕西省委宣传部副部长、省广播电影电视局局长任贤良率领陕西省人民政府考察团一行 8 人，到北京电台参观调研广电体制改革工作。

2010 年 7 月 28 日，广东人民广播电台台长张云江、副台长谭天玄率总编室主任、广告部主任和 7 位频率总监、副总监一行 11 人到北京电台考察交流广电体制改革及发展趋势。

据统计，从 1994 年至 2010 年，全国各地广电系统到北京电台参观学习的有 230 多批次。

二、友好合作

广播业界的改革不仅密切了全国媒体之间的关系，也促进了各地电台的业务合作。

1996 年，北京音乐广播、珠江经济广播电台、香港电台共同创办《京粤港普通话歌曲排行榜》节目。1996 年、1998 年和 1999 年，三台联合主办的三届“京粤港普通话歌曲群英会”大型演唱会，分别在香港、广州、北京举行。这成为北京电台与兄弟省市电台和香港电台合作节目和大型活动的开端。

2000 年 8 月 29 日，由北京交通广播和中国青少年发展基金会、（香港）国际车迷会共同发起的“北京的士爱心公益基金”成立，这是中国第一个专项公益基金。该基金以“关爱出租车司机、擦亮首都窗口、建设行业文明”为主题，主要用于帮助那些身处困境的出租车司机，同时还奖励出租汽车行业中见义勇为、拾金不昧、优质服务、舍己为人的优秀司机代表，以增强北京市出租汽车行业的凝聚力。每年，都有生活困难的出租司机和家庭得到基金的救助。

2000 年 9 月 22 日，第四届“京粤港普通话歌曲群英会”在香港举行。随着上海东方广播电台、台湾“中广公司”、新加坡广播机构醉心频道、马来西亚丽的 988 电台 4 家电台的加盟，《京粤港普通话歌曲排行榜》节目于 2000 年 9 月 30 日升级为 7 家电台联合主办的《全球华语歌曲排行榜》节目。该节目是第一个全球性的华语音乐广播节目，也是规模最大、影响最广、权威性最强的华语歌曲排行榜。

2000 年 12 月 31 日 18:00 至 2001 年 1 月 1 日 1:00，北京生活广播与全国 8 家生活广播进行“跨世纪大联播”，迎接新世纪的到来。

2001 年 3 月 18 日，北京经济广播、上海人民广播电台等 12 家广播电台与北京、上海等地 12 家旅游局在北京签订联合协议，成立全国旅游广播协作网，并于 4 月 28 日开播《全国旅游广播网》节目。

2001年5月21日，由北京、西藏、新疆、青海等13家交通广播联合举办的“西部交通考察”专栏节目——《直播西部》大型采访活动全面启动。这次宣传报道活动对西部交通发展状况、人文环境、旅游资源等做全方位的报道。北京交通广播在6月派出3个报道小组与甘肃、青海、新疆三地交通广播的记者一起，深入西部边远地区做深入细致的报道。

2001年6月23日，“世界三大男高音紫禁城广场音乐会”在北京举行。北京文艺广播经“三大男高音音乐会”组委会授权在北京地区独家直播并联合全国23个省市调频立体声广播电台的现场直播获得圆满成功。其规模之大、联合地方台之多、影响地域之广、音响效果之好、技术手段之精，作为对音乐会的直播，在国内尚属首次。此次“世界三大男高音紫禁城广场音乐会”恰逢世界奥林匹克日，举办地点又是雄伟壮观的皇城午门，成为举世瞩目的焦点。

2001年9月28日，第一届《全球华语歌曲排行榜》颁奖典礼在北京首都体育馆举行，北京音乐广播和香港电台同时进行现场直播。北京音乐广播还为广东电台、上海东方电台、天津音乐广播、南京音乐广播、西安音乐广播以及浙江的两家电台同步转播当晚盛况。其中，北京音乐广播通过卫星把信号传送到西安音乐广播，成功实现国内首次卫星直播。

2001年11月，北京音乐广播联合广东、上海、深圳等北京地区以外的15家省市电台，成立全国卫星音乐广播协作网，每天同步播出《中国歌曲排行榜》节目，覆盖人群达3亿之众。

2004年10月16日，北京电台与河南人民广播电台协商决定以“中原文化北京行”为契机达成友好合作协议。协议内容主要包括：两台确立长期友好合作关系，友好互惠，力争共创品牌，共同发展；新闻资源共享；专题节目内容共享，搭建专题节目合作平台；两台的文艺节目互惠；双方适时策划大型专题报道活动；两台网站互为友情链接，共享信息资源；双方在广告经营及其他产业经营上加强合作。

2004年12月1日，由文化部艺术司、国家广电总局总编室、中国音协、北京市委宣传部、北京奥组委文化活动部、央视文艺中心和北京电台等8家单位共同主办，北京电台音乐广播和央视戏曲音乐部承办的第二届北京2008奥运歌曲征集评选活动启动。

2005年8月15日，北京新闻广播与沈阳人民广播电台、南京人民广播电台联合直播纪念抗日战争胜利60周年大型特别节目——“民族魂”。同时，在北京的中国人民抗日战争纪念馆、沈阳的“九·一八”历史博物馆、南京的侵华日军南京大屠杀遇难同胞纪念馆现场直播达90分钟。

2005年8月19—20日，由北京文艺广播、中央人民广播电台文艺之声共同在北京展览馆剧场主办《“血与火的记忆”——纪念中国人民抗日战争胜利60周年经典作品演诵会》。

2008年8月8日，北京电台与中国国际广播电台合作面向全国直播第29届奥运会开幕式。

2010年3月19日，来自上海、湖南、安徽、广东、辽宁、河南、深圳、江西、四川、天津等地的30名广播业界同人齐聚北京，受邀参加由北京电台主办、北京电台交通广播承办的2010数字广播发展交流会。会上，部分领导和专家对其所在区域数字广播发展情况作了介绍和交流。

2010年3月24日，由国家广播电影电视总局广播科学研究院、北京电台联合主办，北京悦龙数字广播传媒科技有限公司承办的“推送式广播——数字音频广播新业务国际研讨会”在北京召开。此次会议是CCBN2010（中国国际广播电视信息网络展览会）的正式会议之一。国家广电总局、广播电视规划院相关领导、WorldDAB相关官员、各地电台和数字广播运营商领导，以及包括奔驰、三星、爱国者、中国移动、中国联通等国内外研发、生产商、运营商代表近150人出席会议。

三、记者采访

1997年3月，北京交通广播首次播出12集连续报道《聚焦中国铁路》，全面系统地报道首次铁路大提速的背景、现状及意义，成为地方电台着眼于重大专业题材报道的首次尝试。在节目策划阶段，交通广播记者分赴四川、云南、广东、上海，围绕主题分别采访听众、铁路局、专家，使节目呈现全方位、多角度、专业化的特点。

1998年7月，北京电台全面参与抗洪救灾的报道，8月起先后派出11名记者赴江西、黑龙江抗洪一线采访，共播发消息、专题报道260篇。

1999年8月，北京交通广播启动庆祝新中国成立50周年大型年度采访《半个世纪的辉煌——中国交通巡礼》，派出4名记者前往青藏公路、成昆铁路等处实地采访14天，重点展现我国交通建设领域取得的伟大成就。

2000年3—5月，北京电台派出20多名记者分兵九路奔赴祖国西部采访，播发消息、专题152篇，全方位报道西部大开发。

2005年9月下旬，适逢新疆维吾尔自治区成立50周年之际，根据北京市委宣传部统一部署，北京电台在《北京新闻》中开办“北京采访团新疆行系列报道”栏目，并派出记者赴新疆和田采访，宣传报道北京与和田共建的情况。

2006年6月8日，为纪念中国工农红军长征胜利70周年暨中国共产党成立85周年，北京交通广播特别策划的年度大型品牌推广活动——“重走长征路——1039红色之旅”正式启程，19名记者、主持人沿着当年红军长征的行进路线进行采访报道。活动历时36天，先后经过江西、湖南、贵州、云南、四川、陕西等11个省，总行程12000千米，共采访老红军、红军后代、当地领导、一线交通职工等人物100余人次，通过广播和网络向北京发回报道140篇。与此同时，1039红色之旅还为老区人民做实事，全程共进行7次大规模捐助活动，先后捐建了瑞金红军光荣院、延安1039希望小学和桑植、遵义、冕宁、红原、旺苍5个1039希望图书室，总捐助额达到49万元，收到了良好的社会效果。

2007年6—8月，为纪念香港回归10周年和中国人民解放军建军80周年，北京交通广播、解放军报联合推出“走进军营”大型系列采访报道。报道由驻港部队篇、南疆西沙篇、行进中的军营篇、北京篇4部分组成，采访组登陆西沙永兴岛，并在惠州、韶关、衡阳、长沙、新余、南昌等地的军营实地采访，共播发各类报道174篇，向首都听众展现我军各军兵种的建设情况和当代军人的风采。

2009年5—7月，为庆祝新中国成立60周年，北京交通广播联合解放军报、法制晚报共同推出《边疆·口岸纪行》大型采访报道行动。整个采访报道分为6组，分赴广西、云南、吉林、黑龙江、内蒙古、新疆等省（自治区）边关口岸进行采访报道，全面反映我国与14个陆路接壤的邻国在边境贸易方面的发展。

2010年4月，北京电台派出43人的报道团队赴上海，多形式、多角度反映上海世界博览会和“北京活动周”盛况。

2010年6月，北京新闻广播20名记者在近20天的时间里兵分五路，奔赴天津、河北、山东、山西、辽宁和内蒙古等地25座城市、行程6000千米，实地采访环渤海区域合作的现状，对被誉为“中国经济增长第三极”的环渤海经济圈进行全方位深入报道。

2010年11月，北京电台以体育广播为骨干组成的第16届亚运会报道团队分3批赶赴广州，8位记者共发录音、专题300多条，评论、连线200多条，采访涉及40个项目、120多场比赛，到达30多个场馆，采访获奖运动员70位。这次体育广播外出节目的制作量超过了2008年奥运会和2009年全运会，是体育广播自开播以来制作量最大的一次。

第二章
与港澳台交流合作

一、友好往来

随着改革开放，特别是香港回归祖国以后，香港、澳门、台湾的业界人士与北京电台业务交流更加密切。据统计，1994—2010年，北京电台与港澳台往来有20批次约300人次。

1994年7月30日，香港电台节目制作人一行16人访问北京电台，交通广播和社教部分别介绍了交通广播的运行情况和成立教育广播的构想。香港客人介绍了香港电台的情况，并参观音乐广播演播室，与音乐广播的负责人和工作人员就音乐节目进行交流。

1994年10月，张锦芳、陶祖嗣、王筱然、毛娜赴香港参加设备验收及技术培训。

1997年5月2—12日，北京经济广播记者王枫桂随中国记协组织的"赴港澳地区新闻记者采访团"一行11人，对澳门、香港进行友好访问。

1997年11月11—22日，应台湾"贤志文教基金会"邀请，北京市组成新闻媒体访问团，北京电台台长吕浩材任团长，经济广播副台长滕芝敏为团员之一，赴台湾进行经贸报道业务交流。

1998年6月15—21日，北京新闻广播记者张元涛、文艺广播节目主持人孟立随"北京市青年联合会访问团"赴香港进行交流访问。

2001年2月23日，台湾玉骐传播顾问有限公司李俊锋、孙琬君、吴明骏到北京电台商谈旅游节目合作事宜。

2001年6月20日，香港大学学生代表团一行40人访问北京电台。他们先后参观了各专业广播的直播机房、录制机房，并与音乐广播的有关人员进行了座谈。

2001年11月25日至12月6日，北京电台副总编辑马仕存、新闻广播台长刘爱勤随北京广播电视学会组团赴台湾考察、交流。

2001年12月9—17日，北京电台副总编辑张礼栓赴澳门参加“第七届海峡两岸及港澳新闻研讨会”。

2002年6月24日至7月3日，北京电台研究室副主任许秀玲赴台湾参加“2002年海峡两岸广播事业交流研讨会”。

2002年9月16日，香港新闻界北京大学国情研修班学员一行28人到北京电台参观访问。

2002年12月13日，香港特别行政区政府新闻主任国情研修班成员一行20余人到北京电台参观访问。

2006年8月2日，“台湾广播业界代表团”一行64人到北京电台参观访问。副总编辑亢亚志接待访问团一行并陪同参观。

2007年4月24日，香港广播处副处长傅小慧和香港电台发展处李再唐到北京电台参观访问。

2007年5月29日，台湾广播协会和台北市广播工会代表团一行30人到北京电台参观交流。

2008年3月21日，香港“中央党校研习班”一行35人由全国政协委员龙子明率领到北京电台参观访问，并与电台有关领导座谈。

2009年8月17日，香港特区政府广播处处长黄华麒一行3人到北京电台了解事业发展、节目生产管理等情况。

2009年12月8日，北京市台办副主任高振生带领台湾广播业者大陆参访团一行40人到北京电台参观，并就知识产权、数字多媒体广播、节目制播分离等方面与电台台长进行座谈。

2010年5月28日，台湾世新大学新闻传播学院院长陈清河带领“2010年海峡两岸传媒专业大学生考察团”成员一行34人到北京电台座谈、参观。

二、友好合作

1994年7月，北京电台与香港空中英语教室、大连外国语学院、天津人民广播电台等联合举办的《大家说英语》夏令营在大连举行。北京电台社教部组织北京教师营和听众营共63人参加。

1995年2月16—20日，香港空中英语教室总经理洪善群、播讲教师苏如诗一行6人到北京，为1994版新编《大家说英语》在北京电台播出做准备。2月18日，北京教育广播在124中学举办《大家说英语》播讲教师与中小学英语教师及热心听众的联谊会。19日，《大家说英语》播讲教师签名售书活动在北京电台东门播知音像书店举行。

1996 年 5 月 7 日，北京音乐广播、珠江经济广播电台、香港电台共同在香港举办第一届“京粤港普通话歌曲群英会”大型演唱会，音乐广播 10 名工作人员赴港参加。

1997 年 10 月 15—22 日，北京电台总编辑刘敏、总编室主任亢亚志、新闻广播节目主持人冉丽应澳门坚艺策划制作有限公司邀请，赴澳门访问并探讨与澳门电台合作意向。

1999 年 11 月初，北京电台与澳门中华教育总会和北京广播艺术协会青少年文化俱乐部联合在澳门举办“北京—澳门少年儿童迎回归大联欢”活动。来自北京中小学的 700 多名师生为澳门市民进行专场文艺演出，充分表达对澳门即将回归祖国的欢愉心情。

2000 年 9 月 22 日，北京音乐广播、珠江经济广播电台、香港电台合办的第四届“京粤港普通话歌曲群英会”在香港举行。

2001 年 4 月 23 日，北京电台台长刘敏、副台长尤士成、副总工程师章通一行 3 人，应台湾“中广公司”邀请，对台湾的广播系统进行为期一周的考察、访问，就加强与台湾广播界的业务交流、文艺节目交换进行洽谈，并考察台湾数字音频（DAB）的试播情况。通过与台湾“中广公司”友好协商，达成加强业务领域合作和交流的共识。双方商定首先开展文艺节目、音乐节目的交流，如对方将评书《鹿鼎记》的样带给北京电台试听，北京电台音乐广播联合上海、广东、香港、新加坡及“中广公司”6 家广播电台开展“华人流行歌曲”评比活动等。

2002 年 1 月 15 日，应北京电台邀请，台湾“中广公司”的经营管理人员及广告代理商一行 27 人访问北京电台。双方就广告经营的发展与合作前景进行广泛的探讨。

2003 年 12 月 19 日，由香港电台主办、北京音乐广播协办的“第 26 届十大中文金曲颁奖音乐会”在香港会议展览中心举行。北京音乐广播现场通过（全国）卫星音乐广播协作网的 20 家音乐广播为广大听众直播这场音乐会。

2004 年 9 月 2—3 日，第八届北京、香港合作研讨洽谈会暨奥运经济市场推介会在香港会展中心举行，北京电台及北京广播网联合香港电台中文台直播此次洽谈会。这是北京电台首次多部门联合跨地区的直播活动。

2007 年 5 月 14 日至 7 月 1 日，为纪念香港回归 10 周年，北京新闻广播携手香港电台联合开设《北京香港，牵手十年》大型纪实讲述特别节目。节目对 10 年来为香港和北京发展做出贡献的各界知名人士进行采访，共播出京港两地 30 多位各界人士讲述的故事。北京新闻广播将采访内容整理成书，由外语教学与研究出版社出版，香港特别行政区第一任行政长官董建华为该书作序。

2007 年 6 月 19 日至 8 月 19 日，中国科协青少年活动中心“紫荆计划”19 名香港大学生到北京电台实习，分配在 4 个专业广播的有关节目岗位上。

2008 年 4 月 30 日，北京电台城市服务管理广播、青岛人民广播电台经济广播、香港电台普通话台联合推出奥运倒计时100天特别节目——“圣火燃激情，奥运到我家”。北京新闻广播、北京交通广播和北京外语广播并机直播，多角度展现奥运倒计时100天北京、青岛和香港三地活动特点。

2008年6月5日，香港城市大学人文科学院副院长庄明莲一行3人，就暑期实习生接待问题到北京电台表示感谢并希望加强合作。

2008—2010年，每年暑期中国科协都会安排港澳台大学生在北京电台实习两个月，北京电台成为中国科协港澳台大学生社会实践活动的一个重要基地。

三、记者采访

1996年1月，北京教育台副台长纪烈鸿（右二）采访香港青年联合会主席霍震寰

1996年1月15—23日，北京教育广播副台长纪烈鸿随北京市青联赴香港、澳门进行友好交流、专题采访。

1998年10月10—19日，北京新闻广播记者何俊岭赴香港采访“京港经济合作研讨洽谈会”。

1998年12月7—10日，北京经济广播记者李康赴澳门采访“归来的澳门”研讨会。

1999年1月26日至2月1日，北京新闻广播记者孟庆煜赴香港采访、访问。

1999年10月27日至11月2日，北京新闻广播记者李革赴澳门采访“澳门回归倒计时50天”活动。

1999年11月15日至12月22日，北京电台记者李革、张磊、陈晖赴澳门采访“澳门回归”活动。

2000年6月3—12日，记者王萍、沈星赴香港采访、交流。

2000年11月3—5日，记者李彦平随北京市投资服务中心赴香港小组采访京港经济合作研讨洽谈会。

2001年1月14—23日，记者关晓松随北京市曲剧团赴台湾采访、考察。

2001年6月5—10日，记者沈星、杜敏赴香港采访第15届香港国际旅游展。

2004年9月2—3日，记者李哲勇、陈晖、李志南、王建平等人赴香港采访第八届北京香港合作研讨洽谈会。

2009 年 2 月 9 日，北京电台主持人孙怡应邀赴台湾主持“两岸师生闹元宵”大型晚会。“两岸师生闹元宵”大型活动是由北京市台办、海峡两岸民间文化交流促进会、台湾忠信文教基金会等单位主办，北京文艺广播协办的。北京市共选派 98 名师生赴台参加活动。主持人孙怡对活动进行全程采访报道。

据统计，1994—2010 年，北京电台先后有 40 多人次赴港澳台采访交流。

第三章
与国外交流合作

一、友好往来

随着改革开放以及广播事业的发展，北京电台外事外宣工作逐步规范，对外交往逐渐增多，1994—2010年的17年中，共派出359批次633人次出国学习、考察、采访。外国同行到北京电台参观、采访的135批次近600人次。

1994年春节期间，北京电台与新加坡职工总会心电台互相交换拜年节目，北京电台还为心电台3周年台庆寄去庆贺节目。这一年，两台之间开展了播音员、主持人互换交流的活动。10月，交通广播副台长王秋、文艺广播主持人王建刚赴心电台访问、交流，并在该台主持歌曲节目；同时，心电台也派广播员詹妙清到北京电台学习、交流。

1994年3月10日，加拿大国际广播电台向北京电台赠送了200盘激光唱盘。

1996年4月29日，全美广播代理公司副总裁格雷姆基南、美国媒体购物公司总裁基思·哈佛德到北京电台参观访问，双方就电台广播广告的一些问题交换了意见。

1996年10月，日本友人中山时子率“祥子之旅”友好访华团一行5人到北京电台参观访问，并与文艺编辑于万海等人座谈。

1997年1月21日，由广播电影电视部邀请的越南之声广播代表团8人到北京电台参观访问。

1997年3月10—25日，北京电台副总编辑白福义一行4人赴法国、德国就引进音频工作站事宜进行考察。

为进一步了解国外特别是西方国家广播事业的发展，借鉴发达国家广播事业取得的经验，制定北京电台发展目标，从2000年开始北京电台领导多次带队赴国外进行考察访问。

2000年3月28日至4月6日，台长刘敏一行4人对澳大利亚和瓦努阿图进行外宣考察访问。在澳大利亚期间，先后访问了墨尔本3CW中文电台、澳大利亚澳洲广播电台和悉尼2AC华语广播电台，就今后的人员和节目交流、开办栏目等进行探讨。

2000年10月18—29日，台长刘敏一行4人应加拿大国际广播电台的邀请，赴加拿大交流访问，并与该台签署关于进一步加强两台友好合作协议。在加拿大期间，刘敏还访问了加拿大中文电台，并与该台签署合作协议。

2000年12月11—24日，北京电台副总编辑马仕存一行4人赴美国考察。先后访问全美广播协会、纽约公共广播电台、哥伦比亚广播公司纽约分台等。对这些电台的历史、现状以及今后的发展趋势进行详细的了解，为北京电台的发展取得一定的参考依据。

2000年12月12—20日，北京电台副总编辑张礼栓一行3人组成北京广播代表团，对日本广播界进行为期9天的考察访问。先后参观日本文化放送（NCB）、日本民间放送联盟、日本广播协会（NHK），朝日放送（ABC）等，就新世纪广播如何发展以及中日广播媒体的市场运作等情况进行了交流。

为了更好地与英国广播公司开展交流与合作，2000年12月21—28日，北京电台国际部负责人冉丽应邀访问英国，并在那里制作了双方合作的《北京人在英国》节目的最后一期“新年特别专辑”。在英国期间，她还分别与英国广播公司亚洲及太平洋区主管芮立、中文部主任罗瑞娜以及培训部、教学部、英国广播公司三台、英国广播公司四台、网络部等部门的节目总监和主管进行业务交流和探讨，并就今后的具体合作项目进行洽谈。

2001年3月12—18日，应北京电台的邀请，英国广播公司国际台中文部主任罗瑞娜及代表团一行5人到北京电台学习、访问，并签署教学节目合作协议。

2001年3月16日，新加坡新传媒电台高级助理副总裁石惠敏率该台代表团一行3人到北京电台进行友好访问，并商讨双方今后的合作事宜。

2001年7月中旬，北京电台总编辑一行4人赴英国、西班牙、意大利，对英国广播公司、西班牙国家电台、意大利国家电台和意大利迪杰商业电台进行考察、交流，并与英国广播公司四台就使用北京电台提供的英语节目草签相关合作协议。为配合北京人学习英语，又于2001年年底与英国广播公司签署联合制作一套英语教学节目的合作协议。

2001年7月27日，澳大利亚澳洲广播电台台长芒迪和澳大利亚澳洲广播电台国际台负责人陈昊到北京电台访问，与台领导及有关部门负责人共同商讨人员和节目长期合作事宜。

2001年11月初，美国美中新世纪集团公司代表团一行3人到北京电台洽谈合作事宜，并于12月底与北京电台正式签署合作意向书。

2002年12月3日，以陶维许为团长的“越南之声”代表团一行6人到北京电台参观访问。

2004年1月12日，在北京参加世界华语播音学术研讨会的境外代表，来自英国广播公司、美国之音、德国之声、日本NHK、新加坡新传媒集团、联合国广播处、澳大利亚的广播同仁以及香港电台、台湾世新大学的访问学者到北京电台访问。

2004年4月21日，德国之声台长贝特曼率代表团到北京电台商讨培训和节目交流工作。

2004年10月21日，日本天花文化制作中心须藤千晴和富山奈美到北京电台国际部商讨节目交流项目。

2004年10月25日，联合国广播处负责人刘克凡到北京电台洽谈2005年合作项目。

2005年4月6日，法国巴黎BFM电台的主管Michel Brillie在中国国际广播电台法语部副主任杨晓岚的陪同下，到北京电台城市管理广播采访。Michel Brillie对北京城市管理广播表示出浓厚的兴趣，提出11个方面的问题。BFM电台经济频率中有一个《中国周刊》栏目，对中国北京城市管理广播的专访在这个栏目中播出。

2005年6月26日，越南河内市委宣传部代表团一行7人在河内市委宣传部副部长范国本的率领下参观访问北京电台。

2005年6月28日，来自曼谷的泰国媒体代表团一行25人到北京电台参观考察，了解北京电台在广告经营管理等方面的情况。代表团一行高度评价北京电台在经营方面取得的成绩，表示值得学习和深入研究。泰国媒体代表团是由22名媒体官员和3名公共关系研究人员组成的。

2005年8月1日，意大利新闻代表团一行12人到北京电台参观访问。团长是意大利记者公会主席，其成员均为意大利媒体的知名人士和资深记者。北京电台是代表团北京之行所访问的唯一媒体。

2005年10月21日，希腊新闻代表团一行12人参观访问北京电台。希腊新闻代表团由希腊记协副主席帕帕德姆利斯·瓦西雷罗斯率领，其成员均为该国新闻界知名人士和有影响力媒体的资深记者，他们对北京电台的发展业绩和热情好客留下了深刻印象。北京电台是他们中国之行所访问的第一家媒体。

2006年5月12日，荷兰广播电视台一行3人到北京电台洽谈节目合作。

2007年3月27日、6月11日、6月19日，美国尼尔森公司全球董事长兼首席执行官、媒介研究（国际）主席行政总裁，亚太区执行董事等分别到北京电台商谈合作事宜。

2007年4月23日，联合国电视台台长Enrique Yeves到访北京电台，探讨今后双方在节目资源交流方面合作的可能性。

2007年5月，北京电台总编辑陆莹一行7人借转播布拉格之春音乐节之机，访问捷克国家广播电台和匈牙利 ATV 电视台。

2007 年 7 月，北京电台总工程师王季平一行 4 人赴日本考察日本广播受众研究方法，为筹建受众研究室吸取经验。

2008 年 5 月 30 日，以色列驻华使馆新闻官员一行 3 人到北京电台推介以色列文化节目并寻求合作。

2008 年 7 月 8 日，西班牙 PRISA 集团代表和 MPC 集团代表到北京电台了解北京广播网和数字广播情况。

2008 年 10 月 8 日，日本富士电视台代表团一行 5 人到北京电台参观访问，洽谈合作问题。

2009 年 3 月 23 日，法国高基时间同步技术有限公司董事长一行 3 人，法国数字广播传媒科技有限公司代表一行 3 人，分别到北京电台，围绕广播计时系统和数字广播配套支持等技术问题与北京电台进行交流。

2009 年 4 月 10 日，拉丁美洲记者联合会新闻代表团到北京电台参观访问

2009 年 4 月 10 日，应中国记协邀请，拉丁美洲记者联合会主席胡安·卡马尼奥·卡洛斯率 10 人新闻代表团到北京电台参观访问。

2009 年 4 月 20 日，北京电台研究室邀请澳大利亚资深广播调查专家聂毅立（Mark Neely）到台举办讲座。重点介绍了当前主流调查方法及最新收听研究技术。

2009 年 9 月 22 日，日本新潟市驻北京事务所所长近藤淳一和副所长关川丈彦访问北京电台，就与日本新潟市 FM KENTO 广播电台合作事宜进行磋商。

二、友好合作

随着改革开放的深入发展，为了丰富广播节目，从 20 世纪 90 年代中期开始，北京电台尝试与国外广播机构合作办节目，最开始是音乐节目和教育节目。1995 年年初，音乐广播与德国嘉瑞梅蒂公司合作，制作播出《莱茵问候中国》节目，节目以介绍欧洲古典音乐为主。

1995 年 3 月 7 日，音乐广播与韩国宇田株式会社合办的《汉城音乐厅》开播。

1995 年 11 月 12 日，教育广播与加拿大独资公司北京绿洲高营养食品有限公司合办的《茹梦少年儿童俱乐部》开播。

进入 21 世纪，北京电台对外交流合作更加广泛。2000 年 6 月 1 日，北京新闻广播与日本著名的对外友好交流机构“历史街道推进协议会”合作推出《神游关西》专题节目，介绍日本关西地区的风土人情、文化古迹、历史传说等。节目合作期为10个月。

2001年6月，北京电台与澳大利亚澳洲广播电台签署合作协议。北京电台国际部从6月30日起，每周为澳大利亚澳洲广播电台提供30分钟的专题节目。澳洲广播电台的《澳洲通讯》专题节目在北京电台的《环球报道》节目中播出，而且商定在适当时候两台开展人员等方面的交流与合作。

2001年8月18日至9月3日，北京电台接待莫斯科国立“灯塔”广播电台第21届大运会报道组卢米扬采夫·谢尔盖一行6人，为该报道组提供一个转播工作间，其中包括调音台、话筒、电话、传真机、电脑、电视及其他办公用品，还配备一部汽车专供采访使用。9月11—13日，莫斯科国立“灯塔”广播电台副台长兼体育部主任伊格尔·里申到北京电台访问，带来该台台长格拉西莫娃·依丽娜的一封信，信中对北京电台给予该台21届大运会报道组工作的支持表示感谢。会谈中，双方就今后在体育、音乐、技术等方面的合作与交流达成初步意向。

2002年，北京电台国际部与英国广播公司正式签署开展教学节目的合作协议，双方共同制作52集英语讲座，并在北京教育广播播出。

2002年3月11—15日，北京电台邀请英国广播公司原中文部主任姜华到台授课，讲授英国广播公司的新闻采集、新闻报道、节目编排及演示英国广播公司新闻实录。各专业广播和新闻中心的20多名采编一线的年轻骨干参加培训。这是北京电台第一次邀请国外媒体到台开展培训工作。

2002年6月8日凌晨5时，韩国文化放送（MBC）《孙石熙视点》节目在北京电台直播间开展主题为“你好中国，我爱你韩国——纪念中韩建交10周年”的对韩国现场直播，共有20多人参加这次活动，整个节目进行3个小时。

2002年6月9日，由北京电台音乐广播联合全国15家省市音乐广播主办的《中国歌曲排行榜》在美国纽约康城举行第一届海外票选颁奖典礼，内地流行音乐的整体制作水平第一次完整地呈现在海外华人面前。为了表彰北京音乐广播和纽约侨声电台对海外华人文化的推动，美国白宫总统亚太顾问委员会主席祖炳民博士的代表陈伟民向两台颁发“总统亚太顾问委员会文化贡献奖”。

2002年8月22日，英国广播公司教学部节目主管萨拉·摩根到北京电台访问，并就两台联合制作播出系列英语教学节目问题签署了教材出版协议。同日，北京电台与澳大利亚3CW中文电台就北京电台选派编播和技术人员赴澳学习交流一事正式签署协议。

2002年10月1日，北京电台派出的第一批赴澳大利亚媒体访问学习团一行5人到达墨尔本，他们是新闻广播陈晖、交通广播吴勇、技术中心马玉章、国际部臧铁洁和教育广播马维。5人分别在澳大利亚广播电台（ABC）和墨尔本中文电台（3CW）进行为期3个月的访问学习，主要任务是通过协助两个电台制作广播节目及进行技术保障，了解世界媒体的发展方向，学习世界媒体的管理方法，同时还参加相关的英语语言培训。2003 年 2 月，第二批 5 人赴澳大利亚访问学习团也在此进行了为期 3 个月的学习。

2003 年 5 月 8 日，国际部与澳大利亚 3CW 中文电台合作推出大型直播节目《海外情　赤子心》，此节目长达 6 小时，旨在为北京抗击“非典”募捐，最后募集到善款近 4 万澳元。

2004 年 3 月 25、26 日，北京电台国际部和英国广播公司在北京联合制作的 90 分钟大型新闻杂志型英语节目《北京——变化中的城市》通过英国广播公司《Out look（展望）》节目向全球直播，获得圆满成功。这是英国广播公司《Out look》节目首次同中国媒体联合制作英语节目。

2004 年 4 月 2—6 日，英国广播公司网站、英国广播公司国际台和北京电台国际部、交通广播、北京广播网联合完成大型直播节目《道路安全与都市交通》，北京市副市长刘敬民到电台现场参与节目。

2005 年 6 月 19 日，由（全国）卫星音乐广播协作网、北京音乐广播、纽约侨声电台主办的第二届中国歌曲排行榜海外票选颁奖典礼，在美国流行音乐界首屈一指的标志性演出场所——拉斯韦加斯米高梅剧场隆重举行，沙宝亮、满江、孙悦、花儿乐队、陈坤等来自内地的众多一线歌手和港台地区歌手古巨基、杨千嬅、林志颖纷纷登台，向美国的观众展示中国流行音乐的实力。北京电台通过 ISDN 向（全国）卫星音乐广播协作网的 22 家电台现场直播了颁奖典礼的盛况。

2007 年 11 月 24 日，由北京电台主办的“体验北京、感受奥运”海外媒体记者北京行活动拉开帷幕。来自亚、欧、北美和非洲的 10 多名记者在北京进行为期一周的采访体验活动。本次活动不仅引起世界各地知名媒体的兴趣，而且也引起塔斯社等一批海外驻京记者的关注并参与到采访体验活动中来。

2008 年 4 月 3 日，由北京电台、中国国际民间组织合作促进会和美国环保协会（Environmental Defense Fund）、人民网、搜狐网共同发起的“绿色出行・碳路行动”启动。这是北京的相关组织和媒体为配合绿色奥运而发起的一次环保活动。

2009 年 7 月 11 日，由日本驻华大使馆、北京电台外语广播共同主办，介绍日本动漫和流行音乐的活动“日本 FANS 大集合”在北京广播大厦举行。日本驻华大使宫本雄二及夫人出席活动。

三、记者采访

1994 年以后，随着宣传改革的不断深入，驻京的海外新闻媒体对北京电台的宣传改革给予了关注，时有海外媒体到北京电台采访。北京电台派记者赴境外采访的人次也越来越多。据统计，1994—2010年北京电台共派出约450批次900多人次到全球各地采访报道、学习交流。

1994年，有10多家海外新闻机构对《人生热线》等节目进行跟踪采访报道。

1997年12月8日，美国《达拉斯晨报》《西雅图时报》等美国地方报纸的7名编辑记者采访北京交通广播。

1998年4月22日，北京音乐广播赴日本东京现场转播“世界地球日音乐会”。以后每年音乐广播都转播这一主题音乐会。

1999年2月25日，北京音乐广播通过向美国Westwood One公司购买播出授权并租用采访报道和现场转播席位，实现对格莱美颁奖典礼的全面报道和转播工作。首度成功对格莱美颁奖典礼进行采访报道和现场转播，在国内外引发一系列巨大轰动效应。1999—2010年，音乐广播已连续12年对格莱美颁奖典礼进行采访报道和现场转播。曾采访美国著名黑人蓝调音乐家B. B. King、美国著名吉他演奏家Carlos Santana、英国著名爵士乐队Acoustic Alchemy、美国著名摇滚乐队Foo Fighters等几十位歌手和音乐人以及嘉宾。格莱美颁奖典礼已成为音乐广播国际流行音乐现场转播最重要的品牌性节目。

1999年8月，北京音乐广播通过ISDN及欧广联通信卫星首次现场转播萨尔茨堡音乐节的音乐会。之后，又于2001年、2006年、2007年，现场转播萨尔茨堡音乐节的音乐会。

2001年5月12日，北京音乐广播首次现场转播布拉格之春音乐节开幕式音乐会，此后分别于2006年5月、2007年5月，两次现场转播布拉格之春音乐节的部分音乐会。

2001年，加拿大《环球邮报》记者、英国《金融时报》北京分社首席记者金齐（JAMES KYNGE）、《爱尔兰时报》记者唐纳荷，分别到北京电台采访新闻广播《今晚公开道歉》栏目。

2001年7月13日，北京申奥成功之时，北京电台派往莫斯科的记者李剑克服困难，不仅圆满完成北京电台的报道任务，还为英国广播公司发去了口播报道，英国广播公司国际台对全球播出的申奥报道使用的是北京电台记者的消息。当天晚上，北京电台国际部还及时为新加坡电台发去现场报道。

2001年，北京电台积极参与国务院新闻办、中央外宣办和北京市外宣办、北京市对外友好协会等在德国柏林举办的“柏林亚太周主宾国”活动，在加拿大蒙特利尔举办的“北京文化周”活动，以及张健横渡英吉利海峡等活动。所有参加这些大型采访报道活动的赴外记者，都及时发回报道。

2002年5—7月，北京交通广播分批派记者出国采访，制作年度大型报道《世界交通巡礼》。记者的足迹遍布欧洲、美洲、非洲、大洋洲先进城市的发达交通领域。

2002年6月，北京音乐广播首次现场直播柏林森林音乐会。之后每年的6月，北京音乐广播都会直播柏林森林音乐会，并采访著名音乐人。到2010年共连续转播9次。

2002 年，第 27 届荷兰“北海”爵士音乐节在荷兰海牙举行，北京音乐广播派出转播小组，于 7 月 13—15 日每日的 20:00—22:00 通过（全国）卫星音乐广播协作网，向包括北京音乐广播在内的国内 16 家音乐广播电台现场转播本届音乐节的系列音乐会。荷兰“北海”爵士音乐节是世界上规模最大的爵士音乐节之一。音乐广播此次现场转播，不仅使中国听众第一次通过现场转播收听到了“北海”爵士音乐节的精彩演出，也开创了荷兰“北海”爵士音乐节广播现场转播的先河。音乐广播此次对“北海”爵士音乐节系列音乐会的转播全部是通过宽带网络来向国内传送的，实现音乐广播首次通过网络进行国际现场转播。

2002 年 7 月 18 日，路透社北京记者站电视部为拍摄一部介绍中国性教育的新闻短片，到北京电台拍摄教育广播《今夜私语时》节目为听众直播解答性教育问题的内容。

2002 年 11 月，美国《华尔街日报》《亚洲华尔街日报》驻京记者为撰写一篇专题报道，到北京电台采访交通广播台长王秋和记者刘思伽、李莉，听她们介绍北京交通广播受听众喜爱的原因、具体做法及未来发展思路。

2002 年 12 月开始，北京音乐广播每年现场直播柏林除夕音乐会，到 2010 年共连续转播 9 次。

2004 年第 34 届丹麦罗斯基勒音乐节，北京音乐广播转播小组赴丹麦罗斯基勒对音乐节进行了广播、网络图文报道和现场转播。这是北京音乐广播与丹麦国家广播集团音乐部间长期的音乐合作项目。除 2008 年暂停一年外，自 2004 年起至 2010 年，音乐广播 6 次对丹麦罗斯基勒音乐节进行实地报道和现场转播，已成为音乐广播欧美流行音乐转播节目的重要品牌项目。

2006 年 10 月 1 日，A1 世界杯汽车大奖赛 2006/07 赛季在荷兰阿姆斯特丹 ZANDVOORT 赛车场拉开战幕。交通广播作为这一国际性方程式汽车比赛的全球战略合作伙伴，参与并报道此次比赛。

2007 年，北京音乐广播通过向英国 Somethin'Else 公司购买播出授权并租用现场转播席位，实现对全英音乐奖颁奖典礼的转播工作。2007 年 2 月，音乐广播首次从英国伦敦向国内现场转播全英音乐奖颁奖典礼，并进行采访报道。至 2010 年，音乐广播已连续 4 年对全英音乐奖颁奖典礼进行报道和现场转播。

2009 年 5 月，北京电台“我的汉语生活——全球外国人讲汉语故事”大赛赴境外工作组在越南采访参赛选手

2008 年 11 月至 2009 年 7 月，北京电台举办“我的汉语生活——全球外国人讲汉语

故事”大赛。先后派出 9 个境外工作组赴美国、巴西、肯尼亚、埃及、西班牙、俄罗斯、澳大利亚、日本、韩国、越南等 15 个国家组织当地赛事，采访参赛选手。共有 38 个国家的 700 多名选手报名，最终 24 名选手获得大赛的各个奖项。颁奖晚会在中央电视台四频道播出。

2009 年 2 月 20 日，北京交通广播、新闻广播派出 6 人报道组前往南非约翰内斯堡，采访 A1 世界杯汽车大奖赛 2008/09 赛季南非站比赛。

2010 年 7—9 月，北京交通广播推出以“关注环保，聚焦交通，寻找可持续发展的答案，感受人类与自然的和谐”为目的的《我爱地球——环球交通环保行》境外采访活动。7 路采访组选择亚洲、欧洲、非洲、美洲、大洋洲在交通方面有代表性的环保城市进行深入采访，交通广播《一路畅通》《行走天下》《新闻直通车》节目全程报道。

第六篇

人物传

丁一岚

丁一岚

丁一岚（1921—1998），女，汉族。原名刘孝思，1921年出生于天津一个铁路职员之家。1937年，北平、天津陷落后辗转奔赴延安参加革命。1938年年底奔赴晋察冀边区，途中改名丁一岚，在平山县从事群众动员、妇女救助和宣传工作。1942年，她与《晋察冀日报》总编辑邓拓结婚，并就职于《晋察冀日报》编辑部。

1945年8月24日，《晋察冀日报》将接收的日伪“蒙疆放送局”改造为张家口新华广播电台，丁一岚出任播音科科长。解放战争开始后，丁一岚先后在晋察冀新华广播电台、陕北新华广播电台播送毛泽东重要讲话《目前的形势和我们的任务》（1947年）、新年献词《将革命进行到底》（1949），将中共中央的政治立场和重要思想传向解放区。

1949年3月，丁一岚随陕北新华广播电台进入北平，任播音组副组长。先后参与庆祝建党28周年的“七一”大会、中华人民共和国开国大典的现场广播。12月，被任命为北京市人民广播电台台长。

为了办好城市广播和首都电台，丁一岚与十多位年轻的电台干部吃在台里、住在台里，每天工作十多个小时，探索、创新广播形式，提升宣传效果。北京电台陆续开办《本市新闻》《国内外大事》《工人节目》《妇女节目》《学生节目》《少年儿童节目》《曲艺节目》《教唱歌》《俄语讲座》等节目。台长丁一岚还曾负责直播《国内外大事》。这时期，北京电台接收北京市的私营广播电台，建成第二台、第三台、第四台，播出音乐、曲艺、戏剧、广告等节目。

1952年，丁一岚任北京电台党支部书记。1953年7月，丁一岚兼任北京电台编辑部主任。

丁一岚在北京电台任职期间，紧密配合党的中心工作和生产实际进行宣传鼓动，依靠群众办广播。由于收音机尚未普及，北京电台在工厂、机关、学校建立广播小组，组织收听，并收集意见。广播小组也是北京电台的通讯员组织，为各节目组撰写稿件。《工人节目》中的时事对话，播音员一问一答，亲切自然、通俗易懂，1953年发展成《赵师傅和小刘谈时事》，成为北京电台的名牌节目。

1954年，广播事业局和中共北京市委商定北京电台不再单独建台。10月，丁一岚调任中央人民广播电台总编室副主任兼播出部主任。1960年从河北遵化结束劳动下放后，丁一岚被调至广播事业局对外部任办公室主任兼外国专家工作室主任。

1979年8月，丁一岚任中国国际广播电台副台长。1980年，被评为全国“三八红旗手”。1982—1985年，任中国国际广播电台台长。1985年年底离休。1993年起，享受国务院政府特殊津贴。1998年9月16日，在北京逝世。

丁图

丁图

丁图（1922—2001），男，汉族。原名周俊翼。1922年出生于江苏省如东县一个商人家庭。高中毕业后，和二弟周俊翱及其他学友投身抗日文艺宣传。他曾组织“青年凯旋俱乐部”和“夜旅”读书会，写诗、办刊物，谱曲、搞演出。1948年10月，以丁图为笔名出版进步诗集《消息》（上海南极出版社）。1949年年初，入《江海报》担任副刊编辑。

1950年，丁图参与南通人民广播电台初创。1953年调入北京人民广播电台，加入记者队伍，从事财经报道，被分配采访报道北京的基本建设工程。为深入生活、发现采访线索，丁图与工人一起爬脚手架。1953年，丁图率先发现了钢筋工张百发这个劳动典型，并成为采访他的第一位记者。1954年，张百发青年突击队成立，1959年张百发获得全国先进生产者称号。

1954年2月，北京电台《首都生活》节目中，播出丁图从苏联展览馆（1958年更名为北京展览馆）工地采写的广播特写《倔强的人》。特写刻画了一个普通战士，从战争硝烟走向和平建设，忘我投入建筑施工的坚毅品格，反映了人民大众建设社会主义的迫切愿望。听众反响强烈。这篇特写经《北京日报》头版转载、中央人民广播电台全文广播、新华社向全国发专稿后，影响进一步扩大。文中主人公虞永富收到大量群众来信，对他表示敬佩，要向他学习。

丁图文笔出色，思想境界也高妙。他采访著名漫画家方成后，在专访结尾处写道“漫画需要民主，民主也需要漫画”。方成读后赞为“大手笔”。1960 年 2 月，丁图被评为北京市先进工作者。

丁图主动探索广播文体，呼吁广播“要为听而写，要为听得好而写”。1963 年 3 月，丁图编写的通讯《哑巴媳妇回娘家》在《在北京》节目里播出，报道人民警察爱人民的真实故事，情节生动感人，语言朴实流畅。当年，在“全国优秀广播节目欣赏会”上，这篇作品因在发挥广播语言特点方面有创新而受到一致好评，许多省、市电台把节目翻录回去学习。

1982 年 11 月至 1984 年 6 月，丁图任专题部主任。1985 年离休。1987 年 7 月起，丁图任北京市广播电视学会理事会理事。1988 年 3 月起，任《北京广播电视研究》(后更名为《北京广播电视》)学刊主编。1993 年，丁图参与《北京人民广播电台志(1949—1993)》和《北京志·广播电视志》的编辑工作，直至 2001 年 8 月 3 日病逝。

1994 年，北京市常务副市长张百发在接受北京电台记者采访时还清楚地记得：“采访我的第一位记者是丁图，他是北京人民广播电台的。经他一采访，我们的干劲就更大啦，更觉得应该努力干好工作，而且越干越好。从这点来说，我一直挺感谢丁图同志呢。”

王筱然

王筱然

王筱然(1939—1997)，男，汉族。1939 年 4 月 20 日出生，籍贯河北省安平县。两岁失怙，因家贫曾入香山慈幼院。1963 年毕业于北京邮电学院无线电系，9 月分配到北京电台从事技术工作。

1976 年起，王筱然自编教材，每周利用业余时间给传音科人员讲授“晶体管电路基础”“开关电路”等课程，为北京电台培训技术骨干。

1977 年，王筱然带领技术部相关人员研究设计传音自动切换和发射自动切换等革新项目。项目于当年 7 月 1 日投入使用后，减少了传音员的烦琐操作，大大降低了停播率，使北京电台在全国率先实现播出半自动化。1977 年，技术部传音自动化小组被评为北京电台先进集体。1978 年，王筱然牵头研制成功 635 放音无接点控制系统，进一步提高了安全播音水平和工作效率。

1981—1985 年，北京电台在建国门外大街 14 号的技术楼建成并启用，王筱然全程参与技术设计和设备安装。1985 年，北京电台播控中心从复兴门外真武庙搬到建国门外技术楼。作为技术总指挥，王筱然24小时驻守在电台指挥设备调试。4月25日凌晨，北京电台节目使用新的播控机房安全正点播出，实现了搬家不停播。

1985年12月，王筱然被评为全国广播电影电视系统优秀工作者。

1987年，北京市恢复职称评定工作。由于北京电台符合条件的专业人员多而每年名额有限，王筱然一直没有主动申请。领导和同事劝说他参评，他总是说："让别人先评。"直到1995年，他才申报并获得高级工程师职称。

1989年，王筱然带领技术人员筹建新微波传送工程，以替代设在广播大楼的旧微波机。1990年5月，在建国门外办公楼21层安装3套数字式微波机，办公楼楼顶安装微波发射天线向酒仙桥发射台传送节目，在酒仙桥发射台安装新微波机房和微波接收天线。新微波工程建设为北京亚运会转播提供了安全可靠的传输系统，施工过程还为北京电台节约大笔经费。

1990年12月，王筱然被任命为北京电台副总工程师。1991年，获得首都精神文明建设奖章。为表彰他团结同志、乐于助人、淡泊名利、无私奉献的精神，1991年，北京电台将王筱然树为学雷锋标兵。

1992年，北京电台酝酿建立系列台，不少干部面临重新安排职位。王筱然向台领导递交报告，辞去副总工程师职务，请求到基层工作。他的举动为北京电台干部能上能下、打破干部终身制起到表率作用。

1993年，北京电台为改善收听效果，将调频发射移至中央广播电视发射塔。王筱然提出改进方案，配合厂家完成10千瓦发射机的生产，圆满完成上塔工作。

1995年，王筱然被评为北京市先进工作者。

1996年起，王筱然享受政府特殊津贴。

1997年9月24日，在冒雨探望生病的同事后，王筱然猝发心脏病去世。身后留下1万多册翻旧了的科技图书资料，136本学习、工作笔记。

附录

2010年北京电台节目时间表

（2010年1月1日起实行）

新闻广播节目时间表

（每天播出24小时）

附表1

时间	周一至周五	周六	周日
0:00	健康有约		
1:00	话里话外（重播）		
1:25	大城小事（重播）		
2:00	新闻2010（重播）		
4:00	健康有约		
5:00	健康有约　（周二5:00开播）		
6:00	新闻晨报　新闻热线　节目预告　气象服务		
6:30	转播中央人民广播电台《新闻和报纸摘要》		
7:00	北京新闻		
7:25	新闻热线（重播）		
7:30	新闻大视野		
8:00	资讯早8点		
9:00	整点快报　夹叙夹议		
9:30	议政论坛（周一至周三） 生态北京（周四、周五）	人口直通车	
10:00	整点快报　警法在线		
11:00	整点快报		
11:20	记者视线		
11:30	话里话外		

续附表 1

时间	周一至周五	周六	周日
12:00	整点快报　新闻天天谈		
13:00	整点快报		
13:15	健康乐园		
14:00	整点快报		
14:15	健康乐园		
15:00	整点快报 今日财经	整点快报 精彩节目联播	整点快报 广播之友
16:00	整点快报　大城小事		
17:00	新闻 2010		
19:00	转播中央电视台《新闻联播》		
19:30	纪实广播小说连播		
20:00	整点快报　教育面对面		
21:00	整点快报　博闻天下		
22:00	整点快报　新闻天天谈（重播）		
23:00	整点快报　记者视线（重播）		
23:30	议政论坛（周一至周三）重播 生态北京（周四、周五）重播	人口直通车（重播）	

说明：每周二 0:30—5:00 中波 828 千赫、调频 100.6 兆赫，每月第三周的周四 15:00—16:00 中波 828 千赫停机检修

附表 2　**城市服务管理广播节目时间表**

时间	周一至周五	周六	周日
5:00	开始曲　节目预告		
5:05	健康加油站		
6:30	似水年华		
7:00	七点早新闻		
7:30	市民热线		
8:00	城市零距离		
9:00	问城时间		

续附表 2

时间	周一至周五	周六	周日
9:30	健康加油站		
10:00	问城时间		
10:10	京城帮帮团		
11:00	问城时间		
11:10	京城帮帮团		
12:00	问城时间		
12:30	今日观察	问城时间之方律师说法	问城时间之房产周评
13:00	问城时间		
13:10	茶余饭后话北京		
14:00	问城时间		
14:10	老年之友		
15:00	国际汇市报道		
15:15	健康加油站		
16:00	问城时间		
16:10	都市博文汇		
17:00	问城时间		
17:30	今日观察（周一至周五重播）		
18:00	中国财经 60 分	城市周刊	京城人物
19:00	博览群星		
19:30	财富星空		
21:30	法治北京		精彩节目联播 广播之友
22:30	读城记		
23:00	北京夜未眠		
0:00	城市零距离（精编版）		
0:30	午夜文库		
1:00	全天播音结束		

说明：调频 107.3 兆赫每周二 0:30—5:00 停机检修，中波 1026 千赫每月第三个周四 15:00—16:00 停机检修

附表 3

故事广播节目时间表

<table>
<tr><th>时间</th><th>周一</th><th>周二</th><th>周三</th><th>周四</th><th>周五</th><th>周六</th><th>周日</th></tr>
<tr><td>5:00</td><td colspan="7">读史有学问（重播）</td></tr>
<tr><td>5:30</td><td colspan="7">健康晨曲</td></tr>
<tr><td>7:00</td><td colspan="7">转播中央电视台《朝闻天下》</td></tr>
<tr><td>8:00</td><td colspan="7">故事大全</td></tr>
<tr><td>9:00</td><td colspan="7">生活探秘</td></tr>
<tr><td>9:30</td><td colspan="7">阳光茶园</td></tr>
<tr><td>10:00</td><td colspan="7">知识开讲</td></tr>
<tr><td>10:30</td><td colspan="7">阳光茶园</td></tr>
<tr><td>11:00</td><td colspan="7">笑谈古今</td></tr>
<tr><td>12:00</td><td colspan="7">纪实传奇</td></tr>
<tr><td>12:30</td><td colspan="7">品读时分</td></tr>
<tr><td>13:00</td><td colspan="7">读史有学问</td></tr>
<tr><td>13:30</td><td colspan="7">长书天地</td></tr>
<tr><td>14:00</td><td colspan="7">阳光茶园</td></tr>
<tr><td>15:00</td><td colspan="7">评书大连播（重播）</td></tr>
<tr><td>16:00</td><td colspan="7">翔康健康快车</td></tr>
<tr><td>17:00</td><td colspan="7">娱乐档案</td></tr>
<tr><td>17:30</td><td colspan="7">人物空间</td></tr>
<tr><td>18:00</td><td colspan="7">快读时刻</td></tr>
<tr><td>19:00</td><td colspan="7">评书大连播</td></tr>
<tr><td>20:00</td><td colspan="7">今晚拍案</td></tr>
<tr><td>20:30</td><td colspan="7">纪实传奇（重播）</td></tr>
<tr><td>21:00</td><td colspan="4">故事悬谈会（周一至周四）</td><td colspan="3">说烦解忧（周五至周日）</td></tr>
<tr><td>22:00</td><td colspan="7">读书俱乐部</td></tr>
<tr><td>23:00</td><td colspan="7">夜相伴</td></tr>
<tr><td>0:00</td><td colspan="7">长书天地（重播）</td></tr>
<tr><td>0:30</td><td>广播之友</td><td rowspan="2">停机检修</td><td colspan="5">品读时分（重播）</td></tr>
<tr><td>1:00</td><td>精彩节目联播</td><td colspan="5">娱乐档案（重播）</td></tr>
<tr><td>1:30</td><td colspan="7">全天播音结束</td></tr>
</table>

说明：周二 0:30—1:30、周四 15:00—16:00 停机检修

交通广播节目时间表

（每天播出 24 小时）

附表 4

<table>
<tr><th>时间</th><th>周一至周五</th><th>周六</th><th>周日</th></tr>
<tr><td>1:00</td><td colspan="3">华人纵横天下</td></tr>
<tr><td>1:30</td><td colspan="3">谜幻时空</td></tr>
<tr><td>2:00</td><td colspan="3">极品音乐单元</td></tr>
<tr><td>3:00</td><td colspan="3">娱乐大篷车</td></tr>
<tr><td>4:00</td><td colspan="3">音乐旅途</td></tr>
<tr><td>5:00</td><td colspan="3">一笑堂</td></tr>
<tr><td>6:00</td><td colspan="3">激情岁月</td></tr>
<tr><td>6:30</td><td colspan="3">1039 新闻早报</td></tr>
<tr><td>7:05</td><td colspan="3">交通新闻</td></tr>
<tr><td>7:15</td><td colspan="3">警官出行提示（周一至周五）</td></tr>
<tr><td>7:17</td><td>交通新闻热线</td><td colspan="2">今日交通</td></tr>
<tr><td>7:30</td><td colspan="3">一路畅通</td></tr>
<tr><td>9:30</td><td colspan="3">欢乐正前方</td></tr>
<tr><td>10:00</td><td colspan="3">汽车天下</td></tr>
<tr><td>11:00</td><td colspan="3">警法时空</td></tr>
<tr><td>11:30</td><td>旅途</td><td colspan="2">旅途周末版：航空在线</td></tr>
<tr><td>12:00</td><td colspan="3">交通新闻</td></tr>
<tr><td>12:15</td><td colspan="3">警官出行提示</td></tr>
<tr><td>12:17</td><td>交通新闻热线</td><td colspan="2">今日交通</td></tr>
<tr><td>12:30</td><td colspan="3">百姓 TAXI</td></tr>
<tr><td>13:00</td><td colspan="3">长书连播</td></tr>
<tr><td>13:30</td><td colspan="3">1039 交通服务热线</td></tr>
<tr><td>15:00</td><td colspan="3">兵分两路听音乐</td></tr>
<tr><td rowspan="2">16:00</td><td rowspan="2">行走天下</td><td colspan="2">行走天下</td></tr>
<tr><td>广播之友</td><td>精彩节目联播</td></tr>
<tr><td>17:00</td><td colspan="3">一路畅通</td></tr>
<tr><td>19:00</td><td colspan="3">新闻直通车</td></tr>
<tr><td>20:00</td><td colspan="3">1039 都市调查组</td></tr>
<tr><td>21:00</td><td colspan="3">乐活 21 点</td></tr>
<tr><td>22:00</td><td colspan="3">蓝调北京</td></tr>
<tr><td>23:00</td><td colspan="3">有我陪着你</td></tr>
</table>

说明：1. 每周二 00:00—5:30 停机检修；
2.《路况信息》7:00—23:00 整点、半点，高峰时段一刻、三刻播报；
3.《交通天气预报》全天整点播报

文艺广播节目时间表

附表 5

（每天播出 24 小时）

时间	周一	周二	周三	周四	周五	周六	周日
0:00	午夜拍案惊奇						
0:30	精彩节目联播	停机检修	今晚我们说电影				
1:00	广播之友						
1:30			话说天下（重播）				
2:00			娱乐 72 变（重播）				戏迷乐（重播）
3:00			评书演义（重播）				
3:30			小说连播（重播）				
4:00			广播剧场（重播）				
4:30			天天向上				
5:30	评书连播						
6:00	养生之道						
6:30	转播中央人民广播电台《新闻和报纸摘要》						
7:00	空中笑林						
8:00	早安北京						
8:30	天下行						
9:00	幽默集装箱						
9:30	健康乐园						
10:00	评书演义						
10:30	笑语欢歌						
11:00	快乐超级旅行						
12:00	小说连播						
12:30	评书连播						
13:00	音乐一线牵					新音乐风暴	
14:00	娱乐 72 变						戏迷乐
15:00	开心茶馆						
16:30	嘻哈杂货铺						
17:00	全世乐					白话文艺	
18:00	环球旅行家						
19:00	爱星满天						专题文艺
19:30	876 时尚秀						
20:00	演艺群英会						
21:00	说学逗唱						
22:00	话说天下						
22:30	广播剧场						
23:00	武林天下						
23:30	子夜柔情						

说明：1. 周二 0:30—5:30 停机检修；

2.《876 资讯》8:00—23:30 每个整点、半点播出，全天共计 32 档

音乐广播节目时间表

（每天播出 24 小时）

附表 6

<table>
<tr><th>时间</th><th>周一</th><th>周二</th><th>周三</th><th>周四</th><th>周五</th><th>周六</th><th>周日</th></tr>
<tr><td>0:00</td><td>零点乐话</td><td colspan="6">就听好歌不听话（重播）</td></tr>
<tr><td>2:00</td><td colspan="7">中国歌曲排行榜（重播）</td></tr>
<tr><td>3:00</td><td colspan="7">永恒的魅力（重播）</td></tr>
<tr><td rowspan="2">4:00</td><td colspan="5" rowspan="2">古典也流行（重播）</td><td>精彩节目联播</td><td>广播之友</td></tr>
<tr><td colspan="2">特别创意</td></tr>
<tr><td>5:00</td><td colspan="7">美丽清晨</td></tr>
<tr><td>6:00</td><td colspan="7">记忆的唱片</td></tr>
<tr><td>6:30</td><td colspan="7">转播中央人民广播电台《新闻和报纸摘要》</td></tr>
<tr><td>7:00</td><td colspan="5">先听为快</td><td colspan="2">歌飞扬</td></tr>
<tr><td rowspan="2">10:00</td><td colspan="5" rowspan="2">边走边唱</td><td colspan="2">全球华语歌曲排行榜</td></tr>
<tr><td colspan="2">欧美歌曲排行榜</td></tr>
<tr><td>12:00</td><td colspan="7">全城都能点</td></tr>
<tr><td>13:00</td><td colspan="7">永恒的魅力</td></tr>
<tr><td>14:00</td><td colspan="5">古典也流行</td><td colspan="2">974 活力点唱 K 歌榜</td></tr>
<tr><td rowspan="2">15:00</td><td colspan="5" rowspan="2">午后大道东</td><td>沸腾 97 度 4</td><td rowspan="2">我的音乐生活</td></tr>
<tr><td>热舞派对</td></tr>
<tr><td>17:00</td><td colspan="7">就听好歌不听话</td></tr>
<tr><td>19:00</td><td colspan="7">中国歌曲排行榜</td></tr>
<tr><td>21:00</td><td colspan="6">开心逗豆碰</td><td>国家大剧院</td></tr>
<tr><td>22:00</td><td colspan="7">男左女右</td></tr>
</table>

说明：1. 8:00—23:00 的整点、半点为报时、台标乐、天气预报及“974 信息网”节目和标版广告时间，时长 4 分钟左右；

2. 音乐广播协作网通栏节目均从整点 5 分开始；

3. 周二 0:00—5:00 停机检修

附表 7

体育广播节目时间表

<table>
<tr><th>时间</th><th colspan="2">周一至周五</th><th>周六</th><th>周日</th></tr>
<tr><td>5:00</td><td colspan="4">开始播音　朗诵《体育颂》</td></tr>
<tr><td>5:05</td><td colspan="4">健康绿洲</td></tr>
<tr><td>6:05</td><td colspan="4">健康绿洲</td></tr>
<tr><td>7:00</td><td colspan="4">体育新世界——雄鸡唱晓</td></tr>
<tr><td>8:30</td><td colspan="4">行者无疆</td></tr>
<tr><td>9:00</td><td colspan="4">百姓健康大讲堂</td></tr>
<tr><td>10:00</td><td>体育新闻</td><td colspan="3">完全体育手册（上午版）</td></tr>
<tr><td>11:00</td><td colspan="4">花花体育</td></tr>
<tr><td>11:30</td><td colspan="4">我爱高尔夫</td></tr>
<tr><td>12:00</td><td colspan="4">体育新闻（午间综合版）</td></tr>
<tr><td>12:30</td><td colspan="4">大话体育</td></tr>
<tr><td>13:00</td><td>体育新闻</td><td>摇篮——体校的故事</td><td colspan="2">之心老师话健身</td></tr>
<tr><td>13:30</td><td colspan="4">健康绿洲</td></tr>
<tr><td>14:00</td><td colspan="4">健康绿洲</td></tr>
<tr><td>15:00</td><td colspan="4">健康绿洲</td></tr>
<tr><td>16:00</td><td colspan="4">养生大世界</td></tr>
<tr><td>17:00</td><td>体育新闻</td><td colspan="3">饭点儿说吃</td></tr>
<tr><td>18:00</td><td colspan="4">体坛八面风</td></tr>
<tr><td>19:00</td><td colspan="2">体坛那些事儿（重播）</td><td>广播之友</td><td>精彩节目联播</td></tr>
<tr><td>19:30</td><td colspan="4">笑动体坛</td></tr>
<tr><td>20:00</td><td>体育新闻</td><td colspan="3">完全体育手册（晚间版）</td></tr>
<tr><td>21:00</td><td colspan="4">体坛夜话</td></tr>
<tr><td>22:00</td><td colspan="4">星光体育</td></tr>
<tr><td>22:30</td><td colspan="4">体坛那些事儿</td></tr>
<tr><td>23:00</td><td colspan="4">今夜私语时</td></tr>
<tr><td>24:00</td><td colspan="4">全天播音结束</td></tr>
</table>

说明：1. 遇有赛事直播随时打通节目；
2.《体育新闻》每档 10 分钟，中午 12:00 的《体育新闻》（午间综合版）25 分钟；
3. 台标乐后播出体育明星宣传片花

附表 8

外语广播节目时间表

时间	周一至周五	周六	周日
6:00	英语自助餐 English Buffet		
7:30	环球 30 分 30 minutes around the world		
8:00	私房拷贝 Home Video		
8:30	感受北京 Touch Beijing		
9:00	名师在线 Ask Me About（重播）	外国人的北京生活 Life in Beijing	
10:00	电影音乐往事（英文版）A Soundtrack to Remember	法国音乐风情 A Romance with French Music	
11:00	咚咚腔儿 Talk Box	俄罗斯风情 Russian Music Memory	
12:00	私房拷贝 Home Video（重播）		
12:30	环球 30 分 30minutes around the world（重播）		
13:00	大家说英语 Let's Talk in English		周末欢歌 English in Songs
13:30	空中英语教室 Studio Classroom		
14:00	双语 PK 台 Going for Gold	莱茵音乐之旅 Rhine Music Journey	
15:00	张道真《自学英语》Teach yourself English	东京音乐广场 Tokyo Music Plaza	
16:00		一千零一夜 Arabic Music Hour	
16:30	每日一招说英语 Take This and Check it Out		
17:00	中国音乐万千年（英文版）Journey Through Chinese Music		
17:30	城市节拍 City Rhythm		
18:00	感受北京 Touch Beijing（重播）		
18:30	读书 Reading Time		
19:00	名师在线 Ask Me About	传承 Pass on the Heritage	传承（英文版）
19:30		广播之友	精彩节目联播
20:00	外国人的北京生活 My Life in Beijing		
21:00	咚咚腔儿 Talk Box（重播）	韩国音乐舞台 Korean Music Stage	
22:00	英语自助餐 English Buffet（重播）		
23:30	读书 Reading Time（重播）		
24:00	全天播音结束		

说明：每周四 15:00—16:00 停机检修

附表 9

外语广播网络电台节目时间表

时间	周一至周五	周六	周日
6:00	私房拷贝 Home Video		
6:30	读书 Reading Time		
7:00	电影音乐往事（英文版）A Soundtrack to Remember		
8:00	环球 30 分 30minutes around the world		
8:30	中国音乐万千年（英文版）Journey Through Chinese Music		
9:00	在音乐上——把耳朵叫醒 Etune-Keep Your Ear Awake	韩国音乐舞台 Korean Music Stage	
10:00		法国音乐风情 A Romance with French Music	
11:00	咚咚腔儿 Talk Box	俄罗斯风情 Russian Music Memory	
12:00	在音乐上——午间小憩 Etune-Take a Break		
13:00			
14:00	双语 PK 台 Going for Gold	莱茵音乐之旅 Rhine Music Journey	
15:00	在音乐上——落日余温 Etune - Toward Evening	东京音乐广场 Tokyo Music Plaza	
16:00		一千零一夜 Arabic Music Hour	
17:00	感受北京 Touch Beijing		
17:30	城市节拍 City Rhythm		
18:00	私房拷贝 Home Video（重播）		
18:30	读书 Reading Time（重播）		
19:00	名师在线 Ask Me About	电影音乐往事（英文版）A Soundtrack Reminder	
20:00	外国人的北京生活 My Life in Beijing		
21:00	在音乐上——你还在线吗？ Etune-Are You Still on line?		
22:00			
23:00	电影音乐往事（英文版）A Soundtrack to Remember（重播）		
0:00	读书 Reading Time（重播）		
0:30	中国音乐万千年（英文版）Journey Through Chinese Music（重播）		
1:00	在音乐上——你还在线吗？ Etune-Are You Still on line?（重播）		
3:00	在音乐上——午间小憩 Etune-Take a Break（重播）		
5:00	外国人的北京生活 My Life in Beijing（重播）		

附表 10

爱家广播节目时间表

时间	周一至周五	周六	周日
5:30	开始语　预告节目		
5:35	我和健康有个约会		
7:00	健康在线（重播）		
8:00	爱家消费全知道		
9:00	宝贝计划		
10:00	我和健康有个约会		
11:00	志在必得		
12:00	爱家帮你忙		
13:00	我和健康有个约会		
14:00	爱家故事连播		
15:00	我和健康有个约会		
16:00	健康在线		
17:00	国事家事轻松说		
18:00	我和健康有个约会		
19:00	快乐合家欢		广播之友
19:30	爱家小算盘		精彩节目联播
20:00	毛毛狗的故事口袋		
21:00	家有儿女	男孩女孩	
22:00	男人女人一台戏	女人花	
23:00	爱家静夜思		
24:00	全天播音结束		

说明：1. 整点、半点播报天气预报、爱家小贴士、爱家迷你剧《任仁好爱范美丽》；
2. 每周四 15:00—16:00 停机检修

后记

《北京人民广播电台志（1994—2010）》自2012年着手编纂资料长编，到2018年志稿通过终审，历时7年。全书50万余字，前插及文中彩图共60余幅，力求全面、系统、客观地记述时限内北京电台的发展历程，为后人提供翔实的资料。

在历任台领导的直接领导下，《北京人民广播电台志（1994—2010）》的编修得到足够的重视和全面支持，过程十分顺利。在台志成稿的同时，还按照《北京志·广播电视志（1994—2010）》编委会的要求，提供北京电台的全部稿件，圆满完成参编单位的任务。

续修台志，最初由北京电台网络信息中心台史办公室承担。2012年11月，"媒体资料和版权部"获准成立，台史办公室划归该部门，后改名为台史资料科。2013年3月，由台史资料科史博华、刘锦升以及北京电台退休干部马仕存、王福全、孟立、张梅组成台志编委会，分工编纂志稿。不久，副总编辑亢亚志退休，也加入编委会，与马仕存共同负责审稿。后期，邱桂垣退休后，成为台志编委会成员之一。特别值得一提的是，电台退休总工程师常青编写了技术部分的全部初稿。

北京是首善之区，《北京人民广播电台志（1994—2010）》不同于其他省（直辖市、自治区）电台志，除了要体现时代特色、专业特色，还要体现出首都特色。为了达到这些要求，本志编纂人员广泛搜集资料、反复讨论稿件、仔细斟酌篇目设置；在成稿过程中多方考证史实、广泛征求修改意见、历经三次审改，最终"众手成志"，付梓出版。在此，向北京电台所有员工，特别是为本志提供资料和线索，参与审稿的干部职工表示衷心感谢！

《北京人民广播电台志（1949—1993）》和《北京人民广播电台志补（1994—2001）》曾分别于1999年和2003年内部编印几百册。2019年7月，经过补充、修订的《北京人民广播电台志（1949—1993）》由方志出版社出版。《北京人民广播电台志补（1994—2001）》内容并入《北京人民广播电台志（1994—2010）》，也由方志出版社出版。

欢迎对《北京人民广播电台志》提出意见和建议！

北京人民广播电台志编纂委员会

2019年12月